高职高专经济管理类专业核心课程系列教材

现代企业管理理论与实务

主　编　胡　芳　杨　冰

副主编　吴　蔚　徐国成　王　波　朱　莉

主　审　黄诗义

西安电子科技大学出版社

内 容 简 介

本书以能力培养为主线，以"必需、够用、实用"为原则，按照理论与实践相结合、特色与创新相统一的要求，系统地阐述了现代企业管理原理、方法与技能。本书共分 12 个模块，41 项任务，每个模块都由"模块综述"、"学习目标"、"引入案例"、"任务"、"思考与练习"这 5 个部分组成。

本书可作为本科高职院校经管类专业的教材，也可供有兴趣的读者参考。

图书在版编目（CIP）数据

现代企业管理理论与实务 / 胡芳，杨冰主编 . — 西安：

西安电子科技大学出版社，2015.9（2025.9重印）

ISBN 978-7-5606-3817-1

Ⅰ. ① 现… Ⅱ. ① 胡… ② 杨… Ⅲ. ① 企业管理－高等职业教育－ 教材Ⅳ. ① F270

中国版本图书馆 CIP 数据核字（2015）第 184592 号

责任编辑　阎　彬　李鹏飞

出版发行　西安电子科技大学出版社（西安市太白南路 2 号）

电　　话　（029）88202421 88201467　　　　邮　编　710071

网　　址　www.xduph.com　　　　电子邮箱　xdupfxb001@163.com

经　　销　新华书店

印刷单位　陕西天意印务有限责任公司

版　　次　2015 年 9 月第 1 版　2025 年 9 月第 10 次印刷

开　　本　787 毫米×1092 毫米　1/16　印 张　23

字　　数　548 千字

定　　价　49.00 元

ISBN 978-7-5606-3817-1

XDUP 4109001-10

***** 如有印装问题可调换 *****

前　言

现代企业管理理论可以指导人们根据客观经济规律，科学地开展现代企业的管理活动，正确认识企业管理活动的基本规律，提高科学管理现代企业生产经营活动的自觉性；有助于提高现代企业管理人员的素质与决策水平，从而提高管理工作效率；也有利于调动企业员工改善企业管理的积极性，促进现代企业经济效益的提高。

本书的主要内容围绕现代企业管理理论展开，书中既有理论、又有实务，共分12个模块，41项任务，每个模块都由"模块综述"、"学习目标"、"引入案例"、"任务"、"思考与练习"五个部分组成。"模块综述"有利于了解每个模块；"学习目标"可以理清学习思路、分清重难点；"引入案例"则精选了一些著名企业较为典型的案例，可以加深对理论内容的理解，提高分析问题和解决问题的能力；"任务"包含"知识链接"、"关键概念"、"课堂讨论"、"能力提升"、"轻松一刻"等内容，可以拓展知识内涵和外延，增强学习兴趣；"思考与练习"包括"选择题"、"填空题"、"判断题"、"思考题"、"能力拓展与训练题"，可以作为检验学习效果的工具，也能进一步帮助学生巩固理论知识的学习；"思考与练习"中的"能力拓展与训练题"，将所学知识融入日常生活、学习和工作中，加强学生的观察能力和动手操作能力，促进学生更好地理论联系实际。

在具体的编写过程中，我们把握了以下几个方面：

第一，坚持理论联系实际。用马列主义、毛泽东思想以及邓小平同志关于建设有中国特色社会主义理论的基本论述作为指导思想，结合现代企业管理工作的实际情况，深入实践，调查研究，运用科学的逻辑思维方法来分析与研究现代企业管理问题，把管理的实践经验上升为理论。

第二，继承与发展相结合。管理活动由来已久，特别是我国有着悠久的历史，历代王朝在其鼎盛时期，都造就了商品经济的繁荣，历代商人在长期经商过程中形成的经商哲学与"生意经"，都值得我们学习和发扬，应"古为今用"。同时，管理科学是不断发展的，要求我们将现代科学的最新研究成果应用于管理工作，来指导管理实践，以加快企业管理现代化的进程。

第三，借鉴与学习国外先进的管理经验和方法，使其与中国实际相结合。企业管理有二重性，即共性与个性。国外企业管理的一些行之有效的经验与方法值得我们学习与借鉴，但应"洋为中用"，不能照搬照抄，应与中国国情、与中国的社会制度以及中国企业的具体实际结合起来，"取其精华，去其糟粕"，要建立具有中国特色的现代企业管理体系。

第四，定性分析与定量分析相结合。定性分析是定量分析的前提与基础；定量分析是定性分析的深化。现代企业管理应在定性分析的基础上，讲清道理，将能数量化的问题进行量化分析，以提高分析的精确性，从而为企业决策提供科学依据。

本书融入了作者多年的教学研究与实践的经验成果，学习与借鉴了国内外先进的管理理论和方法的精华，具有结构完整、内容新颖、实用性强的特点，可作为高等院校本科和高职教材，也可供各类成人教育、企业管理培训使用。

全书由胡芳、杨冰老师统稿并担任主编，吴蔚、徐国成、王波、朱莉老师担任副主编。具体分工为：黄诗义老师编写前言；杨冰老师编写模块一、模块二；徐国成老师编写模块三；王波老师编写模块四；朱莉老师编写模块五、模块十一；李欣老师编写模块六；张芹老师编写模块七；司俊老师编写模块八；胡芳老师编写模块九；夏同胜老师编写模块十；吴蔚老师编写模块十二。全书由黄诗义老师审稿。

本书在编写过程中参考了大量的中外企业管理学术著作，同时也得到了安徽采蝶轩集团、合肥美的洗衣机有限公司、本书各主编所属院校校企合作企业管理实践专家的大力支持和悉心指导，在此一并表示衷心感谢。

由于编者水平有限，书中如有不足之处，恳请专家、同行及广大读者多提宝贵意见，以便我们今后修订完善。

编　者

2015 年 8 月 于合肥

目 录

模块一　企业与企业组织

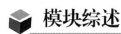 **模块综述**

　　认识企业是学习企业管理知识宝库的入门阶梯。企业的出现与发展是社会发展的产物，因社会分工的发展而成长壮大。作为市场经济活动的主要参与者，企业以赢利为目的，运用各种生产要素，向市场提供商品或服务。在社会主义经济体制下，各种企业并存，共同构成了社会主义市场经济的微观基础。企业为了开展生产经营活动，必须建立一个行之有效的结构。合理的企业组织结构，纵向上应该是一个自上而下统一、领导自如的指挥系统，横向上应是各部门、各环节密切配合的协作系统，这样才能使企业成为一个有机的整体。

学习目标

　　掌握现代企业的概念及特征；理解企业的功能与任务；掌握可持续发展企业的特征；了解现代企业的类型；熟悉不同企业创建的流程；根据企业的组织结构设计原则，掌握常见的组织结构类型。

引入案例

面包新语陷过期原料门

　　新修订的《消费者权益保护法》自 2014 年 3 月 15 日起施行，这次修订的《消费者权益保护法》中新增的条款有 10 条，其中有 4 条是经营者的义务，有 3 条是争议的解决，其余 3 条是法律责任。

　　2014 年"3·15"晚会的主题是：让消费更有尊严。这一主题一是希望消费者在权益受损时，要坚决维护自身的合法权益，拒绝"忍气吞声"；二是呼吁商家在赚钱的同时，不取不义之财，不做不仁之事，成为诚信、守法的经营者。

　　"3·15"晚会曝光了杭州广琪贸易公司大量销售过期的进口食品原料，而该公司是面包新语等多家烘焙企业的供应商。央视记者在该企业卧底时发现，一批 2013 年 1 月 19 日出厂的面粉，保质期为 8 个月，发现时早已过期，有的上面甚至还爬着虫子。记者将结块的面粉过筛，筛出了许多白色的虫子。接着，筛过的面粉被工人装到了新的包装袋里，生产日期被改成了 2013 年 11 月 21 日。一批 2009 年生产的黄油过期两年多，也被换了包装。记者经过长期卧底，发现广琪贸易公司的过期食品远不止这些，公司将过期食品撕标签、换包装，用清洗液擦、拿小刀刮，违法场景触目惊心。更令人揪心的是，这样的问题食品原料竟堂而皇之、瞒天过海大肆销售，一路绿灯进入杭州及周边各大面包房。

（资料来源：http://www.laoren.com/laonian/2014/291494_4.shtml）

思考：

（1）在利润最大化的诱惑下，公司的决策者没有履行生产者的义务——提供食品安全保障，而是用过期的原材料生产，你如何看待这件事？

（2）你认为企业追求利润最大化的目标是否正确？企业还应该有哪些追求目标？

任务一　认识企业

企业管理是一门综合性学科，内容涉及企业生产经营的各个方面。研究企业管理学和企业的管理问题，首先必须对企业本身有一个全面的了解。

一、企业的形成与发展

企业是伴随着商品经济的发展而发展的。在原始社会，人们改造自然获得生活资料的能力非常有限，为了生存只有依靠集体劳动，以血缘为纽带的氏族组织成为社会生产的基本单位。他们共同劳动，平均分配，没有剥削也没有剩余。随着生产力的发展，氏族经济逐渐瓦解，产生了奴隶集体劳动形式，奴隶主庄园、作坊就是当时的基本经济生产单位；之后产生了以家庭和手工业者作坊为基本生产单位的封建制，这一时期，商品经济虽然有所发展，但主要以手工劳动为基础的自给自足的自然经济一直占统治地位。资本主义社会，社会生产力空前发展，生产的规模日益扩大，市场进一步扩展，基本经济发生了根本变化。分工产生交换，交换产生市场，市场交易产生企业。企业发展到今天，其生产组织形式和财产组织形式都有了巨大的发展。

从中华人民共和国建立到改革开放前，我国国民经济实行计划经济，传统的国有企业是在高度集中的计划经济下建立起来的，事实上是国家这个"大企业"的一个"生产车间"，没有经营自主权，也没有独立的经济利益，也不算是真正意义上的企业。直到十一届三中全会以后，在经历了好几个阶段的改革后，我国才从制度上为企业的健康可持续发展奠定了稳固的基础。

二、企业概念

"企业"（Enterprise）在中世纪前就出现了，原意是指具有一定风险的工作，如海上运输，后来泛指艰巨、复杂或冒险性的事业。汉语中"企业"一词是近代从日文中引入的，《辞源》将其解释为以赢利为目的的组织。因各国法律不同，对企业的理解也有所不同。

企业是依法设立的以赢利为目的，从事生产、流通、服务等经济活动，实行独立核算、自负盈亏的基本经济组织。这种组织是一种创新能力极强的组织，具有丰富的内涵。

企业的概念中主要包括以下几个方面的内容：

（1）企业必须拥有一定的资源。资源是企业成长的基础。没有充分的优势资源，企业是很难发展的。企业资源一般包括三大类：企业有形资产、企业无形资产、企业人力资源和组织能力。企业有形资产是指可以在公司资产负债表上体现的资产，如房地产、生产设备、原材料等。企业无形资产，包括公司的声望、品牌、文化、技术知识、专利、商标以及各种日积月累的知识和经验。如迪士尼最重要的无形资产便是迪士尼的品牌形象米老鼠和唐老鸭等。企业无形资产在使用中不会被消耗，相反，正确地运用还会升值。企业无形资产往往是公司竞争优势的基础。企业人力资源和组织能力，是资产与管理因素的现实的、复杂的结合。它可以体现在精益制造、高质量生产、对市场的快速反应等方面。例如迪士尼认为，合作精神和能力是其取胜的重要组织能力。

（2）企业是国家的基本经济单位。企业是社会经济力量的基础。企业生产力的总和构成社会生产力。企业经济效益的好坏对国民经济的发展有着重要的影响。企业的规模和数量、企业的活力和素质决定着国民经济的发展规模和速度。国有大中型企业控制着国家的经济命脉，如金融、铁路、电信、航空、石油、电力等关键性领域基本都掌握在国有企业手中；小微企业在增加就业、促进经济增长、科技创新与社会和谐稳定等方面同样发挥了重要的积极作用。

（3）企业是依法设立、自主经营、独立核算、自负盈亏的经济组织。经济组织是指如家庭、企业、公司等按一定方式组织生产要素进行生产、经营活动的单位，是一定的社会集团为了保证经济循环系统的正常运行，通过权责分配和相应层次结构所构成的一个完整的有机整体。经济组织的范围很广，包括公司、集团、商行、事业单位、研究机构、慈善机构、代理商、社团、私募基金或上述组织的部分或组合。企业区别于其他经济组织的主要特点在于以赢利为目的，自主经营、独立核算、自负盈亏。

知识链接

企业与事业、行政单位的区别

在我国，与经济活动有关的单位，大致分为三种类型：第一类是企业，它是独立核算、自主经营、自负盈亏的经济实体。它以从事生产经营等各项经济活动的收入来抵偿自己的支出，并依法纳税。第二类是事业单位，它的经费是从国家财政中的事业费开支的，大多不具备自负盈亏的能力，在经济上是不能独立的。货币被企业叫"资金"，而在事业单位叫"经费"。事业单位如科学研究机构、勘察设计机构等。第三类是行政单位，它的经费是从国家财政中的行政管理费开支的，属于非经济组织，具有行政管理的职能。

（4）企业的生产经营成果通过交换与消费者或其他生产单位发生经济联系，在满足社会需要的同时获得收益。企业不同于任何行政、事业机构，它必须赢利才能生存下去。赢利是企业创造附加性价值的组成部分，也是社会对企业所提供的产品和服务满足社会需要的认同与回报。企业的目标是创造利润。为了获取利润，企业必须具有效益。企业的效益包括经济效益和社会效益两个方面，赢利性是企业最本质的特征。

关键概念

营利、赢利与盈利的区别

"营利""赢利""盈利"这三个词语发音相同，词义也极容易产生混淆。不少人望文生义，把"营利"的"营"错误地理解为"经营"。"营"在这里是"谋取"的意思。韩愈《送穷文》中"蝇营狗苟，驱去复还"，"营利"解释为"谋取利润"是非常正确的。

"营利"有两个近义词——"牟利""谋利"，说的都是"谋取利益"。以赚钱为目的，但是未必赚到钱。比如，老板经常告诫下属——"采购公物，千万不可从中牟利。"这句话也可以这样说："采购公物，千万不可从中营利。"说到"营利"就不能不提到"非营利"，国内外有不少"非营利组织"（Non-Profit Organization，NPO）。因为按照国际惯例的界定，NPO 最重要的一条就是不得以追求利润为目的，即"非营利"。

"赢利"有两个意思：一是古汉语里称为"赢"。《战国策·秦策五》中有个例证："归而谓父曰：耕田之利几倍？曰：十倍。珠玉之赢几倍？曰：百倍。"即指扣除成本获得的利润。二是说收益增加赚到了钱，但未必有利润，可能亏本，也可能盈余；如《商君书·外内》："农之用力，最苦而赢利少。"

"盈利"的近义词是"红利、盈余"，反义词是"亏本、亏损"，可见，"盈利"就是"收支相减扣除成本之后赚到的利润"。

三、企业功能与任务

市场经济中，企业作为生产者与消费者成为市场活动的主体，承担着满足市场需求的责任，构成了市场经济的基本细胞。

企业的基本功能是商品生产和商品交换。从社会经济系统的角度来考察，企业是一个资源转换体，它将各种社会资源转化为有用的商品和服务，满足社会的需要，如图1-1所示。

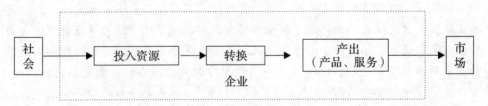

图1-1 企业的功能

作为一个经济组织，其基本行为是根据社会经济环境的要求，优化资源投入，合理组织生产和销售，降低生产和经营成本，提高产品和服务质量，提高经营效率，以获得最大利润。因此，企业的任务是通过资源的有效转换，为自身提供经济效益，同时也为社会提供社会效益。如果一个企业不能有效地为社会创造财富就失去了它存在的意义；如果一个企业不能使自身获得经济效益，就无法在激烈的市场竞争中生存。所以，企业的任务是满足社会需求及获取盈利。

四、企业可持续发展的特征

　　人类要永续生存和不断发展，就必须确保与社会和自然界的和谐统一，在物质财富不断增长的同时也要保证自然资源得以持续地使用。作为独立经济单位的每个企业也要走可持续发展的道路，以确保取得长远的经济效益。实现了可持续发展战略的企业不会在短期内消耗殆尽自己的各种资源，一般来说比其他企业寿命要长。著名经济与管理学家阿里·德赫斯（Arie De Geus）根据自己在皇家荷兰壳牌集团公司 38 年的工作经验，以及对世界上可持续发展的公司进行研究后，总结出长寿公司的四项重要特质：对环境敏锐的反应和适应；有高度凝聚力与认同感；审慎的融资理念和稳健的财务运作；创新性的思考。企业要有可持续发展的实力，必须具备以下基本特征：

　　（1）好企业的骨架——健康稳定的产品业务结构。健康稳定的产品业务结构是持续成功企业的首要特征。专业化企业健康稳定的业务结构意味着完整有效的现有业务结构（主营产品、辅营产品、新产品）和在专业领域内的新产品研究开发能力。对于多元化企业来讲，健康稳定的业务结构意味着企业在主营业务、辅营业务、新业务三个方面取得了一种合理比例，在产业群结构中形成了提供连续性业务增长的多元动力。

　　良好的业务结构是一个不断变化、调整的动态的业务结构系统，持续成功企业卓越的能力在于适应市场的变化而不断检讨、更新业务结构的组成要素和各组成的比例。业务结构内部强调的是适当的发展变化，但整体的业务结构则强调健康稳定。好的业务结构如人的骨架，没有健康的骨架支撑，人体就会倒塌，最终不能正常生存。中国许多曾经名噪一时的企业，最后往往由于产品单一、产品生命周期太短，导致企业无法经营下去。

　　（2）好企业的头脑——卓有成效的领导团队。优秀的领导团队是持续成功企业的第二个重要特征。企业一时的成功可能是因为某个人，然而要持续发展却只能靠机制、靠团队。没有一个连续性的统一的管理团队，在竞争环境下，成功可能会随着主要领导人的消亡而消亡。中国古语云"三思而后行"，企业要持续成功，领导者作为企业的大脑，也必须"三思而后行"。西方许多家族企业能够持续生存百年甚至几百年，与其管理文化和文化认同团队有关。

　　（3）好企业的细胞——基本切合企业需要的人力资源。在现代人力资源已经成为企业所有可用资源中的核心资源，核心资源决定着核心生产力。一个持续成功的企业必须具有完善的人力资源管理制度，还要能及时从社会系统中挖掘到足够的符合企业发展需要的人力资源，并且确保这些人力资源对企业成功发挥出较好的水平，从而推动企业的发展。

　　（4）好企业的心灵状态或内环境——相对开放平衡的文化。企业文化能够反应企业提倡什么，反对什么。相对开放和平衡的企业文化可以维系组织凝聚力，还是组织活力发展的重要催化剂。失去了文化开放性和活力的公司必然反对任何有益于企业本身发展的变革，往往故步自封、作茧自缚，最后黯淡消亡。

　　（5）好企业的血液循环系统——高效能的经营管理机制。高效能的经营管理机制也是企业持续成功的关键之一。机制是组合运用所有企业资源，将企业事业向前推进的传动装置。高效能的经营管理机制能够完成企业资源的高效配置，从而使企业能够得到理想产出。

想要保持持续成功，企业领导者需要从以上五个方面考虑，改进和完善企业，促进企业发展。

任务二　了解企业的创建

按企业制度的形态构成，可以将企业分为个体企业、合伙制企业和公司制企业。这是国际上对企业进行分类的一种常用方法。

一、企业创建的方式

（一）个体企业

个体企业是由一个人出资设立的企业，又称个人企业。出资者就是企业主，企业主对企业的财务、业务、人事等重大问题有决定性的控制权。企业主享有企业的全部经营所得，独自承担企业风险，对企业债务负无限责任。这种最早期的企业形式从法律上看，不是法人企业，是自然人企业。

个体企业一般规模较小，注册资金没有限制，内部管理结构简单。在市场经济体制下，这种企业形式数量庞大，占企业总数的大多数，但由于规模较小，发展能力有限，所以在整个经济中不占有支配地位。个体企业通常存在于零售商业、服务业、手工业、自由职业、个体农业等领域。

1. 个体企业特点

（1）投资人为一个自然人，且只能是中国公民。个体企业不同于公司企业和合伙企业，它只能有一个投资人，且只能是具有中国国籍的自然人。由于投资是一种经营行为，因此要求自然人也应该具有相应的民事行为能力。

（2）有合法的企业名称。名称是企业的标志，企业必须有符合国家关于企业名称登记管理的有关规定的名称。企业名称应与其责任形式及从事的行业相符合。名称中不得使用"有限""有限责任"或"公司"字样，同时在企业名称中不得表明与其从事的行业不相符的内容。

（3）有投资人申报的出资。个人独资企业法没有对出资方式和出资额作限制性规定，只是规定要有出资。出资方式可以以货币出资，也可以用实物、土地使用权、知识产权或其他财产权利出资，采取用实物、土地使用权、知识产权或其他财产权利出资的，应将其折算成货币数额。投资人申报的出资额应当与企业的生产经营规模相适应。个人独资企业投资人在申请企业设立登记时明确以家庭共有财产出资的，应当依法以家庭共有财产对企业债务承担无限责任。

（4）有固定的生产经营场所和必要的生产经营条件。生产经营场所包括企业的住所和与生产经营相适应的处所。住所是企业的主要办事机构所在地，是企业的法定地址。

（5）有必要的从业人员。要有与其生产经营范围、规模相适应的从业人员。

2. 个体企业优点

（1）建立程序比较简单易行。

（2）个人出资，个人经营，利润归个人。这种"发财"机制能最大限度地激发个人创造性，满足个人成就感。

（3）一般规模较小，产权能够自由地转让，适应性强。

（4）企业信息公开的资料少，保密性强。

3. 个体企业缺点

（1）多数个体企业本身财力有限，取得贷款的能力较差。

（2）企业的生命力弱，寿命有限，往往与业主同存亡，当业主出现死亡、破产、犯罪、不愿意继续经营时，企业则终止。

（3）一旦经营亏损，除了企业本身财产要清偿债务外，业主个人财产也必须来清偿债务，即业主承担无限责任。

知识链接

个体企业和私营企业的区别

私营企业是指由自然人投资设立或由自然人控股，以雇佣劳动为基础的营利性经济组织。通俗说，就是私人出钱开办的企业。

个体企业，一般称为个体工商户，是指有经营能力并依照《个体工商户条例》的规定经工商行政管理部门登记，从事工商业经营的公民。个体工商户是从事工商业经营的自然人或家庭，主要以商铺门店为经营方式，通过零售商品和提供民生服务为手段获得收入，一个注册个体工商户，背后至少有一个个体工商户主。

个体工商户和私营企业的区别在于"规模"。一般而言，雇工数量在一二十人以内，工商注册不是"公司"，这就是个体工商户了。但有的个体工商户在生意做大后雇佣了许多员工，年业务规模超过1000万，基本已经形成小型企业的稳定规模，但只要没有注册公司，在统计意义上依旧是个体工商户。一些专业市场上的"大户"，如服饰市场、建材市场、家具市场、水产市场、茶叶等市场上，也会看到经营规模大、实力雄厚的"个体工商户"，有的甚至早已是"前店后厂"经营了。

（二）合伙企业

合伙企业，是指自然人、法人和其他组织依照《中华人民共和国合伙企业法》在中国境内设立的，由两个或两个以上的自然人通过订立合伙协议，共同出资经营、共负盈亏、共担风险的企业组织形式。

合伙企业一般无法人资格，只须缴纳个人所得税。国有独资公司、国有企业、上市公司以及公益性事业单位、社会团体不得成为普通合伙人。合伙企业可以由部分合伙人经营，其他合伙人仅出资并共负盈亏，也可以由所有合伙人共同经营。

1. 合伙企业特点

（1）生命有限。合伙企业容易设立也容易解散。合伙人签订了合伙协议，就宣告合伙企业的成立。新合伙人的加入，旧合伙人的退出或死亡、自愿清算、破产清算等均可造成原合伙企业的解散以及新合伙企业的成立。

（2）责任无限。合伙企业作为一个整体对债权人承担无限责任。按照合伙人对合伙企业的责任，合伙企业可分为普通合伙企业和有限责任合伙企业。普通合伙的合伙人均为普通合伙人，对合伙企业的债务承担无限连带责任。例如，甲、乙、丙三人成立的合伙企业破产时，当甲、乙已无个人资产抵偿企业所欠债务时，虽然丙已依约还清应分摊的债务，但仍有义务用其个人财产为甲、乙两个人付清所欠的应分摊的合伙债务，当然此时丙对甲、乙拥有财产追索权。有限责任合伙企业由一个或几个普通合伙人和一个或几个责任有限的合伙人组成，即合伙人中至少有一个人要对企业的经营活动负无限责任，而其他合伙人只以其出资额为限对债务承担偿债责任，并且这类合伙人一般不直接参与企业经营管理活动。

（3）相互代理。合伙企业的经营活动，由合伙人共同决定，合伙人有执行和监督的权利。合伙人可以推举负责人。合伙负责人和其他人员的经营活动，由全体合伙人承担民事责任。换言之，每个合伙人代表合伙企业所发生的经济行为对所有合伙人均有约束力。因此，合伙人之间较易发生纠纷。

（4）财产共有。合伙人投入的财产，由合伙人统一管理和使用，不经其他合伙人同意，任何一位合伙人不得将合伙财产移为他用。只提供劳务，不提供资本的合伙人仅有权分享一部分利润，而无权分享合伙财产。

（5）利益共享。合伙企业在生产经营活动中所取得和积累的财产，归合伙人共有。如有亏损亦由合伙人共同承担。损益分配的比例，应在合伙协议中明确规定；未经规定的可按合伙人出资比例分摊，或平均分摊。以劳务抵作资本的合伙人，除另有规定外，一般不分摊损失。

2. 合伙企业的优点

（1）与个人独资企业相比较，合伙企业可以从众多的合伙人处筹集资本，合伙人共同偿还债务，减少了银行贷款的风险，使企业的筹资能力有所提高。

（2）与个人独资企业相比较，合伙企业能够让更多投资者发挥优势互补的作用，比如技术、知识产权、土地和资本的合作，并且事关每个投资者切身利益，大家共同出力谋划，集思广益，提升企业综合竞争力。

（3）由于合伙企业中至少有一人负无限责任，使债权人的利益受到更大保护，在这种无限责任的压力下，更能提升企业信誉。

（4）一般合伙企业盈利更多，因为合伙企业交的是个税而不是企业所得税，这也是其高风险成本的收益。

3. 合伙企业的缺点

（1）由于合伙企业的无限连带责任，对合伙人不是十分了解的人一般不敢入伙。就算以有限责任人的身份入伙，由于有限责任人不能参与事务管理，这就产生对无限责任人的担心，怕其不全心全意地干。而无限责任人在分红时，觉得所有经营都是自己在做，有限责任人就凭一点资本投入就坐收盈利，故会感到委屈。这种情况使得合伙企业很难做大做强。

（2）虽说连带责任有利于保护债权人，但在现实生活中却往往不然。如果一个合伙人有能力还清整个企业的债务，而其他合伙人连还清自己那份的能力都没有时，按连带责任来讲，这个有能力的合伙人应该还清企业所有债务。但是，有能力的合伙人如果这样做了，再去找其他合伙人要回自己垫付的债款就麻烦了，因此，有能力的合伙人一般不会这样独立承担所有债款的。

4. 合伙企业设立条件

（1）有两个以上合伙人，并且都是依法承担无限责任者。

（2）有书面合伙协议。

（3）有各合伙人实际缴付的资金。

（4）有合伙企业的名称。

（5）有经营场所和从事合伙经营的必要条件。

课堂讨论

股东之间的摩擦

老李与一帮好友合股组成一家小公司，大家所出的股本相同。公司的运作需要各股东共同参与，共同付出时间和精力打理公司的事务。

有些股东做事非常投入，早来晚走，工作认真，周末都不休息。但有些股东则迟到早退，做事懒散，开会常常缺勤，办事也不够认真。于是股东之间经常发生摩擦，于是有人建议散伙。

讨论：（1）身为股东之一的老李，应该如何处理公司这种人事问题？

（2）你认为合伙企业运作过程中最应该注意的问题是什么？

（三）公司制企业

如果创业者对某一项目有着浓厚的兴趣，又有一定的资金，而且只想对自己出资部分承担相关责任，不想参与企业日常各项事务管理的话，那么公司制模式是较好的选择。

公司是指依照《公司法》设立的，有独立的法人财产，以盈利为目的的企业法人，是现代企业主要的典型的组织形式，具有两个主要特点：第一，公司就是法人。公司是一个法人团体，具有法人地位，具有与自然人相同的民事行为能力。这是现代公司制的根本特点。第二，公司实现了股东最终财产所有权与法人财产权的分离。

1. 公司制企业形式

依据《公司法》，我国的公司制企业有两种形式：有限责任公司、股份有限公司。两类公司均为法人，投资者可受有限责任保护。

（1）有限责任公司。由50个以下股东出资设立，股东以其认缴的出资额为限对公司承担责任。只有一个自然人或一个法人股东的有限责任公司称为一人有限责任公司。一人有限责任公司的股东不能证明公司财产独立于股东自己财产的，应当对公司债务承担连带责任。与个人企业相比，一人有限责任公司在经营管理中更加严格，它需要设立公司章程，提供独立的财务报表并接受每年度的财务审计。在税收上，一人有限责任公司需要缴纳公司所得税和股东的个人所得税。

为了进一步激发中小投资者的创业活力，2014年2月18日国务院完善了注册资本登记制度改革方案，取消了有限责任公司最低注册资本3万元、一人有限责任公司最低注册资本10万元、股份有限公司最低注册资本500万元的限制。股东可以用货币出资，也可以用实物、知识产权、土地使用权等可以用货币估价并可以依法转让的非货币财产作价出资；对作为出资的非货币财产应当评估作价，核实财产，不得高估或者低估作价。法律、行政法规对评估作价有规定的，从其规定。

（2）股份有限公司。股份有限公司是将全部资本分为等额股份，股东以其认购的股份为限对公司承担责任。设立股份有限公司，发起人须 2 人以上 200 人以下。

2. 公司制企业的优点

（1）具有无限寿命。公司制企业，所有者与管理者相分离。企业所有者只凭借股份表明其对企业的所有权，如果所有者发生意外事故，只可能影响企业的经营权，并不影响公司的继续经营。公司制企业可以无限存续，一个公司在最初的所有者和经营者退出后仍然可以继续存在，减少了公司的经营风险，为公司在资本市场中融资和在产品市场中建立战略联盟打下良好基础。

（2）有限债务责任。公司债务是法人的债务，不是所有者的债务。所有者的债务责任以其出资额为限。对股东的有限责任减少了股东的投资风险，提高了股东的投资积极性，更有利于公司吸收股东的投资。

（3）所有权的流动性强。所有权的转让必将导致企业的变更登记或清算。所有权的流动性表明了所有者投资的风险：流动性越强，风险越小。有限责任公司不发行股票，对股东只发放一张出资证明，股东转让出资需要由股东会或董事会讨论通过；股份有限公司可以发行股票，股票可以自由转让和交易。因此公司制企业所有者的风险因为所有权的流动性而小于独资和合伙所有者的风险。

（4）资本市场的优越地位。公司制企业融资渠道较多，由于公司制企业的无限寿命和所有权的流动性，因此它对市场上的债权人和权益投资者都有较大的吸引力，容易在市场上筹集所需资金。相比，独资企业和合伙企业因为有限寿命和缺乏所有权的流动性而难以被市场投资者认可，因而难以筹集资金。

3. 公司制企业的缺点

（1）双重课税。公司作为独立的法人，须向政府交纳企业所得税，再将税后利润分配给股东。股东在收取公司分配的利润时，又向政府缴纳个人所得税。因此相同的企业利润就被征收了两次所得税。

（2）组建公司的成本高。由于公司制企业的有限责任，因此企业的风险就有一部分被转移到企业债权人和潜在投资者身上。为了保护这些债权人和潜在投资者的利益，国家对公司制企业的成立条件要求比建立独资或合伙企业严格。对股份有限公司设立了增发股票的限制条件，对上市公司增加了财务信息公开的强制性要求。这直接限制了公司的财务管理能力，也使公司的经营信息公开化，使公司处于不利地位。

（3）存在代理问题。经营者和所有者分开以后，经营者称为代理人，所有者称为委托人，代理人可能为了自身利益而伤害委托人利益，因此许多企业会有比较高的代理成本。

根据我国相关法律规定，创业者可以选择有限责任公司、股份有限公司、合伙和个人独资等企业形式。股份有限公司注册要求较高，且须经省级政府的批准，不为一般的创业者所采用。合伙和个人独资创业者须承担无限责任，所以选择这两种企业形式的也相对较少。因此，有限责任公司是绝大多数创业者所乐于采用的企业形式。

知识链接

创业初期五准备

一、心理准备

做生意是一条赚钱之路，这是大家所公认的。但是，商场如战场，有赚就有赔，既要有吃苦的思想准备，还得有承担失败的心理准备。所以，从商之前要先培养良好的心理素质，以便面对所出现的一切状况。

二、项目准备

经商做生意可选择的项目较多。可以摆地摊出售针头线脑、布匹衣服、蔬菜水果等，可以开办小超市、百货店、餐馆、书店、农资门店等，可以从事农产品收购、中介、长途贩运，但总的一点是做熟不做生，选择自己了解的行业或与自己兴趣爱好有关的行业去做，这样更会得心应手。

三、资金准备

要保证企业每天正常运转，就要制定周密的资金运作计划。在企业刚启动时，一定要做好3个月以上或预测的盈利期之前的资金准备，如果资金不足，可从小本生意做起，等积累了一定的资金后再做大，开业后可能会出现各种状况，比如销售不畅、人员增加、费用增加等，所以要随时调整资金运作计划。创业者最好要了解一些必要的财务知识。

四、经营知识

经商者必须具备一定的经营知识，如如何进货，如何打开销路、消费者如何定位等。想要了解这些，除了向有经验的人取经学习外，也可以购买和订阅一些营销类报刊，从中借鉴优秀商人的经验。

五、人际关系准备

经商做生意，会涉及许多问题，如要善于和工商、税务、质检、银行这些部门打交道。同时，在进货、销货、拓展市场、广告宣传时，也要和别人建立良好的人际关系，获得帮助。这些，对经商者来说，都是十分重要的。大学生创业由于缺乏社会经验和商业经验，如果把自己独立地放在整体商业社会，往往会难以把握。这时可以先给自己营造一个小的商业氛围，如进入行业协会就是比较有效的一条途径。同时，创业者也可以选择一个能提供有效配套服务的创业（工业）园区落户，借助其提供的优惠政策、财务管理、营销支持等服务，帮助自己发展。

二、企业设立的程序

（一）个人独资企业设立登记程序

1. 设立登记需要提交的文件

（1）经营者签署的《个体工商户开业登记申请书》。

（2）经营者的身份证复印件。

（3）经营场所使用证明。

（4）申请登记的经营范围中有法律、行政法规和国务院决定规定必须在登记前报经批准的项目，应当提交有关许可证书或者批准文件复印件。

（5）委托代理人办理的，还应当提交经营者签署的《委托代理人证明》及委托代理人身份证复印件。

（6）家庭经营的，提交居民户口簿或者结婚证复印件作为家庭成员亲属关系证明，同时提交其他参与经营的家庭成员的身份证复印件。

（7）名称预先核准的，提交名称预先核准通知书。

（8）外省人员须提供暂住证。

2. 设立登记程序

提出申请——受理申请材料——审核材料——核准登记——颁发营业执照。

投资人或其委托的代理人向个人独资企业所在地的登记机关提出设立申请。从事法律、行政法规规定须报经有关部门审批的业务，如烟草、旅店、印刷、音像制品等，在申请设立登记时还应提交有关部门的批准文件。登记机关应当在收到申请文件起 15 日内，对符合个人独资企业法规规定条件的予以登记，发给营业执照；对不符合个人独资企业法规规定条件的，不予登记，并发给企业登记驳回通知书。个人独资企业的设立登记流程如图 1-2 所示。

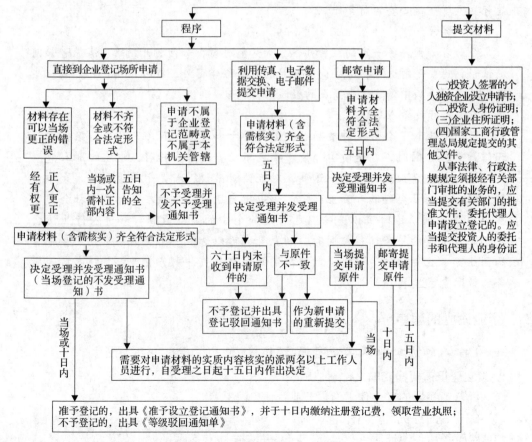

图1-2 个人独资企业的设立登记流程

（二）合伙企业设立登记程序

1. 设立登记需要提交的文件

（1）全体合伙人签署的设立登记申请书。

（2）全体合伙人的身份证明。

（3）全体合伙人指定的代表或者共同委托的代理人的委托书。

（4）合伙协议：合伙人的姓名及其住所；合伙人出资的方式、数额和缴付出资的期限；利润分配和亏损分担办法；合伙企业事务的执行；入伙与退伙；合伙企业的解散与清算；违约责任；合伙的经营期限；合伙人争议的解决方式等。

（5）出资权属、经营场所证明。

（6）国务院工商行政管理部门规定提交的其他文件；法律、行政法规规定的设立合伙企业须报经审批的，还应当提交有关批准文件。

2. 设立登记程序

合伙企业设立登记分为两个阶段，第一阶段为名称预先核准。按《企业名称登记管理规定》登记，名称中不可使用"公司""有限"或"有限责任"字样。企业名称预先核准应提交名称预核申请表、委托书（粘贴被委托人身份证复印件）、合伙人身份证明等文件和证件。第二阶段为设立登记。合伙企业设立登记必须在企业名称保留期（6个月）内申请。法律、行政法规规定设立合伙企业必须报经审批的，申请人必须在批准之日起90天内持审批文件向登记机关申请设立登记。合伙企业设立登记应按要求提交材料，企业登记机关自收到申请人应提交的全部文件之日起30日内，作出核准登记或者不予登记的决定。

（三）有限责任公司的设立登记程序

1. 制定公司章程

我国《公司法》明确规定，订立公司章程是设立公司的条件之一。审批机关和登记机关要对公司章程进行审查，以决定是否给予批准或者给予登记。公司没有公司章程，不能获得批准；公司没有公司章程，也不能获得登记。公司章程由股东共同制定，每个股东均应在章程上签名、盖章。股东会会议作出修改公司章程、增加或者减少注册资本的决议，以及公司合并、分立、解散或者变更公司形式的决议，必须经三分之二以上表决权的股东通过。

有限责任公司的章程，必须载明下列事项：公司名称和住所；公司经营范围；公司注册资本；股东的姓名和名称；股东的权利和义务；股东的出资方式和出资额；股东转让出资的条件；公司机构的产生办法、职权、议事规则；公司的法定代表人；公司的解散事由与清算办法；股东认为需要规定的其他事项。

2. 报经批准

对于一般有限责任公司来说，报经审批并非必经的法律程序。我国《公司法》第6条规定："法律、行政法规规定设立公司必须报经批准的，应当在公司登记前依法办理批准手续。"目前，我国法律、行政法规规定在登记前须报经审批的公司有三种：一是特定类型的公司，即股份有限公司；二是特定性质的公司，即涉外公司，包括采取公司组织形式的外商投资企业及外国公司的分支机构；三是特定行业的公司，如金融、交通、邮电、医药等与国计民生关系重大的行业公司。

3. 股东出资

股东应当足额缴纳公司章程中规定的各自认缴的出资额，对货币以外的出资，必须进行评估作价，核实财产，不得高估或低估作价。但是，《公司登记管理条例》规定："股东不得以劳务、信用、自然人姓名、商誉、特许经营权或者设定担保的财产等作价出资。"以工业产权、非专利技术作价出资的金额不得超过有限责任公司注册资本的 20%，但国家对采取高新技术成果有特别规定的除外（以高新技术成果作价出资的金额，不得超过公司注册资本的 35%）。股东以货币出资的，应当将作为出资的货币足额存入准备设立的有限责任公司在银行开设的临时账户。以非货币财产作价出资的，应当依法办理其财产权的转移手续。股东全部缴纳出资后，必须经法定的验资机构验资并出具证明。有限责任公司成立后，发现作为出资的实物、工业产权、非专利技术、土地使用权的实际价额显著低于公司章程所定价额的，应当由交付该出资的股东补交其差额，公司设立时的其它股东对其承担连带责任。

4. 办理公司设立登记

股东的全部出资缴足并经验资后，由全体股东指定的代表或共同委托的代理人向公司登记机关申请设立登记，领取企业法人营业执照。公司营业执照的签发日期，为公司成立日期。

设立有限责任公司的同时设立分公司的，应当就所设分公司向登记机关申请登记，领取营业执照；公司成立后设立分公司的，应当由公司法定代表人向公司登记机关申请登记，领取营业执照。

知识链接

分公司与子公司

子公司是指一定数额的股份被另一公司控制或依照协议被另一公司实际控制、支配的公司。子公司具有独立法人资格，拥有自己所有的财产，自己的公司名称、章程和董事会，以自己的名义开展经营活动、从事各类民事活动，独立承担公司行为所带来的一切后果和责任，但涉及公司利益的重大决策或重大人事安排，仍要由母公司决定。母公司与子公司之间的控制关系是基于股权的占有或控制协议。一个公司如果拥有了另一公司 50% 以上的股份，就必然能够对该公司实行控制。虽然子公司处于受母公司实际控制的地位，许多方面都要受到母公司的管理，但法律上，子公司仍是具有法人地位的独立公司企业。子公司有自己的独立财产，其实际占有、使用的财产属于子公司，有自己的资产负债表。子公司和母公司各以自己全部财产为限承担各自责任，互不连带。

分公司是指在业务、资金、人事等方面受总公司管辖而不具有法人资格的分支机构，在法律上、经济上没有独立性，仅是总公司的附属机构。分公司没有自己的名称、章程，没有自己的财产，并以总公司的资产对分公司的债务承担法律责任。分公司虽然有公司字样但并非真正意义上的公司，公司名称只是在总公司名称后加上分公司字样即可。

　　某集团（总公司）拥有企业管理服务有限公司、蛋糕有限公司、食品有限公司一、食品有限公司二、企业咨询管理有限公司 5 家子公司，其中食品有限公司二在不同的地区拥有 3 家分公司（办事处）。如图 1-3 所示。

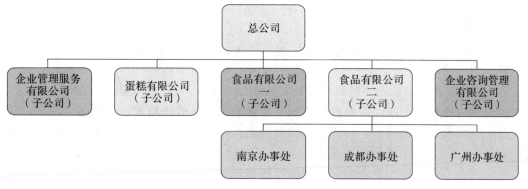

图1-3　某集团的分公司与子公司

任务三　构建企业的组织结构

　　企业为了开展生产经营活动，必须建立一个行之有效的结构。企业的组织结构是由若干职能不同的部门和管理权力不同的管理层次结合而成的。把它们之间的分工协作关系和领导从属关系，用一种形式衔接起来和固定下来，就形成了企业组织结构形式。通过这一形式处理部门和管理层次之间纵横交错的关系，从而使整个企业的生产经营活动有序、高效地进行。

一、组织结构设计的原则

　　设计科学的组织结构应从企业的实际情况出发，着重考虑企业经营规模、经营目标、业务的复杂程度。组织结构一旦确定应保持相对稳定性，不能朝令夕改，以免影响企业经营活动的连续性与稳定性，不过为了适应市场环境的变化，也需要进行相应的调整，以增强企业的应变能力。

（一）精简原则

　　所谓精简，就是在组织结构符合企业经营管理需要的前提下，把人员减少到最低程度，使组织结构的规模与所承担的任务相适应。组织结构在设计中，一方面为保证组织目标的实现，应使目标活动的每项内容都落实到具体的岗位和部门上，使"事事有人做"；另一方面，根据组织所能得到的人力资源状况来确定组织中适合设置的职位与部门，有效地利用组织人力资源，谋求人与事的有机结合。精简与效率往往是一致的，如果层次重叠，结构臃肿，人浮于事，企业就难以产生高效率。

（二）统一指挥原则

　　每一个下属部门只能向一个上级主管直接负责。法约尔曾经说过："一个下属人员不管采取什么行动，都只应接受一位上司的命令。"他认为"这是一项普遍的、永久必要的准则"。现代企业中，成千上万人一起劳动，只有统一指挥，才能使他们的步调一致起来。在统一指挥原则下，每一级职能部门，都只能由一个最高行政主管统一负责本级的全部工作，每个职位都必须有人负责，每个人都知道他的直接上级和下级是谁，并向直接上级负责，向下级传达行政命令。

（三）层幅适当原则

组织结构的设置应考虑组织结构运行的有效性，即应合理确定管理幅度与管理层次。管理幅度也叫管理跨度，是指一个上级领导能够直接、有效地指挥和监督下属人员的人数。管理层次是指从最高领导层到基层工作人员之间的领导层次的数量。

由于各种条件的限制，管理者有效统领下级的人数是有限度的，超过这个限度，就很难实现高效及正确的领导。因此，管理幅度的大小取决于多种因素的影响，如管理者的知识能力、经验、工作性质、生产特点及下级的工作能力、工作性质和分权程度等。一般来说，在一定规模的企业中，管理幅度的确定决定了组织的管理层次，两者成反比关系。如果管理幅度大，管理者管不过来；管理幅度小，则管理层次多，信息量损失大，指挥不及时，效率低。管理学者认为：在组织结构的高层，管理幅度一般为 4 ～ 8 人，低层一般为 8 ～ 15 人。

（四）权责对称原则

权责对称原则也称责权一致原则。"权"是指管理职位所具有的发布指令和希望指令得到执行的一种权力；"责"是指对相应职权所应承担的责任。权责对称是指组织内每一个层次，都有明确的完成任务的责任，同时授予能恰好完成这一任务所必需的权利。因为人既有渴求某种权力的心理，又有逃避责任的心理，因而会导致扩大权力和缩小责任的倾向。因此，要杜绝有职无权或有权无责的现象，使二者保持一致性。责大于权，会造成人们对责任的逃避；而权大于责，将导致权力的滥用。

（五）集权与分权结合原则

集权与分权是指职权的集中程度和分散程度。集权即职权的集中化，是指决策权在很大程度上向处于较高管理层的职位集中的组织状态和组织过程。集权有利于集中领导和统一指挥，有利于部门与整体的协调一致，有利于加强控制，形成统一意志。但集权限制了下属积极性、主动性和创造性的发挥，它使领导过多关注具体事物而不是重大问题，易于死板僵化。

分权即职权的分散化，是决策权在很大程度上分散到处于较低管理层次的职位上。分权有利于发挥下级的主动性和创造性，能够使下级自主工作，便于领导关注组织的重大问题，使组织有较强的灵活性。但分权容易导致各部门的本位主义倾向，影响整体利益，各自为政。

一个企业不会是完全的集权，也不会是完全的分权。企业划分各管理层次职权的原则是集权与分权相结合。集权与分权是统一的，在企业中，它通过统一领导、分级管理表现出来。企业集权与分权的程度取决于企业的具体情况而定：集权的程度，应以不妨碍基层人员发挥积极性为限；分权的程度，应以上级不失去对下级的有效控制为限。

（六）合理授权的原则

1. 授权

管理者没有必要事必躬亲，相反，应尽量发动别人去干工作，因此，授权是管理者实行分权最有效的手段。授权是指上层管理人员将适当的权力授予下属，让下属在指定的职责范围内做出决定和支配资源。授权一方面是向下属分派任务，并授予其权力，另一方面也要明确责任。授权者对被授权者有指挥、监督权，被授权者对授权者负有汇报情况及完成任务之责任。

2. 授权的要求

（1）明确职责。授予下属权力的同时也要把所承担的职责及要求达到的结果讲清楚。这样不仅有利于下属完成任务，还可避免下属推卸责任。否则，被授权的人不了解职责的性质、范围和所要求的结果，就不知道该做什么和做到什么程度。

（2）授权对象适合。以被授权者的才能大小和知识水平的高低为依据，"职以能授，爵以功授。"授权前，必须仔细分析工作任务的难易程度，以使职权授予最合适的人选。权力要授予那些真正愿意接受该权力的人，被授予权力的人要有运用权力完成任务的能力；一旦授予下属职权而下属不能承担职责时，应明智地及时收回职权。

（3）不可越级授权，只能对直接下属授权。例如，局长不能越过处长直接授权于科长。越级授权必然造成中层管理人员的被动，以及部门之间的矛盾。

（4）适当控制。授权只是把一部分权力分散给下属，而不是把与"权"同时存在的"责"分散下去，管理者的责任不会因为授权而消失。所以，授权者必须保留对下属适当的检查、监督、指导与控制，确保所授出的职权确实是为实现组织目标而使用。权力既可以授出去，也可以收回来，职权的原始所有者不会因为把职权授予出去而永久丧失自己的权利。

（5）有顺畅的沟通渠道。必须建立顺畅的信息沟通渠道，以使各分权主体能够进行协作，使上下级的信息顺畅流通。

（七）部门化原则

组织结构设计的实质是按照劳动分工的原则将组织中的活动专业化，而劳动分工又要求组织活动保持高度的协调一致性。协调的有效方法就是将组织部门化。组织的部门划分，主要是解决组织的横向结构问题。组织部门化的基本形式有以下五种：

（1）职能部门化。如图1-4所示，这种方式把业务性质相同或相似的工作任务组织在一起建立相应的部门进行管理。这种部门化遵循了管理分工和专业化分工原则，有利于发挥工作人员的专业技术水平，提高各部门的效率。但这样容易形成组织职能的专业性部门分割，造成部门本位主义，给协调工作带来一定的困难。

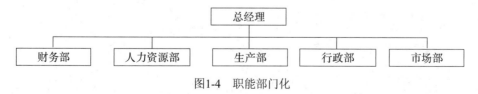

图1-4　职能部门化

（2）产品部门化。如图 1-5 所示，这种方式把生产某种或某系列产品的活动集中在一起，设立相应的部门进行管理。有利于集中专业技术力量并发挥其专长，发挥专用设备的效率，有利于促进企业的内部竞争，加强企业对外部环境的适应性。但会造成职能部门可能重叠而导致管理费用的增加，造成机构臃肿，同时产品之间的协调比较困难，管理效率比较低。

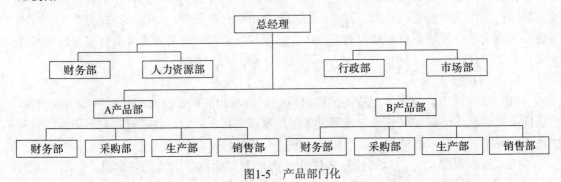

图1-5　产品部门化

（3）流程部门化。流程部门化是很多制造业厂商及连续生产型企业常用的方法，把完成任务的流程分为若干阶段，以此来划分部门。在制造企业，按不同的工艺流程将生产过程分解，以便进行专业化作业，如图1-6所示。这种部门化的优点在于符合专业化的原则，取得经济优势，利用专业技术和特殊技能，简化培训。但是一旦衔接出现问题，将直接影响总体目标。各部门之间沟通协作困难，要求最高层领导严格控制，不利于管理人才的全面培养。

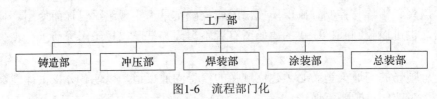

图1-6　流程部门化

（4）区域部门化。指将组织活动的特定区域作为划分部门的根据，把该区域范围内组织的全部活动集中起来形成一个部门，如图1-7所示，这是近年来跨国公司普遍采用的一种方式。如 IBM 公司就在中国设立了大中华区，同时在世界其他各地也分设了不同的区。这种方式有利于主管人员的培养和训练，便于考核，能对本地区环境的变化做出迅速的反应，不过这也会增加高层人员控制的难度，而且地区之间不易协调，常发生越区行使职权的现象。

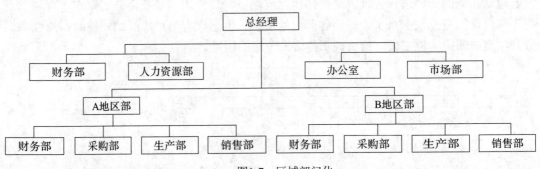

图1-7　区域部门化

（5）顾客部门化。指根据顾客的类型进行部门化，其理论假设是，每个部门的顾客存在共同的问题和要求，因此通过为他们分别配置有关工作人员，更好地满足顾客的需要。如图1-8所示，这种方式能使工作人员对不同类型的人员提供专业的服务，更好地满足顾客的要求。人们经常会看到服装公司有三个部门，即童装部、男装部和女装部。随着市场的发展，顾客部门化也越来越受到青睐。

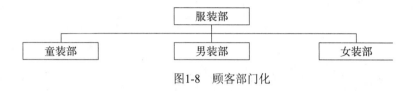

图1-8　顾客部门化

经典案例

　　安徽采蝶轩蛋糕集团创立烘焙品牌和经营生产焙烤食品有20余年。1992年，此蛋糕集团开设第一家店面，淘得企业的第一桶金。2001年第一家分店开业，从此后走上了连锁经营之路。2002年又建立大型工厂，从小规模经营转向连锁化经营道路。2010年3月份安徽采蝶轩蛋糕集团旗下某企业管理咨询有限公司成功注册，集团多元化发展步入新的台阶。2011年6月其旗下上海齐泓食品有限公司正式成立。2013年中心工厂二期3万平方米厂房开始建设，至此生产中心总面积超8万余平方，可完全满足采蝶轩蛋糕集团旗下各分子公司产品（见图1-9）需求。迄今，采蝶轩蛋糕集团在华东地区已创办了200余家直营连锁饼店。集团公司通过细分市场，规划多种经营模式，划分出适合大众消费的"采蝶轩"品牌和高端品质人群消费的"巴莉甜甜"品牌、受小孩欢迎的"卡乐圈"品牌以及时尚年轻街头饮品"采栀茶"品牌。

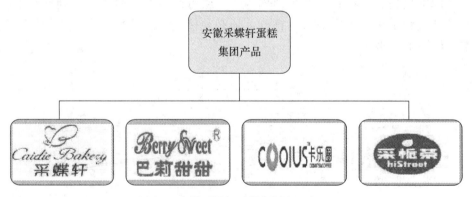

图1-9　安徽采蝶轩蛋糕集团旗下产品

二、组织结构的类型

　　企业的组织结构及其表现形式经历了一个从简单到复杂的历史发展和演变过程。合理的企业组织结构，从纵向看，应是一个统一的、自上而下的、领导自如的指挥系统；从横向看，应是各部门、环节密切配合的协作系统。下面按它的形成过程来说明企业组织结构的形式。

（一）直线制

直线制是最古老、最简单的一种组织结构形式。这种形式最初应用于军事组织，故又称"军队式结构"，后来逐渐在企业组织中得到了运用。它的特点是组织中各种职务按垂直系统直线排列，不存在管理的职能分工，也不设专门的职能机构，各级主管实行直线垂直领导。直线制组织结构如图 1-10 所示。

图1-10　直线制

这种组织结构比较简单，权力集中，责任分明，命令传递与信息沟通只有一条通道，任何下级都只接受各自唯一上级的命令，联系简单快捷，比较容易维护纪律和秩序。缺点是在组织规模较大的情况下，所有的管理职能都由一个人承担，个人由于知识和能力有限而往往难于应付，顾此失彼，可能会发生较多失误。因而，这种组织结构形式只适应于企业规模不大、生产技术工艺过程简单、产品单一的小型企业，或现场的作业管理。

（二）职能制

职能制是在"科学管理之父"泰勒提出的职能工长制的基础上演化而来的。它的做法是在企业中按不同职能进行部门分工，即从企业高层到基层，均把承担相同职能的管理业务及其人员组合在一起，设立相应的专业管理部门和管理职务。例如，把所有同销售有关的业务工作人员都集中起来，成立销售部门，由分管市场营销的副经理领导全部销售工作。这种结构要求行政主管把相应的管理职责和权力交给相关的职能机构，各职能机构有权在自己业务范围内向下级行政单位发号施令。因此，下级行政负责人除了接受上级行政主管人指挥外，还必须接受上级各职能机构的领导。职能制组织结构如图 1-11 所示。

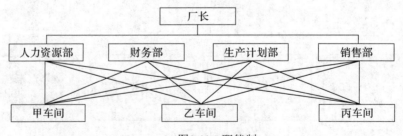

图1-11　职能制

职能制是直线制的发展，例如，新开的小饭馆雇用了三个伙计，实行直线制后，随着饭店的成功，开了连锁店，需借助专业人才来管理。老板聘请了专业人士来打理，逐渐形成了财务部门、营销部门、菜品开发部门等职能部门。其优点是能适应现代生产复杂技术和管理分工较细的状况，管理更加专业化，能充分发挥职能机构的专业管理作用，同时也减轻了直线人员的负担。但会因为存在多头领导，不易明确划分直线领导和职能机构的权限，容易争夺权力、推卸责任，因此，在实际上未能广泛使用。它的意义在于启发和促进了直线职能组织形式的形成。

（三）直线职能制

直线职能制组织结构是应用最为广泛的一种组织形态，它以直线制为基础，在各级行政负责人之下设置相应的职能部门，作为该领导的参谋，实行主管统一指挥与职能部门参谋、指导相结合的方式。

这种组织结构形式把管理机构与人员分为两类：一类是直线指挥结构和人员。他们向下级发布指示，并对该单位的工作负全面责任；另一类为职能机构与人员。他们是参谋，给直接领导当业务助手，不能对下级发布命令，只能起指导作用。直线职能制组织结构如图 1-12 所示。

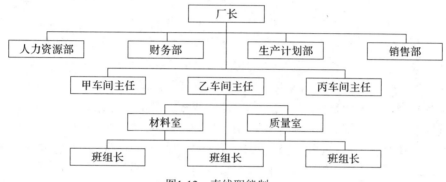

图1-12 直线职能制

直线职能制结合了直线制和职能制的优点，既能实现命令统一和指挥集中，又能发挥职能管理和职能参谋的作用，形成了有机的领导隶属、分工协作和指导监督关系。另外，这种组织结构稳定性高，在外部环境变化不大的情况下，易于发挥组织的整体效率。但在管理实践中也存在不足之处，主要是部门间缺乏横向交流，增加了上级主管的协调工作量；强调统一指挥，权利过于集中，实际上仍是典型的"集权式"管理；另外，按职能分工建立的组织结构形式通常刚性有余、弹性不足，对环境变化反应迟钝。一般适应于简单稳定的环境和利用标准化技术进行常规型、大批量生产的场合。目前，我国大多数中小企业，甚至机关、学校、医院等都采用此种结构，而对多品种生产和规模很大的企业及强调创新的企业来说，这种结构就不很适用了。

（四）事业部制

事业部制结构最早起源于美国的通用汽车公司。当时担任通用汽车公司常务副总经理的斯隆以事业部制的形式于 1924 年完成了对原有组织的改组，使通用汽车公司的整顿和发展获得了很大的成功，因而事业部制又称"斯隆模型"，目前已成为大型企业、跨过公司普遍采用的组织结构。

企业把生产经营活动按照产品或地区的不同，建立不同的经营事业部，将公司的战略决策和日常运营决策两项职能分离，分别由公司总部和事业部承担。总公司成为投资决策中心，保留重大人事决策、预算控制、战略决策等权利，主要利用利润指标对事业部进行控制。每个事业部均是一个半自主的利润中心，在总公司领导下，实行统一政策、分散经营、独立核算、自负盈亏的经营。事业部组织结构如图 1-13 所示。每个事业部对公司负有完成利润计划的责任，同时在经营管理上也拥有相应的权利。

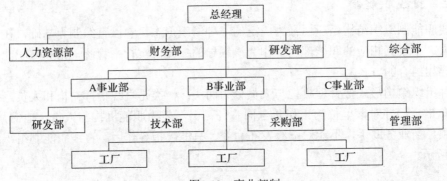

图1-13　事业部制

事业部制的优点：有利于公司的高层管理层摆脱日常行政事务，集中精力考虑战略性决策，强化决策结构；有利于培养和训练综合管理人才；每个事业部具有独立的利益，是一个分权单位，有利于调动其积极性和主动性，并能更好地适应市场；有利于把联合化和专业化结合起来，便于调整生产方向，更好地适应社会需求结构的变化。缺点：组织机构重叠，管理人员过多，增加了管理费用；集权与分权敏感，容易使各事业部只考虑本部门的局部利益，影响事业部之间的协作和公司的整体利益；事业部急于追求短期性的成绩，对需要长期或大量投资的新产品研制问题很难做到迅速决策。

当企业规模比较大，而且其下层单位具有独立的产品、市场、成为利润中心的时候才适宜采用事业部制的组织结构。因此，事业部制适合于企业规模较大、产品种类较多、较广泛地区分布的跨国公司或大型企业与企业集团。近年来，一些大型商品流通企业也开始采用这一组织结构形式。

课堂讨论

松下电器公司的组织结构

松下电器公司是世界上最大的电器公司之一，它成功的主要因素之一是其合理的组织结构。松下电器公司采用分级管理、分级核算，实行事业部制。公司经营管理分为两级，即总公司一级，事业部一级。总公司设有最高领导层与一套健全的职能机构。总公司以下按照产品建立事业部，事业部部长对事业部的经营管理负总责，事业部也设有一套职能机构。

松下电器公司是日本最早采用事业部制的企业。然而，各事业部独立后，比较容易脱离总公司的控制，各部门的合作也日益困难，同时高度专业化的部门不一定会有全局观念去应付所有产品的危机。因此，总裁松下幸之助集中四个主要功能来平衡分权之举。首先，松下设立严格的财务制度，由财务主管负责直接向总裁报告其财务状况，并且订立了严格的会计制度；其次，松下建立公司银行，各部门的利润都汇总于此，同时各部门增加投资时，必须向公司银行贷款；第三，实行人事管理权的集中，松下认为人才是公司最重要的资源，每一位超过初中学历的员工都必须经过总公司的仔细审核，所有的管理人员的升迁都必须经过总公司的仔细审查；第四，松下公司采取集中训练制度，所有的员工都必须经过松下价值观的训练。这样就形成了一种分权与集权的结合，但市场风云变幻莫测，分权与集权的机械式结合并不总是能应付自如。因此，松下电器公司总是不断地根据实际情况，对其结合方式不断进行调整，以确保组织的活力。

讨论：松下公司运行的是什么样的组织结构形式？如何理解组织结构作用？

（五）矩阵制

矩阵制又称规划——目标结构组织，该组织结构是从专门从事某项工作的工作小组形式发展而来的，在直线职能制垂直系统的基础上，再增加横向的指挥系统，形成了具有双重职权关系的矩阵制组织结构（见图1-14）。在矩阵制组织结构中，成员要受两位上级领导，不过，这种双重领导可能是针对不同方面的。

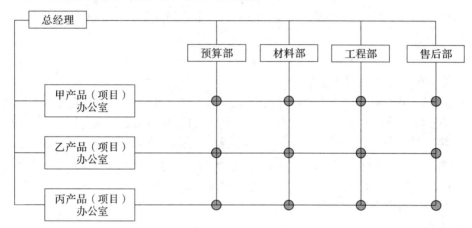

图1-14　矩阵制

为了完成某一特定任务，企业会派有关职能部门人员参加，组成临时的或长期的任务小组。任务小组一般是按照产品或服务项目组建，并设立小组负责人，在经理的直接领导下进行工作。参加任务小组的人员既受原来所在职能部门的领导，又受任务小组组长的领导。当任务完成后，任务小组就撤销，成员回到原来各职能部门，或转移到另一任务小组工作。

矩阵制的优点：灵活随机，适应性强，纵向与横向互通情报、交流信息、共同决策，人员能够灵活地执行任务，工作效率高；对人力资源的运用富有弹性，同一职能部门的知识和经验可以用在不同的项目或产品之中，能充分发挥各职能专家的作用；在新产品的开发中，把不同专业知识和经验的人才集中起来，可加速开发的进度。

缺点是容易产生临时观念，稳定性差。任务小组成员接受双重领导，违反统一指挥原则，当任务小组领导与职能部门领导意见不一致时，就会影响小组成员工作。

矩阵制组织结构适应于创新性任务较多、需要多部门相互配合或工作具有临时性或以科技开发为主的组织。

（六）组织结构的选择及其最新变化趋势

除了以上几种组织结构以外，近年来，还出现了多维立体结构、委员会制、网络型等组织结构形式，可以预见，随着信息技术的广泛应用和网络技术的不断发展，将会有更多、更新的组织结构形式产生。但是，不会有哪种组织结构能尽善尽美地适合所有企业，所以企业必须从自身的实际出发，加以应用。一般地说，选择企业组织结构形式，要考虑企业的规模大小、生产性质、产品种类的多少以及市场大小等因素。不同的企业会有不同的组织结构形式，同一企业在不同时期，组织结构形式也会发生变化。在同一企业中，也可能会把几种不同的组织结构形式结合起来应用，形成一个复合型的组织结构。总之，组织结构，不能固定不变，同时，也不能采取"一刀切"的办法。

组织结构变化的新趋势主要表现为以下四种。

1. 扁平化

扁平化管理是企业为解决层级结构的组织形式在现代环境下面临的难题而实施的一种管理模式。当企业规模扩大时，原来的有效办法是增加管理层次，而现在的有效办法是增加管理幅度。当管理层次减少而管理幅度增加时，金字塔状的组织形式就被"压缩"成扁平状的组织形式。

信息技术的迅速发展是扁平化组织产生的直接原因。现代信息通讯技术能够在极短时间内以最低廉的费用和最准确的结果去处理和传递信息，使得原在组织结构中从事信息处理和传递的中间层控制部门成为被裁减的首要对象。此外网络技术的日益完善，使基层员工通过网络系统能获得企业内与自身业务有关的任何信息，高层管理者也不必通过中间环节即可直接与基层员工进行沟通。现代企业的经营是以顾客满意为宗旨，不仅中高层主管，越来越多的基层员工会直接面向顾客，了解顾客需求。只有给基层员工以充分的权力，才能提高企业的市场应变能力。决策权面向基层的下放削弱了中层管理者的权力，使组织结构外型更加扁平化。

2. 柔性化

所谓柔性，同适应性一样是指可以连续性地做出临时性调整。由于组织是建立在个人、群体和组织内部各单位之间的动态合作以及与外部环境功能互补的基础之上的，因而柔性已成为组织在不确定环境中求得生存和发展的一个不可缺少的因素。柔性化组织正是要强调组织成员之间的信任、合作与信息共享。

组织结构的柔性化主要是指职权结构的合理化，合理化的标志是其适应内外部环境变化的能力，主要体现为集权化和分权化的合理统一，即在进行分权化的同时，要实行必要的权力集中；在实行集权化的同时，要给予最灵活的和最大限度的分权。通过权限结构的调整，适当下放中高层管理人员的权力，充分授予基层员工应付突发性事件的自主权力，以提高决策的实效性。如起源于日本丰田的准时生产制，为确保产品质量，授予一线员工发现质量隐患或问题有权自动停机的权力，这种权力的下放能够确保将质量隐患消灭在产品制造过程中。

3. 网络化

网络化实际上是扁平化的延伸。随着经济全球化进程的加快，许多企业纷纷寻找跨企业、跨行业、跨国界的组织之间的兼并与联合。通过"强强联合"态势集中资源优势、人才优势、技术优势和市场优势，达到取长补短，扩大销售网络和市场份额，使兼并或联合的企业更具有国际影响。这种通过联合和兼并等途径所形成的企业组织结构变革模式的大量出现，使组织结构呈现出明显的以横向一体化为特征的网络化趋势。

组织网络化是指一些独立的相关企业通过长期契约和股权的形式，为达到共享技术、分摊费用等，发挥各自专长，基于现代信息技术而联结起来形成的一种合作性企业组织群体。狭义的组织结构网络化是指企业中的多个部门组合成相互合作的网络，各网络结点通过密集的多边联系、互利和交互式的合作来完成共同追求的目标。

组织结构的网络化，使企业与企业之间打破了地区之间、国家之间的边界限制，将触角伸向世界的各个角落，在自发的市场机制的作用下，在全球范围内寻找合作伙伴，共同开发新的市场、新的产品、新的业务项目，其目的不仅仅是为了扩大企业规模或寻找较为低廉的生产用地，而主要是为了利用共享的生产要素，在联合企业内实现资源的优化配置，以取得所有单个企业所不能取得的联合经济效益。网络化组织结构将各个在技术上相同或相关的不同企业联结在一起，其基本组成单位是联结在一起的各个不同企业，即各个独立的经营单位。因此，企业之间的关系并非一般的市场关系，而是一种全方位的市场、技术、人才、研发、生产等合作关系。

4. 非正式化

随着互联网的广泛应用和信息技术的进一步发展，组织中的员工无需在固定的时间、固定的场所去完成固定的工作，也无需面对面去进行工作协商和工作汇报，只要在上司规定的期限内完成任务即可。上司对执行者任务进度和完成结果的监控完全可以通过企业内部的互联网进行。这种工作方式的变化使得组织结构日益呈现出非正式化趋势。

组织为了实现有效的分权，面向项目团队的授权方式越来越得到企业管理者的认可。因任务随着市场需求而变动，因此，团队成员之间没有长期的、稳定的协作关系，他们之间的结合是短期的、可变的，结合方式也由层级组织结构模式中的紧密型转向松散型。这种全新的授权方式使得组织结构变动性较大，灵敏性较高，可以做到随时根据新的市场需求，迅速成立项目小组，进行人力资源重组。由此，今后跨国公司组织结构的变化趋势，并不一定要有什么"标准"形状，不一定非得要画出组织结构图，组织是可以随时变动的，甚至是没有具体形状的。

》》 思考与练习

一、判断题

（1）企业的目标是获取最大利润，赚最多的钱。（　　　）

（2）个体企业和合伙制企业具有法人资格。（　　　）

（3）在组织成员一定的条件下，管理层次和管理幅度的关系是成正比关系。（　　　）

（4）股份有限公司是现代企业的主体形态。（　　　）

（5）管理幅度较小，而管理层次较多，则会形成高耸机构的组织，反之，则会形成扁平结构的组织。（　　　）

（6）企业经营的核心目标是满足社会需要。（　　　）

（7）组织结构的具体模式有很多种，但其中最主要的是直线制和事业部制。（　　　）

（8）母公司和子公司在法律上是同一个法人，母公司对子公司的债务负有责任。（　　　）

（9）企业是指拥有各种生产要素，并具有法人资格的基本经济单位。（　　　）

（10）管理具有自己的目标，它是高于组织目标之上的。（　　　）

二、单选题

（1）甲、乙两个人各出资100万元联合经营一企业，因经营不善而倒闭，负债400万元，法院判决每个出资者均负有200万元的偿债责任，该企业的性质属于（　　　）

 A. 股份有限制　　　　　B. 有限责任制　　　　C. 合伙制　　　　D. 全民所有制

（2）下列各项对公司的基本内涵理解不正确的是（　　　）。

 A. 公司是具备法人资格的企业　　　　　B. 公司是企业的一种重要形式

 C. 公司是依照国家法律设立的　　　　　D. 公司是由投资者直接经营的

（3）管理幅度与管理层次之间的关系是（　　　）。

 A. 正比例关系　　　　B. 无比例关系　　　C. 结构比例关系　　　D. 反比例关系

（4）根据《公司法》规定：有限责任公司注册资本的最低限额为人民币（　　　）。

 A. 无最低限制　　　　B. 3万元　　　　C. 10万元　　　　D. 500万元

（5）合伙企业是属于（　　　）。

 A. 自然人企业　　　　B. 法人企业　　　C. 公司企业　　　　D. 企业集团

（6）某公司经过多年的发展，已经成为拥有多家子公司和研究所的大型企业。公司所生产的产品涉及机械、电子、化工、轻工等多个行业，但在组织结构上，基本上还是沿用过去实行的集权直线职能制做法。最近，公司领导越来越清楚地认识到这已经很难适应公司进一步发展的需要，为此，决定进行改革。根据以上情况，你认为以下哪种做法比较好？（　　　）

 A. 精简产品和部门，集中发挥规模经济优势

 B. 各产品和部门都实行承包，并独立自主经营

 C. 按产品实行分权管理，成为独立核算、自负盈亏的利润中心

 D. 公司总部增设管理副职，加强领导班子建设

（7）直线职能型组织结构的主要缺点是（　　　）。

 A. 结构复杂　　　　　　B. 多头领导

 C. 职责权限不清　　　　D. 不利于调动下属的积极性和主动性

（8）股份有限公司的执行机构是（　　　）。

 A. 董事会　　　　　B. 股东大会　　　　C. 经理班子　　　　D. 监事会

（9）某大型证券公司将其所有活动组成了银行部、一级市场部、二级市场部、行政业务部等部门。其中，行政业务部下设国内业务部和海外业务协调部。按公司高层管理部门的计划，公司将在今后5年内，亚洲、欧洲、北美洲设立证券业务分公司。由此可见：（　　　）。

 A. 该公司目前采取的是职能型组织结构，5年后仍将维持这一结构

 B. 该公司目前按地区原则组织活动，5年后改为按业务性质组织活动

 C. 该公司现在采取职能及地区组织结构，5年后将改为按国家安排业务活动

 D. 该公司现在按业务性质组织活动，5年后将改为按地区组织结构

（10）在法人治理结构中，监事会应当对（　　　）。

 A. 股东大会负责　　　　B. 董事会负责

 C. 首席执行官负责　　　D. 总经理负责

三、多选题

（1）经济组织若要成为法人企业，必须同时具备以下法律特征（　　　）。

A. 依法成立　　　　B. 按经济规律经营

C. 拥有独立支配的财产

D. 以自己名义进行生产经营活动并承担法律责任

E. 企业员工有明确的岗位职责

（2）授权的好处主要表现为（　　　）。

A. 培养人才　　　　B. 发挥下属的专长

C. 提高工作效率　　D. 减轻上级工作负担

（3）影响有效管理幅度的因素有（　　　）。

A. 管理人员及其下属的能力　　　　　B. 工作的内容及性质

C. 工作条件　　　　D. 工作环境

（4）矩阵型组织结构的缺点有（　　　）。

A. 部门间难以协调　　B. 灵活性不强　　　　C. 多头领导　　　　　D. 适应性不强

（5）组织结构设计的原则包括（　　　）。

A. 精简原则　　　　B. 统一指挥原则

C. 权责对称原则　　D. 层幅适当原则

E. 集权与分权结合原则

四、思考题

（1）下列组织中，哪些是企业？

钢铁公司、工商银行、小学、商场、工商管理所、机关食堂、酒店、运输公司、建筑公司、个体工商户、农村承包户

（2）一所机械职业技术学院为了保证学生实习和实训需要，建立了一个工业加工中心，具备生产机械产品的能力。这个工业加工中心是企业吗？

（3）有哪些常见的组织结构类型？它们各自的优缺点是什么？

（4）组织设计中需要注意什么问题？

（5）什么是管理幅度和管理层次？它们有何关系？影响管理幅度的因素有哪些？

五、能力拓展与训练题

对所就读的学院的组织结构或某一企业进行充分调研，在此基础上，运用所学知识绘制调研对象的组织结构图，并进行说明与分析，提交报告，要求如下：

（1）所绘制的组织结构图应符合实际。

（2）对所绘制的组织结构图中的层次结构、管理幅度、部门划分的依据及目的、部门职责等进行分析。

（3）对此组织结构的特点进行分析。

管理与管理者

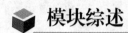

模块综述

管理是一种最普遍、最重要的社会现象。管理是科学与艺术的统一，一方面要用科学的原理作指导，另一方面要提高管理的实践艺术。管理者应清晰地认识自己的角色定位，提高管理技能，这是正确而有效地履行管理职能的重要保证。

学习目标

理解管理的定义及其重要性与必要性；掌握管理的基本职能和属性；熟悉管理的基本原理；掌握管理者的层次、角色和技能。能够运用管理的二重性原理认识和分析管理活动和管理行为；能够运用管理原理分析管理实践中的具体活动和行为；能够正确认识管理者的角色定位；掌握管理者的技能要求，能把效率与效果有机结合起来实现管理目标。

引入案例

谁来承担损失？

田野是某大学的学生，为了准备全国英语四级考试，他在 A 书城购买了一本历年全国英语四级全套试题，没想到准备做试题时，却发现该书缺页达 40 余页。无奈，他只好找出购书时电脑打印的列有所购书名的付款小票，准备去 A 书城调换一本。

到了 A 书城，田野直接到总服务台说明了情况，营业员甲接过书和付款小票看了看，说："没问题，可以调换。请您直接去五层找营业员调换。"随即，田野来到五层，找到相应专柜的营业员乙，营业员乙马上在书架上找，结果发现该书一本都不剩，于是对田野说："这本书已卖完了，不知仓库里有没有？您去找总台问。"此时，田野已有些不耐烦了，问营业员乙为什么不能帮助顾客联系解决，而要顾客楼上楼下来回跑。营业员乙一边抱怨一边打电话给总台说，"书架上已没有该书，请你们处理吧。"田野一脸无奈，只好再次跑下楼去找总台。

没想到总台营业员甲查完记录后，却告知田野，该书已脱销，厂家也没有此书。田野十分生气，本来只想调换一本，结果自己楼上楼下跑，却是一本不剩，他要求退书。营业员甲说："退书必须在购书7日之内，您所购书是8天前买的，我们不能给您退。"田野此时已气愤之极，买了一本缺40余页的书本已经够恼火的了，专门来调换却没有书可换。于是，他找到书城负责人理论说："我从你们书城买的书缺了40多页，我是来换书的，并不想来退书，可现在你们因为该书脱销不能给我换书我才退的。"书城负责人不无遗憾地说："这是单位规定，超过7天不予退，只能换。"田野据理力争道："如果因为我个人的原因在7天之后要求退书，你可以不退。但现在不是因为我的原因，而是你们书脱销，而卖给我的书又少了40多页，你们没有理由不给退。"书城负责人说："不是我们不给您换，是没有书可换，我也没有办法，超过7天我们不予退书，要退，您找出版社去。"此时，围观的人越来越多，纷纷谴责书城负责人的做法。

思考：

（1）此案例中对于该书城"超过7天不予退，只能换"的规定，书城营业员、负责人始终坚持遵照执行，他们的做法有错吗？为什么？

（2）如果你是该书城负责人，对田野的退书要求，你认为应该怎样处理？

管理本质上是人们为了一定的目标而采用的一种手段。如何对待规章制度？一般情况下，照章办理；在特殊情况下，酌情处理。当已有的规章制度不能发挥其应有的作用时，对违反规章的有益行为要按目标有利原则酌情处理。良好的管理效果取决于人们对管理的正确认识和管理手段的妥善运用。

任务一 理解管理

顾名思义：管理即管且理。管，原意为细长而中空之物，其四周被堵塞，中央可通达。使之闭塞为堵，使之通行为疏。所以，管既包含疏通、引导、促进、打开之意；又包含限制、规避、约束、否定、闭合之意；理，本义为顺玉之纹而剖析。代表事物的道理、发展的规律，包含合理、顺理的意思。字面上理解管理，有管辖、处理、管理、理事等意义，即对一定范围内的人员及事务进行安排和处理。管理是人类社会特有的一项非常普遍又古老的实践活动，自从有了人类活动就有了管理，人类进行的管理实践已经超过6000年的历史。埃及的金字塔、巴比伦古城、我国的万里长城，其宏伟的建筑足以证明当时人们的管理能力和组织能力；古罗马帝国的兴盛，在很大程度上归功于其有效的组织。人类在与自然作斗争和改造环境的进程中，必然伴随着群体活动的增长和社会组织的出现。这种群体活动需要用管理的功能来保障其秩序和有效性。同样，社会组织的产生、存在和发展，都需要有管理功能来进行组织和协调，即管理是共同劳动和社会组织的产物。

延伸阅读

金字塔的建立

大金字塔是埃及现存规模最大的金字塔，塔身由230万吨巨石组成，它们大小不一，重达1.5吨至160吨，平均重约2.5吨。这座金字塔底面呈正方形，每边长 230 多米，绕金字塔一周，大概有一公里的路程。据考证，在建造大金字塔时，法老强迫所有的埃及人为他做工。每批 10 万个人，每一批人要劳动 3 个月。建成大金字塔，要花 20 年时间。金字塔的建造集中了古埃及人的所有聪明才智，古埃及人将石头装在雪橇上，用人和牲畜拉，为此需要宽阔而平坦的道路。修建运输石料的路和金字塔的地下墓室就用了 10 年的时间。古埃及人借助畜力和滚木，把巨石运到建筑地点，他们又将场地四周天然的沙土堆成斜坡，把巨石沿着斜坡拉上金子塔。就这样，堆一层坡，砌一层石，逐渐加高金字塔。如此浩大的工程没有管理是根本无法完成的。

由于共同劳动无所不在，管理也就成为人类社会中最普遍的行为之一，广泛存在于社会生活之中。家庭主妇要管家务，儿童要管理自己的零用钱，每个人都要管理自己的时间，这些是广义的管理。广义的管理是指应用科学的手段安排活动，使其有序进行，对应的英文是 Administration 或 Regulation。更多领域的应用是组织的管理：总统管理国家、将军管理军队、校长管理学校、经理管理公司，这些是狭义的管理。狭义的管理是指为保证一个单位全部业务活动顺利完成而实施的一系列计划、组织、协调、控制和决策的活动，对应的英文是 Manage。管理的普遍性正是推动管理成为一门科学并且不断发展的动力。

管理犹如治水，有堵有疏、疏堵结合、顺应规律。现代管理学研究的对象主要是人类有组织的日常活动，而非单个人分别、独自进行的活动。管理的载体是组织，管理寓于组织中，在组织中开展。

一、管理的载体——组织

德鲁克说过："现在的年轻人必须了解组织，就如他们的先辈必须学习耕作一样。"每个组织所拥有的资源尽管在数量、种类、质量上不尽相同，但一定是有限的，而人们追求的目标则是多样的。管理的基本矛盾是有限的资源与互相竞争的多种目标之间的矛盾。企业的人、财、物等资源，要通过组织领导才能形成现实的生产力。管理作为对组织内有限资源进行有效整合的活动，贯穿于组织资源配置的全过程。因此，管理活动存在于组织活动中，或者说管理的载体是组织。

国内外学者对"组织"的概念有不同的解释和说明，但通常提到的"组织"是静态结构及动态运行的统一，包括两种含义：一是静态实体，二是动态过程。组织是由两个或两个以上人为了实现共同的目标组合而成的有机整体，是对完成特定使命的人们的系统性安排。根据目标的不同，可以将实体组织划分为不同的类型，如政治组织、军事组织、经济组织、教育组织、宗教组织等。

组织有三个共同的特征：

（1）由人组成。

任何组织，都是一定数量的人的集合体。按照直观感觉和经验，实体组织至少应该由两个人组成，只有一个人很难说是一个组织。任何个人只要符合组织所需素质，并愿意接受组织的约束，遵守组织的规章制度，提供组织所需要的贡献，参加组织的集体活动，都有可能成为组织的一员。

（2）一般有一个或一组组织目标来表示。

组织目标是不同组织成员的粘合剂，作为组织成员的个人，之所以愿意加入组织，并与其他人协同行动，是因为他们需要实现某个依靠自身的力量无法实现的目标。只有成员目标一致，才能形成组织。如政治组织其目标是走上政坛、执掌权力、治理国家；军事组织目标是保卫国家的安全；经济组织的目标是通过商品生产和经营，获取利润；教育组织的目标是传播科学知识，为社会培育人才；宗教组织的目标是宣传某种教义，树立某种信仰、争取信徒等。事实上，在很多情况下，成员的个人目标与组织的共同目标有时是不一致的。但是，组织成员仍然愿意承认和接受这种共同目标，因为他们知道自己个人目标的实现往往是以集体共同目标的实现为前提的。管理者的一项非常重要的任务便是为组织选择一个能被其成员广泛接受的目标。

（3）规范分工协作体系，限制组织成员的行为。

管理是在人类集体协作、共同劳动中所产生。人与人的合作不是人力的简单相加，而是更加复杂和微妙的。在人与人的合作中，假定每个人的能力都为 1，那么 10 个人的合作结果有可能比 10 大得多，有时甚至比 1 还要小。因为人不是静止的动物，而更像方向各异的能量，相推动时自然事半功倍，相互抵触时则一事无成。我们耳熟能详的"三个和尚没水吃"的故事蕴含着"一个人敷衍了事，两个人互相推诿，三个人则永无成事之日"的管理道理。三个和尚形成的"集体"，没有组织、没有领导、没有分工、没有管理制度、没有凝聚力。这样的集体没有约束力，形如散沙。组织的顺利运行离不开每个成员的努力，分工就显得尤为重要。例如，编写职务说明书，以使组织成员知道他们应该做什么；选拔出某些成员作为领导，给予他们管理的职权；建立规章制度，用纪律约束和协调组织系统中不同层次、环节以及岗位的人员，使组织系统有秩序地运行。

课堂讨论

上学放学结伴而行的同学是否构成组织？家庭的成员是否构成组织？一队外出游玩的旅行团是否构成组织？一个旅行社是否构成组织呢？

二、管理概念界定

"管理"一词在当今已被普遍使用，但关于管理的定义至今未得到统一，原因就在于它的含义随着社会的发展而发展，它的外延和内涵随着社会的进步被不断地丰富和充实。

许多中外学者从不同的角度出发，对管理作出了不同的解释。

过程学派的创始人亨利·法约尔（Henri Fayol）[法] 认为管理是计划、组织、指挥、协调和控制这五种因素的运用和体现过程；

科学管理学派的创始人泰罗（F.W.Taylor）[美] 认为管理就是对工人进行挑选和培训，对生产和操作进行统计和记录以及定额管理的过程。管理就是要确切地知道你要别人去干什么，并使他用最好的方法去干；

组织理论代表者韦伯（Max WeBer）[德] 则认为管理是通过行政组织体系层层下达并实现企业经营者意图的过程；

管理学家哈罗德·孔茨（Harold Koontz）[美] 认为管理就是设计一种良好的环境，

使人在群体里高效率地完成既定目标；

以管理而获诺贝尔经济学奖的决策理论大师伯特·A.西蒙（HerBert A.Simon）[美]认为"管理就是决策"；

现代管理学之父彼得·德鲁克（Peter F.Drucker）[美] 认为：管理就是一种实践，其本质不在于"知"，而在于"行"。管理要解决的问题有 90% 是共同的，不同的只有 10%。不同的 10% 需要适应组织特定的使命、特定的文化和特定的语言。

中国的学者对管理也有定义。杨文士和张雁认为，管理是指组织中的管理者通过实施计划、组织、人员配备、指导与领导、控制等职能来协调他人的活动，使他人同自己一起实现既定目标的过程；徐国华指出，管理是通过计划、组织、控制和领导等环节来协调人力、物力和财力资源，以期更好地达成组织目标的过程；浙江大学管理学院教授邢以群认为管理就是人们通过综合运用人力资源和其他资源，有效地实现目标的过程。

综合上述定义，我们认为，管理是在一定的组织中，管理者通过有效地分配和协调相关资源，并通过各项职能活动，使他人与自己共同实现既定目标的活动过程。管理的关键是利用各种方法处理好各阶层的人际关系。

延伸阅读

诸葛亮为何娶丑妻？

据《三国志·诸葛亮传》记载，诸葛亮"身高八尺，形细而粗，犹如松柏"，在当时，就有"时人异焉"之说，因此向他求婚者甚多。可奇怪的是，这位颇有名气的美男子却谢绝了好多说媒者，而偏偏选中了当地沔南名士黄承彦"瘦黑矮小，一头黄发"的女儿黄月英为妻，诸葛亮弃众娇而独娶丑女，在当时就落下了"莫学孔明择妇，只得阿承丑女"的笑柄。诸葛亮为何要娶丑女呢？《三国志·诸葛亮传》记载，诸葛亮家境贫寒，自幼丧父，后来跟着在南昌做豫章太守的叔父诸葛玄生活。14 岁时，叔父因官被削而投靠了刘表；17 岁那年，叔父死了，他从此没了依靠，就在襄阳城西 20 里的隆中定居。诸葛亮虽然住在乡下，但时刻关心着国家的盛衰，有着为国家尽忠的抱负，立志要登上政治舞台而建功立业。

这种政治上的考虑无疑会影响到诸葛亮的婚姻大事，甚至还牵涉到了家人的婚事。他在家庭婚姻方面做了三件事：第一，他把姐姐嫁给了襄阳地区颇有名望的首领人物庞德公的儿子，庞德公对其赏识备至，称他为"卧龙"，从此，他在荆州站稳了脚跟。第二，诸葛亮为弟弟娶了南阳地区数得着的人物林氏之女为妻。第三，也是最重要的，他自己择妇结亲，当然要服从既留荆州又能结交贵族这一政治目的，这也就是诸葛亮在荆州而不到其他地方去的原因。所以，诸葛亮娶了丑女黄氏。

管理是一种组织活动，它绝不等价为命令或权利；管理是一个过程，是让别人和自己一起实现既定目标的过程，是一切有组织的集体活动所不可缺少的要素。下面我们从管理的基本特征来加深对管理概念的认识。

1. 管理活动具有普遍性

任何组织和组织中的任何层次都有必要进行管理，无论是古代的氏族部落，中世纪的庄园、农场，还是现代企业；无论是政府、军队还是宗教组织，管理是普遍存在的。各类组织虽然面临着不同的外部环境，但它们所要解决的管理问题往往是相似的。例如，协调资源、有效地实现组织目标、分工协作、决策执行等。所以，必然存在着说明和解决一般管理问题的科学原理。

2. 管理的主体是管理者

既然管理是让别人和自己一起去实现既定的目标，管理者就要对管理的效果负重要责任。管理者的第一个责任是管理组织；管理者的第二个责任是管理管理者；管理者的第三个责任是管理工作和员工。

3. 管理活动总是在一定的环境中进行

任何一个组织都可以称为一个系统，都处于一个更大的系统之中，这样的系统就称为环境。环境分为内部和外部，管理活动不能脱离组织内外环境而独立存在，而要受到环境的约束。常言道：橘生淮南则为橘，生于淮北则为枳，叶徒相似，其实味不同。环境因素对组织的成长有着不可忽视的重要影响。这要求管理者在管理活动中既不能照搬书本理论知识，又不能生搬别人的成功经验，而是要充分了解组织的内外环境，因地制宜采取合适的理论与方法而进行有效地管理。

4. 管理的目的是为了实现组织既定的目标

一切管理活动都服从和服务于组织的既定目标，目标是行动的指南，没有目标的管理是盲目的管理，很难有效率可言。就像学习一样，当一个人有明确的学习目标后，常受到内在的目标所驱动，产生较强的学习主动性，学习效率高，学习效果也好。反之，当一个人失去明确的学习目的与目标，也就失去了内在的学习驱动力，学习常常处于被动状态，学习效率低，学习效果也难好。管理也一样，目标不明确，管理就会杂乱无章。目标仅凭单个人的力量是无法实现的，这也是建立组织的原因。

5. 管理的核心是处理好人际关系

管理的本质是有效地分配和协调各种资源的活动过程。组织可以调用的资源通常包括原材料、人员、资金、土地、设备、顾客和信息等。在这些资源中，人是最重要的，任何资源的分配、协调实际上都是以人为中心的。人与物的关系最终仍表现为人与人的关系，所以管理要以人为中心。人既是管理中的主体又是管理中的客体，管理的大多数情况都是和人打交道。因此，管理中一定要处理好各种人际关系。

6. 管理活动最终要落实到一系列管理职能上

管理职能是管理者开展管理工作的手段和方法，也是管理工作区别于一般作业活动的重要标志。这些管理职能是每个管理者都必须要做的，不为社会制度、组织规模和管理者的喜好所左右。不论营利性还是非营利性组织，虽然其作业活动的目标和内容存在一些差异，管理的具体内容和方法也不尽相同，但从管理的基本职能、基本方法来看，不同类型的组织具有相似性和共通性。

三、企业管理的定义

管理是人类的一项特殊的社会实践活动，存在于所有的社会化活动和社会组织之中。

随着人类共同劳动和社会活动向广泛的领域发展，管理渗透到人类社会生活的各个方面。因此，管理的基本原理也被应用到企业经营的领域。

企业管理的对象是企业。管理不善对小企业危害不明显，但对大企业却是致命的。小企业好比是一个和尚挑水吃，虽然没有管理，但所有人都在老板眼皮底下，感情也容易融洽，员工肯负责任，一样有效率，有水吃；中等规模的企业好比是两个和尚抬水吃，管理欠缺一点，效率就降低，但仍然有水吃；大企业好比是三个和尚，管理不善就维持不下去，部门之间、员工之间互相推诿扯皮，以致没效益，没水吃。企业规模越大越需要管理。管理是小企业通向大企业不可逾越的门槛，是大企业的命门。其中的道理还可以借助小船与大船在海上航行的情景得到进一步说明：小企业类似小船，小船在大海中航行的主要危险来源于惊涛骇浪，小船反应再灵敏，再快也难逃船翻人亡的结局，小企业的主要风险在市场；大企业类似于大船，抵御市场风险的能力很强，大船怕就怕内部各岗位、工种之间和机器零部件之间不协调，反应迟钝而撞上暗礁，管理混乱导致效率低下，竞争力不强。

延伸阅读

韩信点兵

《史记·淮阴侯列传》：上常从容与信言诸将能不各有差。上曰："如我能将几何？"信曰："陛下不过能将十万。"上曰："于君何如？"信曰："臣多多而益善耳。"《汉书·韩信传》作"多多益办"。后以"韩信将兵多多益善"比喻越多越好。韩信说自己多多益善，如此斗言有一定的道理：自己精通管理，靠制度带兵。刘邦不懂管理靠感情管人，人盯人超过十万就会失控出乱子。

企业管理是管理的一种特殊范畴，是管理的一般职能在企业生产经营活动中的应用。具体指，根据企业的特征及生产经营规律，按照市场需求，对企业生产经营过程进行计划、组织、控制、激励和领导，充分合理利用各种资源，实现企业经营的目标，满足社会的需要，不断谋求企业发展的一系列活动的总称。理解这一概念要把握以下几个要点：

一是谁来管——企业管理的主体。管理者是企业管理的主体，包括企业的高层领导、中层领导和基层领导在内的参与管理的所有人员。

二是管什么——企业管理的客体。即企业管理的对象，包括企业生产经营过程以及包括人、财、物、信息在内的各种资源。在这些资源中，人员是最重要的。分配协调人与人、人与物的关系，但人与物的关系最终表现为人与人的关系。所以，企业管理要以人为中心。

三是如何管——企业管理职能。企业管理是企业管理者通过计划、组织、领导、协调和控制等一系列管理职能展开活动。不同层次的管理者在不同管理职能上的侧重点安排有所不同，管理者必须合理运用各项职能才能高效率、高效益地完成管理任务。

四是为什么管——企业管理目的。企业管理的目的就是合理有效地利用各种资源实现企业预定的目标。

资料库

盛水的木桶是由多块木板箍成的，盛水量也是由这些木板共同决定的。若其中一块木板很短，则此木桶的盛水量就被限制，该短板就成了这个木桶盛水量的"限制因素"。若要使此木桶盛水量增加，只有换掉短板或将其加长才行，人们把这一规律总结为"木桶定律"。在一个企业的生产经营中，也存在着许多相关的环节，只有找出并解决制约企业发展提高的关键问题，就能提高企业经营管理的总效率。

木桶定律

任务二 掌握管理基础知识

一、管理的性质

（一）管理的自然属性和社会属性

任何社会的生产都是在一定的生产方式、一定的生产关系下进行的。社会生产过程是生产力和生产关系的统一体，要保证社会生产过程的正常进行，就必须要求一方面合理地组织生产力，另一方面又要维持和巩固生产关系。由于生产过程具有二重性，因此，对生产过程进行的管理也存在二重性。管理要实现这两个方面的要求，决定了它同时具有自然属性和社会属性的二重性。管理二重性理论图，如图 2-1 所示。

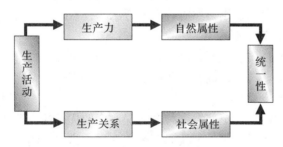

图2-1 管理二重性理论图

正如马克思所说："一切规模较大的直接社会劳动或共同劳动，都或多或少地需要指挥，以协调个人的活动，并执行生产总体的运动。""一个单独的提琴手是自己指挥自己，一个乐队就需要一个乐队指挥。"（《马克思恩格斯全集》第 23 卷第 367 页）

1. 管理的自然属性

管理的自然属性是指管理要处理人与自然的关系，要合理地组织社会生产力，故也称作管理的生产力属性。管理的这一性质是一切共同劳动所要求的，是适应社会生产力发展和社会分工的要求产生的，是社会协作过程本身的要求。社会生产力发展得越快，社会化水平越高，对管理的要求也越高。管理的自然属性反映了用于合理组织生产力方面的管理理论、技术与方法只受组织的生产力水平与社会化程度及人的一般属性的制约，它主要取决于生产力发展水平和劳动社会化程度，而不受社会制度、生产关系性质与人的阶级属性的影响。这些管理理论、方法与技术是无国界、无阶级性的，国外能用，我们也能用，因为它们是为提高社会生产力服务的。这体现了管理的共性的一面。因此，管理中有关合理组织生产力、组织社会化生产的一些形式和方法等，在不同的社会制度下具有共性，是可以相互借鉴的。

2. 管理的社会属性

管理的社会属性是指管理必然要履行监督劳动的职能，它反映生产资料所有者的意志，为一定的生产关系服务，故也称作管理的生产关系属性。管理这种与社会生产关系相联系的社会属性，在不同的社会制度下谁来监督、监督的目的和方式具有本质的区别，因而也必然使管理活动具有不同的性质。管理中关于维护生产关系的制度、原则和方法都是为适应和维护特定的生产关系需要服务的。管理的社会属性表明，组织处于不同的社会制度和不同的生产关系性质下，其用于改善、维护与发展生产关系方面的管理理论、方式、手段往往存在差异，社会生产关系的性质决定了组织管理的目的，决定管理方式、管理手段的选择和运用。这体现了管理的特殊性与个性的一面。

管理的二重性之间的关系实际上也是生产关系与生产力之间的关系。无可置疑，生产力是最基本的因素，生产关系只是对生产力的发展起保证作用。因此，不难得出结论，管理的基本属性是它的生产力属性，即合理组织和配置生产力。这实际上也是管理活动的基本任务。

管理的二重性是相互联系、相互制约的。一方面，管理的自然属性不可能孤立存在，它总是存在于一定的社会制度、生产关系中；同时，管理的社会属性也不可能脱离管理的自然属性而存在，否则，管理的社会属性就成为没有内容的形式。另一方面，管理的二重性又是相互制约的。管理的自然属性要求具有一定社会属性的组织形式和生产关系与其相适应；同时，管理的社会属性也必然对管理的方法和技术产生影响。

3. 掌握管理二重性的重要意义

掌握管理的二重性，对于我们正确地认识管理的地位与作用，科学运用管理理论与方法来指导社会实践活动，不断提高我国各类组织的管理水平，建立具有我国特色的管理科学体系，具有重要的现实意义：

（1）认真总结历史经验，更好发挥社会主义制度的优越性。管理体现着生产力与生产关系的辩证统一关系。我国在很长一段时期内"左"的错误思潮，宏观体制方面强调计划否定市场，在管理上表现为重社会属性轻自然属性，重生产关系轻生产力，严重阻碍了我国经济的健康发展。我们应引以为戒，总结历史教训，形成具有中国特色的企业管理学，更好地指导我国企业的管理实践。

（2）学习、借鉴国外有益的管理理论、技术和方法。西方发达国家的企业管理已有200多年的发展历史，西方学者对企业管理的理论著作颇丰。"科学无国界"，我国企业要结合国情和企业实际情况，善于学习和借鉴总结出来的积极成果。掌握管理的二重性，就能使我们正确地评价资本主义的管理理论、技术和方法，取其精华、去其糟粕，洋为中用，博采众长，使其成为我国管理理论体系的有机组成部分。

（3）学习国外的企业管理经验和方法时要注意国情的差别。我国企业和西方发达资本主义国家的企业在生产力水平、职工素质、民族文化传统以及生产资料所有制性质等方面都存在显著的差异，因此，我们在学习国外的管理经验和方法时，就不能简单地拿来就用，而应当根据自己的实际情况去运用。不能全盘照抄，也不能盲目排外。要有选择地学习和引进，结合本部门、本单位的实际情况，因地制宜，在与我国国情相结合的过程中实现管理的共性与个性的统一。

经典案例

通用汽车：一个帝国的陷落

2009 年 6 月 1 日，美国通用汽车公司宣布申请破产保护，这是美国汽车历史上最大的一次破产保护事件。这家百年老企业过去 4 年亏损超过 800 亿美元，将全球最大汽车制造商的宝座让给了日本丰田公司。美国通用曾是世界上最大的汽车公司，在 70 年代开始受到日本汽车的市场威胁后发现日本汽车既省油，成本又低，质量又好，于是派了大批的专家、学者、工程师去日本学习丰田汽车管理方法，遗憾的是并没有学会。80 年代丰田汽车和美国通用组建合资企业归日本人管理，美国通用依然没有学会丰田汽车的生产管理。到了 21世纪，因为石油价格太高而造成美国汽车大批积压，同时因为美国人工费用高所以用了更多机械设备。按理说美国汽车生产制造设备的装备水平是高过日本丰田汽车的，为什么日本一些比较高级和先进的组织形式、生产方式对美国企业就不灵呢？

这是因为管理是一门艺术，艺术需要的是互动，随着管理对象的不同，方法也不一样。日本人的精神信仰更多是建立在集体主义文化精神之上的。丰田汽车公司第二代家族管理者为了一个错误的决定而引咎辞职，拱手让出了丰田汽车的管理权，以此向丰田员工和整个社会谢罪。企业经营不好的时候，董事长和总经理可以把自己工资减半，然后再让员工减 10%，如果不行董事长和总经理再减一半，员工再减 10%，高技术的工人绝不遣散，因为经济复兴时高技术工人不是一下子就可以找到的。相反，美国是个人主义至上的国家。美国三大汽车巨头向国会求救时，还都坐着公司的专机。不管公司亏损有多大，高层领导年薪至少要在 7 位数到 8 位数。美国汽车工人平均工薪每小时 70 美元是日本的两倍。所以不是美国通用汽车公司领导不懂得丰田生产管理，而是他们不能采用那样的方法。

（二）管理的科学性与艺术性

管理是对组织的资源进行有效整合以达到组织既定目标的动态创造性活动。这类活动有其自己的特征。它既是一门科学，又是一门艺术。

1. 科学性

哈罗德·孔茨在其著作《管理学精华》中指出："管理作为一门科学尽管是粗糙的，但毕竟已有了它自己不同于其他学科的独特的知识体系。"如果我们把传统管理看成是经验管理的话，那么，现代管理则是建立在哲学、经济学、社会心理学、生产技术学、数学、系统科学等学科基础上的应用性边缘学科，并随着这些学科的不断发展而发展。

管理活动存在于人类社会的各种组织中，它具有客观存在的各种规律。管理的科学性是指作为一门科学，它以一系列反映基本客观规律的管理理论和方法为指导，总结出一套分析问题、解决问题的科学方法。人们通过总结管理实践中大量的成功经验及失败的教训，已经归纳、总结出了管理的一些基本原理、原则和方法。这些原理、原则和方法较好地揭示了一系列具有普遍应用价值的管理规律，遵循这些管理规律办事，管理活动的效率就能大大提高，组织的目标就容易实现。此外，管理活动也要利用严格的方法来收集数据，并对数据进行分类和测量，建立假设并验证假设，以探索未知的东西。所以管理具有科学性，管理的学习至关重要。我们不能迷信企业管理，但也决不能认为企业管理是可有可无，可学可不学，人人都会做的工作。流传的三国时期诸葛亮草船借箭的决策决不是冲动或迷信之举，而是他综合运用天文学、地理学、心理学等方面知识的结果。

管理作为一门科学，虽然内容十分丰富，但不像会计、电子计算机等学科那样直观，学了会计学会做账，学了计算机电会编程，学了企业管理可能动手能力得不到丝毫提高，但学习企业管理却能改变我们的思维方式。

管理是一种理性思维。管理是人的行为，但人的行为具有情感特征，这使管理活动带有感情色彩，这种掺杂感情色彩的管理将给企业经营带来不确定性，即风险。管理者只有学习企业管理理论，用科学的企业管理理论充实自己，用理性思维取代感情用事，才能尽可能避开企业经营的风险。

2. 艺术性

管理同时是一种艺术。这里所说的艺术，既不是指文学、绘画、音乐、舞蹈等用形象来反映现实的社会意识形态，也不是指事物的形状独特美丽，而是指在工作实践中将知识转化为生产力和能力的一种技巧。管理的艺术性指管理活动除了存在一系列的客观规律外，更多的情况会因特殊的对象、特殊的环境而在处理方法上面有所不同。艺术的含义是指能够熟练地运用知识，并且通过巧妙的技能来达到某种效果。艺术性来自个人的经验、直觉、智慧。正如钱学森所说："领导艺术是一种远离数学领域的才能，它能从大量复杂事物的关系中判断出最重要最有决定意义的东西。"所以，管理的艺术性强调管理活动除了要掌握一定的理论和方法外，还要有灵活运用这些知识和技能的技巧和诀窍。

管理作为一门科学，决不是简单的 1+1=2，作为应用科学，必须灵活地应用于实践，才能达到预定的目标，有效的管理活动正需要如此。管理者应该能够熟练地灵活地把管理知识应用于实践，并能根据自己的体会不断创新。这种管理技能在课堂上是很难培养的，需要在管理活动中不断地实践才能掌握。管理因人而异，因时而异，因事而异。管理理论有严格的适用条件，所以，学会了管理理论不一定善于管理企业，只有创造性地将管理理论灵活应用到企业活动之中，管理才会有效。

管理既是一门科学，又是一门艺术，有效的管理是科学与艺术的结合。管理的科学性是管理艺术性的基础，管理需要科学的理论作指导，管理艺术性的发挥必然是在科学理论指导下的艺术性发挥，离开了管理的科学性，艺术性就会变成简单的感觉与经验，就不能成为真正的艺术，就很难实现有效的管理。管理的艺术性是管理科学性的升华，离开了管理的艺术性，科学性就会变成僵化的书本教条，也难以发挥其作用。因为，管理理论是对大量的管理实践活动所作的一般性的概括，具有较高的原则性，而每一项具体的管理活动都是在特定的环境和条件下展开的，具有相对的特殊性，只有创造性地灵活运用管理知识，才能将理论服务于实践。所以说，管理的理论并不难理解，与其他的科学理论相比较，管理理论要容易得多，但要将这些简单的理论灵活地运用于实践管理，却有相当大的难度。成功的管理者常能掌握管理的艺术性，而失败的管理者可能只知道管理的科学性。

延伸阅读

刘备·宁武子

蜀国的帝王刘备既无关羽之勇谋，也无孔明之才。他唯一的长处就是在节骨眼上，旁若无人，放声大哭。有人说，他的江山是"哭来"的。

刘备的善哭，给人感觉好像没多大能耐似的，其实这恰恰是他的智慧所在，所谓"大巧"藏于拙。他早期"掷阿斗"于地，得大将赵子龙肝脑涂地，借孙权之手消除心腹之患关羽，追随到"白帝城托孤"让孔明鞠躬尽瘁，死而后已。从此中就可看出刘备之心计、智慧非同一般。

子曰："宁武子，邦有道则知，邦无道则愚，其知可及也，其愚不可及也。"意思是宁武子这个人善于处世，为官有方。当形势好转，对他有利时，他就充分发挥自己的聪明智慧，为国竭力尽忠。当形势恶化，对他不利时，他就退居幕后或装傻，以便等待时机。

二、管理的职能

职能是指人、事、物、机构具有的作用或功能。管理的职能是指管理在组织的社会经济活动中所发挥出的作用或功能。历史上最早系统提出管理职能思想的是法国管理学者、实业家亨利·法约尔，他在其著作《工业管理与一般管理》中说："所有管理者都行使五种管理职能计划、组织、指挥、协调和控制。"之后，尽管有许多管理学者站在不同的角度，对管理职能的划分提出了自己不同的见解，但就本质而言，这些划分都是对法约尔管理五职能论的一种微调和修改。

进入二十一世纪以来，随着社会科学技术的飞速发展，组织的内外环境发生了根本性变化，管理活动的内容也日趋复杂化和多样。一些学者对管理职能的划分又增添了不少新的内容，具有代表性的是将决策与创新作为管理的两项新的职能。本书一方面继承法约尔及其他多数人的理论，另一方面根据管理理论的最新发展，认为决策、计划、组织、领导、控制与创新等六项职能是一切管理活动的最基本的职能。

（一）决策

在组织的活动中每天都会遇到大量的问题需要解决。过去很多学者把"决策"仅看作是"从行为过程的各个抉择方案中作出选择"，认为"决策"是"计划"职能的一部分。其实恰恰相反，决策过程是一个复杂的过程，计划是为实施决策制定的，任何计划都是实施决策的工具。决策是人们对未来实践活动的理想、意图、目标、方向和对达到理想、意图、目标、方向的原则、方法和手段所作的决定。管理学家西蒙认为：管理就是决策，决策活动贯穿于组织管理活动的全过程。无论计划、组织、领导还是控制，其工作内容说到底都是由制定决策与执行决策两大部分所构成。可以说决策渗透到管理的所有职能中，在管理活动中占有十分重要的地位。

决策是针对未来行动作出的决定，而未来形势的发展变化又受到多种因素影响，这些影响因素是不确定的和不断发展变化的，所以决策前首先要分析外部环境变化、分析自身的长处和短处，对未来形势的发展进行预测并作出基本的判断。预测是以概率统计为基础的，很难准确，决策存在一定的风险。为了提高预测和决策的准确性，就必须进行系统的调查研究，全面收集信息和资料，依靠数学模型、计算机进行科学的计算和模拟，拟订多种可行方案并进行优选。但面对同样的事实不同的决策者由于价值观和追求目标的不同，可能作出完全不同的决策。实际上很难找到真正优化的方案，只能是相对比较满意而已。对管理者而言，作出决策是一项十分困难的任务，更重要的是制定切实的计划来实施已抉择的方案，并在实施过程中不断进行检查和信息反馈，保证决策得以落实，并在实践中评价决策是否正确。

（二）计划

计划是决策的具体化。计划是决策后为达到一定目标所制定的未来行动方案。组织中的高层管理者负责制定总体目标和战略，中基层管理者必须为其工作小组制定工作计划，以便实现组织的总体目标和战略。编制行动计划的工作实质上是将决策目标在时间上和空间上分解到组织的各个部门和环节，对每个部门和每个成员的工作提出具体要求。在执行计划时，要对组织的人、财、物等各种资源进行合理分配和使用，对各个环节进行协调和衔接，将计划指标加以分解，具体落实到各个部门和岗位，并要明确目标和责任，进行控制和考核。因此，计划是行动纲领，是联系组织诸条件与目标之间的桥梁，在管理中处于重要的地位。

（三）组织

组织的目的就是要保证决策和计划的实施，从而实现既定的目标。根据工作的要求和人员的特点，设计岗位，通过分工将适当的人员安排在适当的岗位上，通过组织可以形成比个体大得多的力量。这就要求组织要依据任务的多少建立卓有成效的组织机构，制定一系列组织制度，使各种要素在总的目标下被充分利用，高效率、保质保量地完成任务。组织职能要完成以下工作：

（1）设计组织。包括组织机构和结构的设计。在分解目标活动的基础上，分析为了实现组织目标需要设置哪些岗位和职务，然后根据一定的标准将这些岗位和职务加以组合，设置不同的部门并规定不同部门在活动过程中的相互关系。

（2）人员配备。指根据各岗位所要从事工作的具体要求以及组织员工的素质和技能特征，将适合的人员安置在组织机构的适合岗位上，使工作有适合的人去承担。

（3）组织运行。是指对各岗位上的人员发布工作指令，并提供必要的物质和信息条件，以推动并维持组织的运行。

（4）组织变革。根据组织业务活动及其环境特点的变化，研究和实施组织的调整与变革。变革内容包括组织机构形式变革、组织结构关系变革、组织文化变革和组织流程变革等。

（四）领导

领导的功能是激励和引导组织成员为实现组织目标做贡献。领导者通过指挥、指导、协调等去影响个人和集体活动。由于组织成员的个人目标、需求、性格、素质、价值观、偏好、工作职责存在很大的差异，因此在相互合作中必然会产生各种矛盾和冲突，这就需要权威的领导者进行协调，指导成员的行为，统一成员的思想和行动，激励每个成员自觉地为实现组织目标共同努力。人的需要是多种多样的，因而激励的方法也是灵活的，领导者可以采取物质激励方法，也可以采取精神激励方法，还可以采取物质激励和精神激励相结合的方法。

领导者可以从正式组织或非正式组织之中产生，正式组织的领导者拥有组织赋予他们的职位和职权，而非正式组织的领导者是依据权威自然形成的。领导的本质就是通过领导者与被领导者的相互作用，达到被领导者的追随与服从，从而使组织的活动协调一致，并有效地实现组织目标。组织中的领导者可依据权力、责任大小不同分为高、中、低等不同层次，不管是位于哪一层次的领导都需要具有优良的品质和高超的领导力。

（五）控制

由于受到各种因素的干扰，执行计划的过程中，实践常常偏离原来的计划。为了保证目标得以实现，就需要控制职能。控制是依据预定的目标和标准，对管理活动进行系统的监督、检查和衡量绩效，若发生偏差，就要采取措施加以纠正，使整个活动按既定的计划和目标进行。首先，要有一个控制的依据或标准，这往往是计划中所规定的；其次，要运用各种监测手段对进行中的活动进行观察、测度和衡量，把实际情况与计划规定的标准进行比较，发现是否存在差异；第三，如果活动与标准存在差异，就采取各种措施和方法纠正偏差。对不同的控制对象应选用不同的控制方式和手段。随着科学技术的进步和管理理论的发展，特别是控制论、信息论和电子计算机的广泛应用，控制已由原先单纯事后监督控制发展为事先的超前控制和即时的过程实时控制，控制的作用与效果更加显著。

（六）创新

创新是一项重要的管理职能，在一个科技迅猛发展、环境瞬息万变的社会，任何因循守旧、墨守成规的组织都将在激烈的竞争中被淘汰出局。要办好一项事业，大到国家的改革，小到办企业、办学校，或是办一本杂志、推销一种产品，都要敢于创新，开辟新的天地。否则，只能踏着前人的脚印走。创新包括引进新产品、采用新技术、开辟新市场、发掘原材料新来源等"技术创新"及改进企业组织进行的"制度创新""观念创新""管理创新"等。所谓管理创新，对于一般的组织而言，可以理解为创造一种新的更加有效的资源整合模式，不断提高管理的效率与效益，以促成组织目标的高效实现。具体来说管理创新可以是创设一个新的组织机构，提出一种新的发展思路、管理模式与方法等。"只有想不到的，没有做不到的"，管理创新的关键是观念创新。只有在现代经营观念的指导下，才能更好地解决经营中出现的新问题，领导企业迎接挑战，走向未来。

管理活动的顺利运行正是通过正确地执行这些基本的职能来进行的。每项管理工作一般都是从决策开始经过计划、组织、领导到控制结束。决策和计划是其他管理职能的前提和基础，可以说整个管理活动就是围绕如何制定和实施计划及决策方案进行的。同时，各项职能之间相互交叉渗透，控制的结果可能又导致新的决策，开始新一轮的管理循环。创新在管理循环中成为原动力。作为一个管理者不能机械地按照这六项职能来依次从事管理工作，卓越的管理是这六项职能在运作上的高度契合。因此，在管理实践中要充分注意各项职能活动之间的衔接和配合。

三、管理的基本原理

任何一门科学都有自身特有的原理和基本方法，管理学也不例外。研究和掌握现代管理学的基本原理是人们做好管理工作的基础。

所谓基本原理，就是对事物的实质及其基本运动规律的表述。管理的基本原理是对各项管理制度和管理方法的高度综合与概括，因此，对一切管理活动具有普遍的指导意义。同时管理原理也不是一成不变的，它会随着社会经济和科学技术的发展而不断发展，并且相对稳定。

（一）人本原理

1. 人本原理的含义

人本原理顾名思义就是以人为本的原理，它要求人们在管理活动中坚持以人为核心，以人的权利为根本，强调人的主观能动性，力求实现人的全面发展、自由发展。人本原理实质就是充分肯定人在管理活动中的主体地位和作用。同时，通过激励调动和发挥员工的积极性和创造性，引导员工实现企业的目标。美国钢铁大王卡内基曾经说过："将我所有的工厂、设备、市场、资金全部夺去，但只要保留我的组织人员，四年以后我仍然是一个钢铁大王。"从中我们不难理解，人对于一个组织的生存和发展的重要性。管理正在从以技术为中心的管理向以人为中心的管理方向发展。管理主要是以人为对象，一切管理活动要以调动人的积极性、做好人的工作为根本为前提，这就要求管理者必须以人为中心来开展工作，反对和防止那种见物不见人、见钱不见人、重技术不重视人的片面错误的行为。

2. 人本原理应遵循的原则

（1）动力原则。动力是推动工作或事业向前发展的一种力量。管理的动力是指在管理活动中，把人们的行为引向实现企业目标的力量，包括动力源和管理动力机制。作为一个管理者，当在工作中发现低效率、无秩序、积极性不高等问题时，需要检查推动工作进行的动力是否充足。没有强大的动力，管理就不可能进行有序运动。一般来讲，管理的基本动力有三种类型：物质动力、精神动力和信息动力。在实际管理中运用动力原则，必须正确认识和综合运用三种动力，建立有效的动力机制，使各种动力的作用方向与企业目标尽可能一致。管理的动力机制是指引发、刺激、诱导、制约管理动力源的方式，包括：工作条件、企业规章制度、行为法则、成果效益考核及控制标准等。管理的动力原则要求管理者在管理中，必须正确认识和掌握管理的动力源，运用有效的管理动力机制，激发、引导、制约和控制管理对象，使其行为有助于整体目标的实现。正确处理个人动力与集体动力、当前动力与长远动力、正态动力与偏态动力的关系。行为得到改进，效益增加时，应及时给予奖励，以激励其正态动力；当行为出轨、退化、降效或自耗时，应随时予以制止、纠正及惩罚，防止偏态动力发展阻碍组织目标的实现。

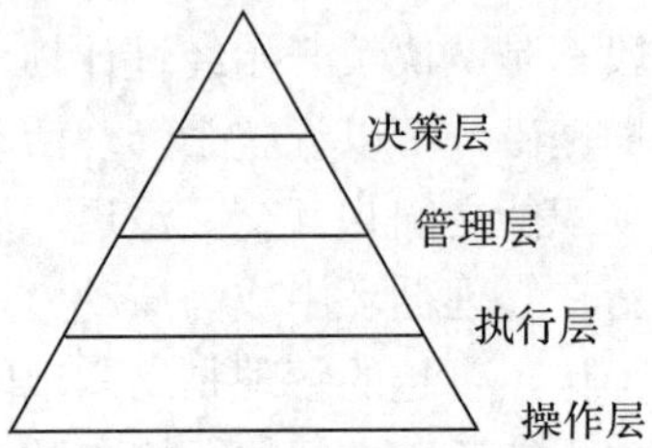

（2）能级原则。人和其他要素的能量一样都有大小和等级之分，并会随着一定条件而发展变化。能级原则强调知人善任，调动各种积极因素，把人的能量发挥到管理活动相应的岗位上。管理能级三角形由操作层、执行层、管理层、决策层构成，如图2-2所示。上一层的管

图2-2　管理能级三角形

理者比下一层的管理者权力更大，责任也更大。这就要求每一层次的管理者有与其权责利相对应的能力。在管理系统中，建立一套合理能级，按管理者能力大小进行管理层次上的安排，发挥不同能级的能量，保证结构的稳定性和管理的有效性，力求避免能力强的人被安排在下层而能力弱的人被安排在上层的人才错位现象。

（3）行为原则。管理的行为原则是指管理者在管理活动时，必须对其下属行为进行全面的了解和科学地分析，并掌握其特点和发展规律，在此基础上采用合理的政策和措施调动下层的积极性和创造性。一名出色的管理人员要了解和掌握下属的心理需求，及时解决下属的困难，为下属创造良好的发展条件，尽可能满足其需要，从而调动其工作积极性。

经典案例

惠 普 之 道

惠普公司聘用最优秀的人才，信任和尊重个人，追求卓越的成就与贡献，依靠团队精神。这是惠普公司内在凝聚力和创造力的源泉。实行人本管理具体表现在：第一，灵活的上班时间。第二，员工可进可出，可再进再出。第三，公司为员工提供永久性工作，只要员工表现好，公司就永远聘用。公司还不断对员工进行培训，在经济不景气时，会采取减时减薪制。第四，公司与员工同甘共苦。如有一次公司想收购一家工厂，但发现这家工厂的主管办公室有冷气设施，而车间内没有，将办公室的冷气设施卸掉太可惜了，在车间装上冷气设施的投资又太巨大，这不是公司的风格，于是公司主动放弃兼并。第五，公司为员工提供较高的薪酬和福利。如公司为员工提供的薪酬高于同行的5%以上，定期举行野餐会和免费午餐。第六，公司强调员工对专业的忠诚胜于对公司的忠诚。公司认为，员工对专业的忠诚有利于其胜任本职工作，为公司创造更多的财富，有利于员工掌握谋生的本领，即使公司破产，员工也不至于永久性失业。没有专业的忠诚是愚忠，最终会好心办不了好事。

（二）系统原理

1. 系统原理的含义

系统是指由若干相互联系、相互作用的部分组成，在一定环境中具有特定功能的有机整体。在自然界和人类社会中，一切事物都是以系统的形式存在的，任何事物都可以看作是一个系统。系统从组成要素的性质看，可划分为自然系统和人造系统。自然系统，如人的呼吸系统、生态系统、气象系统等，是由自然物组成的系统。人造系统是人们为达到某种目的而建立的系统，如生产系统、交通系统、商业系统、行政系统、经济系统、教育系统、管理系统等。系统具有集合性、层次性、相关性的特征。任何一种组织都可视为一个完整的开放系统或为某一大系统中的子系统。管理者应该站在系统的角度，树立系统的观念开展管理工作。

系统原理是指人们在从事管理工作时，运用系统的观点、理论和方法对管理活动进行充分地系统分析，即从系统论的角度来认识和处理企业管理中出现的问题。

知识链接

蝴 蝶 效 应

20世纪70年代，美国一位名叫罗伦兹的气象学家在解释空气系统理论时说，亚马逊雨林的一只蝴蝶偶尔的震动，也许两周后就会引起美国德克萨斯州的一场龙卷风。其原因是蝴蝶扇动翅膀的运动，导致其身边的空气系统发生变化，并产生微弱的气流，而微弱的气流的产生又会引起四周空气或其他系统产生相应的变化，由此引起一个连锁反应，最终导致其他系统的极大变化。当然，"蝴蝶效应"的复杂连锁效应只是一个比喻，初始条件十分微小的变化经过不断放大却能引起一连串的巨大反应，会对其未来状态造成极其巨大的影响。有些小事可以糊涂，但有些小事对一个组织、一个国家来说很重要，就绝不能糊涂。

2. 系统原理应遵循的原则

（1）整分合原则。现代高效率的管理是在整体规划下明确分工，在分工基础上进行有效的综合，这就是整分合原则。整体规划是分工的前提，分工则是为了提高效率。分工之后，各部门还必须进行有效地配合和协作，以保证整体目标的完成。所以，企业中没有分工的管理是一种低效管理，没有整合的管理则是无效管理。只注重分工而没有整体观念和互相协作配合，就如同一盘散沙。

（2）规律效应原则。规律是客观事物本身所固有的、本质的、内在的、必然的联系。任何事物的运动都有其客观的规律性。遵循规律必然取得好的效应，逆其道而行之必然得到差的结果。规律效应原则要求管理者认识管理对象运动的规律性，主动学习管理理论，掌握企业规律，运用管理理论，按规律办事。德鲁克认为，在所有组织中，90%左右的问题是共同的，所有组织的管理者都要面对决策、沟通和人事等问题，不同的只有这个组织特定的使命、文化和语言。

（3）协调和谐原则。协调和谐原则是指系统内各要素之间，系统和其环境之间要保持良好的生态平衡，以保证系统健康、持续地发展。这一原则要求管理者以矛盾制衡求得动态的平衡，积极创造企业整体结构的和谐，使企业内部人——机关系、人——人关系、人——境（环境）关系保持和谐。福特公司认为，对一家富有人情味的工厂而言，环境干净、照明和通风好是绝对必要的。惠普的"你就是公司"（公司和员工融为一体）的经营哲学和"邻桌原则"（看看邻桌是不是有困难）就是公司与员工、员工与员工和谐关系的体现。

（三）效益原理

1. 效益原理的含义

效益是管理的永恒主题，企业作为自主经营、自负盈亏、自我约束、自我发展的经济实体，必须以效益为中心。效益是企业生存的需要，是企业发展的需要，是企业资产保值增值的要求。企业必须从效益出发，既要考虑投入，又要考虑产出，还要考虑市场的需要；既要考虑短期利润，又要考虑长期效益，还要兼顾社会责任。

效益原理是指组织的各项管理活动都要以实现有效性、追求高效益作为目标的一项管理原理。管理者在对组织运作的管理中要运用科学方法，进行效率和有效果的经济分析和社会分析，追求以尽可能少的投入实现相同的有效产出，或以相同的投入实现尽可能多的有效产出的理想境界。向管理要效益，管理出效率，已成为人们的共识。理解效益原理需要弄清效益、效率、效果三者的含义及相互关系。

效果：指人们或组织通过某种行为、力量、手段、方式而产生的结果。这种结果能否带来效益以及带来效益的多少，取决于该成果能否满足组织与社会的需要以及满足需要的程度。例如，有的企业生产的产品虽然质量合格，但产销不对路，积压在仓库里卖不出去，最后变成废弃的物质，这些产品是不具有效益的。所以，只有那些为社会所接受的效果，才是有效益的。

效率：指单位时间内所取得的效果与投入之间的比率。这个比率是一个经常用来衡量管理水平的标准。效率高说明单位时间取得的成果多，也可以理解为单位时间内完成的工作任务多，反之就少。

效益：指有效产出与其投入之间的一种比例关系，是效果和利益的总称。有效产出指能实现其价值，满足组织与社会需要的成果。

显然，好的效果与高的效率不一定能带来满意的效益；但良好的效益取得常常是以好的效果与较高的效率为前提的。效益的提高涉及多种多样的的因素，如管理思想、管理制度、管理方法、管理环境和管理措施等，这些因素对管理效益的影响是十分重大的，尤其是像管理者的思想观念、行为方式，能够直接影响着管理的决策、组织、领导和控制等一系列活动。所有的管理都是致力于提高效益，但并不是所有的管理都是有效的。

2. 效益原理应遵循的原则

（1）社会效益与经济效益相结合。效益可从社会和经济两个不同角度去考察，即经济效益和社会效益。经济效益是以货币计量的经济活动所取得的实际有效的经济成果，它比社会效益直接、明显，可有效度量。如对企业来说，其经济效益则为企业所实现的各项财务评价指标及其成果；社会效益则是在经济效益之外的对社会生活有益的效果，反映经济活动对社会和公共福利所产生的经济影响及带来的社会成果，一般难以计量，只能借助于其它形式来间接考察。如企业的投资活动所带来的就业率的提高，社会福利的增长和社会政局的稳定等。经济效益是社会效益的基础，而社会效益又是促进经济效益提高的重要条件。管理应追求经济效益与社会效益的统一，片面追求经济效益，忽视社会效益必将不利组织的长远生存与发展。

（2）短期效益与长期效益相结合。短期效益是指经济活动对当前所产生的预期影响和实际成果。如企业短期投资或某些短平快的投资项目。长期效益则是指经济活动对未来可能产生的预期影响和成果。如对一些涉及企业战略的长期投资则主要进行长期效益的分析评价。如果企业只满足眼前的短期效益，而不以新品种、高质量、低成本迎接新的挑战，随时有落伍甚至被淘汰的危险。所以，企业经营者必须有远见卓识和创新精神，不能只追求短期效益而忽视长期效益，更不能为了一人、一时、一事的得失而影响企业整体利益和长远利益。

（3）局部效益同全局效益协调。局部效益是指组织内部各构成单位的经济活动所产生的效益。全局效益是指组织作为一个整体的经济活动所产生的效益。大多数情况下，对局部有利的事，对全局也是有利的，有时对全局有利的对局部也有利，但是，当局部与全局发生矛盾时，局部利益必须服从全局利益，局部效益的追求必须以无损全局效益为前提。

（四）责任原理

责任有两层含义，一指应尽的义务或份内应做的事；二指应承担的过失。管理者一要认清组织应承担的社会责任；二要明确组织内部各部门及成员应完成的工作任务（份内应做的事）和应承担的相应（过失）责任。责任原理就是对组织运作过程中，各种责任的产生、发展、变动的一般规律性的反映。

1. 组织的社会责任

"组织社会责任"是指组织在所从事的各种活动中，应当对所有利益相关者、自然环境以及整个社会福利领域承担相应的义务。不仅在经济方面，更在社会、环境等领域获得可持续发展的动力。传统的公司理论认为，企业是以营利为宗旨，认为履行社会责任会增加成本。大量的实践表明：企业遵守严格的环境标准、从事环境公益事业，短期内无疑会增加经营成本。但从长期来看，企业承担社会责任的大小与其经营业绩呈正比。企业履行社会责任有助于提升企业绩效，能够树立良好的公众形象，获得更多的外部支持。因而，履行社会责任对一个组织的生存和发展具有着积极意义。

2. 组织部门和成员责任

管理是追求效率和效益的过程，要想挖掘人的潜能，就必须在合理分工的基础上明确规定组织内部各部门和个人必须完成的工作任务和必须承担的相应责任。

（1）明确每个人的职责。挖掘人的潜能的最好办法是明确每个人的责任。分工越清晰，职责也就越明确，所以要在分工基础上通过适当的方式作出明确规定。首先，职责界限要清楚；其次，职责内容要具体；再次职责中要包括横向联系的内容；最后，职责一定要落实到个人。

（2）职位设计和权限委任要合理。一个人对工作是否能做到完全负责取决于以下因素：

权限：实行任何管理都要借助于一定的权限，没有一定的权限任何人都不可能对工作实行真正的管理。

利益：完全负责意味着要承担风险，任何管理者在承担风险的同时都要对利益进行权衡。这种利益不仅仅是物质利益，还包括精神利益。

能力：能力是完全负责的关键因素。既要科学知识，又要组织能力，还要实践经验。

职责、权限、利益三者之间不可分割，是协调、平衡和统一的。职责、权限、利益、能力之间的关系遵循等边三角形规则，职责、权限、利益是三角形的三个边，它们是相等的。如图2-3所示。权限是职责的基础，职责是对权限的约束，有多大的权限就要承担多大的职责；利益的大小决定了管理者是否愿意担负职责以及接受权力的程度，对额外的责任必须给予额外的利益。权限大于职责则会滥用权力，职责大于权限则巧妇难为无米之炊，职责易落空。

图2-3 职责、权限、利益关系图

（3）奖惩要分明，公正而及时。

严格奖惩，使每个人都积极而有效地工作。要建立健全组织奖惩制度，使奖惩工作尽可能地规范化、制度化，公正而及时。

任务三　熟悉管理者

一、管理者的概念与分类

（一）管理者的概念

根据人们在组织中的地位和作用的不同，可将组织中的成员分为操作者和管理者。

（1）操作者。操作者是指在组织中直接从事具体的业务，一般不承担对他人工作监督责任的组织成员。例如，学校的教师、医院的医生、工厂的工人等。他们的任务是做好组织分派的具体操作性事务。

（2）管理者。管理者是指在组织中直接监督和指导他人工作的人。例如，企业的经理、车间主任，学校的校长、系主任，机关的局长、处长等。管理者虽然有时也承担一定的具体事务性工作，但主要职责是指挥下属工作。管理者是组织的一种角色，负责指挥下属开展各项工作，这是区别于操作者的显著特点。真正的管理者必须拥有直接下属，只有管理者头衔而没有直接下属的人只能称其为"名义上的管理者"。

管理者是组织中从事管理工作的人员，是管理活动的筹划者和执行者。管理者通过行使管理职能、协调他人的活动以实现组织目标。离开了管理者，也就不存在管理。管理者工作绩效的好坏直接关系着组织的成败兴衰。

课堂讨论

管理者是干什么的？

王强是某新华书店邮购部经理。该邮购部每天要处理众多的邮购业务，在一般情况下，登记订单、按单备货、发送货物等都是由部门中的业务人员承担的。但在前一段时间里，接连发生了多起A要的书发给了B，B要的书却发给了A之类的事，引起了顾客极大的不满。今天又有一大批书要发，王强不想让此类事情再次发生。

讨论：邮购部经理的职责是什么？王强应该亲自核对这批书，还是仍由业务员来处理？

（二）管理者的类型

1. 按层次分类

组织的层次划分通常呈现为金字塔式，如图2-4所示，决策层的高层管理者少，执行层的中层管理者多一些，操作层的基层管理者更多。

（1）高层管理者——"挥手"。

高层管理者是指组织中居于顶层或接近于顶层的人。高层管理者对组织负全责，主要侧重于与外部的沟通联系和决定组织的大政方针。高层管理人员在与外界的交往中，往往代表着组织，以"官方"的身份出现。高层管理者的

图2-4　按层次划分管理者

称谓主要有：总裁，副总裁，行政长官，总经理，首席运营官，首席执行官，董事会主席等。

（2）中层管理者——"插腰"。

中层管理者是指位于组织中的基层管理者和高层管理者之间的人。他们的主要职能是正确领会高层的指示精神，创造性地结合本部门的工作实际，有效指挥各基层管理者开展工作，注重的是日常管理事务。中层管理者的称谓主要有：部门主管，机构主管，项目经理，业务主管，地区经理，部门经理，门店经理等。

（3）基层管理者——"监工"。

基层管理者是指那些在组织中直接对操作者进行指挥，并组织作业过程的人。基层管理者主要职责是直接指挥和监督现场作业人员，保证完成上级下达的各项计划和指令。他们主要关心的是具体任务的完成。基层管理者的称谓主要有：督导，团队主管，教练，轮值班长，系主任，部门协调人，部门组长等。

作为管理者，不论哪一层次，其工作的性质和内容基本上是一样的，都包括计划、组织、领导和控制几个方面。但不同层次的管理者，履行各项管理职能的程度和侧重点是不同的。如表2-1和图2-5所示。

表2-1　不同层次管理者履行管理职能时间分布

管理者	管理者管理职能时间分布（%）			
	计划	组织	领导	控制
高层管理者	28	36	22	14
中层管理者	18	33	36	13
基层管理者	15	24	51	10

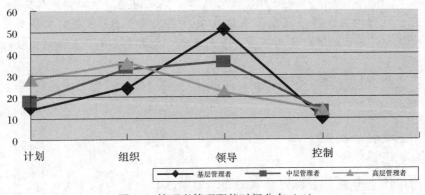

图2-5　管理者管理职能时间分布（%）

可以看出，高层管理者用在计划、组织、控制职能上的时间要比基层管理者多，而真正做领导工作多的恰恰是基层管理者。即便同一管理职能，不同层次管理者所从事的具体管理工作的内涵也并不完全相同，例如高层管理者关心组织整体的长期战略计划，中层管理者偏重中期的战术计划，基层管理者更侧重短期的作业计划。

2. 按领域分类

管理者按照所从事管理工作的领域及专业不同，可以分为综合管理者和专业管理者。

（1）综合管理者。综合管理者是指负责管理整个组织或组织中某个事业部全部活动的管理者。综合管理人员应当是管理的全才，是全能管理者。如公司的总经理要统管生产、营销、人事、财务等全部活动。

（2）专业管理者。专业管理者是指仅负责管理组织中某一类活动或职能的管理者。如人力资源管理者、财务部门管理者、研发部门管理者等。专业管理人员应当是某一方面的专家，具有某一方面的专长。现代组织随着规模的不断扩大和环境的日益复杂变化，将需要越来越多的专业管理人员。

二、管理者角色认知

所谓角色（Role），就是处于组织中某一位置的人所需要做的一系列特定的工作。著名管理学家亨利·明茨伯格（Henry MintzBerg）经过长期研究发现，管理者扮演十种不同但又高度相关的角色。管理者通过这些角色的履行影响组织内外个人和群体的行为。这十种角色可以进一步组合成三个方面：人际关系、信息传递、决策制定，如表 2-2 所示。

表 2-2　明茨伯格的管理者角色理论

角色	描　述	特 征 活 动
人际关系方面		
挂名首脑	象征性首脑；履行法律性或社会性的例行义务	迎接来访者；签署法律文件
领导者	负责激励下属；负责人员配备、培训以及有关的职责	实际上从事所有的有下级参与的活动
联络者	维护自行发展起来的外部关系和消息来源，从中得到帮助和信息	发感谢信；从事外部委员会的工作；从事其他有外部人员参加的活动
信息传递方面		
监听者	寻求和获取各种内部和外部的信息，以便透彻地理解组织与环境	阅读期刊和报告；与有关人员保持私人接触
传播者	将从外部人员和下级那里获取的信息传递给组织的其他成员	举行信息交流会；用打电话的方式转达信息
发言人	向外界发布组织的计划、政策、行动、结果等	召开董事会；向媒体发布信息
决策制定方面		
企业家	寻求组织和环境中的机会，制定"改进方案"以发起变革	组织战略制定和检查会议，以开发新项目
混乱驾驭者	当组织面临重大的、意外的混乱时，负责采取纠正行动	组织应对混乱和危权的战略制定和检查会议
资源分配者	负责分配组织的各种资源	调度、授权、开展预算活动，安排下级的工作
谈判者	在主要的谈判中作为组织的代表	参加与工会的合同谈判

由于组织中的管理者可能在不同岗位，处于不同的管理层次，故他们在十种角色上扮

演的频率、程度等方面均是不同的。三种角色相比而言，高层管理者最重要的角色是决策方面。中层管理者在三种角色分配方面基本上是一致的，这是由中层管理者既承上启下，又独挡一面的特点所决定的。基层管理者主要是鼓励下属成员进行团队合作，故人际关系的处理尤为重要。

知识链接

将才与帅才

　　在古代的军队中，首领大都是一身二任，既是制定决策的"帅才"，又是英勇善战的"将才"。有时管理者甚至和战士一样，在前线冲锋陷阵，只是到了后来，军队的规模越来越大，一个首领很难一身二职了。于是，便把最高决策的领导者和英勇善战的将军区分开来。"能将将者，谓之帅也。""能领兵者，谓之将也。""帅才"掌握决策大权，把精力放在与全局密切相关的总体决策上。"将才"负责带兵打仗，可以过问十分具体、十分详细的事情。无数成功的管理经验告诉我们，高层管理者（即"帅才"）需要做一件必须做而又很难做的事，那就是不去管"将才"的工作，给他们充分的自由。古罗马法典曾规定"行政长官不宜过问琐事"。

三、管理者技能要求

　　管理者要想扮演好自己的角色，需要具备一定的技能，就像演员扮演自己的角色需要演技一样。管理者的角色不同，管理者的技能要求是不一样的。美国的管理学家罗伯特·卡茨（Robert Karat）提出，有效的管理者应具备技术技能、人际技能和概念技能。

（一）技术技能

　　技术技能是指使用某一专业领域内的程序、技术、知识和方法完成组织任务的能力。主要是如何"处事"，涉及专业知识和专门领域的分析能力。管理者要想有效地工作，需要具备一些相应的技术能力。例如，饭店的管理者也需要具备烹调技能，以便厨师不在时能够替换上阵，还需要会计技能以掌控收入、成本，同时还需要审美技能以使饭店对顾客充满吸引力。尽管管理者未必要成为技术专家，但还是需要了解并初步掌握与其管理的专业领域相关的基本技能。对于基层管理者来说，其技术技能往往是重要的，因为他们直接与一线员工打交道，直接接触到具体的技术问题，需要为本部门提供技术指导和帮助，不具备较强的专业技术能力的基层管理者是很难胜任本职工作的。技术技能对高层管理者的重要性相对小一些，因为他们较少直接接触日常的具体工作，往往只需要一般的了解。

（二）人际技能

　　人际技能是指处理人际关系有关的技能，即理解激励他人并与他人共事的能力，主要包括领导能力、影响能力和协调能力。许多人在技术上是出色的，但在人际技能方面却有所欠缺。例如，他们可能不善于倾听，不善于理解别人的需要，或者缺乏管理冲突的技能。由于管理者通过别人来完成工作，所以他们必须具有良好的人际技能，这样才能进行有效地沟通、激励和授权。人际技能对于高、中、基层管理者的重要性大体相同。

（三）概念技能

概念技能是指纵观全局、认清为什么要做某事的能力，也是洞察企业与环境相互影响的复杂性的能力。具有概念技能的管理者往往具有能感知和发现环境中的机会与威胁，理解事物的相互关联性从而找出关键影响因素的能力，确定和协调各方面关系的能力以及权衡不同方案优劣和内在风险的能力。概念技能对于高层管理者很重要，对于中层管理较为重要，对于基层管理者则不太重要。

要想成为有效的管理者，就必须具备上述三种技能，缺乏其中任何一种技能，都有可能导致管理工作的失败。但处于不同层次的管理者，三种技能的侧重点不同。高层管理者尤其需要概念技能，层次越高对概念技能要求越高。中层管理者人际技能较为重要，而基层管理者的主要职能是现场监督与指挥，所以更重视的是技术技能。对管理者来说，三种技能的重要性取决于管理者所在的管理层次，如图2-6所示。

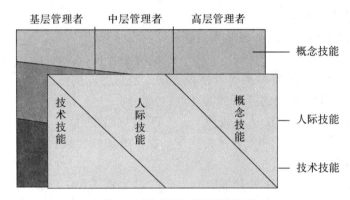

图2-6 各层管理者的技能比例

》 思考与练习

一、判断题

（1）管理是随着人类社会的发展而产生的，在原始社会是不存在管理的。（　　）

（2）概念技能是组织高层管理者所具备的最重要的一种技能。（　　）

（3）管理的基本活动对任何组织都有普遍性，但营利性组织比非营利性组织更需要加强管理。（　　）

（4）企业管理的最根本任务是经济效益。（　　）

（5）管理是一种创造性劳动，所以它没有基本规律。（　　）

（6）人际技能是指成功地与人打交道并与人沟通的能力。掌握这项能力对各层次的管理者具有同等重要性。（　　）

（7）管理者在小型组织和大型组织中从事基本相同的工作。（　　）

（8）管理是任何组织集体劳动所必需的活动，因此任何社会的管理性质是相同的。（　　）

（9）有效的管理者应该既懂理论，又具备管理技巧与管理工具的运用能力。（　　）

（10）低水平的管理绝大多数是无效率和无效果的。（　　）

二、单选题

（1）管理是一种艺术，这是强调管理的（　　）。

A. 复杂性　　　　　B. 有效性　　　　　C. 实践性　　　　　D. 精确性

（2）管理者的层次划分是指（　　）。

A. 表层、里层　　　　　　　　　B. 高层、中层、基层

C. 内层、外层　　　　　　　　　D. 深层、浅层

（3）管理的核心是（　　）。

A. 管理者　　　　　B. 被管理者　　　　　C. 管理的任务、职能与层次

D. 处理好人际关系

（4）企业在销售产品时，需要预计货款回收的可能性。为此，信用部门力图以一种低成本方式处理有关客户资信的材料，但因为过程速度太慢，使许多客户另求他处购货。该项信用审核工作可以说是（　　）。

A. 重效率，轻效果　　　　　　　B. 重效果，轻效率

C. 效率效果都不重视　　　　　　D. 效率效果都重视

（5）不同层次的管理人员，其基本职能（　　）。

A. 不同　　　　　B. 相同　　　　　C. 主体不同　　　　　D. 大部分相同

（6）"管理体现着生产资料所有者指挥劳动、监督劳动的意志，因此它同生产关系、社会制度相联系。"这句话体现了管理的（　　）。

A. 技术属性　　　　　B. 人文属性　　　　　C. 自然属性　　　　　D. 社会属性

（7）"组织在遵守、维护和改善社会秩序、保护增加社会福利等方面所承担的责任和义务。"指的是组织的（　　）。

A. 行为规范　　　　　B. 法律规定　　　　　C. 社会责任　　　　　D. 管理道德

（8）与计划职能联系最紧密的管理职能是（　　）。

A. 控制　　　　　B. 组织　　　　　C. 领导　　　　　D. 协调

（9）对生产车间的班组长而言，其管理技能侧重于（　　）。

A. 技术技能　　　　　B. 概念技能　　　　　C. 政治技能　　　　　D. 人事技能

（10）有这么一个典故：美国爱迪生通用电器公司在 19 世纪应用了爱迪生发明的技术，短短几年内，就彻底战胜了煤气灯、电弧灯，取得了极大的成功，很快就成为电力、电讯方面的垄断性企业集团。而德国西门子公司由于没有及时采用这一新技术而一度落后。可惜爱迪生反对交流电技术，看不到交流电技术的巨大潜力和发展前景，未采用交流电的技术系统，导致他晚年在交、直流之战中惨败。后来，美国爱迪生通用电器公司中的"爱迪生"三字不见了，被合并改名为美国通用电器公司。假如你是一位 CEO，你认为不正确的看法是（　　）。

A. 新技术的不断发展变化，对企业组织决策能力提出了更高的要求。

B. 管理者应该不怕风险，具有乐观主义的态度，这样就可以化险为夷。

C. 新技术的采用虽然可能带来极大的收益，但风险也很大，并非一件易事。

D. 管理者应具有胆识和远见，善于洞察机遇，并能正确估量风险，及时做出正确决策。

三、多选题

（1）管理的二重性是指管理的（　　）。

A. 科学性　　　　　　　B. 艺术性　　　　　　　　C. 自然属性

D. 社会属性　　　　　　E. 实践性

（2）在学习和研究外国的管理经验时，要考虑（　　　）。

A. 社会制度　　　　　　B. 生产力发展水平　　　　C. 自然条件

D. 民族习惯和传统　　　E. 个人习惯

（3）管理的特征包括（　　　）。

A. 管理是一种社会现象　　B. 管理是一种文化现象　　C. 管理的"载体"是组织

D. 管理的核心是处理各种人际关系　　E. 管理既是一门科学又是一门艺术

（4）以下属于高层管理者的是（　　　）。

A. 车间主任　　　　　　B. 首席财务官　　　　　　C. 项目经理

D. 总经理　　　　　　　E. 领班

（5）管理者在行使各种管理职能、扮演三类管理角色时，必须具备（　　　）。

A. 信息技能　　　　　　B. 概念技能

C. 人际技能　　　　　　D. 技术技能

四、思考题

（1）为什么说管理既是一门科学，又是一门艺术？

（2）简述掌握管理的两重性的重要意义。

（3）什么叫人本原理？它由哪些原则组成？

（4）管理有哪些基本职能？

（5）有人说：管理是万能的，你同意这个观点吗？

五、能力拓展与训练题

利用课余时间，通过访谈或文献调查的方式对一名管理精英进行调查与访问，以小组为单位组织一次课堂交流与讨论，评价出最有魅力的管理精英。调研的内容可参考以下几个方面：

（1）该管理精英的个人简介（姓名、性别、年龄、任职经历）。

（2）该管理精英的管理职位、主要工作职责、胜任该职务所需要的管理技能。

（3）该管理精英所采取的管理措施、管理手段及管理效果。

（4）说说从该管理精英身上得到的启迪。

模块三　管理理论的发展

模块综述

管理思想、理论的产生与发展和人类历史一样悠久深远。随着人类社会的进步，管理思想和理论也逐步发展起来。其发展历程大致经历了五个阶段，即古代的管理思想、古典管理理论、行为科学理论、现代管理理论与现代管理理论的新发展。

学习目标

了解中外早期管理思想各发展阶段的主要代表学说和精华，掌握古典管理理论、行为科学理论、现代管理理论的主要思想及其评价，了解现代管理理论的新的发展趋势；理解管理理论的发展历史和阶段，能运用近代管理理论来解释一些企业的经营管理案例，具备一定的解决企业经营实际问题的能力。

引入案例

从总裁推荐文章看学习型组织的构建

得利斯集团总裁郑和平酷爱读书，每每看到精彩文章，总会推荐给员工。一次，某杂志"名牌列传"专栏刊载的一篇文章《"同仁"最是真》引起他的共鸣，郑总一连在十五处文字下划了着重号。这些内容集中反映在：做精品要严格规范，精益求精；做事要兢兢业业，埋头苦干；做人要认认真真，实实在在——郑总认为同仁堂造药，得利斯造食品都是吃的东西，是关系到人身体健康的东西，两者具有很多相似之处。郑总对这篇文章不仅自己阅读研究，而且还向全体员工推荐，他希望这篇文章对全体员工能有所启示。

思考：

（1）你是否赞成总裁推荐文章的做法？

（2）学习型组织中员工的角色发生了什么样的变化？

（3）你有哪些构建学习型组织的建议？

任务一　了解中外早期的管理思想

一、中国早期的管理思想

中国有着数千年的文明史，在浩如烟海的文史资料中蕴藏着极其丰富的管理思想。下面列举的只是其中几个闪光点而已。

（一）顺"道"

中国历史上的"道"有多种含义，属于主观范畴的"道"，即"治国之道"，属于客观范畴的"道"，是指客观经济规律，又称为"则""常"。这里用的是后一含义，指管理要顺应客观规律。《管子》认为自然界和社会都有自身运动规律，"天不变其常，地不易其则，春秋冬夏，不更其节。"（《管子·形势》）社会活动，如农业生产，人事，财用，货币，治理农村和城市，都有"轨"可循，"不通于轨数而欲为国，不可。"（《管子·山国轨》）人们要取得自己行为的成功，必须顺乎万物之"轨"，万物按自身之"轨"运行，对于人毫不讲情面，"万物之于人也，无私近也，无私远也。"你的行为顺乎它，它必"助之"，你的事业就会"有其功"，"虽小必大"；反之，你如逆它，它对你也必"违之"，你必"怀其凶"，"虽成必败"，"不可复振也。"（《管子·形势》）

（二）重人

"重人"是中国传统管理思想的一大要素，包括两个方面：一是重人心向背，二是重人才归离。要夺取天下，治好国家，办成事业，人是第一位的，故我国历来讲究得人之道，用人之道。

得民是治国之本，欲得民必先为民谋利。先秦儒家提倡"行仁德之政"，"因民之所利而利之。"（《论语·尧曰》）"修文德以来之。"（《论语·季氏》）使"天下之民归心"，"近者悦，远者来。"（《论语·尧曰》）"天下大悦而将归己。"（《孟子·离娄上》）《管子》说："政之所兴，在顺民心；政之所废，在逆民心。"国家兴须"令顺民心"，"从民所欲，去民所恶。"乃"为政之宝"（《管子·牧民》）。西汉贾谊说："闻之于政也，民无不为本也。国以为本，君以为本，吏以为本。""国家的安危存亡兴衰，定之于民；君之威侮、昏明，强弱，系之于民；吏之贤昏、廉贪，辨之于民；战争的胜败，亦以能否得民之力以为准。"（《新书·大政上》）这些思想历代都有，逐步成为管理国家的准则。

得人才是得人的核心。要得人才，先得民心，众心所归，方能群才荟萃，故《管子》把从事变革事业，注重经济建设，为人民办实事，视为聚拢优秀人才的先决条件，叫作"德以合人"，"人以德使"（《管子·五辅、枢言篇》）。

（三）人和

"和"就是调整人际关系，讲团结，上下和，左右和。对治国来说和能兴邦；对治生来说和气生财。故我国历来把天时、地利、人和当作事业成功的三要素。孔子说："礼之用，和为贵。"（《论语·学而》）《管子》说："上下不和，虽安必危。"（《管子·形势》）"上下和同"，"和协辑睦"（《管子·五辅》），是事业成功的关键。战国时赵国的将相和故事，妇孺皆知，被传颂为从大局出发讲团结的典范。

近代成功的企业家也都注重人和，创办申新纱厂的大企业家荣德生治厂以"《大学》之'明德'，《中庸》之'明诚'对待属下"，"管人不严，以德服人。""使其对工作不生心，存意外。""自治有效。"（荣德生：《乐农先生自订行年纪事续编》）刘国钧办大成纺织染公司，以"忠信笃敬"为厂训。宋菜卿在公司悬挂孔子名言"己所勿欲，勿施于人"作厂训，他说："你愿人怎样待你，你就先怎样待人。"这些皆反映从自我管理入手实现人和，从而达到系统管理以协力推进事业发展的管理思想。

（四）守信

治国要守信，办企业要守信，办一切事业都要守信。信誉是人类社会人们之间建立稳定关系的基础，是国家兴旺和事业成功的保证。孔子说："君子信而后劳其民。"（《论语·尧曰》）他对弟子注重四教："文、行、忠、信"（《论语·述而》）。治理国家，言而无信，政策多变，出尔反尔，从来是大忌。故《管子》十分强调取信于民，提出国家行政应遵循一条重要原则："不行不可复。"人们只能被欺骗一次，第二次就不信你了，"不行不可复"者，"不欺其民也"。"言而不可复者，君不言也；行而不可再者，君不行也。凡言而不可复，行而不可再者，有国者之大禁也。"（《管子·形势》）

（五）法治

我国古代的法治思想起源于先秦法家和《管子》，后来逐渐演变成一整套法制体系，包括田土法制，财税法制，军事法制，人才法制，行政管理法制，市场法制等。韩非在论证法治优于人治时，举传说中舜的例子。舜事必躬亲，亲自解决民间的田界纠纷和捕鱼纠纷，花了三年时间纠正三个错误。韩非说这个办法不可取，"舜有尽，寿有尽，天下过无已者。以有尽逐无已，所止者寡矣。"如果制定法规公之于众，违者以法纠正，治理国家就方便了。他还主张法应有公开性和平等性，即实行"明法""一法"原则。"明法"，就是"著之于版图，布之于百姓"，使全国皆知。"一法"，即人人都得守法，在法律面前人人平等，"刑过不避大臣，赏善不遗匹夫。"各级政府官员不能游离法外，"能去私曲就公法者，民安而国治。"（《韩非子·有度》）

二、外国早期的管理思想

开始于 18 世纪的产业革命使工厂中的计划、组织、领导和控制等成为必不可少的管理职能；18 世纪中叶的工业革命使工厂内部的组织和管理的迫切性日益凸现出来。在长期管理实践和研究的基础上产生了早期的管理思想。亚当·斯密、罗伯特·欧文以及查尔斯·巴贝奇被认为是这一时期的代表人物。

（一）亚当·斯密的"经济人理论"

亚当·斯密是英国古典政治经济学的主要代表人物之一，他的最大成就是创立了古典经济学理论体系。他认为，劳动是国民财富的源泉，人们所消费的生活必需品取决于国民劳动的熟练程度、技术和能力，以及从事有用劳动的人数占社会总人口的比例。他指出，劳动所创造价值是劳动者工资和利润的来源，工资越低，利润越高；反之，工资越高，利润越低。斯密还指出，经济现象是基于具有利己主义目的的人们的活动所产生的，人们在经济活动中追求个人私利，而这种私利又为他人的利益所限制。这就迫使人们在追求私利的过程中必须顾及他人的利益，以此调节工资、利润和劳动分配关系。这种认为人都要追求自己经济利益的"经济人"观点，对以人为中心的管理理论的创立具有重要意义。按照斯密的思想，劳动分工是人们追求最大经济利益的结果，他指出，劳动生产力的最大进步以及运用劳动所表现出的熟练技巧和能力，是劳动分工的基本依据。

斯密的分析和理论，不仅符合当时工业、农业生产发展的实际，而且成为西方管理理论中的一条基本原则。

（二）罗伯特·欧文的以人为中心的管理思想

罗伯特·欧文是一位杰出的思想家与社会活动家，他不仅提出了空想社会主义的设想，而且在他管理的工厂中进行了实践。他经过一系列试验，首先提出在工厂生产中要重视人的因素，要缩短工人的工作时间，提高工人工资，改善工人住宅等。他的改革试验证实，重视人的作用和尊重人的地位，也可以使工厂获得更多的利润。所以，也有人认为欧文是人事管理的创始人。

（三）查尔斯·巴贝奇利润分配管理思想

查尔斯·巴贝奇是英国的著名数学家，也是在人类管理思想形成和演化中做出重要贡献的人物。巴贝奇认为，工人与工厂主之间既存在利益冲突，又存在共同的利益，这就需要通过利润的科学分配来调节。他竭力主张建立"利润分配"制度，工人可以按照其承担的工作和在生产中所作的贡献，分到工厂利润的一部分。巴贝奇也很重视对生产的研究和改进，主张实行有益的建议制度，鼓励工人提出改进生产的建议。他认为工人的收入应该由三部分组成，即：按照工作性质和工种确定的固定工资；按照生产效率及所作贡献分得的利润；为提高劳动效率而提出建议所应给予的奖励。从现代企业管理所采用的分配办法看，巴贝奇的理论至今仍具有现实意义。

欧文、斯密以及其他一些人对于早期工厂管理的思考虽然是零散的，但对后来的科学理论和其他管理理论产生了不可忽视的重要影响。

任务二 掌握古典管理理论

从自由资本主义向垄断资本主义过渡的 19 世纪末至 20 世纪初，管理理论开始系统形成，这一阶段所形成的管理理论，被称为古典管理理论或经典管理理论。其主要标志是泰罗的《科学管理原理》和法约尔的《工业管理和一般管理》，分别于 1911 年和 1916 年出版，其主要代表人物有美国的泰罗、法国的法约尔以及德国的韦伯，他们分别代表着科学管理理论、管理过程理论、行政组织理论三大理论学派。这些理论成为现代管理理论的先驱，对现代管理思想产生了深远的影响，也标志着管理学作为一门学科的诞生。

一、泰罗的科学管理理论

科学管理理论是由美国的机械工程师泰罗首先提出并极力推广的，因此通常也被称作泰罗制。泰罗制的产生和迅速发展有着非常深刻的历史背景。

（一）泰罗制产生的历史背景

泰罗制产生背景可以从西方工业国家共同的历史条件和美国的特殊背景这两个不同的角度去考察。

随着社会生产力的发展和企业数量的增加与规模的扩大，企业管理逐渐从传统的经验管理走向科学管理。在工厂制度初期，资本所有者也是企业管理者，由于企业规模有限，资本家只要根据自己的经验和判断便可以进行相对有效的管理。工厂制度发展到19世纪末、20世纪初时，情况发生了变化，由于机器和机器体系在工业生产中越来越被广泛的运用，企业数量越来越多，规模越来越大，复杂程度不断提高，对企业管理的要求也越来越高，仅凭经验进行的传统管理方式已不再适应，这使得人们迫切要求把过去在企业管理方面积累的经验加以标准化、系统化、科学化，用科学的管理代替传统的经验管理。

另一方面，资本家对劳动的控制从不完全到完全也要求改进企业管理的方法。根据政治经济学的传统分析，劳动者自从把自己的劳动力出卖给企业的那天起，就把自己完全置于资本家的控制之下了。直至19世纪末，资本家对劳动者的控制不再是完全的。资本家在市场上雇佣了工人之后，虽然可以规定工人每天工作的时间，强制工人如何去工作，但是工人如何去制造某件产品、完成某次加工任务作业需要多长时间，资本家是无法控制的。在生产过程中广泛运用机器和机器体系的条件下，资本家不可能熟知每一台机器的操作技术。因此生产技术主要掌握在个人手中。个人掌握了市场技术就能决定劳动方式，就能控制操作方法和作业时间，就会在生产中出现一些技术性的"磨洋工"，并使资本家无法辨别。所以在当时，不论是对个人的作业方法还是作业时间，资本家都未能完全控制。为了适应生产力发展的需要，资本家迫切需要改进管理方法，剥夺个人决定生产方法和生产时间的权力。

那么在所有西方工业国家都遇到这两个问题的情况下，为什么科学管理的方法与制度率先在美国出现而非其他国家出现呢？这与美国的特殊背景不无关系。

19世纪，美国曾出现两次大的移民潮。第二次移民浪潮中，大约有2300万主要来自西欧的移民漂洋过海来到美国。到了美国之后，他们大部分集中在沿海的一些工业城市。来自农村且能经受大西洋上的数月漂泊，这些移民一般都身强力壮，因此是资本家雇佣剥削的极好对象。与此同时，生产力的发展，企业规模的扩大，也要求资本家增雇更多的工人。然而遗憾的是，这些移民大部分没有技术只会干力气活，不能运用机器来进行作业。因此，资本家迫切需要一种新的管理方法，以便迅速地将这些体质强壮的非工业劳动力培训成为适应工业生产要求的熟练工人。于是，泰罗制一经出现便受到了资本家的青睐。

（二）泰罗制的主要内容

泰罗把他所进行的一系列试验及所得出的结论写进了《科学管理原理》一书中。概括起来，其科学管理的主要内容有以下四种。

1. 工时利用的科学化，劳动方法的标准化

工时利用的科学化，劳动方法的标准化是科学管理的基础，它的目的就是找出完成工作的最好方式。为了对一个工人一天应做多少工作有一个科学的根据，泰罗进行了一系列的试验，首创了工时和操作方法合理化的研究。其目的就是要使工人采用的工作方法最合

理，花费时间最少。泰罗认为，用这种方法来规定一个工人每天合理的工作量，就不会再有争议了，因为这是用科学的方法确定的。当时泰罗应用这种方法对伯利恒公司高炉上搬运生铁的工人进行了试验，曾使得工人每天搬运生铁的数量提高了四倍。

2. 挑选工人

按科学方法对工人进行训练，以代替师傅带徒弟的传统培训方法。泰罗认为，应该把工人多年所积累的经验和技艺加以系统地收集和整理，归纳后再制定成科学的方法来对新一代工人进行培养。他还认为，应为工作挑选合适的工人，并加以正规的培训，使工人学会按规定的方法进行工作。因为不同人具有不同的能力，一个人对完成某项工作可能是很出色的，但干另一项工作就不一定合适。管理者的责任就在于为每项工作找出最适合这项工作的人选，对他们进行训练，使他们成为"最高级、最有兴趣、也最有利于那种工作"的一流工人。

3. 实行有差别的计件工资制

在工作任务已经确定并选择好合适的工人以后，下一步则要使工人按规定的方法从事工作。泰罗认为，这需要在管理部门与工人之间建立良好的合作关系。为了达成这种合作，应从物质上激励工人的劳动积极性，建立刺激性的工资制度。他提出一种付酬制度，称之为"差别计件制"。根据这种制度，计算工资采用不同的单价。工人的生产产品没超过规定的件数时是一种单价，如果超过了这个件数，则采用另一种较高的差别单价。

4. 组织改革

泰罗提出了在组织方面进行改革。改革包括两个内容：一是把计划职能和执行职能分开（这里所谓计划职能相当于我们说的管理职能）；二是实行职能工长制。在过去，工人按照经验与习惯确定自己的生产方式。这种方式包括作业的顺序、工具的选择等。工长只告诉工人要做什么，而不告诉他应该怎样做。泰罗认为这样不可行。他说："一切计划工作，在旧制度下都由专业工人来做，结果是凭个人经验办事；在新制度下则必须由管理当局按照科学规律的要求来完成。这是因为专业工人即使很熟悉发展情况并善于利用科学资料，要想同时在机器房和办公桌上完成工作，需要有一部分人先做计划，另一部分人去执行。"把计划职能从领班和工人身上分离出来的必然结果，是扩大企业的管理机构。以前由领班和工人履行的许多计划工作，现在转给有关方面的专门人员去做。这样，一方面让工人可以省出更多的时间从事生产，提高生产效率；另一方面，是使管理职能得以专业化，从而为管理的科学化创造了条件。

总之，泰罗的科学管理，是主张一切管理问题都应当用科学的方法加以研究和解决，实行各方面的标准化，使个人的经验上升为理论，不能单凭经验办事。这是泰罗对企业管理的重大贡献，使企业管理开始向科学化演变，从而开创了传统管理进入科学管理的新阶段，它至今仍被许多国家沿用，也是许多新的管理原理和方法发展的基础。

二、法约尔的管理过程理论

与科学管理同时代的另一批思想家也在对管理实践进行思考，由于他们的著作为当代管理和思想建立了框架，故他们与科学管理思想家们通常被称为古典理论家。其中杰出的代表是亨利·法约尔和马克斯·韦伯。

法约尔管理思想的主要观点体现在他于1916年发表的《工业管理与一般管理》一书中。

　　法约尔认为，"经营"与"管理"是两个不同的概念，前者的含义要广于后者。经营包括六项职能，而管理仅是其中的一项。经营的六项职能是：技术职能，指生产、制造、加工等；商业职能，指采购、销售、交换等；财务职能，指资金的筹集与运用；安全职能，指采取各种措施，保证机器设备的正常运转，保护人身安全；会计职能，指编制财产目录和资产负债表，进行统计、计算成本等；管理职能，指计划、组织、指挥、协调和控制。

　　他提出的十四项管理原则包括：分工、权力与责任、纪律、统一指挥、统一领导、个人利益服从整体利益、人员的报酬、集中、等级链、秩序、公平、人员的稳定、首创精神、集体精神。法约尔特别强调，原则是灵活的，不是一成不变的法则。

　　法约尔认为在经营的六大职能中，管理职能尤为重要。管理职能包括计划、组织、指挥、协调和控制五个方面。其中：计划意味着观察和估计未来，并制定行动方案；组织是建立起人、财、物的权力机构；指挥是将企业的一切活动都统一起来；协调是调整不同部门、不同人员的活动与关系；控制是使所发生的每一件事都与既定的计划、发出的命令和确立的原则相符合，从而防止和纠正错误。

三、韦伯的行政组织理论

　　马克斯·韦伯在管理思想上的主要贡献是提出了"理想的科层组织体系"的理论和对三种权力的划分。

（一）理想的科层组织体系

　　科层组织或科层制度，通常亦被译为官僚组织、官僚制，是一种通过"公职"或职位，而不是通过"世袭"或"个人魅力"来进行管理的组织制度。

　　韦伯指出，科层组织是按照下述规则来建立和组织运行的：①按行政方式控制的机构的目标所要求的日常活动，是作为正式职责来分配的；②执行这种职责所需要的权力是按照一种稳定的方式来授予的，并且由官员能加以控制的某种强制手段来严格地加以限制；③对于履行职责来行使相应权力的方法有所规定，即只有按一般规定符合条件的人才能被雇用。按照这三个原则，便可在国家管理的领域构建一种官僚组织体系的机关，在私营经济领域构建一种科层组织体系的企业。

（二）权力的类型

　　韦伯认为，被社会所接受的合法的权力有三种类型：

1. 传统型权力

　　传统型权力建立在对于习惯和传统的神圣不可侵犯性要求之上。这是一种由族长或部落首领来行使的权力。臣民或族人之所以服从，是基于对神圣的习惯认同和尊重。

2. 个人魅力型权力

　　个人魅力型权力是建立在对某个英雄人物或某个具有神赋天授品质的人的个人崇拜基础之上的权力。个人魅力型权力的维持在于其拥有能够使追随者或信徒们确信自己的盖世神力。为此，他必须经常做出英雄之举，不断创造奇迹，而这在日常管理中是很难做到的。因此，韦伯认为，个人魅力型权力产生于动乱和危机之中，而崩溃于稳定秩序下日常事务管理以及使这种权力制度化的尝试之中。所以个人魅力型权力不能作为政治统治稳固制度的基础。

3. 法理型权力

法理型权力的依据是对标准规则模式的"合法化"信念，或对那些按照标准规则被提升到指挥地位的人的权力信念。这是一种对由法律确定的职位或地位的权力的服从。

因此，韦伯认为，只有法理型权力才能成为科层组织的基础。

四、古典管理理论现实评析

古典管理理论代表人物泰罗、法约尔、韦伯从三个不同的角度，即车间工人、总经理和组织来思考和解决企业和社会组织的管理问题，为当时的社会解决企业组织中的劳资关系、管理原理和原则、生产效率等方面的问题，提供了指导和科学理论方法。

（一）古典管理理论的伟大意义

古典管理理论确立了管理学是一门科学。通过科学的研究方法发现管理学的普遍规律，使得管理者开始摆脱传统的经验或凭感觉进行管理。

古典管理理论建立了一套有关管理理论的原理、原则、方法，并且主张这些原则和职能是管理工作的基础，对企业管理有着很大的指导意义，也为总结管理思想史提供了极为重要的参考价值。

古典管理学家同时也建立了有关的组织理论。韦伯提出的官僚组织理论是组织理论的基石，因此被人们称为组织理论之父。韦伯还就建立组织结构，以及维护这种组织结构的正常运行，提出了一系列的原则。今天企业管理的组织结构虽然变得更加复杂，但是，古典组织理论设计的基本框架仍未失去其存在的意义。

古典管理理论为后来的行为科学和现代管理学派奠定了管理学理论的基础，当代许多管理技术与管理方法皆来源于古典的管理理论。古典的管理学派所研究的问题有一些仍然是当今管理上所要研究的问题。

（二）古典管理理论的不足

古典管理理论是时代的产物，不可能十全十美。其不足之处主要表现在以下几个方面：

首先，古典管理理论基于当时的社会环境，对人性的探索仅仅停留在"经济人"的范畴之内。泰罗对工人的假设是"磨洋工"，而韦伯把职员比作"机器上的一个齿牙"。在古典管理理论中没有把人作为管理的中心，没有把对人的管理和对其他事物的管理完全区别开来。而在现代管理理论中，人是管理研究的中心课题，而正是因为对人性的深入探索，才使得现代管理理论显得丰富多彩。

其次，古典管理理论对组织的理解是静态的，没有认识到组织的本质。韦伯认为纯粹的官僚体制应当是精确的、稳定的、具有严格的纪律的。当代的组织理论家们普遍认为，韦伯所倡导的官僚组织体制只适合于以生产率为主要目标的常规的组织活动，而不适合于从事以创造和革新为重点的非常规的灵活的组织活动。

法约尔认为："组织一个企业，就是为企业的经营提供所必要的原料、设备、资本、人员。大体上说，可以分为两大部分：物质组织与社会组织。"当时人们认为，组织就是人的集合体。例如，一个企业组织，就认为是经营管理者与职工的集合体；一个医院，就是医生与病人的集合体等。由此可见，法约尔的组织概念还停留在对组织的表象和功能的表述上，并没有抓住组织的本质进行深入地研究。而后来的巴纳德是从行为的角度对组织下定义，他说："组织不是集团，而是相互协作的关系，是人与人相互作用的系统。"

然后，古典管理理论的着重点是组织系统的内部，把如何提高企业的生产率作为管理的目标，这对企业提高生产率是有相当大的指导意义的。然而任何一个组织系统都在一定的环境下生存和发展，社会环境在不断变化，企业的生存发展也在不断地和环境变化进行相互作用下前进，企业的经营管理必须要研究外部环境的因素和企业之间相互适应的关系，使管理行为和手段都随着社会环境的变化而变化，这些都是古典管理理论没有进行研究的。由于古典管理理论对组织环境以及环境的变化考虑较少，因此对管理的动态性未予以充分的认识和关注。

延伸阅读

管理之父

在管理思想和管理理论形成与发展的历程中，有许多学者或管理者都作出了巨大的贡献，他们中的一些人被后人尊称为管理之父。

☆科学管理之父——泰勒

被誉为"科学管理之父"、美国发明家、工程师的泰勒，出身于费城一个律师家庭。他中学时因夜读过度，视力受损，虽考上哈佛大学却未能就读。1875年泰勒进一家小厂当徒工，三年后转入费城米德瓦尔钢铁公司工作，他先后当过勤杂工、机工、工长、设计室主任等。1881年25岁的泰勒开始进行劳动时间研究，这便是他后来创立的管理科学的基础。他利用晚间自学，于1883年获史蒂文斯理工学院的机械工程学学位，28岁时任米德瓦尔公司的总工程师。泰勒拥有40多项专利，是一名卓越的发明家，但他却醉心于科学管理。泰勒34岁时离开公司独立开业从事工厂管理咨询工作。45岁退休后，泰勒用大部分时间从事写作、演讲，宣传他的一套工厂管理的科学方法，即通常所说的"泰勒制"。泰勒的管理原则和"泰勒制"的出现，促使工厂生产管理从经验管理走上了科学管理的道路。1906年泰勒任美国机械工程师学会主席，获得宾夕法尼亚大学名誉科学博士学位。他的主要著作有《计件工资制》《车间管理》和《科学管理原理》。

☆一般管理理论之父——法约尔

亨利·法约尔，是西方古典管理理论最杰出的代表。法约尔1841年出生于法国的一个资产阶级家庭，1860年毕业于圣艾蒂安国立矿业学院，毕业后进入法国一家采矿冶金公司，从此，他的一生就和这个公司联系在一起。1860—1872年，法约尔作为一个年轻的管理人员和技术人员，主要关心的是采矿工程方面的事情，特别是矿井的火灾防治工作。1866年法约尔被任命为康门塔里矿井矿长。1872—1888年，法约尔已经是一个有较大职权的一批矿井的主管，他的思路随之转到煤田的地质问题上，主要考虑的是决定这些矿井的经济情况的各种因素，他不仅要从技术方面考虑，更要从管理和计划方面来考虑。1888年，法约尔被任命为总经理，当时公司处于破产的边缘，法约尔按照自己的管理思想对公司进行了改革和整顿，并于 1891 年和 1892 年吸收了其他一些矿井和工厂。到 1918 年，法约尔运用他的才干和知识，把原来濒于破产的公司整顿得欣欣向荣。1918—1925 年，法约尔致力于普及和宣传他的管理理论工作。法约尔退休后不久就创建了一家管理研究中心，并担任领导工作。法约尔在管理方面的著作很多，主要有：《工业管理和一般管理》（1916 年）、《公共精神的觉醒》（1927 年）、《管理的一般原则》（1908 年）、《国家管理理论》（1923 年）等。

　　☆组织理论之父——马克斯•韦伯

　　马克斯•韦伯与古典管理理论学家法约尔、泰勒并称为西方古典管理理论的三位先驱，并被尊为组织理论学派的开山鼻祖。韦伯于 1864 年出生于德国图林根一个富有的中产阶级家庭。韦伯的父亲是法学家，母亲是虔诚的基督教教徒。1869 年，韦伯全家迁往柏林居住。韦伯年少时体弱多病，但学习勤奋，在青少年时期，他就阅读过很多名人的著作。1882 年韦伯就读于德国海德堡大学法学院，他兴趣广泛，除了专攻本专业还兼修历史、哲学、经济和神学；他接受过三次军事训练，对德国的军事生活和组织制度很了解，这对他以后的组织理论有很大的影响。

　　韦伯毕生从事学术研究，在社会学、政治学、经济学、法学、哲学、历史学和宗教学等领域都有较深的造诣。他在管理理论上的研究集中在组织理论方面，主要贡献是提出了"官僚组织结构理论"，或称"理想的行政组织体系理论"，这集中反映在他的代表作《社会和经济组织的理论》一书中。

课堂讨论

你还知道哪些管理之父，说说他们的观点。

任务三　熟悉行为科学管理理论

　　行为科学学派起源于 20 世纪 20 年代末 30 年代初，在 1949 年美国芝加哥大学的跨学科会议上正式被定名为"行为科学"。该学派比较有代表性的理论有梅奥的人际关系理论、马斯洛的个体行为研究、赫茨伯格的双因素理论、麦格雷戈的"人性"问题研究等。

一、梅奥的人际关系学说

知识链接

霍桑试验

　　20 世纪 20 ～ 30 年代，美国工厂在"泰罗制"指导下，生产率有了很大提高。但是集权强制管理也激起了工人的极大不满和愤恨，纷纷以怠工、离职来表达自己不当"牛"要做"人"的反抗，这就使得曾经提高了的生产率又降落下来。为了寻找工效低落的原因，学者们进行了著名的"霍桑试验"。

　　霍桑是美国西方电气公司的一个分厂。1924 年美国科学院组成一个科研小组到西方电气公司霍桑分厂进行试验，内容是工作环境与工作效率的关系。开始工作后，他们采取了许多办法，如改变工人的工作环境（增加照明、播放音乐等），观察工人的工作效率。试验结果发现不管工作条件是否改变，对工作效率的影响都不明显。1927 年美国哈佛大学的梅奥教授接管了科研小组，并继续做试验。他将自愿来的女工分成两组进行试验，结果也得出了同样的结论。但在试验中却发现，产量的变化有一定的规律性。工人在没有监工监督时心情比较舒畅，而且因为是自愿来做的，女工之间配合得很好。接着他又发现工人中有一个头儿，这是工人之间的一种默契，也许这个头儿一个眼色，工人就不愿意干了，产量也就上不去了，于是，梅奥教授在此基础上建立了人际关系学说。

根据试验，梅奥等人写了《工业文明中的人的问题》等一系列著作，总结出了人际关系学说。主要观点是：

第一，工人都是"社会人"，是复杂的社会系统的成员，不是"经济人"。他们有必须加以满足的物质方面的要求，但更重要的，是他们有社会方面和心理方面的需求。

第二，管理者应重视协调人际关系。领导的责任在于提高工人"士气"，增加工人"满意度"，从而达到提高生产率的目的。为此要改变传统领导方式，建立和谐的人际关系。

第三，企业除了正式组织之外，还存在着"非正式组织"，它是影响生产率的一个重要因素。

二、马斯洛的个体行为研究

1943 年，美国人本主义心理学家马斯洛通过对大量个体行为的研究，提出了"需要层次理论"，理论的主要内容有：

人生来共有五个层次的需要，这些需要由低到高分别是：生理需要，即人类维持自身生存和发展而产生的需要，是人最原始而基本的物质性需要，包括对吃、穿、住、性等方面的需要；安全需要，包括安全的社会环境，安全的住所，稳定的职业，较好的福利，劳动保护，社会保险等人身、职业安全的需要；社交需要，又称为归属与爱的需要，是指人们希望归属于一定的群体，成为其中的一员，相互关心，相互支持，并希望通过自己付出情感得到别人的友谊和爱；尊重需要，包括自我尊重和希望受到他人尊重的需要；自我实现需要，指人有充分发挥自己的潜在能力，越来越成为自己所期望的人物，完成

图3-1 马斯洛五个层次需要示意图

与自己能力相称的工作的需要。这是在前面四层次需要获得不同程度满足之后，产生的最高层次需要。马斯洛五个层次需要示意图如图 3-1 所示。

五种需要从低到高排列，逐层递进。当较低层次的需要基本得到满足后，就会产生更高一级的需要。

未满足的需要才具有激励作用。

高层次需要和主导需要具有更重要的激励意义。

马斯洛把个体需要作为专门的研究课题，研究其产生、发展的规律。这一学说成为行为科学重要的理论基础。

三、赫茨伯格的双因素理论

20世纪50年代，美国心理学家赫茨伯格在匹兹堡地区对11个工商机构的200多名会计师、工程师进行问卷调查，要求回答"什么时候你对工作特别满意""什么时候你对工作特别不满意""满意和不满意的原因是什么"等问题。赫茨伯格根据调查的结果提出了"激励——保健理论"，亦称"双因素理论"。"双因素"即指保健因素和激励因素。保健因素是指那些与人们的不满情绪有关的因素，如企业政策、工资水平、工作环境、劳动保护、人际关系、地位、安全等。这类因素处理得不好会引发人们对工作不满情绪的产生，处理得好可预防或消除这种不满情绪，但它不能起激励作用，只能起到保持人的积极性、维持工作现状的作用。激励因素是指能够促使人们产生工作满意感的一类因素，主要包括工作上的成就感、得到他人的认可、工作本身带来的愉快、晋升、成长、责任等。

传统的观点认为："满意"的反面是"不满意"，"不满意"的反面是"满意"。赫茨伯格认为："满意"的反面是"没有满意"，"不满意"的反面是"没有不满意"（不一定是满意）。保健因素只能消除员工的不满意，也就是让员工感到"没有不满意"，但不能让员工感到满意；只有激励因素才能使员工产生满意感。赫兹伯格双因素示意图如图3-2所示。

保健因素（外在因素）	激励因素（内在因素）
●公司的政策与行政管理 ●技术监督系统 ●与上级主管之间的人事关系 ●与同级之间的人事关系 ●与下级之间的人事关系 ●工作环境或条件 ●薪金 ●个人的生活 ●职务、地位 ●工作的安全感	●工作上的成就感 ●工作中得到认可和赞赏 ●工作本身的挑战意味和兴趣 ●工作职务上的责任感 ●工作的发展前途 ●个人成长、晋升的机会

图3-2　赫兹伯格双因素示意图

四、企业中"人性"问题研究

1960年，美国麻省理工学院心理学教授麦格雷戈在所著《企业中人的方面》一书中认为，管理人员的管理行为受其对人本性假设的影响。当管理人员持某一种关于人本性假设的观点时，就会形成与之相应的管理方式。麦格雷戈对企业中"人性"问题进行了深入的研究，并提出两种人性假设以及相应的管理方式——"X理论"和"Y理论"。

（一）X理论

X理论对人性的假设为：多数人生来懒惰，不愿意负责任，只有少数人勤奋，有责任心；多数人工作是为了追求物质利益满足，企业主为获得最大利润，工人为追求最高报酬；个人目标与组织目标是相矛盾的。大多数人具有上述特点，只能是被管理者，只有少数人能克制自己，成为管理者。

按照 X 理论进行的管理方式：组织管理的一切工作都是为了让工人提高工效，完成组织任务。为了克服人性的自私与懒惰的弱点，管理必须有严格的制度，实行标准化作业、程序化操作和规范化管理，以确保工作任务的完成；管理的原则是实行权威督导与控制，管理权力高度集中在少数管理者手中，强迫多数员工绝对服从管理者的意愿；激励制度是实施个人奖惩，用金钱来刺激员工劳动的积极性，同时对消极怠工者采取严厉惩罚措施。这就是所谓的"胡萝卜加大棒"的管理政策。泰罗制就是 X 理论管理风格的典型代表。

（二）Y 理论

Y 理论对人性的假设是"自动人"（或称为"自我实现人"）。其认为：人天生勤奋，每个成熟的人除有物质和一般社会需求外，还有一种要充分运用自己才华、发挥潜能做出成就的愿望，人只有在实现了自己这种愿望时才会感到最大的满足；人在追求自我实现的过程中，会表现得主动、有自制力和有创造性。

基于 Y 理论的管理方式：管理的重点是要创造一种适宜的工作环境和条件，让员工能充分发挥自己的潜能达到自我实现的满足；提倡目标管理与自主管理，在管理制度上应该更具有灵活性，给员工更多一些完成工作的自主权，以便在实现目标过程中能充分地发挥人的独立创造才能；提倡内在激励，管理者调动员工积极性不是靠物质刺激，也不是靠和谐的人际关系，而是强调工作本身对工作者积极性的激励作用。例如，工作对员工来说是具有挑战性的，是他感兴趣并能发挥其特长的。人们通过承担工作责任、行使工作权力、实现工作成就的过程来满足自我实现的需要。组织如果给员工提供了这种机会，员工将会自己激励自己。

综上所述，行为科学理论强调以人为中心来研究管理问题，看到了人的社会性和复杂性，标志着管理由传统的以任务为中心的管理向以人为中心的现代管理转变。

五、行为科学理论现实评析

（一）行为科学理论的主要贡献

1. 行为科学理论引起了管理对象重心的转变

古典管理理论重点放在对事和物的管理上，强调使生产操作标准化、工具标准化，建立合理的组织结构和明确的职责分工等，而忽视个人的需要和个人目标，甚至把人看成是机器，从而忽视了人的主动性和创造性。而行为科学理论强调要重视人这一因素的作用，应当把管理的重点放在人及其行为的管理上。这样管理者就可以通过对人的行为的预测、激励和引导，来实现对人的有效控制，并通过对人的行为的有效控制，达到对事和物的有效控制，从而实现管理的预期目标。

2. 行为科学理论引起了管理方法的转变

与古典管理理论相对应的管理方法是，自上而下的严格的权力、监督管理，把人看成是会说话的机器，在管理活动中施以强大的外界压力，严格的监督，造成工人心理上的压力而产生对立情绪，忽视了人的社会关系和感情因素的作用以及人的主动性和创造性。而与行为科学理论相对应的管理方法是人性化的管理。强调人的感情、欲望和动机的作用，在管理方法上强调满足人的需要和尊重人的个性，采用激励和诱导的方式来调动人的主动性和创造性，借以把人的潜能充分地发挥出来。如"参与管理""目标管理""工作内容丰富化"等以职工为中心弹性管理方式，这对今天的人力资源管理有着重要的影响和启示。

（二）行为科学理论的局限性

过于强调人的作用，对组织的结构及其制度、规则的重要性研究不够，对人与制度、人与组织的结合问题探讨的不多。

任务四　学习现代管理理论

一、现代管理理论的丛林

在古典管理理论和行为科学理论出现以后，特别在第二次世界大战以后，西方又出现了很多新的管理理论，形成了许多学派。这些理论与学派在历史渊源与理论内容上互相影响、互相联系，美国管理学家哈罗德·孔茨形象地将其描述为"管理理论的丛林"。其中，主要的管理学派与理论有：社会系统学派，系统管理学派，决策学派，经验主义学派，管理科学学派，权变管理学派。

（一）社会系统学派

社会系统学派的代表人物是巴纳德，其主要观点体现在《经理的职能》一书中。主要观点可归纳如下：

（1）组织是一个社会协作系统。组织是"两个或两个以上的人有意识协调的活动或效力的系统"，组织的产生是人们协作愿望的结果。

（2）组织的存在要有三个基本条件，即明确的目标、协作意愿和意见交流。

（3）提出了组织效力与组织效率原则。组织效力是指组织实现其目标的能力或实现目标的程度，是组织存在的必要前提；组织效率是指在实现其目标过程中满足成员个人目标的能力和程度，是组织生存的能力。

（4）管理人员的权威来自于下级的认可。

（5）分析了经理人员的作用。经理人员是信息联系系统中的中心，并对成员的协作活动进行协调，使组织正常运转，以实现其目标。

（二）系统管理学派

系统管理学派的代表人物是卡斯特和罗森茨维奇，代表作是《系统理论与管理》。他们继承了系统论的思想方法，从系统的概念出发，建立起了企业管理的系统模式。他们认为：系统观点、系统分析、系统管理都是以系统理论为指导的，三者之间既有区别，又有联系。系统管理学派的主要观点有：

（1）企业管理系统由人、资金、物、技术、时间、信息六个基本要素构成，它们在一定目标下组成一体化系统。其中人是管理系统中的主体，其他各项要素在一定程度上均受人的控制与协调。

（2）企业管理系统是一个由许多子系统组成的、开放的社会技术系统。

（3）企业管理系统内部主要有四个基本子系统：第一是运行系统，即输入过程与输出过程；第二是控制系统，是指企业对各种有机要素的转化过程；第三是支持系统，是指企业内各后勤保证的过程；第四是信息系统，即信息的收集、分析、研究、处理、传递的过程。企业的系统管理强调以整体系统为中心，决策时强调整个系统的最优化。

（4）企业管理分三个层次：作业层（即基层管理）、协调层（即中层管理）、战略层（即高层管理）。

运用系统观点来考察管理的基本职能，可以提高组织的整体效率。

（三）决策管理学派

决策管理学派的代表人物是西蒙，其代表作有《管理决策的新科学》《管理行为》等，因为对决策理论研究的贡献，1978 年西蒙获得了诺贝尔经济学奖。

决策管理学派是在社会系统学派的基础上发展起来的。其观点主要有：

（1）管理就是决策。计划、组织、领导、控制等管理职能都需要决策。

（2）以"满意标准"代替传统的"最优标准"。

（3）决策是一个复杂的过程，而不是"拍板"的一瞬间。决策的过程至少应该分为四个阶段：提出制定决策的理由；尽可能找出所有的可能的行动方案；在诸行动方案中进行抉择，选出最满意的方案；对该方案进行评价。这四个阶段都包含丰富的内容，并且各个阶段有可能相互交错，因此决策是一个反复的过程。

（4）决策可分为程序化和非程序化决策。程序化决策是指反复出现和例行的决策。非程序化决策是指那种从未出现过的，或者其确切的性质和结构还不是很清楚或相当复杂的决策。解决这两类决策的方法一般不同，但程序化决策和非程序化决策的划分并不是那么严格，因为随着人们认识的深化，许多非程序化决策将转变为程序化决策。

（四）经验管理学派

经验管理学派又称案例学派，其代表人物有德鲁克和戴尔。德鲁克的代表作是《有效的管理者》，戴尔的代表作是《伟大的组织者》。他们认为，有关企业管理的科学应该从企业管理的实际出发，以大企业的管理经验为主要研究对象，以便在一定的情况下把这些经验加以概括和理论化，但在更多的情况下，只是把这些经验传授给企业实际管理工作者，提出些实际的建议。也就是说，该学派主张通过分析经验（案例）来研究管理问题。其主要观点有：

（1）管理有三项基本任务：第一是取得经济效果（利润）；第二是使工作具有生产性，并使工作人员有成就；第三是承担企业对社会的责任。因此，管理者必须了解和掌握一些基本技能，如作出有效决策、在组织内部和外部进行信息联系、学会目标管理等。

（2）提倡实行目标管理。目标管理是管理人员和员工在工作中实行自我控制并达到工作目标的管理机能和管理制度。

（3）对高层管理问题给予了高度重视。对高层管理的任务、结构、战略等作了深入的研究。

（五）管理科学学派

管理科学学派又叫管理中的数量学派，其代表人物是美国的伯法，代表作是《现代生产管理》。该学派的特点是：

（1）为管理决策服务，运用数学模型增加决策的科学性。决策的过程就是建立和运用数学模型的过程。

（2）各种可行的方案均是以经济效果作为评价的依据，如成本、总收入和投资利润率等。

（3）广泛地使用电子计算机。电子计算机的运用大大提高了运算的速度，使数学模型运用于企业和组织成为可能。

（六）权变管理学派

权变管理学派诞生于 20 世纪 70 年代，代表人物主要有卢森斯、菲德勒和豪斯。代表作是卢森斯的《管理导论——种权变学说》。该学派认为，在企业管理中要根据企业所处的内外条件随机应变，没有什么一成不变、普遍适用的"最好的"管理理论与方法。该学派的基础是"超 Y 理论"。"超 Y 理论"认为人们怀着不同的需要加入工作组织，人们有不同的需要类型。有的人需要更正规的组织结构和规章制度，而不需要参与决策和承担责任；有的人却需要更多的自治责任和发挥个人创造性的机会。前者欢迎"X 理论"的管理方式，后者欢迎"Y 理论"的管理方式。因此，不同的人对管理方式的要求是不同的，组织的目标、工作的性质、员工的素质等对组织结构和管理方式都有很大的影响。

在《管理导论——一种权变学说》一书中，卢森斯将过去的管理理论划分为四种学说：过程学说、计量学说、行为学说和系统学说。他认为这几种学说都没有把管理与环境妥善地联系起来；同时，这些学说的代表人物都强调他们的学说具有普遍的适用性。在管理中必须重视环境对管理的作用。实际上，在环境与管理之间存在着一种函数关系，可以解释为"如果——就要"的关系，即"如果"发生或存在某种环境情况，"就要"采用某种管理思想、管理方式来更好地达到组织目标。权变主要体现在计划、组织和领导方式等方面，包括：计划要有弹性；组织结构要有弹性；领导方式应权宜应变。

但是，权变管理理论过于强调管理的特殊性，忽视管理的普遍原则与规律，这是该理论的最大缺陷。

二、现代管理理论现实评析

（一）对社会系统学派的评析

社会系统学派创始人巴纳德的组织理论对管理理论做出了重大贡献，主要表现在以下几个方面：

（1）巴纳德对组织理论的一个重要贡献在于他首先提出组织理论是现代管理理论的核心这一命题。在巴纳德看来，经营者的职能及其管理过程，是组织的一个专门职能。在组织中担负起谋求组织的形成和维持这种专门职能的就是经营者。

（2）巴纳德认为要对组织进行科学的研究就必须采取科学的方法，这就是行为主义的分析方法，同时借用社会学、心理学、人类学等"行为科学"来研究组织行为。巴纳德将心理学方法引入组织研究是一种进步，但他将经济分析放在了次要的位置。同时，从心理学和社会学的角度来研究管理，为管理理论的研究开辟了新的领域。

（3）巴纳德的组织行为研究方法是以一种"决策人"的假设作为前提的。在巴纳德看来，构成组织的个人并不像传统管理理论所说的那样是一种"机器的附属物"，也不是单纯接收命令的"被动的生产工具"。个人既然具有自由意志，就有个人的人格，也就有决策能力，并具有通过自由选择以适应环境的能力。因此，组织成员，无论是经营者还是职工，都是决策者。同时，巴纳德的"决策人"假设，在一定程度上体现了"人本管理"的思想。

（4）巴纳德对"沟通""动机""决策""目标"和"组织关系"等问题进行了开创性的专题研究，奠定了现代组织理论的基础，后来的许多学者如德鲁克、孔茨、明茨伯格、西蒙、利克特等人都极大地受益于巴纳德的理论，并在不同方向上有所发展。对于经理人员，尤其是将一个传统的组织改造为现代组织的经理人员来说，巴纳德的贡献尤为突出。

（二）对系统管理学派的评析

系统管理学派的最大长处，就是运用系统论的观点和方法，尤其是整体论的思想，分析组织问题和管理行为。它以全面观点突破了片面性思维，以开放观点突破了封闭性研究，以"关系说"替代了"要素说"。在一定程度上，这种思维在现代管理思想的演变中具有整合性的意义。运用系统观点来考察和管理企业，有助于提高企业的效益和更好地实现企业的既定目标。

（三）对决策管理学派的评析

以西蒙为代表的决策管理学派对现代管理理论的贡献是：

（1）对复杂的管理活动进行了高度的理论概括，并充分考虑经营管理的整个领域及其环境，使管理理论围绕着决策这个中心来发展。

（2）决策理论的系统结构可以向管理者提供一种分析、解决问题的系统方法。它鼓励管理者去发现和探寻各种潜在性的对策和可能发生的自然状态，并能充分运用各种科学知识和技术手段，形成比较全面系统的管理方法和技术，使管理具有一定的可操作性。

（3）管理人（或决策人）有限度的理性准则对于工商企业经营管理决策具有相当的客观性、可行性和较强的现实意义。

其局限性是有：

（1）决策理论如果作为一种主流的一般管理理论，显然未能全面反映管理活动的规律性，缺乏对一般管理关系和环节的分析，忽视了管理工作要比决策工作多得多、复杂得多这个事实。所以，从根本上说，它还属于管理方法、手段或技术方面的管理理论。

（2）西蒙的决策理论从本质上说，是管理决策理论，而未包括根据生产、销售、资本运营等企业组织的工作内容而进行的业务（或经营）决策内容。从这个角度来看，它如同其它管理理论一样，没有同企业的经营活动紧密结合起来，不能成为企业管理理论的主流理论。

（四）对经验管理学派的评析

经验管理学派强调管理的实用性，其基本假设前提是过去与未来的相似性。目标管理普遍受到企业的重视，但过去的经验未必与将来完全符合，而且未形成完整的理论体系，内容比较庞杂。但其中的一些研究反映了当代社会化大生产的客观要求。

（五）对管理科学学派的评析

管理科学学派的出现标志着管理从定性阶段走向定量阶段。它重视不同学科的交融与渗透，有助于优势互补、开阔思路，形成全面、合理的决策，但其不足之处是过分依赖物质技术而忽略人的作用。

（六）对权变管理学派的评析

权变理论学派同经验主义学派有密切的关系，但又有所不同。经验主义学派研究重点是各个企业的实际管理经验，是个别事例的具体解决办法，然后在比较研究的基础上做出概括。而权变理论学派重点是通过大量事例的研究和概括，把各种各样的情况归纳为几个基本类型，并给每一类型找出一种模型。

权变理论为人们分析和处理各种管理问题提供了一种十分有用的方法。它要求管理者要根据组织的具体条件，面临的外部环境，采取相应的组织结构、领导方式和管理方法。同时，权变学派首先提出了管理的动态性。

权变学派存在一个根本性的缺陷，就是没有统一的概念和标准。

权变理论试图改变一种局面，使各派理论互相"诋毁"为"相互"承认。

任务五　认识现代管理理论的新发展

科学技术的发展决定着时代与社会的发展，时代与社会的发展决定着管理思想的变化与发展。在科学技术突飞猛进的今天，管理思想日新月异的发展也就不足为奇了。学习型组织充分体现了知识经济时代对组织管理模式变化的要求。在全球经济一体化的今天，随着市场竞争的加剧，企业面临着新的机遇和挑战，如何在新的挑战面前以最快的速度、最好的质量、最低的成本、最优的服务及最清洁的环境来满足不同客户对产品的需求和企业可持续发展的要求是企业所面临的难题。企业要生存和发展，必须时刻审视自己所处的内外部环境，不断地调整自己，适应环境的变化。许多企业纷纷采用企业流程再造解决所面临的难题，希望通过企业流程再造增强企业竞争力，使企业的管理产生革命性的变化。而建设优秀的企业文化也显得日益重要起来。随着计算机网络技术的发展，现实的企业与互联网结合了起来，于是管理一词也随之由现实世界抽象到了虚拟世界之中。

一、学习型组织理论

从 20 世纪 80 年代开始，在企业界和管理思想界，出现了推广和研究学习型组织的热潮，并逐渐风靡全球。美国的杜邦、英特尔、苹果电脑、联邦快递等世界一流企业，纷纷建立学习型组织。初步统计，美国排名前 25 名的企业，有 20 家按照学习型组织的模式改造自己。学习型组织这一思想是以彼得·圣吉为首的一群麻省理工学院的教授提出的。彼得·圣吉，美国麻省理工学院教授，1990 年出版了《第五项修炼——学习型组织的艺术与实务》一书，被美国《商业周报》推崇为当代最杰出的新管理大师之一。

（一）学习型组织提出的背景

20 世纪 80 年代以来，随着信息革命、知识经济时代进程的加快，企业面临着前所未有的竞争环境的变化，传统的组织模式和管理理念已越来越不适应环境变化，其突出表现就是许多在历史上曾名噪一时的大公司纷纷退出历史舞台。因此研究企业如何适应新的知识经济环境、增强自身的竞争能力、延长寿命已成为世界企业界和理论界关注的焦点。加之科学发展、生产力发展、经济发展和管理理论发展的推动，学习型组织便被提出。

（二）学习型组织的基本概念和特征

学习有三个层次，首先是个人学习；其次是组织学习；最后是学习型组织。对个人学习而言，主要是指认知学习、技能学习和情感学习；而组织学习是将组织作为学习的主体看待。适应性学习和创造性学习是组织学习的两个阶段；对应而言，学习型组织是一种组织管理模式。组织学习是一个组织成为学习型组织的必要条件。彼得·圣吉定义的学习型组织是指具有如下特征的组织：组织结构扁平化、组织交流信息化、组织开放化、员工与管理者关系由从属关系转变为伙伴关系、组织能够不断调整内部结构关系等。

在知识经济时代，工作的性质是以知识和学习为标志的，学习型组织充分体现了知识经济时代对组织管理模式变化的要求。传统方式的组织与学习型组织有明显的不同之处：

（1）传统的基于命令/执行的工作方式。

在投入阶段，利用各种资源，以下达命令为具体活动内容；在中间阶段，工作形式是生产经营过程，以执行命令为具体活动方式；在产出阶段，工作形式主要转向商品和服务，活动形式是完成命令。

（2）知识经济时代的知识流动及工作方式。

知识类型分为环境知识、公司知识和内部知识。环境知识如市场情报、技术、政治因素、供应商关系、客户关系，知识信息由环境流向组织；公司知识如声望、品牌形象、广告和促销的内容，由组织流向环境；内部知识如公司文化、风气、数据、雇员等，由组织流向组织。

从以上对比可以看出，知识经济时代，从知识和学习的角度观察企业，发现了前两种截然不同的工作方式，知识经济的企业是以（2）所述的方式的三个知识流促使企业运作的。从知识角度理解学习型组织，组织学习包括知识的获得（技能、观察力、关系的发展与创造）、共享（知识的传播）和利用（如何使知识产生效益）三个阶段。

延伸阅读

学 习 型 组 织

彼得·圣吉认为，学习型组织不在于描述组织如何获得和利用知识，而是告诉人们如何才能塑造一个学习型组织。他说："学习型组织的战略目标是提高学习的速度、能力和才能，通过建立愿景并能够发现、尝试和改进组织的思维模式并因此改变他们的行为，这才是最成功的学习型组织。"圣吉提出了建立学习型组织的"五项修炼"模型：

（1）自我超越：能够不断理清个人的真实愿望、集中精力、培养耐心、实现自我超越。

（2）改善心智模式：心智模式是看待旧事物形成的特定的思维定势。在知识经济时代，这会影响对待新事物的观点。

（3）建立共同愿景：就是组织中人们所共同持有的意象或愿望，简单地说，就是我们想要创造什么。

（4）团队学习：是发展成员整体搭配与实现共同目标能力的过程。

（5）系统思考：要求人们用系统的观点对待组织的发展。

以上述的修炼技术为基础，学习型组织具有七个特征：① 有一个人人赞同的共同构想；② 组织由多个创造性个体组成；③ 作为相互关联系统的一部分，成员对所有的组织过程、活动、功能和环境的相互作用进行思考；④ 人们之间坦率地相互沟通；⑤ 人们抛弃个人利益和部门利益、为实现组织的共同构想一起工作；⑥ 学习型组织的系统具有开放性和系统性，即学习型组织是一个开放的系统，并且是一个完整的整体；⑦ 组织结构具有包容性和发展性，即组织内部具有自主性，求同存异，同时组织的知识系统得以不断更新和创新。

所谓学习型组织，就是充分发挥每个员工的创造性的能力，努力形成一种弥漫于群体与组织的学习气氛，凭借着学习，个体价值得到体现，组织绩效得以大幅度提高。学习型组织的基本理念，不仅有助于企业的改革和发展，而且它对其他组织的创新与发展也有启示。人们可以运用学习型组织的基本原理，去开发各自所置身的组织创造未来的潜能，反省当前存在于整个社会的种种学习障碍，思考如何使整个社会早日向学习型社会迈进。或许，这才是学习型组织的更深远的影响。

二、企业流程再造理论

1993 年，美国麻省理工学院计算机教授迈克尔·哈默和 CSC 顾问公司的詹姆斯·钱皮联名出版了《再造企业——企业管理革命的宣言》，定义企业流程再造为"对企业的业务流程作根本性的重新思考和彻底的重新设计，使企业在成本、质量、服务和速度等方面取得显著的改善"，简称为 BPR。

（一）企业流程再造的背景

现行的管理模式来源于亚当·斯密的劳动分工理论和泰罗的"科学管理"理论。福特公司的亨利·福特应用这两种理论，建立了汽车流水线作业，提高了生产率。通用公司的阿尔弗雷德·斯隆应用这两种理论管理通用公司，强化了部门管理。这些管理理论适应了企业当时的内外部环境。

进入 80 年代以后，基于这两种理论所倡导的经营管理模式越来越不能适应现代企业的内外部环境。经营管理模式与内外部环境的矛盾日益突出。主要表现在下列方面：

（1）分工过细导致一个经营过程由很多部门完成。

运作的时间长，成本高，信息在各部门流通时，需要花费大量的时间和精力进行交流、沟通。各个部门对需要处理的事件又有不同的优先顺序，都是把自己认为最重要的事件优先处理，因此很难保证一个经营过程按照顾客所希望的时间完成。

（2）各部门按职能划分，员工只对自己的上级主管负责。

部门所追求的是部门的最优，各个部门都尽可能地占有企业资源以及获得最大利益，很难达到经营过程的整体最优。但企业的生存取决于对顾客提供的产品和服务，顾客并不关注企业中的某个部门业绩，而是整个企业的经营行为。

（3）为了衔接各个部门和各个环节，企业需要设置许多管理人员，机构臃肿。

企业所处的内外部环境在很多方面都发生了根本的变化。人类已经从工业经济时代跨入了知识经济时代，这些变化主要集中在以下几个方面：

① 从 20 世纪初到 60 年代，企业的经营重点是扩大生产规模，降低成本。在短缺经济中，供求之间的巨大缺口使企业能够较容易地通过市场的扩张，增加收入，带动经济增长。进入 70 年代，生产量的增长超过了需求量，消费者注重"质"的满足，企业关注的重点是质量和性能。进入 80 年代，消费者需求转变为多样化、个性化。企业从生产型、经营型，向经营服务型转变，满足顾客需求成为企业经营的核心内容。从 80 年代开始，供给过剩开始在发达国家出现，进入 90 年代，生产力过剩已经从某个国家的能力过剩演变成全球性的过剩。

② 进入知识经济时代，竞争在日益加剧。世界范围的经济一体化加速了竞争的格局，市场上的竞争对手已经不局限于本国企业，在一个特定的市场，世界排名前几位的企业进行角逐。各个企业不断加强自身的竞争优势，都试图在资金、设备、人力、机制上超过对手，企业的生存每时每刻都受到竞争对手的威胁，竞争失败的企业面临着倒闭破产的结局。

③ 企业适应外界环境变化的能力成为决定企业成败的重要因素。各个企业意识到依靠规模和低成本的经营方式已经很难满足飞速变化的顾客需求，也很难赚取最大利润，市场机遇不断涌现，又迅速消失，产品寿命周期缩短，品种增加和新品换代的速度加快。企业需要非常迅速地抓住市场机遇，推出相应产品，企业适应外界环境变化的能力成为决定企业成败的重要因素。

（4）员工的素质和技能有了显著的提高。

企业员工的工作、生活和学习条件有了很大的改善，素质和技能有了显著的提高，员工已经不满足每天只做机械的简单劳动，员工希望掌握复杂的劳动技能，不断地接受培训，自主管理，希望拥有决策的权力。

（5）互联网的兴起，使得知识、技术、信息在世界范围内广泛传播和共享成为可能。

信息技术不断发展，为员工提供了良好的工作环境，普通员工在信息系统的支持下，可以承担专家水平的工作。

在这些背景下，哈默和钱皮在广泛深入的调研基础上提出了"企业流程再造"理论。在短短的时间里该理论便成为全世界企业以及学术界研究的热点。IBM 信用公司通过流程改造，实行一个通才信贷员代替多位专才，并减少了九成作业时间的故事更是广为流传。一场蔚为壮观的企业流程再造革命由此掀起了高潮，企业再造工程从北美和西欧向全世界蔓延。

（二）企业流程再造的基本概念和思想

企业流程是指为完成企业某一目标或任务而进行的一系列逻辑相关活动的有序集合。所以企业流程再造的基本思想是将传统分工的各个工作任务进行优化，重新组合成一个完整的流程。

企业流程的优化是通过活动的集成来实现的，而集成的前提是简化，即在流程简化的基础上进行集成才有意义。流程的简化主要是指将不必要的活动或不增值的活动进行删除，将某些活动进行合并，从而减少活动的数目。如果流程不先简化就进行集成，其结果必然是在流程中存在有大量不必要的操作。流程的集成就是要把流程中的各个活动进行协调、综合和统一，形成一个有机的整体。

企业流程再造包括四层含义：根本性、彻底性、显著性和业务流程。

（1）根本性。对长期以来在企业经营中所遵循的基本信念，如分工思想、等级制度、规模经营、标准化生产和官僚体制等进行重新思考，打破原有的思维定势，进行创造性思维。

（2）彻底性。企业流程再造不是对企业肤浅的调整修补，而是要进行彻底的改造，抛弃现有的业务流程和组织结构。

（3）显著性。企业流程再造追求"飞跃"式的进步，如大幅度降低成本、缩减时间、提高质量等。

（4）业务流程。企业流程再造从重新设计业务流程开始，因为业务流程决定着组织的运行效率，是企业的生命线。

（三）企业流程再造的好处和条件

企业流程再造的好处：

（1）低成本，消除非增加价值的成分。

（2）提高企业的应变能力和用户的满意程度。

企业流程再造的条件：

（1）企业要具有一定的基础，产品、服务或管理在市场中有一定的实力或竞争力。

（2）企业要具有一定的发展潜力，从发展的角度看应该能在行业中处于领先地位，而且对于整个社会来讲也应该是有益的。

（3）企业应该具有高素质的管理者和员工队伍，这是实施企业流程再造的基本条件。

（4）企业的决策者必须具有坚定的决心和毅力，能够大胆探索和创新，正确对待成功和失败。

此外，实施企业流程再造还需注意克服人浮于事的现象，重视信息处理的作用，将平行工序连接起来而不是集成其结果，将决策点下移，并将控制融入到过程中。管理人员也要了解企业运营的全过程。

三、企业文化理论

企业文化理论也称为组织文化理论，是 20 世纪 80 年代以来从企业管理科学理论中分化出来的一个新学科，它作为一种管理的观点是出自于日本企业，而理论则源于美国的管理科学界和企业界。企业文化理论的提出至今虽然已有 30 多年，但是还没有形成严谨的科学体系。随着经济全球化和知识经济的发展，经济与文化的结合日益明显，各国企业之间不仅需要加强联系，而且需要文化渗透，这也给各国企业文化的理论研究提出了越来越复杂的课题。企业文化的理论探讨也面临着百家争鸣、不断深化的局面。

艾德加·沙因，生于 1928 年，美国麻省理工斯隆学院教授，著名社会心理学家，组织心理学领域的创始人之一，是最早提出"企业文化"概念的管理学家之一。沙因写于 1985 年的《组织文化与领导力》一书，为之后澎湃而起的企业文化研究铺平了道路。

天键概念

企业文化的定义及其层次

1. 企业文化的定义

广义的文化是指人类在社会历史发展过程中创造的物质文明和精神文明的总和，即包括了物质文化和精神文化两个方面。这种物质文化和精神文化不是一般水平的文化，而是体现了群体（一个国家、一个组织或一个企业）在某个历史阶段内的生产力发展水平和与之相适应的科学技术水平以及相应的意识形态。狭义的文化则是一种群体意识形态的文化，即精神文化，是指群体的意识、思维活动和心理状态。文化不仅作用于人类改造自然和社会的实践活动之中，同时还随着社会历史的发展形成了各种门类和各种形式的文化模式。

企业文化正是在人类社会历史发展过程中形成的一类特殊的文化模式，并成为现代管理科学理论的一个范畴。企业文化也有广义和狭义两种理解。广义的企业文化是指企业所创造的具有自身特点的物质文化和精神文化；狭义的企业文化是企业所形成的具有自身个性的经营宗旨、价值观念和道德行为准则的总和，具体包括企业哲学、企业精神、企业道德、企业风尚、企业民主、企业目标和企业制度等。概括地说，狭义的企业文化就是企业在社会这个经济文化大环境中形成的群体意识以及由群体意识产生的行为规范。企业文化是企业管理工作中居中心地位的"软"因素，是藏于企业"冰山"深层中的"管理之魂"。

2. 企业文化的层次

从结构来看，企业文化有四个层次：物质层、制度层、行为层和精神层。

（1）物质层，即企业物质文化，是由企业职工创造的产品和各种物质设施等构成的器物文化。它包括企业生产经营的成果、生产环境、企业建筑、产品、包装和设计等。

（2）制度层，即企业制度文化，既是人的观念与意识形态的反映，又是由一定物的形式所构成的，是塑造精神文化的主要机制和载体。企业制度文化也是企业行为得以贯彻的保证，是同企业职工生产、学习、娱乐和生活等方面发生直接联系的行为，如企业文化建设得如何，企业经营是否有活力等，都与制度文化的建设有着很大的联系。

（3）行为层，即企业行为文化，是指在企业经营、教育宣传、人际关系活动、文娱体育活动中所产生的文化现象，是企业经营作风、精神面貌和人际关系的动态体现，是企业精神、企业价值的折射。

（4）精神层，即企业精神文化，在整个企业文化系统中处于核心地位，是企业生产经营过程中，受一定的社会文化背景、意识形态影响而长期形成的一种精神成果和文化观念，包括企业精神、企业经营哲学、企业道德、企业价值观和企业风貌等内容，是企业意识形态的总和。企业文化四个层次的关系如图3-3所示。

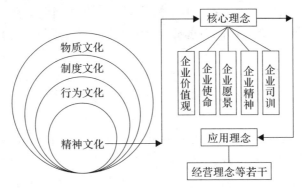

图3-3 企业文化层次示意图

（一）企业文化的基本特征

企业文化的基本特征，从科学意义上可以描述为以下几个方面：

（1）社会性。企业作为进行生产经营社会的活动，需要直接或间接地依赖于其他企业和组织的协调配合，企业文化也正是通过社会生产经营的协作才得以继承和发展的。

（2）继承性。每个企业都需要注重本企业优良文化的积累，通过文化的继承性把自身的历史、现在和未来连接起来，把企业精神灌输延续下去，并在继承的过程中加以选择和扬弃。

（3）创新性。随着科学技术的发展，现代企业都会产生更高的、更好的物质文化和精神文化的冲动，从而需要进行企业创新。

（4）融合性。企业文化的融合性除了表现为每个企业过去优良文化与现代新文化的融合之外，还表现为企业自身与其他企业文化的融合。

企业文化理论的发展是管理科学理论的升华，强调以人为本，通过企业文化的创建去激励人、教育人、塑造人、凝聚人，从而为企业的发展服务。

（二）企业文化的类型

在传统企业逐步转型为多元化产业、脑力劳动逐渐占优势的现代企业发展过程中，必须对原有的企业文化进行梳理，通过改革，继承精华部分，抛弃糟粕部分。具体地说，现代企业文化应是内醒型、双赢型、市场型和创新型的文化。

1. 内醒型文化

以人为本管理的高级阶段是文化管理，而文化管理的着眼点在于以文"化"人，激励人的灵魂、情感和潜能。所以外在的强制性管理必须向启发心智的内醒型管理转变。企业实施内醒型企业文化的依据是：员工的学历层次较高，有较为完整的认识结构，同化和接受新知识、新事物的能力较强；科研意识和能力较高，具有敏锐的观察力，善于捕捉具有科研价值的信息，对信息有研究分析能力；价值取向一致，对自身价值的定位趋于"自我实现"型，较多考虑如何开发自己的潜能，使自己与企业共同发展。

2. 双赢型文化

现代企业的发展趋势是：知识和高新技术在创造财富的过程中显得越来越重要，企业中关键岗位的员工逐渐增多，他们加盟企业的目的不仅是因为薪资水平，更是为了实现自我价值。同时，关键岗位的员工掌握的知识、信息和技术是一笔"物随人走"的财富，在这种情况下，企业必须从传统的注重帮助员工实现企业的发展目标变为强调帮助员工实现自身价值的目标，使员工为自己的事业拼搏的同时为企业创造财富。为此，企业要做到"留人先留心"，与员工一起设计他们的未来，让员工看到希望和自我价值实现的途径。

3. 市场型文化

每个企业都有自己的文化，但不是所有企业的文化都能真正促进企业的发展，只有经过市场检验的文化才是应该继承和发扬的文化，即市场型文化。

4. 创新型文化

在全球经济一体化的今天，必须最大限度地激发员工的智慧和创新精神，所以现代企业应奖励革新、创造和冒险行为，建设自己独特的企业文化，尽快释放出文化的积淀所具有的重大效益。

（三）企业文化的功能及其建设

1. 企业文化的功能

用一句话概括：内聚人心和外塑形象。具体体现在以下几个方面：

（1）加强企业对员工的激励。企业文化能起到精神激励的作用，能发挥其他激励手段所起不到的特殊作用，从而推动企业不断进步。

（2）强化员工的自我控制。通过企业文化建设，可以充分发挥员工的自控功能，使企业的控制进一步科学化和高效化。

（3）增强企业内部员工的凝聚力。内聚功能是企业文化最显著的一种功能，它能把员工的意志和行为引向同一目标和同一方向，并协同行动。

（4）协调企业内、外部各方面的关系。借助于文化传播和文化网络，企业文化内、外部的沟通得以实现，从而协调了企业内、外部各方面的关系。

2. 企业文化的建设

首先，进行环境（包括内部环境和外部环境）分析，其目的是看本企业相比于其它组织的特点、优势和精神导向有何不同，尔后加以评价、补充、发展和完善。在这个过程中应特别注意集思广益，最好能借此发动每位员工个体积极而广泛地参与。这样做的好处有二：一是最大限度地发挥了集体智慧、以期提炼出的文化基础更科学、优秀和实用；二是让员工们感觉到其中有自己的智慧，使其觉得组织重视了其建议，这样便于确定后的企业文化在他们中间流通，接受也就更快，认同感也就更强。

其次，企业领袖将这份集体智慧互动的结晶（企业文化蓝本和理念）分享给大家，号召大家共同学习和探讨。让组织成员感受到文化的力量，形成一种企业亲和力。

最后，还要专门组织人力对企业文化执行情况进行摸底调查，综合评价，整理意见，集合思想进行二次修正和二次推行，日臻完善。如此循环往复，企业成员非但不会厌烦，反而更加尊重自己的企业，加倍努力，而且还更敢于直言，提出自己对企业发展点、线、面、体的宝贵意见。

总之，在市场经济条件下，企业是市场的主体，企业文化作为企业经营观念、品牌形象、企业声誉等的母体，在激烈的市场竞争环境中至关重要。随着经济的发展、社会的进步，以及市场需求的变化，产品的市场竞争能力主要集中体现在产品的技术含量和文化附加值上。因此，企业文化建设的意义不可低估，不容忽视。

四、虚拟企业理论

随着网络技术的飞速发展，因特网已逐渐成为人们获取信息和进行信息交流的重要手段之一。基于因特网的商业运作也正在兴起，这就要求身处经济全球化、网络化时代的企业要敏锐掌握市场脉搏，建立高度灵活、富有弹性的动态组织形式，以适应变革时代的需求，在激烈的市场竞争中立于不败之地。

1991年，美国艾科卡研究所为国会提交了一份题为《21世纪制造企业战略》的研究报告，在报告中富有创造性地提出了虚拟企业的构想，即在企业之间以市场为导向建立动态联盟，以便能够充分利用整个社会的制造资源，在激烈的竞争中取胜。所以虚拟企业也叫动态联盟。

1992年，威廉·大卫和米歇尔·马龙给出了虚拟企业的定义："虚拟企业是由一些独立的厂商、顾客甚至同行的竞争对手，通过信息技术联成临时的网络组织，以达到共享技术、分摊费用以及满足市场需求的目的。虚拟企业没有中央办公室，也没有正式的组织图，更不像传统组织那样具有多层次的组织结构。"由此可见，虚拟企业是由几个有共同目标和合作协议的企业组成，成员之间可以是合作伙伴，也可以是竞争对手，这就改变了过去企业之间你死我活的输赢 (Win-Los) 关系，而形成一种共赢 (Win-Win) 的关系。虚拟企业集合各成员的核心能力和资源，在管理、技术、资源等方面拥有得天独厚的竞争优势，通过分享市场机会和顾客，实现共赢的目的。虚拟企业是工业经济时代全球化协作生产的延续，是信息时代企业组织的创新形式。目前人们对它的认识仍然处在不断探索的阶段，在相关文献中有虚拟企业、虚拟公司、虚拟团队、虚拟组织等称谓。

（一）虚拟企业的基础

1. 理论基础

（1）新制度经济学认为，市场和企业是组织进行交易的两种形式，虚拟企业是一种半企业、半市场的组织形式，故虚拟企业是市场和企业之间的一种中间组织。

（2）虚拟企业中的每个成员企业都拥有某种核心资源优势，当新的市场机会来临时，它们可以充分挖掘和利用本身的现有资源，在不增置太多新资源的情况下，以最低的投入实现最高效率的产出，减少了生产费用。又由于虚拟企业对市场需求反应迅速，响应时间短，能够抓住转瞬即逝的市场机遇，又可以减少企业的机会成本。

2. 实现基础

（1）市场基础。建立虚拟企业最初的动力来源于市场机遇的变化。当一个企业发现了一个新的市场机遇时，判定本企业是否有能力抓住这个机会。如果企业缺乏所需的某种核心能力，那么就可以考虑寻求一个拥有该能力的成员企业，共同组建虚拟企业。

（2）组织基础。虚拟企业是适应市场多变的产物，故企业内部的组织结构也要能够及时反映市场的变化，使现有企业的各部门都活化为一个细胞，具有一定的自主权和自适应能力，根据实际需要灵活地与其他企业组成虚拟企业。

（3）技术基础。无论是企业组织的柔性化过程，还是虚拟企业的实际结盟过程，都需要以各种先进的技术特别是基于网络的现代信息处理技术为支撑。由于虚拟企业是跨机构、跨地区甚至是跨国界的企业组织方式，故这样的技术就显得尤为重要。

（二）虚拟企业的特征

虚拟企业具有以下特征。

（1）组织结构临时性。可及时调整或重组。

（2）地域分散性。跨机构、跨地区乃至跨国界。

（3）功能完整性。有多个拥有不同核心能力的成员企业，功能完整。

（4）组合敏捷性。可随时随地组合。

（5）领导的相对性。领导的优先权由掌握关键技术的速度快慢决定。

由此可见，虚拟企业是一种超越空间约束、靠经济利益维系的、有别于传统企业的多实体动态联盟。它有明确的运作目的，能够通过现代通讯技术和网络系统快速、有效地组织、集成和优化不同地区和单位的各种资源。虚拟企业中各个成员企业保持一定的独立性，根据市场变化可以轻易地从一个旧的虚拟企业中脱离出来，与其他企业组成新的虚拟企业。

课堂讨论

（1）管理理论的新发展对企业的发展有哪些促进作用？

（2）管理理论的新发展有其局限性吗？

≫ 思考与练习

一、判断题

（1）科学管理理论是在第二次世界大战以后产生的。（　　　）

（2）泰罗被称为"科学管理之父"。（　　　）

（3）泰罗认为在管理中实行例外原则，就是要随时应对突发事件。（　　　）

（4）科学管理理论强调用科学的方法，特别是定量分析的方法来解决管理问题。（　　　）

（5）管理科学理论认为，管理的中心问题是提高劳动生产率。（　　　）

（6）"X理论"主张的是"胡萝卜加大棒"式的管理方式。（　　　）

（7）人际关系理论认为企业职工是"复杂人"。（　　　）

（8）社会系统理论认为，正式组织的产生和存续必须具备协作的意愿、共同目标、合理组织结构三个基本要素。（　　　）

（9）权变理论认为，管理的方式和技术要随企业的内外环境变化而改变，管理的方式和技术是自变量，环境是因变量。（　　　）

（10）巴纳德把组织实现目标的能力称作组织的"效率"。（　　　）

二、单选题

（1）提出"管理，就是实行计划、组织、指挥、协调和控制"的管理学者是（　　　）。

A.泰罗　　　　　　B.法约尔　　　　　　C.孔茨　　　　　　D.西蒙

（2）关于管理的定义，许多学派都有不同的见解，决策学派代表人物西蒙认为（　　　）。

A.管理就是决策　　　B.管理就是制定并执行计划

C.管理就是组织　　　D.管理就是研究和传授实践经验

（3）在管理者的角色分类中，不属于明茨伯格的划分类型是（　　　　）。

A. 人际关系角色　　　　B. 信息传递角色

C. 决策制定角色　　　　D. 组织实施角色

（4）根据明茨伯格的分类，决策制定角色不包括（　　　　）。

A. 组织发言人　　　　B. 麻烦处理者　　　　C. 资源分配者　　　　D. 谈判者

（5）被称为"科学管理之父"的是（　　　　）。

A. 泰罗　　　　　　B. 法约尔　　　　　　C. 韦伯　　　　　　D. 梅奥

（6）韦伯研究的行政组织形式是（　　　　）。

A. 神秘性组织　　　　B. 传统组织　　　　C. 现代组织

D. 理性化、法律化组织

（7）早期的行为科学理论是（　　　　）。

A. 科学管理理论　　　　B. 古典组织理论

C. 行政组织理论　　　　D. 人际关系理论

（8）下列观点不属于"霍桑试验"结论的是（　　　　）。

A. 工作条件的改善，极大地提高了产量　　　B. 员工的工作绩效受其他人影响

C. 企业存在"非正式组织"　　　　　　　　D. 人是"社会人"

（9）彼得·德鲁克是（　　　　）学派的代表人物。

A. 系统学派　　　　B. 决策学派　　　　C. 经验学派　　　　D. 权变学派

（10）最先提出管理要以人为中心的是（　　　　）。

A. 行为科学理论　　　B. 组织文化理论　　　C. 系统理论　　　D. 权变理论

三、多选题

（1）下列对管理者的分类陈述正确的是（　　　　）。

A. 三个层次的管理者都要履行管理的各项职能

B. 最高层管理者侧重于领导职能

C. 高、中层管理者重视决策和人事职能

D. 基层管理者侧重领导和人事职能

（2）下列有关古典管理理论叙述正确的是（　　　　）。

A. 科学管理理论主张管理问题必须而且可能用科学的方法加以研究和解决，而不能仅凭经验办事

B. 行政组织理论的核心是理想的行政组织形式

C. 认为在管理中存在着适用于一切情况的"最好方式"

D. 认为人是"社会人"

（3）下列有关泰罗陈述正确的是（　　　　）。

A. 被尊为"科学管理之父"

B. 代表作品是《工业管理与一般管理》

C. "例外原则"具有早期的分权思想

D. 未研究整个企业的管理职能、原则和组织问题

（4）下列有关人际关系理论陈述正确的是（　　　　）。

A. 代表人物是梅奥　　　　B. 是行为科学理论的早期阶段

C. 根据霍桑试验加以研究　　　D. 最初是以古典管理理论的批评者出现的

（5）西方现代管理理论中特别强调人本观点的有（　　）。

A. 系统学派　　B. 权变学派　　C. 行为科学学派　　D. 组织文化学派

四、思考题

（1）你认为泰罗的科学管理原理对中国企业经营管理是否还有意义？

（2）什么是霍桑试验？它有什么意义？

（3）试比较古典科学管理阶段与行为科学管理阶段管理思想的差异。

（4）什么是权变理论，其主要的思想是什么？在实践中有什么指导意义？

（5）韦伯对组织管理理论的贡献是什么？

（6）企业如何把自己塑造为学习型组织？

五、能力拓展与训练题

（1）辩论赛：

题目：管理思想和管理理论与管理实践哪个更重要

正方：管理思想和管理理论比管理实践更重要

反方：管理实践比管理思想和管理理论更重要

实训目的：了解管理实践、管理思想与理论的来源及演变过程；掌握管理思想、管理理论和管理实践的关系；培养学生学习管理理论与实践的兴趣。

实训内容：

① 论述管理理论是如何产生的。

② 论述管理理论思想的发展与应用。

③ 探讨管理实践的作用与技能。

方法与要领：

① 分甲、乙两组，每组 5~8 人。

② 分别以管理思想、管理理论和管理实践两个不同立场各抒己见，论述演变和发展过程；论述对学习管理学的指导意义和作用。

③ 各方在辩论中，既要回答对方的提问，也要向对方提出疑难问题，要求答辩。

④ 各组辩论要坚持理论与案例相结合，举例要鲜明生动，说服力要强，并分别形成书面辩论资料，呈报教师或评委。

成绩测评：由教师或聘请相关专家组成评委组评判辩论结果。

（2）前沿问题讨论。

前沿问题：结合从科学管理、人际关系理论的演变，讨论行为科学理论与古典的管理理论相比有什么新的发展？对现代管理有何启示？

方法与要求：

（1）全班同学分成若干小组，每组 6~8 人。

（2）各组由组长主持，讨论时大家要联系本章理论与实训内容畅所欲言。

（3）各组分别指定一人记录，讨论后进行归纳整理，形成集体讨论答案（约 1000 字）送交老师批阅。

成果验收：教师对各组讨论答题批改后，将成绩记入小组积分。

模块四 企业环境分析与决策

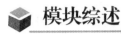 **模块综述**

企业的生产经营活动受到外部环境和内部环境因素的影响。企业要想作出正确的决策，就要运用科学的方法，对影响市场供求变化的诸多因素进行调查研究，分析和预见其发展趋势，掌握市场供求变化的规律，为经营决策提供可靠的依据。

学习目标

理解并掌握企业外部环境、内部环境分析的内容和方法；了解市场预测的类型，掌握一般步骤和主要内容；重点掌握市场预测方法及其选择、市场预测精度分析；理解经营决策的概念、要素和原则，重点掌握经营决策的类型和方法。能综合运用以上方法进行决策。

引入案例

中国游乐业的外部环境分析

游乐业，广义上涵盖了娱乐、休闲、健身和户外运动等内容，但狭义仅指游乐园（场）、主题乐园内大型游艺机和模拟机等设施带来的所谓"游乐经济"，本文中的"游乐业"用其狭义。通过在欧美国家若干年的发展，游乐业已基本成形，而在我国是一项伴随着改革开放应运而生并且逐渐与旅游业相脱离出来的一门新兴子产业。从所依托的对象和旅游业相比较，旅游业是以旅游资源为凭借、旅游设施为条件，向旅游者提供旅游服务所需的各种产品和服务的经济部门，其前提是必须具备可供游玩的旅游资源，对自然地理环境要求比较高；而游乐业只需要具备可供娱乐的机械游艺机等各种设施即可，而这些设施可完全由人工制造，所以与自然地理环境关系并不紧密。

中国的游乐业是从机械类游艺机开始的。1980年5月1日，北京市中山公园正式对外开放，接受日本友好城市赠送给少年儿童的"登月火箭"、"直升飞机"、"推土机"、"打地老鼠"4种游艺机，顿时在游人中引起了轰动，这也就标志着我国游乐园事业迈出了第一步。随后的1981年，"登月火箭"——中国第一台仿制的大型游艺机研制成功投入市场，正式宣告我国国产游艺机的诞生。三十多年来，中国游艺机和游乐设施的设计、制造业有了很大发展，现在一般国外通用的大型游艺机，国内都可以制造，质量也逐步提高。据不完全统计，我国已能生产100多个品种的游乐设施，被游乐界称为"游艺机之王"的翻滚过山车制造成功，运行良好，基本接近国外同类产品的质量。

思考：

（1）中国游乐业的发展面临着怎样的外部宏观环境？

（2）哪些产业环境会影响到中国游乐业的未来发展？

任务一　企业环境分析

企业战略决策不仅要对企业当前使命、目标、战略和政策进行评价，而且要对企业环境进行分析，以确定其中所存在的关键战略要素。企业环境包括内部环境与外部环境两部分，企业内外部环境通常都由短期内不为企业高层管理人员所控制的变量所构成。商场如战场，通过内部环境分析，可以认识自身的优势与劣势，从而决定企业能够做什么；通过外部环境分析，企业可以很好地明确自身面临的机会与威胁，从而决定企业选择做什么。

一、企业外部环境分析

企业外部环境包括宏观环境和中观环境。

（一）外部宏观环境分析

企业外部宏观环境是对企业外部的政治法律环境、经济环境、社会环境和科学技术环境的总称。分析宏观环境的意义在于评价这些因素对企业战略目标和战略制定的影响。

1. 政治法律环境分析

政治法律环境是指一个国家或地区对企业经营行为具有现实的或潜在的作用与影响的政治制度、政治体制、方针政策、法律法规等方面。这些因素常常制约和影响企业的经营行为，尤其是影响企业较为长期的投资。政治法律环境对企业的影响特点是：第一，直接性，即国家政治环境直接影响着企业的经营状况；第二，难于预测性，对于企业来说，很难预测国家政治环境的变化趋势；第三，不可逆转性，政治环境因素一旦影响到企业，就会使企业发生十分迅速和明显的变化，而这一因素企业是驾驭不了的。

1）政治环境分析

政治环境是指企业经营活动的外部政治形势。一个国家的政局稳定与否，会给企业经营活动带来重大的影响。如果政局稳定，人民安居乐业，就会给企业经营活动造成良好的环境。相反，政局不稳，社会矛盾尖锐，秩序混乱，就会影响经济发展和市场的稳定。企业在经营活动中，特别是在对外贸易活动中，一定要考虑东道国政局变动和社会稳定情况可能造成的影响。

政治环境分析主要分析国内的政治环境和国际的政治环境。

国内的政治环境包括以下一些因素：

（1）企业所在国家和地区的政局稳定状况。

（2）政党所推行的基本政策及其连续性和稳定性。

（3）各种政治性团体。一方面，这些政治性团体会对国家政治环境施加一定的影响；另一方面，这些团体也可以对企业施加影响，如诉诸法律和利用传播媒介等。因此，企业有可能花费时间、财力与各种政治性团体、利益集团打交道。

（4）国家的方针政策。如人口政策、能源政策、物价政策、财政政策和货币政策等。国家通过降低利率来刺激消费的增长；通过征收个人收入所得税调节消费者收入的差异，从而影响人们的购买；通过增加产品税，对香烟、酒等商品的增税来抑制人们的消费需求。

（5）政府对企业行为的影响。作为供应者，政府拥有自然资源、土地和国家储备等，它的决定与偏好也会影响企业的战略。作为购买者，政府可以培育、维持、增强和消除许多市场机会，如政府采购。

（6）国际政治环境也会对企业经营管理活动产生影响，主要包括：国际政治局势、国际关系、目标国的国内政治环境等。

2）**法律环境分析**

法律环境是指国家或地方政府所颁布的各项法规、法令和条例等，它是企业经营活动的准则，企业只有依法进行各种经营活动，才能受到国家法律的有效保护。例如，《中华人民共和国产品质量法》《企业法》《经济合同法》《涉外经济合同法》《商标法》《专利法》《广告法》《食品卫生法》《环境保护法》《反不正当竞争法》《消费者权益保护法》《进出口商品检验条例》等。

对从事国际经营活动的企业来说，不仅要遵守本国的法律制度，还要了解和遵守国外的法律制度和有关的国际法规、惯例和准则。日本政府曾规定，任何外国公司进入日本市场，必须要找一个日本公司同它合伙，以此来限制外国资本的进入。只有了解掌握这些国家的有关贸易政策，才能制定有效的经营对策，在国际竞争中争取主动。

2. 经济环境分析

在制定经营战略之前，企业应对其所处的经济环境有一个非常清楚的了解和认识。企业的经济环境主要由经济体制、经济发展水平、社会经济结构、经济政策、社会购买力、消费者收入水平和支出模式、消费者储蓄和信贷等要素构成。

（1）经济体制。经济体制是指国家经济的组织形式。经济体制规定了国家与企业、企业与企业、企业与各经济部门之间的关系，并通过一定的管理手段和方法，调控或影响社会经济流动的范围、内容和方式等。社会的经济关系，即参与经济活动的各个方面、各个单位、各个个人的地位和他们之间的利益关系，就是通过这样的体制表现出来。

现在的中国，社会主义市场经济体制已经建立，市场在资源配置中的作用显著增强，宏观调控体系日趋完善；以公有制经济为主体、个体和私营等非公有制经济共同发展的格局基本形成。到2020年，将建立起比较成熟的社会主义市场经济体制。

（2）经济发展水平。经济发展水平是指一个国家经济发展的规模、速度和所达到的水准。反映一个国家经济发展水平常用指标有国民生产总值、人均国民收入、经济发展速度、经济增长状况等。

（3）社会经济结构。社会经济结构是指国民经济中不同经济成分、不同产业部门以及社会再生产各个方面在组成国民经济整体时相互的适应性、量的比例和排列关联的状况。社会经济结构主要包括五方面内容，即产业结构、分配结构、交换结构、消费结构和技术结构，其中最重要的是产业结构。

（4）经济政策。经济政策是指国家、政党制定的一定时期内实现国家经济发展目标的战略和策略。包括综合性的全国经济发展战略和产业政策、国民收入分配政策、价格政策、物资流通政策、金融货币政策、劳动工资政策、对外贸易政策等。

（5）社会购买力。社会购买力是指一定时期内社会各方面用于购买产品的货币支付能力。国民收入的使用主要由消费和储蓄两部分构成。其中，消费部分又分为个人消费和社会消费，前者形成居民购买力，后者形成社会集团购买力。市场规模取决于购买力的大小。调查社会购买力水平，要注意国家经济政策和分配政策对居民购买力的影响，注意不同地区居民货币收入的变动情况。

（6）消费者收入水平和支出模式。消费者支出模式取决于消费者的收入水平。随着消费者人均收入的增长，消费者用于购买食品方面的支出比重会有所下降，而用于耐用消费品、服装、交通、教育、旅游、娱乐、卫生保健等方面的支出比重会上升。调查消费者支出模式，除要考虑消费者收入水平外，还要考虑不同国家和地区的生活习惯、价值观念以及所处的家庭生命周期不同阶段等因素。

（7）消费者储蓄。消费者储蓄可以减少当前消费，增加未来的消费。在一定时期内，消费者储蓄水平直接影响到消费者的本期货币支出和潜在购买力水平。所以，消费者储蓄的增减变动会引起市场需求规模和结构的变动，从而对企业的经营活动产生影响。消费者储蓄情况，受政策变动、利率变动、通货膨胀水平等因素的影响。

企业的经济环境分析就是要对以上的各个要素进行分析，运用各种指标准确分析宏观经济环境对企业经营活动的影响，从而制定出正确的企业经营战略。

3. 社会文化环境因素分析

社会文化环境是指一个国家或地区人们共同的价值观、生活方式、人口状况、文化、教育程度、风俗习惯、宗教信仰等各个方面，这些因素是人类在长期的生活和成长过程中逐渐形成的，人们总是自觉不自觉地接受这些准则作为行动的指南。

社会文化因素对企业有着多方面的影响，其中有些是直接的，有些是间接的，最主要的是它能够极大地影响社会对产品的需求和消费。特别是外贸出口产品，如果对出口国家的社会文化环境了解得不深、不透，就会影响产品销路。

（1）人口因素。人口总数直接影响着社会生产总规模；人口的地理分布影响着企业的厂址选择；人口的性别比例和年龄结构在一定程度上决定了社会需求结构，进而影响社会供给结构和企业生产结构；人口的教育文化水平直接影响着企业的人力资源状况；家庭户数及其结构的变化与耐用消费品的需求及变化趋势密切相关，因而也就影响到耐用消费品的生产规模等。

（2）价值观。价值观是指社会公众评价各种行为的观念标准。不同的国家和地区，其价值观是不同的。

（3）文化。文化是一个国家或地区在较长历史时期内所形成的一种社会习惯。文化环境对企业的影响是间接、潜在和持久的。文化的基本要素包括哲学、宗教、语言与文字、文学艺术等，它们共同构成文化系统，对企业文化有重大的影响。哲学是文化的核心部分，在整个文化中起着主导作用；宗教作为文化的一个侧面，在长期发展过程中与传统文化有着密切联系；语言文字和文化艺术是文化的具体表现，是社会现实生活的反映，它对企业职工的心理、人生观、价值观、性格、道德及审美观点的影响和导向作用不容忽视。

（4）社会发展趋势

近一二十年来，社会环境方面的变化日趋加快，打破了传统习惯。人们开始重新审视自己的信仰、追求和生活方式，穿着款式、消费倾向、业余爱好，以及对产品与服务的需求不断变化，从而使企业面临更严峻的挑战。随着物质水平的提高，人们正在产生更加强烈的社交、自尊、信仰、求知、审美、成就等高层次需求。人们希望从事能够发挥自己才能的工作，使自己的潜力得到充分的发挥。

（5）消费者心理

在现当代物质丰富的条件下，人们购买商品不仅是要满足生理需求，更重要的是还要获得心理或精神上的享受。企业在制定战略时，必须注意到消费者的心理因素，树立"创造市场、创造需求"的观念。

（6）社会各阶层对企业的期望

社会各阶层包括股东、董事会成员、原材料供应者、产品销售人员及其他与企业有关的阶层。各阶层对企业的期望是不同的，例如，股东集团评价战略的标准主要是看投资回报率、股东权益增长率等；企业工作人员评价战略的标准主要是看工资收益、福利待遇及其工作环境的舒适程度等；消费者则主要关心企业产品的价格、质量、服务态度等；政府机构评价企业的立足点主要是看企业经营活动是否符合国家的政策、法规和有关各项行政规章制度。

4. 科技环境因素分析

科技环境因素主要指与本企业产品有关的科学技术的现有水平、发展趋势和发展速度。现代企业的发展在很大程度上也受到科学技术的影响，包括新材料、新设备、新工艺等物质化的硬技术，以及体现新技术、新管理的思想、方式、方法等信息化的软技术。科学技术的发展和应用，对于提高生产效率、降低成本和开发新产品新技术有着十分重要的作用，它能为企业带来新的发展机会和生存空间。那些捷足先登的企业抓住机会，一跃而上，从此成为行业的领袖；而那些因循守旧者，跟不上现代科技发展速度的企业，将在新一轮的竞争中被淘汰。科学技术正在以前所未有的速度向前发展，企业要想发展而不被淘汰，就必须及时掌握科学技术发展的新动向，不失时机地使企业跟上时代前进的步伐。

科技环境对企业管理方面的影响主要表现在以下两方面：

1）对企业市场营销策略的影响

（1）产品策略。科技的发展，新技术的开发运用使新产品开发的周期和产品生命周期大大缩短，产品的更新换代大为加快，积极开发新产品已成为企业开拓新市场和赖以生存与发展的根本条件。

（2）价格策略。科技的发展及其应用，降低了产品成本，从而使产品价格下降。同时，信息技术的广泛运用，使得企业能更快更好地运用竞争规律、供求规律和价值规律等制订和修订价格策略。

（3）促销策略。科技的发展与应用，使促销手段日益多样化，特别是广告媒体的多样化和广告宣传方式的复杂化尤为突出。

2）对企业基础管理方面的影响

对企业基础管理的影响主要体现在：由于科技的发展和应用，如电子计算机、电子扫描装置、光纤通讯和传真机等的广泛应用，大大提高了企业生产经营的工作效率，使人们的思维方式、生活方式和工作方式等发生了重大变革，并促使劳动者素质普遍提高，从而推动企业整体管理水平的提高。

课堂讨论

传统企业如何面对"互联网+"时代

"互联网+"时代席卷而来，自李克强总理在政府工作报告中首次提出后，各行各业都在以此为标配，构建"互联网+"的新蓝图。

事实上，"互联网+"是互联网思维的精装升级版，也就是用"互联网创新"+"互联网技术"+"互联网的营销方式"，去帮助国内相对落后的制造业提高效率、品质、创新以及营销能力的升级。

和之前不同之处在于，"互联网+"首先站在更加宏观战略的层面，推展传统产业的国际影响力，其次更加聚焦于制造业。因为与零售业、服务业和金融业相比，制造业相对来说被互联网改造得不够深入，也不够全面。

但这不代表，"互联网+"没有先行者，百度和商派等已经率先做出表率。而"互联网+"对零售业和本地生活服务的影响，已经深入人心。商派CEO李钟伟就认为，在"互联网+"的进程中，重构企业和消费者之间的信任关系变得尤为重要。

电商是"互联网+"的核动力

电商作为传统行业和企业互联网化的重要路径，在"互联网+"改革中扮演着重要的角色。李钟伟认为，"互联网+"不仅包括传统制造业，还有农业、服务业、金融业等的升级改造。2014年网络零售保持高速增长，全年网上零售额同比增长49.7%。期望在电商领域有新突破的企业数量也在迅猛增长，金融、汽车、食品、商超、生鲜农产、消费电子等各传统行业全面开花，并且需求也不仅局限于搭建线上通路，而是提升到改造企业的供应模式，将电子商务系统作为企业的基层设施进行布局。

以食品企业"21CAKE"为例，用电子商务技术颠覆传统蛋糕烘焙业。向消费者兑现完美蛋糕、使命必达的5小时送货承诺，为节约运营成本销售端门店消失，取而代之的是PC/移动端的24小时消费者需求响应；系统对中央厨房食材、工艺的零瑕疵管控；后台管理对于订单流程的超强时间掌控力。

作为21CAKE的电商解决方案提供者——商派提供了一整套从售前、售中和售后一整套的解决方案，帮助该企业进行互联网升级，甚至用互联网的综合解决方案实现了C2B的定制生产，用户的精准营销，甚至是供应链的优化。

去中心化下的"互联网 +"如何破局

随着 PC 时代的过去，流量红利的日渐式微、移动技术发展以及以消费者为中心的互联网思维的流行，以移动互联网为代表的信息技术不断成熟，经济性、便利性和性价比越来越高，并作为一种基础设施被广泛应用在数亿人群和产业中间。

李钟伟认为，利用电子商务技术对传统企业进行移动互联网化和电商商务化的模式创新或升级改造，并重点凸显出对商业元素升级，最终围绕消费者信任重构消费者关系、销售终端和供应链，以适应新技术、新形势、新需求下的全新社会环境。

据 CNNIC 数据显示，2014 年，中国互联网人均每日使用时长为 3.7 个小时，比 2010 年增加了 1.1 个小时。从使用深度来看，移动互联网已经成为人们的重要生活服务平台，给人们办公、娱乐、购物、学习、就医、理财等日常生活带来了重大变革。

商派成立独立的移动平台——有量，以微店、O2O、平台和消费者作为四大应用基点，其核心产品"有量微店"是目前市面上独家支持门店 O2O 场景消费的微店产品，实现线上微店、线下门店的商品、库存、会员、卡券、订单等全打通，帮助门店拓展移动营销渠道，为移动电商和消费者的移动生活带来全新的想象空间，已获 3000 万美金首轮融资。

讨论：随着用户永远在线的移动时代的到来，未来的移动社会会出现怎样的购物场景和消费途径？传统制造企业拥抱互联网的业务空间会发生怎样的变化？

（二）外部中观环境分析

世界著名战略管理权威波特教授认为，制定竞争战略的本质，在于把企业与其所处的环境联系起来，这种环境是指外部中观环境，主要指行业环境、竞争者、公众和政府。其中行业环境是企业最关注的。

1. 行业环境

针对行业环境，波特教授提出了"五种力量模型"。按照波特的观点，一个行业中的竞争，远不止在原有竞争对手中进行，而是存在着五种基本的竞争力量。

（1）潜在进入者威胁。所谓潜在进入者，是指产业外随时可能进入某行业的成为竞争者的企业。由于潜在进入者的加入会带来新的生产能力和物质资源，并要求取得一定的市场份额，因此对本产业的现有企业构成威胁，这种威胁称为进入威胁。进入威胁的大小主要取决于进入壁垒的高低以及现有企业的反应程度。进入壁垒的高低取决于规模经济、产品的差异化、商标的知名度、转换成本、资本需求、销售渠道和成本优势等因素。

（2）现有企业之间的竞争。现有企业之间的竞争是指产业内各个企业之间的竞争关系和竞争程度。不同产业竞争的激烈程度是不同的。如果一个产业内主要竞争对手基本上势均力敌，无论产业内企业数目多少，产业内部的竞争必然激烈，在这种情况下，某个企业要想成为产业的领先企业或保持原有的高收益水平，就要付出较高的代价；反之，如果产业只有少数几个大的竞争者，形成半垄断状态，企业间的竞争便趋于缓和，企业的获利能力就会增大。

（3）替代品的威胁。替代品是指那些与本企业产品具有相同功能或类似功能的产品。如糖精在具有甜味的功能上可以成为糖的替代品，飞机远距离运输的功能是火车的替代品。替代品压力的大小取决于替代品的盈利能力、用户的转换成本、用户使用替代品的倾向等因素。一般来说，如果顾客面临的转换成本很低，或者当替代品的价格更低，或者质量更好，而性能相似时，替代品的威胁就会很强。

（4）供方的讨价还价能力。供方是指企业从事生产经营活动所需要的各种资源、配件等的供应单位。它们往往通过提高价格或降低质量及服务的手段，向产业链的下游企业施加压力，以此来获取尽可能多的产业利润。下列情况下，供应商有较强的讨价还价能力：① 供应商行业的集中化程度高于购买商行业的集中程度；② 没有很好的替代品供应；③ 供应商的产品是很重要的生产投入要素；④ 供应商的产品已经给企业制造了很高的转换成本；⑤ 供应商前向整合，进入本企业所在行业的可能性很大。

（5）买方讨价还价的能力。作为买方（顾客、用户）必然希望所购产业的产品物美价廉，服务周到，且从产业现有企业之间的竞争中获利。因此，它们总是为压低价格，要求提高产品质量和服务水平而同该产业内的企业讨价还价，使得产业内的企业相互竞争残杀，导致产业利润下降。下列情况下，购买商有较强的讨价还价能力：

买方购买了行业产出的一大部分；从这个行业购买的产品占买方成本的很大部分；它们能够不花费很大代价就转移到其他产品；行业产品差别不大或者说标准化。

以上五种竞争力量的状况及其综合程度决定着行业的竞争激烈程度，从而决定着行业中最终的获利潜力以及资本向本行业的流向程度，这一切最终决定着企业保持高收益的能力。之所以如此，是因为这五种基本的竞争力量影响着该行业内的产品价格、成本和所需的投资。买方力量影响着企业能够索取的价格，替代品的威胁作用也是如此；供方的讨价还价能力决定了原材料和其他投入的成本；现有对手的竞争强度也影响产品价格，因为它影响着诸如厂房设备、产品开发、广告宣传等方面的投入；新的竞争厂商进入的威胁会争夺市场、推动成本、影响收入并造成防御方面的投资。对不同行业，由五种基本竞争力量决定行业竞争程度不同，而且会随着行业的发展而变化。因此不同的行业、行业不同的发展阶段，其盈利潜力是不同的。在竞争激烈的行业中，一般不会出现某一家企业获得惊人的收益状况；在竞争相对缓和的行业中，各企业可能普遍获得较高收益。

2. 竞争者

作为产业环境分析的补充，竞争对手分析的重点集中在与企业直接竞争的每一个企业身上。尽管所有的产业环境都很重要，但产业环境分析着眼于产业整体，所以，从个别企业视角去观察分析其竞争对手的竞争实力就显得尤为重要，特别是在企业面临着一个或几个强大的竞争对手时。任何一个组织都有竞争者，即使是垄断组织也不例外。竞争者的一举一动，经常影响管理者的经营决策，竞争的结果通常表现为此消彼长。长虹、康佳、创维等就是竞争者，长虹采用降价手段扩大市场占有率，必将影响其他企业的市场占有率。

波特教授对竞争对手的分析模型有四个方面的主要内容，即竞争对手的未来目标、现行战略、自我假设和潜在能力。

（1）未来目标。对竞争对手未来目标的分析与了解，有利于预测竞争对手对其目前的市场地位以及财务状况的满意程度，从而推断其改变现行战略的可能性以及对其他企业战略行为的敏感性。

（2）现行战略。对竞争对手现行战略的分析，目的在于揭示竞争对手正在做什么？它能够做什么？

（3）自我假设。自我假设包括竞争对手对自身企业的评价和对所处产业以及其他企业的评价，自我假设往往是企业各种行为取向的最根本动因。所以了解竞争对手的自我假设，有利于正确判断竞争对手的战略意图。

（4）潜在能力。对竞争对手潜在能力的分析是竞争对手分析过程中的一项重要内容，因为潜在能力将决定竞争对手对其他企业战略行为作出反应的可能性、时间选择、性质和强度。

3. 公众

公众是指实际上或潜在的关注和影响一个企业达到其目标的社会组织、金融机构、各类媒体、社区居民及个人。企业与公众的关系直接或间接地影响企业行为，企业必须努力和公众建立良好的关系。

4. 政府

无论是中央政府还是地方政府一般都用法律规定组织可以做什么，不可以做什么。例如，《反不正当竞争法》《环境保护法》《消费者权益保护法》《劳动法》等对组织的行为都做了限制，任何一个组织都不可以超越法律之外。大型企业通常都设有自己的法律顾问，这是因为法规的影响不仅仅限于时间和金钱，它还缩小了管理者可斟酌决定的范围，限制了可行方案的选择。

二、企业内部环境分析

企业内部环境分析目的在于掌握企业历史和目前的情况，明确企业所具有的优势与劣势。进行内部环境分析有助于企业制定有针对性的战略，有效地利用自身资源，发挥企业的优势；同时积极扭转企业的劣势。扬长避短，这样更有助于百战不殆。企业内部环境分析主要是对企业的资源条件和核心能力进行分析。

（一）企业资源条件分析

资源是指被用于投入企业生产过程的生产要素，如资本、设备、员工的技能、专利、财务状况以及经理人的才能，这些都可以被看成资源。资源可分为三大类：一是有形资源，包括财务资源和实物资源；二是无形资源，包括企业的经营能力、技术、专利、企业形象、版权、品牌、声誉、商业机密等；三是人力资源。

1. 有形资源

有形资源是指能看得见、摸得着的，能被人们利用的自然的和社会的各种资源，如土地、河流、矿山、森林、公路、桥梁、港口、机场等。有形资源一般都反映在企业的资产中。但是，由于会计核算的要求，资产负债表所记录的账面价值并不能完全代表有形资产的战略价值。有形资产的数量一般可以从企业的财务报表上查到。当考虑某项有形资产的战略价值时，不仅要看到数量，而且要注意评价其产生竞争优势的潜力。

有形资源包括企业的财务资产和实物资源。企业的土地、厂房、生产设备、原材料等，是企业的实物资源。财务资源是企业可以用来投资或生产的资金，包括应收账款、有价证券、理财资金等。

在评估有形资源的战略价值时，必须注意以下两个关键问题。第一，是否有机会更经济地利用财务资源、库存和固定资产，即能否用较少的有形资源获得同样的产品或用同样的资源获得更大的产出。第二，怎样才能使现有的资源更有效地发挥作用。事实上，企业可以通过多种方法增加有形资产的回报率，如采用先进的技术和工艺，以增加资源的利用率；通过与其他企业的联合，尤其是与供应商和客户的联合，以充分地利用资源。如我国的数据通信行业可以通过与集成商和企业的联合，来充分地利用光缆和网络资源。当然，企业也可以把有形资产卖给能利用这些资产获利的公司。实际上，由于不同的公司掌握的技术不同，人员构成和素质也有很大差异，因此它们对一定有形资产的利用能力也是不同的。也就是说，同样的有形资产在不同能力的公司中表现出不同的战略价值。

2. 无形资源

企业作为一种社会经济组织。在拥有有形资源的同时。也拥有种类繁多、不易计量与把握的无形资源。无形资源，是指企业长期积累的、没有实物形态的、甚至无法用货币精确度量的资源，通常包括品牌、商誉、商标、专利、专有技术、企业形象及企业文化等。资产负债表中的无形资产并不能代表企业的全部无形资源，有相当一部分无形资源是游离在企业资产负债表之外的。无形资源一般都难以被竞争对手了解、购买、模仿或替代，因此，无形资源是一种十分重要的企业核心竞争力的来源。如商誉就是一种关键的无形资源。商誉，是指企业由于管理卓越、顾客信任或其他特殊优势而具有的企业形象，它能给企业带来超额利润。对于产品质量差异较小的行业，例如软饮料行业，商誉可以说是最重要的企业资源。

随着市场经济的发展，无形资源优势日益显示出其强大的力量，已经成为企业竞争制胜的关键，并发挥着越来越大的作用。竞争对手可以很快拥有实物和资金等有形资源，但长期形成的无形资源优势却是很难超越的。有关资料表明，目前工业发达国家的知名企业，其无形资源价值一般要超过有形资源的价值，甚至是有形资源价值的数倍。无形资源成为这些企业进行技术贸易及占领国际市场和扩大社会影响的重要武器。

同时，随着经济网络化、知识化的发展，物质生产、货物配送所创造的价值不断降低，一些企业便将自己的核心业务逐渐转向研究与开发、品牌经营、资产重组、产权经营等利润高的业务领域，而将那些需要大量有形资源和重复性劳动的物质产品生产和物流配送业务外包或委托出去，交给那些专业化公司完成。重视企业无形资源的开发、运用与管理，已经是新形势下企业管理发展的基本趋势。

3. 人力资源

对于一个组织而言，人力资源（Human Resource）是指一定时期内组织中的人所拥有的能够被企业所用，且对价值创造起贡献作用的教育、能力、技能、经验、体力等的总称。人力资源是一切资源中最宝贵的资源，是第一资源。

以上三类企业资源形成企业的经营结构，是构成企业实力的物质基础。企业资源的现状和变化趋势是制定总体战略和进行经营领域选择的最根本的制约条件。

关键概念

企业的无形资源

企业作为一种社会经济组织。在拥有厂房、场地、设备、资金等有形资源的同时。也拥有种类繁多和不易计量与把握的无形资源。如商标权、专利权、专有技术、客户关系、企业形象、企业文化等多方面的内容，这些无形资源在企业的生产经营过程中发挥着不可或缺的作用。

（1）商标权。商标是用来辨认特定商品或劳务的标记，它是指专门在某类指定的商品上使用特定的名称或图案的权利，一般包括独占使用权和禁止权两个方面。

（2）专利权。专利权是指国家专利主管机关依法授予发明创造专利申请人对其发明创造在一定期限内所享有的专有权利。专利权一般包括发明专利权、实用新型专利权和外观设计专利权三个方面。专利权都有法律规定的有效期限，在我国发明专利为 20 年，实用新型和外观设计专利为 10 年，超过法定有效期，任何人均可以自由使用该专利。专利权一般具有专用性、期限性和收益性的特征。

（3）专有技术。专有技术指不为外界所知，在生产经营活动中已采用了的、不享有法律保护的各种技术和经验。一般包括工业专有技术、商业贸易专有技术、管理专有技术等。

（4）企业形象。企业形象通常指社会公众对一个企业及其产品的评价、信念和态度。主要包括知名度和美誉度，是企业价值观念、管理和技术等因素的综合，是隐含在企业生产经营活动背后的一种巨大的潜在力。

（5）客户关系。客户关系通常指购买企业产品的顾客与销售、服务、制造企业在长期交往和共事中形成的相互关系，这种关系是无形存在的，对于企业产品销售量的提高影响颇大。

（6）企业文化。企业文化是指以企业价值观为核心的企业意识形态，包括企业价值观、企业经营理念、企业精神、企业经营方针、企业宗旨、企业规章制度、员工行为准则等。

（二）企业核心能力分析

所谓核心能力，就是企业在具有重要竞争意义的经营活动中能够比其竞争对手做得更好的能力。从总体上讲，核心能力的产生是企业中各个不同部分有效合作的结果，也就是各种单个资源整合的结果。这种核心能力深深地根植于企业的各种技巧、知识和人的能力之中，对企业的竞争力起着至关重要的作用。

每个企业所具有的核心能力都是不同的。企业的核心能力可以是不同形式的，可以表现在生产高质量产品的技能、创建和操作一个能快速准确处理客户订单系统的诀窍、开发受人欢迎产品的革新能力、采购和产品展销技能、很好地研究客户需求和品位以及准确寻找市场变化趋势的方法体系等方面。公司要把握住自己的各种能力，并且要超过自己的竞争对手，使之成为核心能力。当然，一个公司不可能只有一种竞争能力，也很少同时具有多种核心能力。企业的核心竞争力是一个复杂和多元的系统，既可以来自企业业务流程中的某些特定环节，如营销环节、生产环节，各种辅助环节，也可以来源于所有环节的综合结果。国外，如美国可口可乐公司的总裁曾夸口说：即使他的公司突然垮掉，但是只要"可口可乐"的牌子还在，他还可以起死回生。因为"可口可乐"品牌的无形资产极具有竞争力。IBM 的核心竞争力在于产品的创新能力；麦当劳的核心竞争力在于标准化能力；奔驰公司的核心竞争力在于机器设计能力；微软公司的核心竞争力在于产品的研发能力。国内，如海尔集团核心竞争力是产品创新；攀钢集团核心竞争力靠拥有特殊稀缺资源占领市场；长虹集团核心竞争力靠的是建立在规模化生产成本低廉和庞大精细的营销环节——率先向农村进军。这些公司共同点都是抓住了机遇，创造了具有自身特色的核心竞争力，使公司由小变大，由弱变强，不断发展壮大，成为国内外知名企业。

企业核心能力是可以辨别的，同时满足以下三个条件才可称为核心能力：

（1）它对顾客有价值。

（2）它与竞争对手相比有优势。

（3）它很难被模仿或复制。

核心能力的辨别方法包括功能分析、资源分析以及过程系统分析。

（1）功能分析。考察企业功能是识别企业核心竞争力常用的方法，这种方法虽然比较有效，但是它只能识别出具有特定功能的核心能力。

（2）资源分析。分析实物资源比较容易。例如，企业商厦所处的区域、生产设备以及机器的质量等，而分析像商标或者商誉这类无形资源则比较困难。

（3）过程系统分析。过程涉及企业多种活动从而形成系统。过程和系统有可能仅是企业单一的功能，也通常会涉及多种功能，因而过程系统本身是比较复杂的，但是企业通常还是会使用这种方式来识别企业的核心能力，因为只有对整个系统进行分析，才能很好地判断企业的经营状况。

综合来说，核心能力是指企业依据自己独特的资源（资本资源、技术资源或其他方面的资源以及各种资源的总和），培育创造本企业不同于其他企业的最关键的竞争能力与优势。这种竞争能力与优势是本企业独创的，也是企业最根本最关键的经营能力，换言之，也只有在本企业中，这种竞争能力与优势才能得到最充分的发挥。凭借这种最根本、最关键的经营能力，企业才能拥有自己的市场和效益。核心能力是以知识、技术为基础的综合能力，是企业赖以生存和发展的根基。

任务二　企业市场预测

一、市场供需预测

市场供需预测就是运用科学的方法，对影响市场供求变化的诸因素进行调查研究，分析和预见其发展趋势，掌握市场供求变化的规律，为经营决策提供可靠的依据。预测是为了提高管理的科学水平，把握经济发展或者未来市场变化的有关动态，减少未来的不确定性，减少决策的盲目性，降低决策可能遇到的风险，使决策目标得以顺利实现。

市场供需预测产生的历史悠久。根据我国《史记》记载，公元前 6 世纪到 5 世纪，范蠡在辅佐勾践灭吴复国以后，即弃官经商，19 年之中三致千金，成为天下富翁，他的商场建树取决于他懂得市场预测。例如，"论其存余不足，则知贵贱，贵上极则反贱，贱下极则反贵。"这是他根据市场上商品的供求情况来预测商品的价格变化。

严格地说，市场预测是从 19 世纪下半叶开始的。一方面，资本主义经济中的市场变化极其复杂，只要能获取利润，减少经营风险，就要把握经济周期的变化规律；另一方面，数理经济学对现象数量关系的研究已经逐步深入，各国统计资料的积累也日益丰富，处理经济问题和市场预测的统计方法也逐步完善。学术界关于市场预测的里程碑是从奥地利经济学家兼统计学家斯帕拉特·尼曼算起的。他运用指数分析方法研究了金、银、煤、铁、咖啡和棉花的生产情况，有关铁路、航运、电信和国际贸易方面的问题，以及 1866—1873 年的进出口价值数据。

企业如果能做到某种程度的先知先觉，对企业经营的益处不言而喻。当然做到完全的先知先觉不可能，否则每个人都是百万富翁，每个企业都必定欣欣向荣。

虽然企业对未来不可把握，但是人类的认识、思维的进步使人们发现"规律"的重要性。古人很早就有"辨道、顺道"的说法，"道"就是规律，随着历史经验的积累和科技的进步，人类认识自然的能力大大增强。作为企业，发现、认识和利用"规律"必定增强胜算把握。

（一）市场供需预测的四大原则

预测本身要借助数学、统计学等方法论，也要借助于先进的手段。我们先不讲技术和方法，对企业的管理者而言，可能最先关注的是怎样形成一套有效的思维方式。以下是市场供需预测的几个原则：

1. 相关原则

建立"分类"的思维高度，关注事物之间的关联性，当了解到已知的某个事物发生变化，再推知另一个事物的变化趋势。最典型的相关有正相关和负相关，从思路上来讲，不完全是数据相关，更多的是"定性"的。

（1）正相关是事物之间的"促进"。例如，居民平均收入与"百户空调拥有量"；有企业认识到"独生子女受到重视"推知玩具、教育相关产品和服务的市场；某地区政府曾经反复询问企业一个问题："人民物质文化生活水平提高究竟带来什么机遇"，该地区先后发展的"家电业""厨房革命""保健品"应该是充分认识和细化实施的结果；有个大型家具企业，起家把握的一个最大机遇是"中国第三次生育浪潮生育的这些人目前到了成家立业的高峰"。

（2）负相关是指事物之间相互"制约"，一种事物发展导致另一种事物受到限制，特别是"替代品"。如资源政策、环保政策出台必然导致"一次性资源"替代品的出现，像"代木代钢"发展起来的 PVC 塑钢；某地强制报废助力车，该地一家"电动自行车"企业敏锐地抓住了机遇。

2. 惯性原则

任何事物发展都具有一定惯性，即在一定时间和一定条件下保持原来的趋势和状态，这也是大多数传统预测方法的理论基础。如"线性回归""趋势外推"等。

3. 类推原则

这个原则也是建立在"分类"的思维高度，关注事物之间的关联性。

（1）由小见大——从某个现象推知事物发展的大趋势。运用这一思路要防止以点代面、以偏概全。

（2）由表及里——从表面现象推实质。

（3）由此及彼——如先进的管理和技术在落后地区可能有市场。

（4）由远及近——如先进的产品、技术、管理模式、营销经验和方法代表先进的方向，可能就是"明天要走的路"。

（5）自下而上——从典型的局部推知全局，一个规模适中的乡镇，需要 3 台收割机，这个县有 50 个类似的乡镇，可以初步估计这个县的收割机可能的市场容量为 150 台。

（6）自上而下——从全局细分，以便认识和推知某个局部。例如，我们想知道一个 40 万人的城市女士自行车的市场容量，40 万人中有 20 万女性，去掉 12 岁以下 50 岁以上的女性，还有 10 万女性。再调查千人女性骑自行车的比率（假设 30%），推进市场的容量大概为 3 万。这样对大致了解市场是很有帮助的。

4. 概率推断

我们不可能完全把握未来，但根据历史现象和经验，很多时候能大致预估一个事物发生的概率，根据这种可能性，采取对应措施。象棋游戏和企业博弈型决策都在不自觉地使用这个原则。有时我们可以通过抽样设计和调查等科学方法来确定某种情况发生的可能性。

（二）市场供需预测的基本要素

要搞好预测，必须把握预测的四个基本要素：

（1）信息。信息是客观事物特性和变化的表征和反映，存在于各类载体，是预测的主要工作对象、工作基础和成果反映。

（2）方法。方法是指在预测的过程中进行质和量的分析时所采用的各种手段。预测的方法按照不同的标准可以分成不同的类别。按照预测结果属性可以分为定性预测和定量预测；按照预测时间长短的不同可以分为长期预测、中期预测和短期预测；按照方法本身可以分成众多的类别，最基本的是模型预测和非模型预测。

（3）分析。分析是根据有关理论所进行的思维研究活动。根据预测方法得出预测结论之后，还必须进行两个方面的分析：一是在理论上要分析预测结果是否符合经济理论和统计分析的条件；二是在实践上对预测误差进行精确性分析，并对预测结果的可靠性进行评价。

（4）判断。对预测结果采用与否，或对预测结果依据相关经济和市场动态所作的修正需要判断，同时对信息资料、预测方法的选择也需要判断。判断是预测技术中重要的因素。

（三）市场供需预测的基本步骤

预测应该遵循一定的程序和步骤以使工作有序化、统筹规划和协作。市场预测的过程大致包含以下步骤：

（1）确定目标。明确目的，是开展市场预测工作的第一步，因为预测目的不同，预测的内容和项目、所需要的资料和所运用的方法都会有所不同。明确预测目标，就是根据经营活动存在的问题，拟定预测的项目，制定预测工作计划，编制预算，调配力量，组织实施，以保证市场预测工作有计划、有节奏地进行。

（2）搜集资料。市场预测所需的资料调查、收集和整理是市场预测的一个非常重要的步骤。市场预测能否完成，预测结果准确程度的高低，预测是否符合市场现象的客观实际表现等，在很大程度上与预测者是否占有充分的、可靠的历史和现实的市场资料有着紧密的关联。

（3）选择方法。根据预测目标以及各种预测方法的适用条件和性能，选择出合适的预测方法。有时可以运用多种预测方法来预测同一目标。预测方法的选用是否恰当，将直接影响到预测的精确性和可靠性。运用预测方法的核心是建立描述、概括研究对象特征和变化规律的模型，根据模型进行计算或者处理，即可得到预测结果。在市场预测中，只有根据对资料的周密分析选择适当的方法，才能正确地描述市场现象的客观发展规律，才能发挥各种预测方法的特点和优势，对市场现象的未来表现做出可靠的预测。

（4）分析修正。分析判断是对调查搜集的资料进行综合分析，并通过判断、推理，使感性认识上升为理性认识，从事物的现象深入到事物的本质，从而预计市场未来的发展变化趋势。在分析评判的基础上，通常还要根据最新信息对原预测结果进行评估和修正。

（5）编写报告。预测报告应该概括预测研究的主要活动过程，包括预测目标、预测对象及有关因素的分析结论、主要资料和数据，预测方法的选择和模型的建立，以及对预测结论的评估、分析和修正等。

（四）市场供需预测的内容

市场预测的内容十分广泛丰富，从宏观到微观，二者相互联系、相互补充。具体讲主要包括以下几个内容：

1. 容量变化

市场商品容量是指有一定货币支付能力的需求总量。市场容量及其变化预测可分为生产资料市场预测和消费资料市场预测。生产资料市场容量预测是通过对国民经济发展方向、发展重点的研究，综合分析预测期内行业生产技术、产品结构的调整，预测工业品的需求结构、数量及其变化趋势。消费资料市场容量预测重点有以下三个方面：

① 消费者购买力预测。预测消费者购买力要做好两个预测：第一，人口数量及变化预测。人口的数量及其发展速度，在很大程度上决定着消费者的消费水平，从而决定着市场需求量。第二，消费者货币收入和支出的预测。

② 预测购买力投向。消费者收入水平的高低决定着消费结构，即消费者的生活消费支出中商品性消费支出与非商品性消费等支出的比例。消费结构规律是收入水平越高，非商品性消费支出会增大，如娱乐、消遣、劳务费用等支出增加。在商品性支出中，用于饮食费用支出的比重大大降低。另外还必须充分考虑消费心理对购买力投向的影响。

③ 预测商品需求的变化及其发展趋势。根据消费者购买力总量和购买力的投向，预测各种商品供求的数量、花色、品种、规格、质量等。

2. 价格变化

企业生产中投入品的价格和产品的销售价格直接关系到企业盈利水平。在商品价格的预测中，要充分研究劳动生产率、生产成本和利润的变化，市场供求关系的发展趋势，货币价值和货币流通量变化以及国家经济政策对商品价格的影响。

3. 变化趋势

变化趋势是对市场中商品供给量及其变化趋势的预测。

二、销售预测

（一）什么是销售预测

销售预测是指在未来特定时间内，全部产品或特定产品的销售数量与销售金额的估计。销售预测是在充分考虑未来各种影响因素的基础上，结合本企业的销售实绩，通过一定的分析方法提出切实可行的销售目标。无论企业的规模大小、销售人员的多少，销售预测会影响到计划、预算和销售额以及的销售管理等方面。

（二）销售预测的影响因素

尽管销售预测十分重要，但进行高质量的销售预测却并非易事。在选择最合适的预测方法进行预测之前，了解对销售预测产生影响的各种因素是非常重要的。一般来讲，在进行销售预测时考虑两大类因素：

1. 外界因素

（1）需求动向。需求是外界因素之中最重要的一项，如流行趋势、爱好变化、生活形态变化、人口流动等，均可成为产品（或服务）需求的质与量方面的影响因素，因此，必须加以分析与预测。企业应尽量收集有关对象的市场资料、机构资料、购买动机等，以掌握市场的需求动向。

（2）经济变动。经济因素是影响商品销售的重要因素。科技、信息的快速发展，更带来无法预测的影响因素，导致企业销售收入波动。因此，为了正确预测，须特别注意资源问题的未来发展、政府及财经界对经济政策的见解以及基础工业、加工业生产、经济增长率等变动情况。尤其要关注突发事件对经济的影响。

（3）同行业竞争动向。销售额的高低深受同行业竞争者的影响，古人云"知己知彼，百战不殆"。为了生存，必须掌握对手在市场的所有活动。例如，竞争对手的目标市场、产品价格、促销与服务措施等。

（4）政府、消费者团体的动向。政府的各种经济政策、方案措施以及消费者团体所提出的各种要求等。

2. 内部因素

（1）营销策略。市场定位、产品政策、价格政策、渠道政策、公关策略、广告及促销政策等变更对销售额都会产生不同程度的影响。

（2）销售政策。考虑变更管理内容、交易条件或付款条件、销售方法等对销售额所产生的影响。

（3）销售人员。销售活动是一种以人为核心的活动，所以人为因素对于销售额的实现具有相当深远的影响力，这是不能忽略的。

（4）生产状况。原材料供应是否正常，企业的生产设备和设施是否正常运转，企业生产人员的素质能否保证，货源是否充足，能否保证销售需要等。

（三）销售预测的作用

（1）可以调动销售人员的积极性，促使产品尽早实现销售，以完成使用价值向经济价值的转变。

（2）企业可以以销定产，根据销售预测资料，安排生产，避免产品积压。

三、预测方法

（一）定性预测法

定性预测法是在预测人员具备丰富的实践经验和广泛的专业知识基础上，根据其对事物的分析和主观判断能力对预测对象的性质和发展趋势作出推断的预测方法，如市场调研法和判断分析法。这类方法主要是在企业所掌握的数据资料不完备、不准确的情况下使用，以通过对经济形势、国内外科学技术发展水平、市场动态、产品特点和竞争对手情况等资料的分析研究，对本企业产品的未来销售情况作出质的判断。以销售预测为例。

1. 市场调研法

市场调研法就是通过对某种产品在市场上的供需情况变动的详细调查，了解各因素对该产品市场销售的影响状况，并据以推测该种产品市场销售量的一种分析方法。

这类方法预测的基础是市场调查所取得的各种资料，然后根据产品销售的具体特点和调查所得资料情况，采用具体的预测方法进行预测。

2. 判断分析法

判断分析法主要是根据熟悉市场未来变化专家的丰富实践经验和综合判断能力，在对预测期销售情况进行综合分析研究以后所做出的产品销售趋势的判断。参与判断预测的专家既可以是企业内部人员，如销售部门经理和销售人员，也可以是企业外界的人员，如有关推销商和经济分析专家等。

判断分析法的具体方式一般又分为下列四种：

（1）意见汇集法。意见汇集法也称主观判断法，它是由本企业熟悉销售业务、对于市场的未来发展变化的趋势比较敏感的领导人、主管人员和业务人员，根据其多年的实践经验集思广益，分析各种不同意见并对之进行综合分析评价后所进行的判断预测。这一方法产生依据是，企业内部的各有关人员由于工作岗位和业务范围及分工有所不同，尽管他们对各自的业务都比较熟悉，对市场状况及企业在竞争中的地位也比较清楚，但其对问题理解的广度和深度却往往受到一定的限制。在这种情况下就需要各有关人员既能对社会经济发展趋势和企业的发展战略有充分的认识，又能全面了解企业当前的销售情况，进行信息交流和互补，在此基础上经过意见汇集和分析，就能做出比较全面客观的销售判断。

（2）德尔菲法。德尔菲法又称专家调查法，它是一种客观判断法，由美国兰德公司在本世纪四十年代首先倡导使用。它主要是采用通讯的方式，通过向见识广、学有专长的各有关专家发出预测问题调查表来搜集和征询专家们的意见，并经过多次反复、综合、整理、归纳各专家的意见以后，作出预测判断。

（3）专家小组法。专家小组法也属于一种客观判断法，它是由企业组织有关方面的专家组成预测小组，通过召开各种形式座谈会的方式，进行充分广泛的调查研究和讨论，然后运用专家小组的集体科研成果作出最后的预测判断。

（4）模拟顾客综合判断法。先请各位专家模拟成各种类型的顾客，通过比较本企业和竞争对手的产品质量、售后服务和销售条件等作出购买决策，然后把这些"顾客"准备购买本企业产品的数量加以汇总，形成一个销售预测值。

知识链接

德尔菲法

德尔菲法是在 20 世纪 40 年代由 O. 赫尔姆和 N. 达尔克首创，经过 T.J. 戈尔登和兰德公司进一步发展而成的。德尔菲这一名称起源于古希腊有关太阳神阿波罗的神话。传说中阿波罗具有预见未来的能力。因此，这种预测方法被命名为德尔菲法。1946 年，兰德公司首次用这种方法进行预测，后来该方法迅速被广泛采用。

德尔菲法也称专家调查法，是一种采用通讯方式分别将所需解决的问题单独发送到各个专家手中，征询意见，然后回收汇总全部专家的意见，并整理出综合意见。随后将该综合意见和预测问题再分别反馈给专家，再次征询意见，各专家依据综合意见修改自己原有的意见，然后再汇总。这样多次反复，逐步取得比较一致的预测结果。

德尔菲法有如下特征：

（1）资源利用的充分性。由于汲取了不同的专家预测，所以充分利用了专家的经验和学识。

（2）最终结论的可靠性。由于采用匿名或背靠背的方式，能使每一位专家独立地做出自己的判断，不会受到其他繁杂因素的影响。

（3）最终结论的统一性。预测过程必须经过几轮的反馈，这样能使专家的意见逐渐趋同。

正是由于德尔菲法具有以上这些特点，所以它在诸多判断预测或决策手段中脱颖而出。这种方法的优点主要是简便易行，具有一定科学性和实用性，可以避免会议讨论时产生的害怕权威随声附和，或固执己见，或因顾虑情面不愿与他人意见冲突等弊病；同时也可以使大家发表的意见较快收集，参加者也易接受结论，具有一定的客观性。

德尔菲法的具体实施步骤：

（1）组成专家小组。按照课题所需要的知识范围，确定专家。专家人数的多少，可根据预测课题的大小和涉及面的宽窄而定，一般不超过 20 人。

（2）向所有专家提出所要预测的问题及有关要求，并附上有关这个问题的所有背景材料，同时请专家提出还需要什么材料，然后由专家做书面答复。

（3）各个专家根据他们所收到的材料，提出自己的预测意见，并说明自己是怎样利用这些材料并提出预测值的。

（4）将各位专家第一次的判断意见汇总，列成图表，进行对比，再分发给各位专家，让专家比较自己同他人的不同意见，然后修改自己的意见和判断。也可以把各位专家的意见加以整理，邀请身份更高的其他专家加以评论，然后把这些意见再分送给各位专家，以便他们参考后修改自己的意见。

（5）将所有专家的修改意见收集起来，汇总，再次分发给各位专家，以便做第二次修改。收集意见和信息反馈一般要经过三、四轮。在向专家进行反馈的时候，只给出各种意见，不用说明发表各种意见的专家的具体姓名。这一过程重复进行，直到每一个专家不再改变自己的意见为止。

（6）对专家的意见进行综合处理。

德尔菲法实施注意事项：

① 由于专家组成成员之间存在身份和地位上的差别以及其他社会原因，有可能使其中一些人因不愿批评或否定其他人的观点而放弃自己的合理主张。要防止这类问题的出现，必须避免专家们面对面的集体讨论，而是由专家单独提出意见。

② 对专家的挑选应基于其对企业内外部情况的了解程度。专家可以是第一线的管理人员，也可以是企业高层管理人员和外请专家。例如，在估计未来企业对劳动力需求时，企业可以挑选人事、计划、市场、生产及销售等部门的经理作为专家。

（二）定量预测法

定量预测法主要是根据有关的历史资料，运用现代数学方法对历史资料进行分析加工处理，并通过建立预测模型来对产品的市场变动趋势进行研究并作出推测的预测方法，如趋势预测分析法和因果预测分析法。这类方法是在拥有尽可能多的数据资料的前提下运用，以便能通过对数据类型的分析，确定具体适用的预测方法对产品的市场需求作出量的估计。以销售预测为例。

1. 趋势预测法

趋势预测分析法是应用事物发展的延续性原理来预测事物发展的趋势。首先把本企业的历年销售资料按时间的顺序排列下来，然后运用数理统计的方法预计、推测计划期间的销售数量或销售金额，故亦称"时间序列预测法"。这类方法的优点是收集信息方便、迅速，缺点是对市场供需情况的变动因素未加考虑。

1）算术平均法

算术平均法是以过去若干期的销售量或销售额的算术平均数作为计划期的销售预测数。可以分为简单算术平均法和加权算术平均法。

① 简单算术平均法是将各单位的标志值直接相加得出标志总量，再除以总体单位数，就得到简单算术平均数。

② 加权算术平均法是利用过去若干个按照发生时间顺序排列起来的同一变量的观测值并以时间顺序数为权数，计算出观测值的加权算术平均数，以这一数字作为预测未来期间该变量预测值的一种趋势预测方法。

2）移动加权平均法

移动加权平均法是先根据过去若干期的销售量或销售额，按其距离预测期的远近分别进行加权（近期所加权数大些，远期所加权数小些）；然后计算其加权平均数，并以此作为计划期的销售预测值。所谓"移动"，是指对计算平均数的时期不断向后推移。例如，预测7月份的销售量以4、5、6月份的历史资料为依据；若预测8月份的销售量，则以

5、6、7月份的资料为准。一般情况下，预测数受近期实际销售的影响程度较大，因此越接近预测期的实际销售情况所加权数应越大些。

用加权移动平均法求预测值，对近期的趋势反应较敏感，但如果一组数据有明显的季节性影响时，用加权移动平均法所得到的预测值可能会出现偏差。因此，有明显的季节性变化因素存在时，最好不要用移动加权平均法。

3）指数平滑法

指数平滑法就是遵循"重近轻远"的原则，对全部历史数据采用逐步衰减的不等加权办法进行数据处理的一种预测方法。指数平滑法通过对历史时间序列进行逐层平滑计算，从而消除随机因素的影响，识别经济现象基本变化趋势，并以此预测未来。它是短期预测中最有效的方法。使用指数平滑系数来进行预测，对近期的数据观察值赋予较大的权重，而对以前各个时期的数据观察值则顺序地赋予递减的权重。指数平滑法是同类预测法中被认为是最精确的，因为最近的观察值已经包含了最多的未来情况的信息。

指数平滑法是在移动平均法基础上发展起来的一种时间序列分析预测法，它是通过计算指数平滑值，配合一定的时间序列预测模型对现象的未来进行预测。其原理是任一期的指数平滑值都是本期实际观察值与前一期指数平滑值的加权平均。指数平滑法的基本公式是：

$$S_t=ay_{t-1}+(1-a)S_{t-1} \tag{4-1}$$

式中：S_t 为时间 t 的平滑值；y_{t-1} 为时间 $t-1$ 的实际值；S_{t-1} 为时间 $t-1$ 的平滑值；a 为平滑系数，其取值范围为 [0，1]。

由该公式可知：

第一，S_t 是 y_{t-1} 和 S_{t-1} 的加权算数平均数，随着 a 取值的大小变化，决定 y_{t-1} 和 S_{t-1} 对 S_t 的影响程度。

第二，S_t 具有逐期追溯性质。其过程中，平滑系数以指数形式递减，故称之为指数平滑法。指数平滑系数取值至关重要。平滑系数决定了平滑水平以及对预测值与实际结果之间差异的响应速度。平滑系数 a 越接近于 1，远期实际值对本期平滑值影响程度的下降越迅速；平滑系数 a 越接近于 0，远期实际值对本期平滑值影响程度的下降越缓慢。由此，当时间数列相对平稳时，可取较大的 a；当时间数列波动较大时，应取较小的 a，以不忽略远期实际值的影响。

第三，S_t 尽管包含有全期数据的影响，但实际计算时，仅需要两个数值，即 y_{t-1} 和 S_{t-1}，再加上一个常数 a，这就使指数滑动平均具逐期递推性质，从而给预测带来了极大的方便。

2. 因果预测分析法

因果预测分析法，是利用事物发展的因果关系来推测事物发展趋势的方法。它一般是根据过去掌握的历史资料，找出预测对象的变量与其相关变量之间的依存关系，来建立相应的因果预测的数学模型。然后通过对数学模型的求解来确定对象在计划期的销售量或销售额。

因果预测所采用的具体方法较多，最常用而且最简单的是回归分析法。回归分析法主要是研究事物变化中的两个或两个以上因素之间的因果关系，并找出其变化的规律，应用回归数学模型，预测事物未来的发展趋势。由于在现实的市场条件下，企业产品的销售量往往与某些变量因素（国民生产总值、个人可支配的收入、人口、相关工业的销售量、需求的价格弹性或收入弹性等）之间存在着一定的函数关系，因此我们可以利用这种关系，选择最恰当的相关因素建立起预测销售量或销售额的数学模型，这往往会比采用趋势预测分析法获得更为理想的预测结果。例如，汽油与汽车，钢材与建筑之间存在着依存关系，而且都是前者的销售量取决于后者的销售量。所以，可以利用后者现成的销售预测的信息，采用回归分析的方法来推测前者的预计销售量。这种方法的优点是简便易行，成本低廉。回归分析法主要包括一元回归直线法与多元回归法。下面主要介绍一元线性回归预测法。

一元线性回归法是用途较为广泛的一种预测方法，是分析一个因变量与一个自变量之间的线性关系的预测方法。一元线性回归法即最小二乘法，是用来处理两个变量之间具有的线性关系的一种方法。

一元线性回归分析法的预测模型为

$$\hat{Y}_t = a + bx_t \tag{4-2}$$

式中，x_t 代表 t 期自变量的值；$\hat{Y}_t$ 代表 t 期因变量的值；a、b 代表一元线性回归方程的参数。

需要注意的是，由于市场现象一般受多种因素影响，而并不是仅仅受一个因素的影响，所以应用一元线性回归分析预测法，必须对影响市场现象的多种因素做全面分析。只有当诸多的影响因素中，确实存在一个对因变量影响作用明显高于其他因素的变量，才能将它作为自变量。

任务三　企业经营决策

一、企业经营决策概述

（一）经营决策的概念

决策是人们为达到一定目标，从两个或两个以上可行方案中选择一个最优方案的过程。

经营决策是决策的科学理论方法在企业经营管理中的具体应用。随着社会主义市场体制的建立，企业不再是政府的附属物，而成为自主经营、自负盈亏、自我发展和自我约束的独立法人单位。企业面临着一个范围越来越大和竞争越来越激烈的市场，只有通过充分发挥市场机制的调节作用，增强活力，不断扩大产品的生产、销售，才能提高经济效益。在这样的背景下，企业管理的重点由生产管理转变为经营管理。经营管理的中心问题是根据市场的不断变化适时地作出正确的经营决策。

所谓经营决策，就是企业等经济组织决定企业的生产经营目标和达到生产经营目标的战略和策略，即决定做什么和如何去做的过程。科学的经营决策与传统的经验式决策之间存在实质性的差别，这种差别表现为以下特征：决策指导思想的科学性；决策程序的完整性；决策内容的复杂性；决策方法的多样性。经营决策的实质是为了取得企业外部环境、内部条件和企业经营目标三者动态平衡所做的努力。

经营决策在企业管理中是一项非常重要的工作，它直接关系到企业的兴衰存亡。它规定了企业全局的发展方向和道路，提出了企业的奋斗目标和实现目标的措施，明确了企业的经营方针和经营策略。正确的经营决策是企业生存和发展的根本保证，是促进各项管理工作发挥积极作用的重要手段。它对企业提高产品质量、降低资源消耗和提高经济效益具有决定性的作用，经营决策是现代企业管理的核心。

（二）经营决策的要素

经营决策的要素包括决策者、决策目标、决策备选方案、决策条件和决策结果。

1. 决策者

决策者是企业经营决策的主体，是决策最基本的要素。决策者是系统中积极、能动的最为关键的因素。决策者的素质、能力和水平的高低，直接影响着决策活动的成败。实际上组织中的决策者就是组织的领导者。现代组织中个人决策逐渐被群体决策所取代，集体决策或团队决策成为现代决策的主体。

2. 决策目标

决策目标是指决策所要达到的目的。决策目标的确立是科学决策的起点，它为决策指明了方向，为选择行动方案提供了衡量标准，也为实施控制提供了依据。

3. 决策备选方案

决策实际上是一种选择方案的活动。对于决策的备选方案，选择的目的是追求优化。由于客观情况的复杂性，决定着决策目标和行动方案的多样性，因此，对决策备选方案的选择就要进行比较和鉴别，选择出可行性方案。

4. 决策条件

决策是否正确，能否顺利实施，它的影响效果如何，不仅取决于决策者和决策方案，而且取决于决策所处的环境和条件。

5. 决策结果

决策结果是指一项决策实施后所产生的效果和影响。一切决策活动的目的，都是为了取得决策的结果。在作出最终决策之前，对每一备选方案的实施结果进行客观、公正的预测和评价，这既是保证决策科学化的重要前提，也是方案择优的最终依据之一。

（三）经营决策的原则

经营决策是一个复杂而又具有创造性的认识和实践活动，因此，要使经营决策正确，除了要运用合理的决策程序和科学的决策方法外，还必须遵循决策的原则。

1. 可行性原则

可行性原则是指决策目标和决策方案，要有实现的可能性。具体地说，决策目标要合理、符合实际，不能好高骛远，决策方案要能够实施。因此，在确定决策目标、选择决策行动方案时，要充分进行可行性研究，仔细考虑主客观条件是否成熟，考虑是否具备实现决策目标的人力、物力和财力。

2. 优化原则

优化原则是指决策的行动方案，必须是最优方案或者是满意方案。决策是要从两个以上不同的备选方案中经过分析对比，选出最佳方案。如果只有一个方案，那就不存在决策了，如果没有对比，也就无法辨别优劣。因此，对比选优是决策的主要环节，是从比较到决断的过程。对比不仅是把各种不同的方案进行比较，更重要的是把各种方案同客观实际再作一次认真的比较。要比较各种方案带来的影响和后果，考虑各方案所需的人力、物力、财力等各种必要条件。通过比较，择出最优方案。

3. 系统原则

系统原则是指把决策对象视为一个系统，从整体出发，对问题全面比较分析，在此基础上做出决策，防止决策的片面性。贯彻系统原则，要认真考虑决策所涉及的整个系统及相关因素，企业内外条件等。对局部利益和整体利益、眼前利益和长远的利益要统筹兼顾，不能顾此失彼。

4. 民主原则

经营决策问题涉及范围广泛，具有高度复杂性，单凭决策者个人知识和能力很难做出有效决策。决策者必须充分发扬民主，善于集中和依靠集体的智慧与力量进行决策，以弥补决策者个人知识、能力方面的不足，避免主观武断、独断专行可能造成的决策失误，保证决策的正确性和有效性。决策的民主化原则具体来说就是要合理划分企业各管理层次的决策权限和决策范围，调动各级决策者和各类人员参与的积极性和主动性；悉心听取广大群众的意见和建议，在群众的参与或监督下完成决策工作；重视发挥智囊参谋人员的作用，借助他们做好调查研究、咨询论证，尤其是重大问题决策，要邀请各方面的专家参加。

5. 效益原则

经营决策要以追求企业最大经济利益和社会利益为目的。企业的一切经济活动都必须有经济效益和社会效益，企业的市场决策就是为了提高经济效益，促进生产力的发展，并且使经济效益和社会效益很好地结合。说到底，如果决策结果不能使企业实现利润目标，决策就没有意义。为了提高经济效益，企业必须考虑决策本身的经济效果和效益。事实上，决策本身就是在各种自然状态下选择经济利益最大的方案。

（四）经营决策的类型

现代企业经营活动的复杂性和多样性决定了经营决策有多种不同的类型。经营决策按照不同的分类方法，有不同的类型。

1. 按照决策的影响范围和重要程度划分，分为战略决策和战术决策

（1）战略决策是指对企业发展方向和发展远景做出的决策，是关系到企业发展的全局性、长远性和方向性的重大决策。如对企业的经营方向、经营方针、新产品开发等做出的决策。战略决策由企业最高领导层做出。它具有影响时间长、涉及范围广、作用程度深刻等特点，是战术决策的依据和中心目标。它的正确与否，直接决定企业的兴衰成败，决定企业发展前景。

（2）战术决策是指企业为保证战略决策的实现而对局部的经营管理业务做出的决策。如企业原材料和机器设备的采购，生产和销售计划的制定、人员的配置等属此类决策。战术决策一般是由企业中层管理人员做出的。战术决策要为战略决策服务。

2. 按照决策的主体划分，分为个人决策和集体决策

（1）个人决策是由企业领导者凭借个人的智慧、经验及所掌握的信息进行的决策。决策速度快、效率高是其特点，适用于常规事务及紧迫性问题的决策。个人决策的最大缺点是带有主观性和片面性，因此，对全局性重大问题不宜采用。

（2）集体决策是指由会议机构和上下相结合所做的决策。会议机构决策是通过董事会、经理扩大会、职工代表大会等权力机构集体成员共同做出的决策。上下相结合决策则是领导机构与下属相关机构结合、领导与群众相结合形成的决策。集体决策的优点是能充分发挥集体智慧，集思广益，决策慎重，从而保证决策的正确性、有效性。缺点是决策过程较复杂，耗费时间较多。它适宜于制定长远性和全局性的决策。

3. 按照决策是否重复划分，分为程序化决策和非程序化决策

（1）程序化决策，是指决策的问题是经常出现的问题，已经有了处理的经验、程序、规则，可以按常规办法来解决，故程序化决策也称为"常规决策"。例如，企业生产的产品质量不合格的处理，商店销售过期食品的解决，这些就属于程序化决策。

（2）非程序化决策是指决策的问题不常出现，没有固定的模式和经验去解决，要靠决策者做出新的判断来解决。非程序化决策也叫非常规决策。例如，企业开辟新的销售市场、商品流通渠道调整，选择新的促销方式等属于非常规决策。

4. 按照决策所处条件划分，分为确定型决策、风险型决策和不确定型决策

（1）确定型决策是指在决策过程中，提出各备选方案，在确知的客观条件下，每个方案只有一种结果，比较其结果优劣作出最优选择的决策。确定型决策是一种肯定状态下的决策。决策者对被决策问题的条件、性质和后果都有充分了解，各个备选的方案只能有一种结果。这类决策的关键在于选择肯定状态下的最佳方案。

（2）风险性决策。在决策过程中提出各备选方案，可以知道每个方案的几种不同结果，其发生的概率也可测算，在这样条件下的决策，就是风险型决策。例如，某企业为了增加利润，提出两个备选方案：一个方案是扩大老产品的销售；另一个方案是开发新产品。不论哪一种方案都会遇到市场需求高、市场需求一般和市场需求低几种不同可能性，它们发生的概率都可测算，若遇到市场需求低，企业就要亏损。因而在上述条件下决策，带有一定的风险性，故称为风险型决策。风险型决策之所以存在，是因为影响预测目标的各种市场因素是复杂多变的，因而每个方案的执行结果都带有很大的随机性。决策中，不论选择哪种方案，都存在一定的风险性。

（3）不确定性决策。在决策过程中提出各个备选方案，每个方案都有几种不同的结果可以知道，但每一种结果发生的概率无法知道。在这样条件下的决策就是不确定型的决策。它与风险型决策的区别在于：风险型决策中，每一方案产生的几种可能结果及发生概率都知道，不确定型决策只知道每一方案产生的几种可能结果，但发生的概率并不知道。这类决策是由于人们对市场需求的几种可能客观状态出现的随机性规律认识不足，因而增大了决策的不确定性。

（五）企业经营决策的程序

企业经营决策的程序，即企业经营决策的过程。科学的决策必须遵循一定的工作程序，才能使决策科学化和规范化，才能避免决策的盲目性和主观随意性，取得应有的效果。

企业经营决策的基本程序可分为四个步骤：

（1）找出问题，确定目标。所谓问题，就是应有现象和实际现象之间出现的差距。所有决策工作的程序，都是从发现问题开始的。一个好的组织领导者，应该善于发现问题，找出差距，并能确定问题的性质，找出要解决问题的关键，据此确定决策目标。决策目标可分为必达目标和争取要达到的目标。根据决策实践，决策目标的确立要注意几个问题：一是要分清主次，抓住主要目标；二是要保持各项目标的一致性，相互配合和衔接；三是目标要尽可能明确化、具体化，以便衡量；四是要明确规范好决策目标的约束条件。只有综合、全面考虑各种因素，目标才有可能实现。

（2）拟定备选方案。即根据决策目标要求，寻求和拟定实现目标的多种方案。拟订方案时必须注意：一是尽可能多的提出各种不同方案，以供分析、比较和选择；二是拟定方案是一个创新过程，既要实事求是、讲求科学，又要勇于突破常规、敢于和善于创新；三是要精心设计，在技术上、经济上有较详细的论证，考虑到每个方案的积极效果和不良影响，摸清潜在的问题。

（3）评价和选择方案。即从备选方案中选出一个比较满意的方案。在方案的评价和选择中，要注意以下几个问题：一是要确定评价标准，凡是能定量化的都要规定出定量标准。难于定量化的，要尽可能选出详细的定性说明。如果利用评分法作为综合评价，就要规定出评分标准和档次等；二是要审查方案的可靠性，即审查所提供的资料、数据是否有科学依据，是否齐全和准确；三是要注意方案之间的可比性和差异性，把不可比因素转化为可比因素，对其差异着重比较与分析。四是要从正反两方面进行比较，考虑到方案可能带来的不良影响和潜在问题，权衡利弊，做出正确的决断。

（4）方案的实施与追踪。方案一经选定，就要组织实施，落实责任到人。在执行过程中，要做大量的计划、组织、协调、控制等工作，还要建立信息反馈制度，在实施过程中将实施结果与预期目标及时进行比较，出现差异及时查明原因，采取必要措施，保证决策目标的实现。

决策程序一般要经过以上几个步骤，但是决策是一个动态过程，各个步骤之间的顺序关系，不一定机械地一步接一步地做，也可能返回到更上一步。例如，原来确定的目标，在探索各种方案时，发现各方案都不能达到这个目标，此时不能不回过头来，重新确定一个可行的目标。这种反馈关系，不仅存在于各个步骤之间，而且在各大步骤之内的各个小步骤之间也同样存在，结果形成大大小小的反馈环节。

二、企业经营决策的方法

70年代以来，国外在决策理论研究和应用方面有了很大发展，据不完全统计，仅决策方法就有近百种。面对上百种决策的科学方法，应结合我国实际情况加以学习和运用。

（一）定性决策方法

企业经常使用的经营决策方法可以分为两类，一类是定性决策方法，就是通过定性的推理过程，求得解决问题的方法。这是依靠管理者和专家的经验、判断能力及其胆略，进行分析推理，来寻求最佳方案的一种决策方法。德尔菲法既是定性的预测方法，也是定性的决策方法。除此之外，常见的方法还有以下几种：

（1）经验决策法。这是一种最古老的决策方法，由于它简便易行，在现代企业经营决策中，仍然被经常使用。特别是对那些业务熟悉和工作内容变化不大的专家，往往可以凭经验做出决策，并且能取得良好的效果。

（2）头脑风暴法。这是邀集专家，针对确定的问题，敞开思想、畅所欲言、相互启发、集思广益、寻找新观念、找出新建议等的方法。其特点是运用一定的手段，保证大家相互启迪，在头脑中掀起思考的风暴，在比较短的时间内提出大量有效的设想。它一般采取会议讨论的形式，召集 5～10 名人员参加，会议人员既要求有各方代表，又要求各代表身份和地位基本相同，而且要有一定的独立思考能力。会议由主持人首先提出问题，然后由到会人员充分发表自己的意见。会上对任何成员提出的方案和设想，一般不允许提出肯定或否定的意见，也不允许成员之间私人交谈。会议结束后，再由主持人对各种方案进行比较，做出选择。

（3）集体意见法。这种方法是把有关人员集中起来以形成一种意见或建议。与会者发表的各种看法，其他人可以参加分析、评价，或提出不同看法，彼此之间相互讨论、相互交流、相互补充和相互完善。会议主持人还可以根据发言者的个人身份、工作性质、意见的权威性大小等因素对各种意见加以综合，然后得出较为满意的方案。

（二）定量决策方法

另一类经营决策方法是定量决策方法，它是建立在数学、统计学等基础上的决策方法。核心是把决策的相关变量之间以及变量与决策目标之间的关系用数学关系表达出业，建立模型，然后通过对模型的计算求得答案，这种方法适用于决策过程的任何步骤，特别是对方案的比较与评价。根据数学模型涉及的决策问题性质的不同，定量决策方法一般分为确定型决策方法、风险型决策方法和不确定型决策方法三大类。

1. 确定型决策方法

一般根据已知条件，直接计算出各个方案的损益值，进行比较，选出比较满意的方案。确定型决策方法很多，其中以量本利分析方法最为典型，下面主要介绍量本利分析法。

量本利分析又称盈亏平衡分析或称保本点分析，是根据产品的业务量（产量或销量）、成本和利润之间的相互制约关系的综合分析，用来预测利润，控制成本，判断经营状况的一种数学分析方法。企业的成本包括固定成本和变动成本。固定成本是总额在一定期间和一定业务量范围内不随产量的增减而变动的成本，主要有固定资产折旧和管理费用；变动成本是总额随产量的增减而成正比例关系变化的成本，主要包括原材料和计件工资。就单件产品而言，变动成本部分是不变的。

一般说来，企业收入＝总成本＋利润，如果利润为零，则有

$$收入 ＝ 总成本 ＝ 固定成本 ＋ 变动成本$$

而收入＝销售量×价格，变动成本＝单位变动成本×销售量，这样由

$$销售量 × 价格 ＝ 固定成本 ＋ 单位变动成本 × 销售量$$

可以推导出盈亏平衡点的计算公式为

$$盈亏平衡点（销售量） ＝ \frac{固定成本}{每计量单位的贡献差数}$$

量本利分析法模型如下：

$$I=S-(Cv \times Q+F)=P \times Q-(Cv \times Q+F)=(P-Cv)Q-F \qquad (4\text{-}3)$$

式中，I 为销售利润；P 为产品销售价格；F 为固定成本总额；Cv 为单件变动成本；Q 为销售数量；S 为销售收入。

当盈亏平衡时，企业利润为零，令上式中 $I=0$，则有

$$总成本 = 总收入$$

总成本：

$$C=F+Cv \times Q$$

总收入：

$$S=P \times Q$$

列出盈亏平衡方程：$C=S$

$$P \times Q=F+Cv \times Q$$

盈亏平衡点：

$$Q=\frac{F}{P-Cv} \qquad (4\text{-}4)$$

上述盈亏平衡分析法可以对项目的风险情况及项目对各个因素不确定性的承受能力进行科学地判断，为投资决策提供依据。传统盈亏平衡分析以盈利为零作为盈亏平衡点，没有考虑资金的时间价值，是一种静态分析。盈利为零的盈亏平衡实际上意味着项目已经损失了基准收益水平的收益，项目存在着潜在的亏损。把资金的时间价值纳入到盈亏平衡分析中，将项目盈亏平衡状态定义为净现值等于零的状态，便能将资金的时间价值考虑在盈亏平衡分析内，变静态盈亏平衡分析为动态盈亏平衡分析。由于净现值的经济实质是项目在整个经济计算期内可以获得的、超过基准收益水平的、以现值表示的超额净收益，所以，净现值等于零意味着项目刚好获得了基准收益水平的收益，实现了资金的基本水平的保值和真正意义的"盈亏平衡"。动态盈亏平衡分析不仅考虑了资金的时间价值，而且可以根据企业所要求的不同的基准收益率确定不同的盈亏平衡点，使企业的投资决策和经营决策更全面和更准确，从而提高项目投资决策的科学性和可靠性。

2. 风险型决策方法

风险型决策方法一般先预计在未来实施过程中可能出现的各种自然状态，如市场销售状况可能有好、中、坏三种，估计这三种状态可能出现的概率。然后根据决策目的提出各种决策方案，并按每个方案计算出在不同的自然状况下的损益值，成为条件损益。最后分别计算出每个方案的损益期望值，进行比较，择优选用。风险型决策具体方法有两种。

（1）决策表法。决策表法是利用决策矩阵表计算各方案的损益期望值，进行比较的一种决策方法。

（2）决策树法。决策树法是利用树枝状图形列出决策方案，自然状态，自然状态概率及其条件损益，然后计算各个方案的期望损益值，进行比较选择。

决策树图形由决策点、方案枝、自然状态点和概率枝组成，如图 4-1 所示，其决策步骤如下：

第一步，绘制决策图。首先由决策点开始用符号"□"表示，由左至右展开；从决策

点引出方案枝，有多少方案就有多少分枝。然后在方案枝后面接上自然状态点用"○"表示；从自然状态点联系出可能遇到的自然状态，称为概率枝，把可能出现的概率写在上方。如此顺次进行，直到最后的概率枝为止。最后，在最终的概率枝末端上写上它的条件损益值用"△"表示。

第二步，计算期望值。从右往左按逆向顺序进行计算，把结果填在自然状态点上。计算时，如果有投资额，则应减去投资额，并将投资额写在方案枝下方。

第三步，比较不同方案的期望值，选出合理决策方案。保留期望值最大的方案，未被选用的方案用两条平行短线截断，称为剪枝。

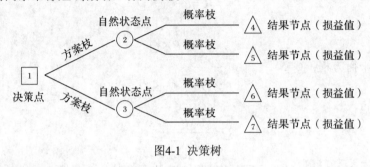

图4-1 决策树

3. 不确定型决策方法

不确定型决策通常运用以下几种方法：乐观法、悲观法、后悔值法和等概率法。

（1）乐观法（又称大中取大法）。承担风险的决策者在方案取舍时以各方案在各种状态下的最大损益值为标准（即假定各方案最有利的状态发生），在各方案的最大损益值中取最大者对应的方案。

（2）悲观法（又称小中取大法）。决策者在进行方案取舍时以每个方案在各种状态下的最小值为标准（即假定每个方案最不利的状态发生），再从各方案的最小值中取最大者对应的方案。

（3）后悔值法（又称大中取小法）。所谓后悔值，是指在某种状态下因选择某方案而未选取该状态下的最佳方案而少得的收益。

（4）等概率法（又称莱普勒斯法）。当无法确定某种自然状态发生的可能性大小及其顺序时，可以假定每一自然状态具有相等的概率，并以此计算各方案的期望值，进行方案选择。

≫ 思考与练习

一、多项选择题

（1）外部中观环境，主要是指（　　）。

A. 行业环境　　　　B. 竞争者　　　　C. 政府　　　　　　D. 公众

（2）按照波特的观点，五种基本的竞争力量，是指潜在竞争对手、现有企业之间的竞争和替代品的威胁、（　　）。

A. 公众　　　　　　B. 竞争者　　　　C. 供方的讨价还价能力　D. 买方的讨价还价能力

（3）企业的无形资源，包括企业的经营能力、技术、专利、（　　）等。

A. 企业形象　　　　B. 品牌　　　　　C. 声誉　　　　　　D. 商业机密

（4）销售预测的外界影响因素有（　　　）。

A. 需求动向　　　B. 经济变动　　　C. 生产状况　　　　D. 销售人员的素质

（5）以下（　　）是销售需求预测的定量方法。

A. 德尔菲法　　　B. 算术平均法　　　C. 现状规划法　　　D. 线性回归法

（6）市场供需预测的内容包括（　　　）。

A. 容量变化　　　B. 价格变化　　　C. 变化趋势　　　　D. 购买力变化

（7）有形资源包括企业的财务资产和实物资源。其中企业的实物资源包括企业的（　　　）。

A. 土地　　　　　B. 厂房　　　　　C. 品牌　　　　　　D. 有价债券

（8）企业文化是指以企业价值观为核心的企业意识形态，包括企业价值观、（　　　）、员工行为准则等。

A. 经营理念　　　B. 企业宗旨　　　C. 企业精神　　　　D. 经营方针

（9）在进行经济预测时，以下哪一个原则不属于德尔菲法必须遵循的基本原则（　　　）。

A. 匿名性　　　　B. 反馈性　　　　C. 收敛性　　　　　D. 权威性

（10）市场供需预测的类推原则要求预测时做到（　　　）。

A. 由小见大　　　B. 由表及里　　　C. 由此及彼　　　　D. 由远及近

二、填空题

（1）企业外部宏观环境是对企业外部的政治法律环境、（　　　）、社会环境和科学技术环境的总称。

（2）社会文化环境是指一个国家或地区人们共同的（　　　）、生活方式、人口状况、文化传统、教育程度、风俗习惯、（　　　）等各个方面。

（3）对大多数企业而言，通货膨胀是一个不利因素，因为它导致了企业经营的各种（　　　）相应增加。

（4）经营决策的要素包括（　　　）、（　　　）、决策备选方案、决策条件和（　　　）。

（5）按决策的影响范围和重要程度不同，分为（　　　）和（　　　）；按决策的主体不同，分为（　　　）和（　　　）。

（6）企业内部环境分析主要是对企业的资源条件和（　　　）进行分析。

（7）不确定型决策通常遵循以下几种思考原则：（　　　）、（　　　）、（　　　）和（　　　）。

（8）企业核心能力是一个复杂和多元的系统，它包括企业如下能力：研发能力、不断创新能力、科技成果转化能力、（　　　）能力和（　　　）能力。

（9）市场供需预测的四大原则是相关原则、惯性原则、（　　　）和（　　　）。

（10）销售预测是指对未来特定时间内，全部产品或特定产品的（　　　）与（　　　）的估计。

三、思考题

（1）汇率是影响企业经营管理的外部环境还是内部环境？你认为汇率的变动对我国进出口企业会产生什么影响？

（2）品牌是企业的有形资源还是无形资源？现代企业为什么要打造出自己的有影响力的品牌？

（3）企业为什么要进行销售预测？销售预测有什么作用？

（4）确定型决策、风险型决策、非确定型决策有何区别？

（5）某企业打算生产某产品，根据市场预测，产品销路有三种情况：销路好、销路一般和销路差。生产该产品有三种方案：改进生产线、新建生产线、与其他企业协作等。据估计，各方案在不同情况下的收益值见表4-1。问：如果用不确定型决策的几种方法，企业应分别选择哪个方案？

表4-1　各方案在不同情况下的收益

收益 方案	销路好	销路一般	销路差
改进生产线	180	120	-40
新建生产线	240	100	-80
与其他企业协作	100	70	16

（6）上题中，如果销路好，销路一般和销路差的概率分别为 0.4、0.3 和 0.1，借用决策树法，确定企业应该选择哪个方案？

四、能力拓展与训练题

选择本地一家你较熟悉的企业，调查这家企业面临怎样的外部环境和内部环境？将这些环境一一列举出来，并指出其中哪些环境因素对企业目前的经营活动有利？哪些环境因素对企业目前的经营活动不利？

模块五　企业战略管理

模块综述

企业要想在激烈的竞争中百战不殆就必须知己知彼，知己知彼才能扬长避短，避实击虚，这就是谋划方略，即战略。战略关乎企业整体的、长远的、未来的发展问题，战略的正确与否决定着企业的生死存亡。

学习目标

理解目标、战略的涵义及作用；了解目标管理的优缺点、战略管理重要性；充分认识战略管理的特点、战略的主要类型；掌握目标的制定与分解、战略环境的分析方法；能基于企业战略制定目标、分解目标、执行与提升改善目标；能进行企业环境分析、制定企业战略、实施企业战略。

引入案例

山居小栈的经营策略

山居小栈位于一个著名的风景区边缘，旁边是国道，每年有大批旅游者通过这条公路来到这个风景名胜区游览。

罗生两年前买下山居小栈时是充满信心的，作为一个经验丰富的旅游者，他认为游客真正需要的是实用的房间——舒适的床，标准的盥洗设备以及免费有线电视。罗生认为重要的不是提供的服务，而是管理。但是在不断接到顾客的抱怨后，他还是增设了简单的免费早餐。

谁知经营情况比罗生预料的要糟，两年来的入住率都维持在55%左右，而当地的旅游局统计数字表明这一带旅店的平均入住率是68%。毋庸置疑，竞争很激烈，除了许多高档的宾馆外，还有很多家居式的小旅社参与竞争。

其实，罗生对这些情况并非一无所知，但是他觉得高档宾馆太昂贵，而家庭式旅社则很不正规，像山居小栈这样既具有规范化服务特点又价格低廉的旅店应该很有市场。但是他现在感觉到事情并不是他想得这么简单。最近又传来旅游局决定在本地兴建更多大型宾馆的消息，罗生越来越发觉处境不利，甚至想退出市场。

就在这时罗生得到一大笔亲属赠予的遗产，这笔资金使得他犹豫起来。也许这笔钱是个让山居小栈起死回生的机会呢？他开始认真研究所处的市场环境。

从一开始罗生就避免与提供全套服务的度假酒店直接竞争，他采取的方式就是削减"不必要的服务项目"，这使得山居小栈的房价比其他房价要低40%，有些住过的客人觉得物有所值，而有些游客则是转转然后就去别家投宿了。

罗生对近期旅游局发布的调查结果很感兴趣，结果如下：

（1）68%的游客是不带孩子的年轻或老年夫妇。

（2）40%的游客两个月前就预定好了房间和旅行计划。

（3）66%的游客在当地停留超过三天，并且住同一旅店。

（4）78%的游客认为旅馆的休闲娱乐设施对他们的选择很重要。

（5）38%的游客是第一次来此地游览。

得到上述资料后，罗生反复思量，到底要不要退出市场，拿这笔钱来养老，或者继续经营？如果继续经营的话，是一如既往，还是改变山居小栈的经营策略？

思考：

（1）导致山居小栈经营不理想的主要原因是什么？

（2）你认为山居小栈的发展前景如何？

（3）如何改变山居小栈现在的不利局面？

任务一　目标管理

一、目标的设立与工具

（一）目标的概念及作用

目标是个人、部门或整个组织所期望实现的成果。企业目标就是创造价值，实现其宗旨所要达到的预期成果，没有目标的企业是没有希望的企业。

目标为企业的工作指明了方向，做事更有计划性；使上下员工凝心聚力，做事更有效率；能激发员工的潜能，使之做事更积极主动。

（二）目标的性质

目标的性质有以下几点：

（1）层次性。组织结构是具有层次性的，组织的目标也是分层次的。比如：企业的使命和宗旨、企业的总目标、分公司目标、部门和单位目标、个人目标等。

（2）多样性。组织的目标不止一个，而是多个。比如：社会责任、产品创新、扩大产量、提高质量、降低成本等。

（3）可接受性与挑战性。目标太低不能激发人的潜能，目标太高超过其能力范围又无法实现。所以目标的可行性与挑战性是对立统一的，必须要兼顾好。

（4）可考核性。目标必须具体明确，最好能量化可衡量。

（5）网络性。目标之间左右关联、互相支持、互相连接，形成一个网络。

（三）目标设立的原则

目标设立的原则有以下几个方面：

（1）具体化和定量化相结合。目标能用数字来描述的话，一定要用准确的数字来描述，数字要具体化，使其具有可测度性。通过对量化目标完成情况的监控，保证企业总目标的实现。

（2）可行性与挑战性相结合。目标没有挑战性，就没有激励作用，也无助于员工提高能力；但目标定得太高，使人感到可望不可即，会使人丧失信心，挫伤员工的积极性。

（3）关键性与全面性相结合。确定目标时，既要从本单位的基本任务出发，全面考虑，又要突出重点和关键性工作。实现企业宗旨的发展目标很多，企业必须保证以有关大局的、决策经营成果的内容作为企业目标的主题，面面俱到的目标会使企业无所适从。

（4）灵活性与一致性相结合。确定目标时，必须使本目标同上级目标保持一致，使分目标与总目标保持一致，以保证上级目标和总目标的实现；同时，还要从实际出发，使目标具有一定的灵活性，能够适应未来的发展和客观环境的变化。

（5）科学性与艺术性相结合。目标的制定要尊重客观事实，符合客观规律，这样目标才具有科学性，在实际工作中才能实现，才能事半功倍，违背客观规律制定出来的目标实施起来只能是事倍功半；艺术性强调目标要与具体实践相结合，才能检验目标是否可行。

知识链接

目标设立的 SMART 原则

（1）目标必须是具体的（Specific）。

目标必须明确、具体、量化、不模糊。例如，"要把学习成绩提高"这个目标就不够具体，因为不具体、没有具体方案，因此比较难实现。而设立"下周上6次自习""每天读英语1个小时""期末考试每门课分数要在80分以上"，这些目标就十分具体明确，这比"要把学习成绩提高"有效得多，也更有助于实现。

（2）目标必须是可以衡量的（MeasuraBle）。

目标的可衡量性，也就是目标有没有一个清晰的界限，来区分什么达成了目标，什么没有达成目标。例如，"每月减二公斤"的目标就比单纯的"我要减肥"这个目标要好，因为"每月减二公斤"的目标可以衡量、可以被检验，知道要做到的程度如何。

（3）目标必须是可以达到的（AttainaBle）。

目标必须是"跳一下才够得着的目标"。含有两层意思，其一，目标不能太高，否则会让人望而却步；其二，目标不能没有挑战性，否则目标失去意义，难以给人动力。

（4）目标必须和其他目标具有相关性（Relevant）。

目标需要和其他目标具有相关性，可以被证明和观察，这样才切合实际，才好执行。

（5）目标必须具有明确的截止期限（Time-Based）。

此点非常重要，表示你要什么时候达到目标。

（四）目标设立常用的工具

确定目标的方法很多，既包括定量方法，也包括定性方法。很多预测的定性和定量方法就是确定目标的定性定量方法，譬如德尔菲法、指数平滑法、趋势外推法、线性回归法等。

二、目标分解

目标分解就是将总体目标在纵向、横向或时序上分解到各层次、各部门以致具体人，形成目标体系的过程。目标分解是明确目标责任的前提，是使总体目标得以实现的基础。

（一）目标分解的要求

目标分解应按整分合原则进行，也就是将总体目标分解为不同层次、不同部门的分目标，各个分目标的综合体现总体目标，并保证总体目标的实现。

分目标要保持与总体目标方向一致，内容上下贯通，保证总体目标的实现。

目标分解中，要注意到各分目标所需要的条件及其限制因素，如人力、物力、财力和协作条件、技术保障等。

各分目标之间在内容与时间上要协调、平衡，并同步发展，不影响总体目标的实现。

各分目标的表达也要简明、扼要、明确，有具体的目标值和完成时限要求。

（二）目标分解的方法

目标分解的方法有以下两点：

1. 指令式分解

指令式分解是分解前不与下级商量，由领导者确定分解方案，以指令或指示、计划的形式下达。这种分解方法虽然容易使目标构成一个完整的体系，但由于未与下级协商，对下级承担目标的困难、意见不了解，容易造成某些目标难以落实下去；更由于下级感到这项目标是上级制定的，因而不利于下级积极性和能力的发挥。

2. 协商式分解

协商式分解是上下级对总体目标的分解和层次目标的落实进行充分的商谈或讨论，取得一致意见。这种协商容易使目标落到实处，也有利于下级积极性的调动和能力的发挥。

（三）目标分解的方式

目标分解的方式有以下两点：

（1）按时间顺序分解。定出目标实施进度，以便于实施中的检查和控制。这种分解形式构成了目标的时间体系。

（2）按时间关系分解。其中又包括两种：第一种，按管理层次的纵向分解，即将目标逐级分解到每一个管理层次，有些目标还可以一直分解到个人；第二种，按职能部门的横向分解，即将目标项目分解到有关职能部门，这种分解方式构成了目标的空间体系。

如某厂的目标管理中，公司级定了6项目标、37项目标值，分解到各科室、车间后，形成了75项目标、101项目标值，再分解到班组、个人，全公司共形成了2000多个目标值。

一个组织的目标，如能按时间关系和空间关系同时展开，形成有机的、立体的目标系统，不仅使各级管理人员和每个人对目标整体一目了然，也能明确各部门或个人的目标在目标系统中所处的地位，有利于调动人们的积极性、主动性和创造性。

（四）目标分解的步骤

目标分解的步骤如下：

（1）进行对比后选定课题，确定综合目标。综合目标不宜选定太多，否则会分散注意力。一般选定1个指标或2～3个指标，大多数情况不超过4个指标，其目标值用数值表示出来。

（2）目标一般可以按照产品、工序、原因、技术等来分解，但应考虑以下情况：如现象把握难易度，对策实施难易度，成果把握难易度等，然后决定按什么顺序来展开。

（3）对策检讨、选定，树立对策方案，验证。为了提高目标完成率，在目标展开阶段开展原因验证的工作至关重要，这样对于对策手段的选定会大有帮助。

三、目标管理

（一）目标管理的产生

美国管理大师彼得·德鲁克于1954年在其著作《管理实践》中最先提出了"目标管理"的概念，其后他又提出"目标管理和自我控制"的主张。德鲁克认为，并不是有了工作才有目标，而是有了目标才能确定每个人的工作。

目标管理提出以后，在美国迅速流传。时值第二次世界大战后西方经济由恢复转向迅速发展的时期，企业急需采用新的方法调动员工积极性以提高竞争能力，目标管理的出现可谓应运而生，遂被广泛应用，并很快为日本、西欧国家的企业所仿效，在世界管理界大行其道。

（二）目标管理的概念

目标管理是一种程序或过程，它是组织中的上级和下级一起协商，根据组织的使命确定一定时期内组织的总目标，由此决定上、下级的责任和分目标，并把这些目标作为组织经营、评估和奖励每个单位和个人贡献的标准。

（三）目标管理的特点

目标管理指导思想上是以"Y理论"为基础的，即认为在目标明确的条件下，人们能够对自己负责。它与传统管理方式相比有鲜明的特点，可概括为以下几种：

（1）员工参与管理。目标管理是员工参与管理的一种形式，由上下级共同商定，依次确定各种目标。

（2）自我管理为中心。目标管理的基本精神是以自我管理为中心。目标的实施，由目标责任者自我进行，通过自身监督与衡量，不断修正自己的行为，以达到目标的实现。

（3）强调自我评价。目标管理强调自我对工作中的成绩、不足、错误进行对照总结，经常自检自查，不断提高效益。

（4）重视成果。目标管理将评价重点放在工作成效上，按员工的实际贡献大小如实地评价一个人，使评价更具有建设性。

（四）目标管理的实施

1. 目标建立

（1）制定依据：根据企业的经营战略目标，制定公司年度整体经营管理目标。

（2）目标分类：根据不同的标准，有不同的分类。

一是按照作用不同分为经营目标和管理目标，如经营目标包含销售额、费用额、利润率等指标，管理目标包含客户保有率、新产品开发计划完成率、产品合格率、料体报废控制率、安全事故控制次数等；

二是按照管理层级分为公司目标、部门目标、个人目标；

三是按评价方法的客观性与否分为定量目标和定性目标，如定量目标包含销售额、产量等，定性目标包含制度建设、团队建设和工作态度等。

（3）制订方法：符合 SMART 原则（前面已讲述）。

（4）沟通一致：制定目标既可以采取由上到下的方式、也可以采取由下到上的方式，还可以两种方式相结合，并且要全面沟通，一致认可。公司总经理要向全体员工宣讲公司的战略目标，向部门经理或关键员工详细讲解重要的经营目标和管理目标，部门之间相互了解、理解、认可关联性的目标，上司和下属要当面沟通、确认下属员工的个人目标。

2. 目标分解

公司整体目标分解成部门目标，部门目标分解为个人目标，并量化为经济指标和管理指标。比如把公司销售额目标分解为销售大区、省、市、县的销售额。

3. 目标控制

要经常检查和监控目标在实施过程中的执行情况和完成情况。如果出现偏差，及时从资源配置、团队能力和管理系统等方面分析原因，及时补充或强化，确有必要的前提下才调整目标。

4. 目标评定

按照制定的指标、标准对各项目标进行考核，依据目标完成的结果和质量与部门、个人的奖惩挂钩，甚至与个人升迁挂钩。

5. 目标调整、反馈

在进行目标实施和控制的过程中，会出现一些不可预测的问题。如：目标是年初制定的，年中突发事件，年初制定的目标就不能实现。因此在考核时，要根据实际情况对目标进行调整和反馈。

课堂讨论

保险销售员的故事

讲堂上，有个学生举手问老师："老师，我的目标是想在一年内赚 100 万！请问我应该如何计划我的目标呢？"

老师便问他："你相不相信你能达成？"这位学生说："我相信！"老师又问："那你知不知道要通过哪个行业来达成？"学生说："我现在从事保险行业。"老师接着又问：“你觉得保险业能帮你达成这个目标吗？”学生说：“只要我努力，就一定能达成。”

　　“我们来看看，你要为自己的目标做出多大的努力。根据我们的提成比例，100万的佣金大概要做300万的业绩。一年做300万业绩的话，一个月就得做25万业绩，而每一天的业绩是8300元。”老师继续分析道，“每一天8300元业绩。大概要拜访多少客户？”老师接着问他，“大概要50个人。”“那么你一天就需要拜访50人，一个月要拜访1500人，一年就需要拜访18000个人。”

　　分析完后老师又问学生：“请问你现在有没有18000个A类客户？”学生说没有。“如果没有的话，就要靠陌生拜访。你平均一个人要谈上多长时间呢？”学生说：“至少20分钟。”老师说：“每个人要谈20分钟，一天要谈50个人，也就是说你每天要花16个多小时在与客户交谈上，还不算路途时间。请问你能不能做到？”学生说：“不能。老师，我懂了。这个目标不是凭空想象的，是需要凭着一个能达成的计划而完成的。”

讨论： 该保险销售员的故事给我们怎样的启示？

（五）目标管理的应用与评价

1. 目标管理的应用

目标管理广泛地应用在企业管理领域。企业目标可分为经营战略性目标、策略性目标以及各种方案、任务等。一般来说，经营战略目标和高级策略目标由高级管理者制订；中级目标由中层管理者制订；初级目标由基层管理者制订；方案和任务由职工制订，并同每一个成员的应有成果相联系。自上而下的目标分解和自下而上的目标期望相结合，使经营计划的贯彻执行建立在职工的主动性、积极性的基础上，把企业职工吸引到企业经营活动中来。

目标管理方法提出来后，美国通用电气公司最先采用，并取得了明显效果。其后，目标管理在美国、西欧、日本等许多国家和地区得到迅速推广，被公认为是一种加强计划管理的先进科学管理方法。中国80年代初开始在企业中推广，采取的干部任期目标制、企业承包制等，都是目标管理方法的具体运用。我国实行比较广泛的是目标成本管理、目标质量管理、目标利润管理等。

2. 目标管理的评价

目标管理作为一种管理方式与其他管理方式一样有其优点与不足，这是一个组织在运用目标管理方式之前首先应该认识清楚的。

1）目标管理的优点

（1）形成激励。当目标成为组织的每个层次、每个部门和每个成员自己未来时期内欲达成的一种结果，且实现的可能性相当大时，目标就成为组织成员们的内在激励。特别当这种结果实现，组织还有相应的报酬时，目标的激励效用就更大。从目标成为激励因素来看，这种目标最好是组织每个层次、每个部门及组织每一个成员自己制订的目标。他人强加的目标有时不但不能成为激励，反而成为一种怨恨对象。

（2）有效管理。目标管理方式的实施可以切切实实地提高组织管理的效率。目标管理方式比计划管理方式在推进组织工作进展，保证组织最终目标完成方面更胜一筹。因为目标管理是一种结果式管理，不仅仅是一种计划的活动式工作。这种管理迫使组织的每一个层次、每个部门及每个成员首先考虑目标的实现，尽力完成目标，当组织的每个层次、每个部门及每个成员的目标完成时，也就是组织总目标的实现。在目标管理方式中，一旦分解目标确定，不必规定各个层次、各个部门及各个组织成员完成各自目标的方式、手段，这样会给大家在完成目标方面有创新的空间，能有效地提高组织管理的效率。

（3）明确任务。目标管理的另一个优点就是使组织各级主管及成员都明确组织的总目标、组织的结构体系、组织的分工与合作及各自的任务。职责的明确，使得主管人员也知道，为了完成目标必须给予下级相应的权力，而不是大权独揽，小权也不分散。另一方面，许多着手实施目标管理方式的公司或其他组织，通常在目标管理实施的过程中会发现组织体系存在的缺陷，从而帮助组织对自己的体系进行改造。

（4）自我管理。目标管理实际上也是一种自我管理的方式，或者说是一种引导组织成员自我管理的方式。在实施目标管理的过程中，组织成员不再只是做工作，执行指示，等待指导和决策，组织成员此时已成为有明确规定目标的单位或个人。一方面组织成员们已参与了目标的制订，并取得了组织的认可；另一方面，组织成员在努力工作实现自己的目标过程中，如何实现目标则是他们自己决定的事。从这个意义上看目标管理至少可以算作自我管理的方式，是以人为本管理的一种过渡性方式。

（5）控制有效。目标管理方式本身也是一种控制的方式，即通过目标分解后的实现最终保证组织总目标实现的过程就是一种结果控制的方式。目标管理并不是目标分解下去便没有事了，事实上组织高层在目标管理过程中要经常检查、对比目标，进行评比，看谁做得好，如果有偏差就及时纠正。从另一个方面来看，一个组织如果有一套明确的可考核的目标体系，那么其本身就是监督控制的最好依据。

2）目标管理的不足

（1）强调短期目标。大多数目标管理中的目标通常是一些短期的目标：年度的、季度的。月度的等。一方面短期目标比较具体易于分解，另一方面短期目标易迅速见效。所以，在目标管理方式的实施中，组织似乎常常强调短期目标的实现而对长期目标不关心。这样一种概念深入组织的各个方面、组织所有成员的脑海中和行为中，会对组织发展没有好处。

（2）目标设置困难。真正可用于考核的目标很难设定，尤其组织实际上是一个产出联合体，它的产出是一种联合的不易分解出谁的贡献大小的产出，即目标的实现是大家共同合作的成果，这种合作中很难确定你已做多少，他应做多少，因此可度量的目标确定也就十分困难。一个组织的目标有时只能定性地描述，尽管我们希望目标可度量，但实际上定量是困难的。例如组织后勤部门有效服务于组织成员，虽然可以采取一些量化指标来度量，但完成了这些指标，可以肯定地说未必达成了"有效服务于组织成员"这一目标。

（3）目标成果的考核与奖惩难以完全一致。在目标设定的过程中很难做到对各部门的目标难度进行精确判断，在评价、考核、奖惩时也难将目标成果与奖惩相结合，很难保证公正性，削弱了目标管理的效果。

（4）员工的素质差异影响目标管理方法的实施。目标管理是以"Y理论"为基础的。实际中的人是有"机会主义本性"的，尤其在监督不力的情况下。因此许多情况下，目标管理所要求的承诺、自觉、自治气氛难以形成。

鉴于上述分析，实际中推行目标管理时，除了掌握具体的方法以外，还要特别注意把握工作的性质，分析其分解和量化的可能；提高员工的职业道德水平，培养合作精神，建立健全各项规章制度，注意改进领导作风和工作方法，使目标管理的推行建立在一定的思想基础和科学管理基础上；要逐步推行，长期坚持，不断完善，从而使目标管理发挥预期的作用。

任务二　企业战略制定

一、战略概述

（一）企业战略含义

战略是指指导战争的谋略和计划。早在春秋时代，著名军事家孙武总结战争经验写成的《孙子兵法》，就蕴含着丰富的战略思想，至今仍广泛流传。

企业战略是企业发展的根本性指导，是企业为求得长期生存和发展的目标，选择达到目标的途径，并依据它对企业重要资源进行优化组合，以对目前与将来的经营活动进行总体的谋划并制定相应的对策。

名人名言

"知己知彼，百战不殆；知天时地利，百战不殆。"——《孙子兵法》

没有战略的企业就像一艘没有舵的船一样只会在原地转圈，它就像流浪汉一样无家可归。——乔尔·罗斯和迈克尔·卡米。

（二）企业战略特征

企业战略特征有以下几点：

（1）全局性。战略的出发点是企业的总目标，企业的战略决策对于企业整体事业的影响至关重要，它涉及企业的各个领域。

（2）长远性。企业战略是企业谋求长远发展利益，对未来较长时期内生存和发展的统筹谋划。

（3）纲领性。企业战略是对企业未来的总体规划，粗线条设计的行动纲领，而不是具体的事务性工作。

（4）竞争性。企业战略是竞争的产物，企业制定战略是为了把握内外环境条件，提出对抗竞争的整体性方针、政策和策略。

（5）风险性。企业战略是对企业未来发展方向和目标的谋划，而未来是不确定的，因此企业战略带有一定的风险性。

（6）创新性。企业战略是对内外环境的分析研究，以前从来没有的，是创新性工作。

（三）企业战略分类

1. 按照战略的目的性分类

（1）成长型战略。一种使企业在现有的战略水平上向更高一级目标发展的战略。它以发展作为自己的核心向导，引导企业不断开发新产品，开拓新市场，采用新的管理方式、生产方式，扩大企业的产销规模，增强企业竞争实力。分为密集型发展战略、一体化战略、多元化战略等多种类型。

（2）竞争型战略。企业在特定的产品与市场范围内，为了取得差别优势、维护和扩大市场占有率所采取的策略。从企业的一般竞争角度看，竞争型战略大致有三种可供选择的战略：低成本战略、产品差异战略和目标集中战略。

2. 按照战略的领域分类

（1）产品战略。主要包括产品的扩展战略、维持战略、收缩战略、更新换代战略、多样化战略和产品组合战略等。

（2）市场战略。主要有市场渗透战略、市场开拓战略、新产品市场战略、混合市场战略、产品寿命周期战略、市场细分战略和市场营销组合战略。

（3）投资战略。一种资源分配战略，主要包括产品投资战略、市场投资战略、技术发展投资战略、规模化投资战略和企业联合与兼并战略。

3. 按照战略对市场环境变化的适应程度分类

（1）进攻型战略。也称扩张型战略，其特点是企业不断开发新产品和新市场，不断提高市场占有率，力图掌握市场的主动权。其着眼点是技术、产品、质量、市场和规模。

（2）防守型战略。也称维持战略，其特点是以守为攻，避实击虚，不与对手正面竞争；在生产方面着眼于提高效率、降低成本；在技术方面实行拿来主义，以购买专利为主；在产品研发上实行紧跟主义。后发制人。

（3）撤退战略。也称收缩战略，其特点是积蓄优势力量，以保证重点进攻方向取得胜利。

4. 按照战略的层次性分类

（1）企业总体战略。是企业最高层次的战略，其重点是确定企业经营范围和在企业内部各事业部之间进行资源分配。它是统筹各分项战略的全局性指导纲领。

（2）事业部战略。是企业在分散经营的条件下，由各事业部根据企业战略赋予的任务而确定的。

（3）企业职能战略。为实现企业总体战略和各事业部战略，对组织内部各项关键的职能活动做出的统筹安排，如财务战略、营销战略、生产战略、人力资源开发战略、研究与开发战略等。

（四）企业战略

1. 成长型战略

1）密集型发展战略

密集型发展战略是指企业在原有业务范围内，充分利用产品和市场方面的潜力来求得成长的战略。它包括市场渗透战略、市场开发战略和产品开发战略。

（1）市场渗透战略。是企业通过更大的市场营销努力，提高现有产品或服务在现有市场上的销售收入。可以把产品卖给从来没有使用过本企业产品的用户，可以把竞争者的顾客吸引过来或者促使使用者更加频繁地使用。

（2）市场开发战略。指将现有产品或服务打入新的地区市场。

（3）产品开发战略。是通过改进和改变产品或服务而增加产品销售。这是企业密集型发展战略的核心。

2）一体化战略

一体化战略是指企业充分利用自己在产品、技术、市场上的优势，向经营领域的深度和广度发展的战略。它包括两种类型：横向一体化、纵向一体化。

（1）横向一体化战略，也叫水平一体化，是指将生产相似产品的企业置于同一所有权控制之下，兼并或与同行业的竞争者进行联合，以实现扩大规模、降低成本、提高企业实力和竞争优势。当企业希望在某一地区或市场中减少竞争，获得某种程度的垄断，以提高进入障碍；当企业具有成功管理更大的组织所需要的资本和人力资源，而竞争者则由于缺乏管理经验或特定资源停滞不前；当企业需要从购买对象身上得到某种特别的资源；当企业在一个成长着的行业中竞争时，都可以采取横向一体化战略。而当竞争者是因为整个行业销售量下降而经营不善时，不适合用横向一体化战略对其进行兼并。

（2）纵向一体化战略，是将企业的活动范围在同行业中向后扩展到供应源或者向前扩展到最终产品的最终用户。如果向后扩展到供应源就是后向一体化，如果向前扩展到最终产品的最终用户就是前向一体化。

企业采取后向一体化战略主要基于以下考虑：可以降低产品成本；可以产生以差别化为基础的竞争优势；可以排除依靠供应商提供关键零配件或支持服务所带来的不确定性；可以降低公司面对那些不放过一切机会抬价的供应商时所面临的脆弱；可以提高进入障碍。

企业采取前向一体化战略主要基于以下考虑：企业现在利用的销售商或成本高昂、或不可靠、或不能满足企业销售需要；可利用的高质量的销售商数量有限，采取前向一体化的企业将获得竞争优势；企业所处的行业正在明显快速增长或预计将快速增长；企业具备进行前面经营领域的资金和人力资源；企业需要保持生产的稳定性；现在的经销商或以企业产品为原料的企业利润丰厚。

3）多元化经营战略

多元化经营战略属于开拓发展型战略，是企业发展多品种或多种经营的长期谋划。企业尽量增大产品大类和品种，跨行业生产经营多种多样的产品或业务，扩大企业的生产经营范围和市场范围，充分发挥企业特长，利用企业的各种资源，提高经营效益，保证企业的长期生存与发展。多元化经营是企业发展到一定阶段为了寻求长期发展而采取的一种经营战略。

（1）集中多元化，也称同心多元化经营战略，指企业利用原有的生产技术条件，制造与原产品用途不同的新产品。如汽车制造厂生产汽车，同时也生产拖拉机、柴油机等。集中多元经营的特点是，原产品与新产品的基本用途不同，但它们之间有较强的技术关联性。

（2）横向多元化，也称为水平多元化经营战略，指企业生产新产品销售给原市场的顾客，以满足他们新的需求。如某食品机器公司，原生产食品机器卖给食品加工厂，后生产收割机卖给农民，再后生产农用化学品，仍然卖给农民。横向多元化经营的特点是，原产品与新产品的基本用途不同，但它们之间有密切的销售关联性。

（3）纵向多元化，也称为垂直多元化经营战略，它又分为前向一体化经营战略和后向一体化经营战略。前向一体化多元经营，是指原料工业向加工工业发展，制造工业向流通领域发展，如钢铁厂设金属家具厂和钢窗厂等。后向一体化多角经营，指加工工业向原料工业或零部件、元器件工业扩展，如钢铁厂投资于钢矿采掘业等。

纵向多元化经营的特点是，原产品与新产品的基本用途不同，但它们之间有密切的产品加工阶段关联性或生产与流通关联性。一般而言，后向一体化多元经营可保证原材料、零配件供应，风险较小；前向一体化多元经营往往在新的市场遇到激烈竞争，但原料或商品货源有保障。

（4）混合多元化，也称为整体多元化经营战略，指企业向与原产品、技术、市场无关的经营范围扩展。如美国国际电话电报公司的主要业务是电讯，后扩展经营旅馆业。整体多元化经营需要充足的资金和其它资源，故为实力雄厚的大公司所采用。例如，以制药厂为核心发展起来的集团公司，在生产原药品的同时，实行多种类型组合的多元化经营。该公司下设医药供销公司和化学原料分厂，实行前向、后向多角化经营；下设中药分厂，实行水平多元化经营；下设兽药厂，实行同心多元化经营；还设有汽车修配服务中心、建筑装修工程公司、文化体育发展公司、彩印厂、酒家等实行整体跨行业多元经营。

2．竞争型战略

（1）低成本战略型也称成本领先战略，是指企业通过有效途径降低成本，使企业的全部成本低于竞争对手，甚至在同行业中是成本最低的，从而获得竞争优势的一种战略。

经典案例

格兰仕低成本战略

格兰仕集团在微波炉及其他小家电产品市场上采取的是成本领先战略。格兰仕的规模经济首先表现在生产规模上。据分析，100 万台是车间工厂微波炉生产的经济规模，格兰仕在 1996 年就达到了这个规模，其后，每年以两倍于上一年的速度迅速扩大生产规模，到 2000 年底，格兰仕微波炉生产规模达到 1200 万台，是全球第 2 位企业的两倍多。生产规模的迅速扩大带来了生产成本的大幅度降低，成为格兰仕成本领先战略的重要环节。格兰仕规模每上一个台阶，价格就大幅下调。当自己的规模达到 125 万台时，就把出厂价定在规模为 80 万台的企业的成本价以下。此时，格兰仕还有利润，而规模低于 80 万台的企业，多生产一台就多亏一台。除非对手能形成显著的品质技术差异，在某一较细小的市场获得微薄盈利。但同样的技术来源又连年亏损的对手又怎么搞出差异来？当规模达到 300 万台时，格兰仕又把出厂价调到规模为 200 万台的企业的成本线以下，使对手没有追赶上其规模的机会。格兰仕这样做的目的是要构成行业壁垒，要摧毁竞争对手的信心，将散兵游勇的小企业淘汰出局。格兰仕虽然利润极薄，但是凭借着价格构筑了自己的经营安全防线。格兰仕的微波炉在市场上处于绝对的统治地位，低成本领先战略是其发展壮大的战略组合中的重要一环。

（2）差异化战略被认为是将公司提供的产品或服务差异化，形成一些在全产业范围中具有独特性的东西。包括产品差异化、服务差异化、人事差异化、形象差异化等。

（3）集中化战略也称专一化战略、目标集中战略、目标聚集战略等。它是指主攻某一特殊的客户群或某一产品线，细分某一地区市场。与成本领先战略和差异化战略不同的是，他具有为某一特殊目标客户服务的特点。

波特认为，三种战略是每一个公司必须明确的，徘徊其间的公司几乎注定是低利润的。这样的公司缺少市场占有率，缺少资本投资，从而削弱了"打低成本牌"的资本。全产业范围差别化的必要条件是放弃对低成本的努力。而采用专一化战略，在更加有限的范围内建立起差别化或低成本优势，也会有同样的问题。同时波特认为，采用"专一化战略"的结果是，公司要不通过满足特定群体的需求实现差异化，要不在为特定群体提供服务时降低成本，或者二者兼得。这样，企业的盈利潜力会超过行业的平均盈利水平，企业也可以籍此抵御各种竞争力量的威胁。但是，"专一化战略"常常意味着企业难以在整体市场上获得更大的市场份额。

3. 企业联合战略

（1）企业间合作战略。企业间合作战略是企业间出于长期共赢考虑，建立在共同利益基础上，实现的深度合作。

（2）企业并购（合并）战略。企业并购战略是指一个企业购买另一个企业的全部或部分资产、产权，从而影响、控制被收购的企业，以增强企业的竞争优势，实现企业经营目标的行为。

企业并购可以分为横向并购，纵向并购和混合并购。

① 横向并购是指处于同行业、生产同类产品或生产工艺相似的企业间的并购。这种并购实质上是资本在同一产业和部门内的集中，能迅速扩大生产规模，提高市场份额，增强企业的竞争能力和盈利能力。

② 纵向并购是指试制、生产和经营过程相互衔接、紧密联系间的企业之间的并购。其实质是通过处于生产同一产品的不同阶段的企业之间的并购，从而实现纵向一体化。纵向并购除了可以扩大生产规模，节约共同费用之外，还可以促进生产过程的各个环节密切配合，加速生产流程，缩短生产周期，节约运输、仓储费用和能源。

③ 混合并购是指处于不同产业部门，不同市场，且相互之间没有特别生产技术联系的企业之间的并购。包括三种形态：一是产品扩张性并购，即生产相关产品的企业间的并购；二是市场扩张性并购，即一个企业为了扩大竞争地盘而对其他地区生产同类产品的企业进行的并购；三是纯粹的并购，即生产和经营彼此毫无关系的产品或服务的若干企业之间的并购。

混合并购可以降低一个企业长期从事一个行业所带来的经营风险，另外通过这种方式可以使企业的技术、原材料等各种资源得到充分利用。

4. 蓝海战略

蓝海战略就是企业超越传统产业竞争、开创全新市场的企业战略。

如今，越来越多的产业中，竞争白热化，而需求却增长缓慢甚至停滞萎缩，越来越多的企业去瓜分和拼抢有限的市场份额和利润，无论采用差异化还是成本领先战略，企业获利性增长的空间都越来越小，在这种情况下，企业如何才能从血腥的竞争中脱颖而出，如何才能启动和保持获利性增长，成为企业探索的一个课题。韩国学者 W. 钱·金和美国学者勒妮·莫博涅合著的《蓝海战略》一书中为企业指出了一条通向未来的新路。

与蓝海战略对应的红海战略是竞争极端激烈的市场，但蓝海战略也不是一个没有竞争的领域，而是一个通过差异化手段得到的崭新的市场领域。在这里，企业凭借其创新能力获得更快的增长和更高的利润。

蓝海战略要求企业突破传统的血腥竞争所形成的红海战略，拓展新的非竞争性的市场空间。蓝海战略考虑的是如何创造需求，突破竞争。目标是在当前的已知市场空间的红海战略竞争之外，构筑系统性、可操作性的蓝海战略，并加以执行。只有这样，企业才能较为安稳地拓展蓝海领域，同时实现利益的最大化和风险的最小化。

蓝海战略目前在中国被企业界、学术界和社团广泛关注。著名的职业经理人苏奇阳先生就蓝海战略结合实际应用出版了《蓝海战略书简》，中国互联网协会还专门开办了定期举办的"蓝海沙龙"。如今这个新的经济理念，正得到全球工商企业界的关注，有人甚至说，接下来的几年注定是"蓝海战略"年。

经典案例

20世纪80年代，法国经济型酒店陷入停滞不前的饱和状态，法国有一个低星级宾馆雅高，它找到了所有经济型酒店客户的共同需求：花不多的钱，睡一夜好觉。于是雅高摒弃了"高档的餐厅"和"迷人的大堂"等一般星级酒店的特色。雅高认为尽管这样做可能会失去一部分顾客，但对大多数客户来说，少了这些特色也无所谓。同时雅高将每一间客房平均造价成本都削减了一半，在客房内只配备了一张床和最低限度的必需品，没有文具、书桌或装饰品，雅高把这些节省下来的成本放到顾客最看重的方面上，如雅高旅馆床位质量、房间及床上用品的卫生、客房安静的程度均超过了普通二星级酒店的水平，而客房价格仅比一星级酒店稍高一点，雅高的价值创新赢得了顾客的回报，公司不仅争取到了法国经济型酒店的大批顾客，而且扩展了市场规模，把过去睡在汽车里过夜的卡车司机到只需要休息几小时的生意人全都吸引到雅高来，在法国的市场份额超过了排在它后面5家酒店的市场份额之和。由此可见，雅高开辟了一个无人争抢的市场，这就是蓝海战略。

课堂讨论

"脚踩西瓜皮，滑到哪里是哪里。"这句话说明了什么问题？

二、企业战略管理含义及作用

战略管理是指企业的高层决策者根据企业的宗旨，对企业内外环境分析，选择确定企业的总体目标和发展方向，制定和实施企业发展总体规划的动态过程。企业战略管理包括三个基本问题，即"能做什么""拟做什么""如何做好"，间接而明确地概括了一个企业为实现战略目标，制定战略决策，实施战略方案，控制战略绩效的动态管理过程。

企业战略管理的作用概括为：可以为企业提出明确的发展方向和目标；可以促使企业将内部资源与外部环境因素结合起来考虑；有助于企业时刻关注未来，不断审视当前决策对未来的影响；促使企业寻找业务发展最具潜力的领域；促使企业关注资源配置；促使企业改进决策方法，优化组织结构，提高企业管理水平；促使企业提高凝聚力。

经典故事

管理寓言之新龟兔赛跑

兔子与乌龟赛跑输了以后，总结经验教训，提出与乌龟重新比赛一次。赛跑开始后，乌龟按规定线路拼命往前爬，心想：这次我输定了。可当到了终点，却不见兔子，正在纳闷时，见兔子气喘吁吁地跑了过来。乌龟问："兔兄，难道又睡觉了？"兔子哀叹："睡觉倒没有，但跑错了路。"原来兔子求胜心切，一路上埋头狂奔，恨不得三步两蹿就到终点。结果跑着跑着，发觉竟跑在另一条路上。兔子最终还是落在了乌龟的后面。

这则寓言故事深刻地说明战略的重要性：竞争道路上，你的实力再足、条件再好，也要依赖于明智的战略指导。战略决定胜负，这对我们的企业具有重要的指导作用。

三、战略制定与选择

（一）企业战略的制定

企业的最高决策机构，按照一定的程序和方法，为企业选择合适的经营战略。制定战略的一般程序如下：

（1）识别和鉴定企业现行的战略。在企业的运营过程中，随着外部环境的变化和企业自身的发展，企业的战略亦应作相应的调整和转换。然而，要制定新的战略，首先必须识别企业的现行战略是否已不适应形势。因此，识别和鉴定企业现行的战略是制定新战略的前提。

（2）分析企业外部环境。调查、分析和预测企业外部环境是企业战略制定的基础。通过环境分析，战略制定人员认清企业所面临的主要机会和威胁，察觉现有和潜在的竞争对手的意图和未来的动向，了解未来一段时期社会、政治、经济、军事、文化等的发展动向，以及企业由此而面临的机遇和挑战。

（3）测定和评估企业自身素质。通过测定和评估企业的各项素质，来摸清自身的状况，明确自身的优势与劣势。

（4）准备战略方案。根据企业的发展要求和经营目标，依据企业所面临的机遇和机会，企业列出所有可能达到经营目标的战略方案。

（5）评价和比较战略方案。企业根据股东以及其他相关利益团体的价值观和期望目标，确定战略方案的评价标准，并依照标准对各项备选方案加以评价和比较。

（6）确定战略方案。在评价和比较战略方案的基础上，企业选择一个最满意的战略方案作为正式的战略方案。有时，为了增强战略的适应性，企业往往还选择一个或多个方案作为后备。

（二）战略的选择与评价

1. 战略选择的标准

战略选择是企业在进行战略环境分析以后，提出并最终形成战略方案的过程。企业理想的战略应当能够利用外部的机遇和减少不利因素的影响，也应能加强自身的优势并对其弱势加以克服。战略选择具有一定的科学性和客观性。国外学者已经提出下述六条标准。

（1）战略组合内部是否具有一致性。企业战略由若干个经营单位战略或业务战略组成，而每个经营单位战略又包括若干方面的职能战略，这就要求企业战略的各个部分相互衔接与配套，形成一个系统的整体。

（2）战略与环境能否保持一致。由于企业的环境经常变化，管理者必须定期地评价企业目标和战略与客观环境相适应的程度，以及目前的目标和战略是否已考虑到所预测的未来环境状况的影响。

（3）战略与公司拥有的资源是否匹配。战略的实现要消耗大量的资源，对大多数企业来说，最重要的资源是资金、物质设备与工作人员。企业在进行战略选择时，应对每一类资源加以评价，以确定这些资源能够满足战略实施需要的程度。

（4）战略执行时所遇到的风险是否适当。企业战略在执行中可能遇到的风险主要来自两个方面：一是战略脱离实际，造成战略执行受阻；二是战略本身明确，但在执行时出现了意外情况使战略难以实施。为此，评估既定战略的风险大小，这在战略选择过程中是十分重要的。

（5）战略是否有明确的时间结构。企业战略的实现需要时间，应当衡量战略目标在不同阶段实现的可能性。某些实施战略时不考虑时间因素的企业，往往出现频繁而剧烈的战略改变和人事更替，这是十分危险的。

（6）战略是否切实可行。企业战略既要树立鼓舞人心的目标，又要具有实现的可行性。例如：如果缺乏足够的资金，该战略就难以执行。此外如果战略实施没有必要的协调和控制方面的保证，该战略也无法运行。

2. 战略选择的影响因素

战略选择是确定企业未来战略的一种决策，一般来说，备选战略提出以后，就要进行战略选择。影响战略选择的因素很多，其中，较为重要的有以下几个方面：

（1）公司过去的战略。在进行战略选择时，首先要回顾企业过去所制定的战略，因为过去战略的效果对现行战略的最终选择有极大的影响。现在的战略决策者往往也是过去战略的制定者。由于他们对过去战略投入了大量的时间、资源和精力，会自然地倾向于选择与过去战略相似的战略或增量战略。这种选择倾向已渗透到企业组织之中。研究表明，在计划过程中，低层管理人员认为，战略的选择应与现行战略相一致，因为这样更易被人接受，推行起来阻力较小。

（2）高层管理者对风险的态度。企业高层管理者如果对风险持欢迎态度，战略选择的范围和多样性便会得到拓展，风险大的战略也能被人接受。反之，企业高层管理者对风险持畏惧、反对态度，选择的范围就会受到限制，风险型战略方案就会受到排斥。冒险型管理人员喜欢进攻性的战略，保守型管理人员喜次防守性的战略。

（3）公司环境。在战略选择中，企业必然要面对供应商、顾客、政府、竞争者及其联盟等外部环境因素。这些环境因素从外部制约着企业的战略选择。如果企业高度依赖其中一个或多个因素，其最终选择的战略方案就不能不迁就这些因素。企业对外界的依赖程度越大，其战略选择的范围和灵活性就越小。

（4）竞争者的行为和反应。在进行战略的选择时，高层管理人员往往要全面考虑竞争者对不同选择可能作出的反应。如果选择的是直接向某一主要竞争对手挑战的进攻性战略，该对手很可能用反攻性战略进行反击。企业高层管理人员在选择战略时，必须考虑到竞争者的这类反应及其反应的能量，以及它们对战略成功可能产生的影响。

（5）时限的长短。时间因素主要从以下几个方面影响战略选择：① 外部的时间制约对管理部门的战略决策影响很大。如外部时间制约紧迫，管理部门就来不及进行充分的分析评价，往往不得已而选择防御性的战略。② 作出战略决策必须掌握时机。实践表明，好的战略如果出台时机不当，会带来灾难性后果。③ 战略选择所需超前时间同管理部门考虑中的前景时间是相关联的。企业着眼于长远的前景，战略选择的超前时间就长。

3. 战略选择的分析方法

1）PEST 分析法

PEST 分析法是战略咨询顾问用来帮助企业检阅其外部宏观环境的一种方法。不同行业和企业根据自身特点和经营需要，分析的具体内容会有差异，但一般都应对政治（Political）、经济（Economic）、技术（Technological）和社会（Social）这四大类影响企业的主要外部环境因素进行分析。简单而言，称之为 PEST 分析法。（见模块四"外部宏观环境分析"）

2）SWOT 分析矩阵

SWOT 分析矩阵是在对企业进行外部环境和内部条件分析的基础上，寻找二者最佳可行战略组合的一种分析工具。各字母分别代表：S——企业的长处或优势，W——企业的弱点或劣势，O——外部环境存在的机会，T——外部环境带来的威胁。

SWOT 分析的一般步骤：

（1）进行企业外部环境分析，找出企业外部环境中存在的发展机会（O）和威胁 (T)；

（2）进行企业内部环境分析，找出企业目前所具有的长处（S）和弱点（W）；

（3）绘制 SWOT 矩阵。这是一个以外部环境中的机会和威胁为一方，内部环境中的长处和弱点为另一方的二维矩阵，如表 5-1 所示：

表 5-1　SWOT 矩阵

	长处S	弱点W
机会O	SO	WO
威胁T	ST	WT

对于每一种外部环境与内部条件的组合，企业采取的策略如下：

（1）WT 组合（弱点——威胁）。企业内部存在劣势，外部面临强大的威胁，应采用防御型战略，进行业务调整战略，合并或缩减生产规模策略。企业应设法避免处于这种状态。

（2）WO 组合（弱点——机会）。企业面临巨大的外部机会，却受到内部劣势的限制，应采用扭转型战略，充分利用外部环境带来的机会，设法清除劣势。

（3）ST 组合（优势——威胁）。企业具有一定的内部优势，但外部环境存在威胁，应采用多种经营战略，利用自己的优势，在多样化经营上寻找长期发展的机会。

（4）SO 组合（优势——机会）。这是一种最理想的组合，任何企业都希望借企业的长处和资源来最大限度地利用外部环境所提供的多种发展机会，可采取增长型战略，如开发市场、增加产量等。

3）波士顿(BCG)矩阵法（增长率——市场占有率矩阵法）

美国波士顿咨询公司（BCG）在 20 世纪 60 年代，为一家造纸公司提供咨询服务时，提出的一种投资组合分析方法。波士顿咨询公司主张，一个经营单位的相对竞争地位（市场占有率）和市场增率是决定整个经营单位应当采取什么样战略的两个基本参数。以这两个参数为坐标，波士顿咨询公司设计出一个具有四象限的网格图，如图 5-1 所示。

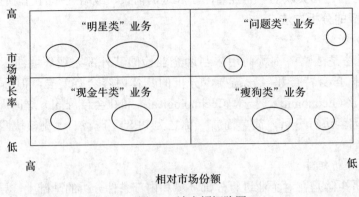

图5-1 波士顿矩阵图

四象限中依次为"问题类"业务、"明星类"业务、"现金牛类"业务、"瘦狗类"业务。在使用中，企业可将产品按各自的销售增长率和市场占有率归入不同象限，使企业现有产品组合一目了然。其目的在于通过产品所处不同象限的划分，使企业采取不同策略，以保证其不断地淘汰无发展前景的产品，保持"问题""明星""现金牛"产品的合理组合，实现产品及资源分配结构的良性循环。

波士顿矩阵对处于四个象限的产品具有不同的定义和相应的战略对策。

（1）"明星类"业务是指处于高增长率、高市场占有率象限内的产品群，这类产品可能成为企业的现金牛产品，需要加大投资以支持其迅速发展。采用的发展战略是：积极扩大经济规模和市场机会，以长远利益为目标，提高市场占有率，加强竞争地位。明星产品的管理与组织最好采用事业部形式，由对生产技术和销售两方面都很内行的经营者负责。

（2）"现金牛类"业务，或奶牛类，又称厚利产品，是指处于低增长率、高市场占有率象限内的产品群，已进入成熟期。其财务特点是销售量大，产品利润率高、负债比率低，可以为企业提供资金，而且由于增长率低，也无需增大投资。因而成为企业回收资金，支持其它产品，尤其明星产品投资的后盾。

（3）"问题类"业务是处于高增长率、低市场占有率象限内的产品群。前者说明市场机会大，前景好，而后者则说明在市场营销上存在问题。其财务特点是利润率较低，所需资金不足，负债比率高。例如在产品生命周期中处于引进期、因种种原因未能开拓市场局面的新产品即属此类产品。

（4）"瘦狗类"业务，或劣狗类，也称衰退类产品，是处在低增长率、低市场占有率象限内的产品群。其财务特点是利润率低、处于保本或亏损状态，负债比率高，无法为企业带来收益。对这类产品首先应减少批量，逐渐撤退，对那些销售增长率和市场占有率均极低的产品应立即淘汰；其次是将剩余资源向其它产品转移；第三是整顿产品系列，最好将瘦狗产品与其它事业部合并，统一管理。

课堂讨论

一家自行车公司有三个经营领域：普通自行车、山地自行车、玩具自行车，数据如下：

经营领域	市场增长率	销售额（万元）	对手的销售额（万元）
普通自行车	2%	2000	1500
山地自行车	15%	800	1200
玩具自行车	12%	400	2000

讨论：根据上述资料，运用波士顿矩阵分析法，公司对这三种产品分别采用了什么策略。

（4）GE 矩阵法（行业吸引力——竞争能力分析法）。GE 矩阵法是由美国通用电气公司与麦肯锡咨询公司共同发展起来的一种战略选择方法，它通常又被称为麦肯锡矩阵、通用矩阵、九盒矩阵、行业吸引力矩阵。

该方法根据行业吸引力和经营单位的竞争能力，也用矩阵来定位出各经营单位在总体组合中的位置，据此来制定出不同的战略。

经营单位所处行业的吸引力按强度分成高、中、低三等；经营单位所具备的竞争能力按照大小也分为高、中、低三等。两者所评价的主要因素如表 5-2 所示。

行业吸引力的 3 个等级和经营单位竞争能力的 3 个等级构成一个具有 9 个象限的矩阵，公司中的每一个经营单位都可以放置于矩阵中的每一位置。通过对经营单位在矩阵上的位置分析，公司就可以选择相应的战略举措。如图 5-2 所示。

表 5-2　行业吸引力——竞争能力评价因素

行业吸引力影响因素	竞争能力影响因素
竞争结构	相对市场份额
产业增长率	市场增长率
市场价格	买方增长率
市场规模	产品差别化
行业技术环境	生产技术
社会因素	生产能力
技术因素	管理水平

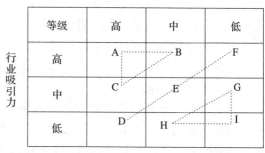

图5-2　行业吸引力——竞争能力矩阵（GE矩阵）

根据图中每个象限的不同特点，为象限中的经营单位选择适当的战略。可供选择的战略类型：

（1）扩张型战略：A、B、C。列入矩阵左上角的 A、B、C 三个象限中的单位都有很强或较强的行业吸引力和竞争能力，类似于波士顿矩阵中的明星单位，一般可采用追加投资的扩张型战略。

（2）选择投资类：D、E、F。列入 E、F 两个象限的单位，一个是行业吸引力和竞争能力都算中等，另一个是吸引力很强，而实力很弱，类似于波士顿矩阵中的问题单位，对于这些没有优势或没有特色的经营单位应一分为二对待，选择其中确有发展前途的业务实施扩张型战略，其余业务采取放弃战略。列入 D 象限的单位具有很低的行业吸引力和很高的竞争能力，这类业务是企业的利润提供者，类似于波士顿矩阵中的金牛单位，对于这类经营单位宜于采用维持现状、抽走利润、支持其它单位的战略。

（3）紧缩或放弃战略。列入矩阵右下角 G、H、I 三个象限中的经营单位的行业吸引力和竞争能力都很弱或较弱，类似于波士顿矩阵中的瘦狗业务，一般可采用紧缩型战略或放弃战略。

四、战略的实施与控制

（一）战略实施

战略实施，即战略执行，是为实现企业战略目标而对战略规划的实施与执行。

战略实施是一个自上而下的动态管理过程。所谓"自上而下"主要是指，战略目标在公司高层达成一致后，再向中下层传达，并在各项工作中得以分解、落实。所谓"动态"主要是指战略实施的过程中，常常需要在"分析—决策—执行—反馈—再分析—再决策—再执行"的不断循环中达成战略目标。

企业战略实施包括四个相互联系的阶段。

1. 战略发动阶段

在这一阶段上，企业的领导人要研究如何将企业战略的理想变为企业大多数员工的实际行动，调动起大多数员工实现新战略的积极性和主动性。这就要求对企业管理人员和员工进行培训，向他们灌输新的思想、新的观念，提出新的口号和新的概念，消除一些不利于战略实施的旧观念和旧思想，以使大多数人逐步接受一种新的战略。

2. 战略计划阶段

将经营战略分解为几个战略实施阶段，每个战略实施阶段都有分阶段的目标，相应的有每个阶段的政策措施、部门策略以及方针等。要定出完成分阶段目标的时间表，要对各分阶段目标进行统筹规划、全面安排，注意各个阶段之间的衔接。对于远期阶段的目标方针可以概括一些，但是对于近阶段的目标方针则应该尽量详细一些。

3. 战略运作阶段

企业战略的实施运作主要与以下六个因素有关，即各级领导人员的素质和价值观念；企业的组织机构；企业文化；资源结构与分配；信息沟通；控制及激励制度。通过这六项因素使战略真正进入到企业的日常生产经营活动中去，成为制度化的工作内容。

4. 战略的控制预评价阶段

战略是在变化的环境中实践的，企业只有加强对战略执行过程的控制与评价，才能适应环境的变化，完成战略任务。

（二）战略控制

战略控制主要是指在企业经营战略的实施过程中，检查企业为达到目标所进行的各项活动的进展情况，评价实施企业战略后的企业绩效，把它与既定的战略目标与绩效标准相比较，发现战略差距，分析产生偏差的原因，纠正偏差，使企业战略的实施更好的与企业当前所处的内外环境、企业目标协调一致，使企业战略得以实现。

1. 战略控制过程

（1）制定效益标准。战略控制过程的第一个步骤就是评价计划，制定出效益的标准。

企业可以根据预期的目标或计划制定出应当实现的战略效益。在这之前，企业需要评价已定的计划，找出企业需要努力的方向，明确实现目标所需要完成的工作任务。

（2）衡量实际效益。战略控制主要是判断和衡量实现企业效益的实际条件。管理人员需要收集和处理数据，进行具体的职能控制，并且监测环境变化时所产生的信号。此外，为了更好地衡量实际效益，企业还要制定出具体的衡量方法以及衡量的范围，保证衡量的有效性。

（3）评价实际效益。用实际的效益与计划的效益相比较，确定两者之间的差距，并尽量分析出形成差距的原因。

（4）考虑采取纠正措施或实施权变计划。在生产经营活动中，一旦企业判断出外部环境的机会或威胁可能造成的结果，则必须采取相应的纠正或补救措施。当企业的实际效益与标准效益出现了很大的差距时也应及时采取纠正措施。

2. 战略控制的主要方法

（1）预算控制。一种以财务指标或数量指标表示的有关预期成果或要求的文件。一方面预算起着如何在企业内各单位之间分配资源的作用；另一方面，预算也是企业战略控制的一种方法。

（2）审计控制。一类是由独立的审计人员或注册会计师审计，检查委托人的财务报表；另一类是企业内部审计人员审计，确定企业的方针和程序是否被正确地执行，并保护企业的资产。

》》 思考与练习

一、判断题

（1）SWTO 分析是企业经营环境分析的基本架构。（ ）

（2）目标管理是职工参与管理的一种很好的形式。（ ）

（3）目标管理是以目标的设置和分解、目标的实施及完成情况的检查，并依据结果奖惩为手段，通过员工的自我管理来实现企业经营目标的管理方法。（ ）

（4）行业的经济规模越大，该行业的进入壁垒越高。（ ）

（5）战略管理过程是为了帮助公司有效应对充满竞争的环境而选择的非正式的手段。（ ）

（6）与成本领先和差异化战略不同，集中化战略对于各种主要业务和次要业务的完成情况依赖性要少一点，目的是要在一种更高级的方式下竞争。（ ）

（7）成本领先者不需要关心竞争对手模仿它的战略。（ ）

（8）增长战略、稳定战略和收缩战略属于企业业务层的战略。（ ）

（9）目标设计得越具体越细化，越不容易实现。（ ）

（10）目标分解一般是通过对计划执行情况的监督、检查，及时发现目标偏差，找出原因，采取措施，以保证目标实现的过程。（ ）

二、单选题

（1）目标管理是美国学者（ ）提出的。

A. 迈克尔·波特　　　B. 彼特·德鲁克　　　C. 彼得·圣吉　　　D. 安索夫

（2）目标管理中目标设立的过程是（ ）。

A. 自上而下   B. 自下而上   C. 上下结合   D. 无法预知

（3）经营战略是企业为了实现长期生存和发展，在综合分析企业内部条件和外部条件的基础上作出的一系列带有（   ）的谋划和方略。

A. 全局性和长远性   B. 科学性和民主性

C. 指导性和激励性   D. 竞争性和合作性

（4）根据 SWOT 分析矩阵，企业应避免的外部环境和内部环境组合是（   ）。

A. 劣势——机会组合   B. 劣势——威胁组合

C. 优势——威胁组合   D. 优势——机会组合

（5）如果企业资金实力雄厚、生产能力强但研发能力较弱时，适宜采取的竞争战略是（   ）。

A. 成本领先战略   B. 成本集聚战略   C. 稳定型战略   D. 差异化战略

（6）在前向和后向两个可能的方向上扩张企业经营范围的发展型战略是（   ）。

A. 多元化发展战略   B. 一体化发展战略

C. 专业化发展战略   D. 差异化发展战略

（7）为了提高中药材质量的稳定性，近而保证中药的质量，同仁堂在全国启动了 7 个绿色中药材种植基地的建设。同仁堂的这种做法属于（   ）。

A. 前向一体化   B. 后向一体化   C. 关联多元化   D. 无关联多元化

（8）某企业甲产品的市场容量大，需求前景很好，产品利润高，企业经营实力也强，该企业在产品上适宜选择的市场战略是（   ）。

A. 维持型战略   B. 扩张型战略   C. 撤退型战略   D. 密集型战略

（9）战略管理的基础工作是（   ）。

A. 决策   B. 预测   C. 计划   D. 组织

（10）像市场营销战略、研究与开发战略、生产战略等这样的具体实施战略，属于（   ）。

A. 竞争战略   B. 公司战略   C. 业务战略   D. 职能战略

三、多选题

（1）目标分解过程中应注意（   ）。

A. 目标体系要有严密的逻辑关系   B. 鼓励职工积极参与目标分解

C. 要突出重点目标   D. 目标分解后要进行严格的审批

（2）目标管理注重结果，所以，对部门、个人的目标的执行情况必须进行（   ）。

A. 自我评定   B. 领导评审   C. 小组考核   D. 群众评议

（3）实践表明，许多企业实行了目标管理以后，取得了很好的效果，比如（   ）。

A. 管理效率提高   B. 组织结构设计更加合理

C. 职工主动参与目标的设立   D. 有效的监督与控制

（4）优秀战略就是适应战略，具体讲就是战略要与（   ）相适应。

A. 竞争对手   B. 环境   C. 资源   D. 文化E. 组织

（5）多元化的战略利益有（   ）。

A. 实现范围经济   B. 分散经营风险   C. 增加市场占有率

D. 增加竞争力量   E. 降低生产成本

（6）差异化的基本途径有（   ）。

A. 产品   B. 服务   C. 人事   D. 形象E. 价格

（7）目标管理基础工作基本内容是（　　　）。

A. 基础知识教育　　　　B. 人事考核　　　　C. 标准化　　　　D. 信息工作

（8）一般来说，一个现代化企业战略的三个层次是（　　　）。

A. 公司战略　　　　　　B. 竞争（事业部）战略

C. 职能战略　　　　　　D. 产品战略

（9）企业的成长方向战略有（　　　）。

A. 市场渗透战略　　　　B. 市场开发战略　　　C. 产品开发战略　　　D. 多元化战略

10.“把鸡蛋放在不同的篮子里”是很多企业家信奉的多元化原则。其主要优点表现在（　　　）。

A. 可以分散风险

B. 有利于保护企业的核心竞争力

C. 通过规模经济，降低企业的经营成本

D. 可充分挖掘企业的内部资源

四、思考题

（1）什么样的企业家可称之为企业战略家？ 你心目中谁是企业战略家？

（2）有人说小公司无战略，你认为呢？

（3）战略管理与日常管理有什么不同？

（4）战略家是否天生的？

（5）目标管理有哪些优点和不足？

（6）一个优秀的目标管理体系要解决好哪些问题？

（7）实行目标管理，应具备的基本条件有哪些？

五、能力拓展与训练题

让学生分组，4～6人为一组，上网查找成功或失败企业的战略运作情况，制成 ppt 演示给全班同学看，讲清楚成功的经验和失败的教训及从中得到的启示。

企业经营管理

 模块综述

在一定的市场环境条件下，为了实现某一经营目标，企业需要采取多种经营策略，主要有品牌策略、服务策略和公共关系策略。企业策划贯穿于企业所有的经营活动中，是积极主动地促进企业进步的谋略的综合体。在企业经营的所有领域都存在着企业策划行为。

学习目标

理解企业经营和企业经营管理的含义，了解企业经营管理的方法和创新；熟悉企业经营策略的分类及内容，掌握企业经营的典型策略并能够进行分析；掌握企业策划的基本程序及步骤，掌握策划文案的构成和不同企业活动策划文案的制作；能够设计一份企业策划文案。

引入案例

宝洁公司的经营运作系统

宝洁公司从创办开始，就不断引进具有世界先进水平的技术和设备，并逐年加大科技投入，提高产品的技术含量，使每一个产品都能达到国际标准。宝洁在生产高质量产品的基础上，更看重市场，看中消费者的接受程度。公司拥有专门研究洗发水的专家，负责每个季度对市场信息的反馈和分析，并不断适时提出新的方案。据说，仅"海飞丝"就作过多次配方调整。一个质量好的产品，需要为市场所接受，否则就不能算是好产品。宝洁公司进入中国市场的第一个品牌"海飞丝"，就是在对市场进行了一番充分的调查研究后打响的第一炮，其后每一个品牌的进入，都是围绕市场、围绕消费者这个中心来运作的。

宝洁公司对经营系统中的每个环节都表现出极其认真的态度，不仅重视内部产品的研发，而且也十分关注外部科技等环境的变化，并将人、财、物等经营要素进行合理调配。正因如此，宝洁公司能将"围绕消费者"的理念自始至终贯穿于整个经营运作过程，形成了一种特有的、成熟而稳定的企业文化。

思考:

(1)宝洁公司经营运作的策略有哪些?

(2)良好的经营管理能够给企业带来哪些好处?

任务一　企业经营管理认知

一、企业经营管理概述

(一)企业经营

企业经营是指企业的经济系统在利用外部环境提供的机会和条件下,发挥自身的特长和优势,为实现目标而进行的综合性活动。这个概念要从四个方面来理解:

1. 企业是个经济系统

企业具备经济系统的一切基本特征和职能,包括:

(1)企业拥有相对完整的经济结构,是包含生产、分配、消费、流通四个环节的统一体。

(2)企业的生产、分配、消费、流通四个环节的活动是企业经济系统自我循环的过程。

(3)企业具有相对独立和完整的运动机制。上述生产、分配、消费、流通四个环节之间互相转化,在企业内部构成一个不断循环周转的运动过程;在外部,企业与环境之间进行输入输出转换,构成一个不断循环周转的外部运动过程;而企业内部的循环与外部的输入输出结合,形成了企业完整统一的运动机制。

2. 企业经营要利用外部环境提供的机会和条件

企业系统是一个开放的经济系统,其经营活动同环境是紧密相连的,受着外界条件的影响和制约。企业要善于捕捉和利用外部环境提供的机会和条件,才能求得生存和发展。

企业外部环境构成因素多,涉及范围广,此部分内容已在本书第四模块企业环境分析和决策中给予讲解。

3. 企业要发挥自身的优势和特长

企业对自身发展的长处要有充分的认识和分析,在生产经营活动中合理地利用人、财、物、技术、信息等内部资源,充分发挥自身的优势和特长,避己之短,以提高企业竞争能力。

4. 企业要为实现目标而开展综合性活动

企业的经营目标是多元的,但基本目标是向社会提供适销对路的产品,同时必须实现价值的增值,获得经济效益,这样才能使自身经济系统的循环顺畅地进行,为国家作出贡献,并为企业的发展提供有利条件。企业目标的实现有赖于综合性活动的开展。

(二)企业经营管理及内容

企业经营管理是指对企业整个生产经营活动进行决策、计划、组织、控制、协调,并对企业成员进行激励,以实现其任务和目标的一系列工作的总称。

企业经营管理有以下内容：

（1）合理确定企业的经营形式和管理体制，设置管理机构，配备管理人员。

（2）搞好市场调查，掌握经济信息，进行经营预测和决策，确定经营方针、经营目标和生产结构。

（3）制定经营计划，签订经济合同。

（4）建立、健全经济责任制和各种管理制度。

（5）搞好劳动力资源的利用和管理，做好思想政治工作。

（6）加强土地和其他自然资源的开发、利用和管理。

（7）搞好机器设备管理、物资管理、生产管理、技术管理和质量管理。

（8）合理组织产品销售，搞好销售管理。

（9）加强财务管理和成本管理，处理好收益和利润的分配。

（10）全面分析评价企业生产经营的经济效益等。

二、企业经营管理的方法

在经营管理实践中，管理目标的实现，必须借助于一定的管理方法和手段，它的作用是一切管理理论、原理本身所无法替代的。管理方法一般分为法律、行政、经济、教育和技术方法，由它们构成一个完整的管理方法体系。

（一）法律方法

1. 法律方法的内容与实质

法律方法的内容，不仅包括建立和健全各种法规，而且包括相应的司法工作和仲裁工作。这两个环节相辅相成，缺一不可。只有法规而缺乏司法和仲裁，就会使法规流于形式，无法发挥效力；法规不健全，司法和仲裁工作则无所依从，造成混乱。

法律方法的实质是实现体现人民的意志，并维护他们的根本利益，代表他们对社会经济、政治、文化活动实行强制性的、统一的管理。法律方法既要反映广大人民的利益，又要反映事物的客观规律，调动各个企业、单位和群众的积极性、创造性。

2. 法律方法的正确运用

法律方法从本质上讲是通过上层建筑的力量来影响和改变社会活动的方法。在管理活动中，各种法规要综合运用、相互配合，因为任何组织的关系都是复杂的、多方面的。就企业管理而言，法律方法不仅要求企业掌握和运用"企业法"以及与企业生产经营活动直接相关的经济法律，而且也要掌握和运用人民赋予的权力和义务。

企业成为法人，一方面其权利地位受到法律保护，可以自觉地去抵制和克服当前改革中出现的各种"乱摊派""多方向企业伸手"等不正之风；另一方面企业的义务和责任也严格化了。企业的最高领导人是企业法人代表，企业的每个职工是享有公民权的自然人。有关法律对企业法人和公民的权利和义务都有明确规定，法律是企业管理的基础和前提。企业应根据国家、政府的有关法律、法规制订自己的管理规范，保证必要的管理秩序，有效地调节各种管理因素之间的关系，使宏观法规在本单位得以顺利地贯彻执行，避免与法律、法规有悖而造成不必要的损失。

当然，不能企望法律方法解决所有的问题，它只是在有限的范围之内发生作用。而法律范围之外，还有各种大量的经济关系、社会关系需要用其他方法来管理和调整。所以，法律方法应该和管理的其他方法综合使用，才能达到最有效的管理目标。

关键概念

企业法律顾问

企业法律顾问是指经中国统一考试合格，取得《企业法律顾问职业资格证书》并经注册登记，由企业聘用，专职从事企业法律事务工作的专业人员。

（二）行政方法

1. 行政方法的内容与实质

行政方法是指依靠行政组织的权威，运用命令、规定、指示、条例等行政手段，按照行政系统和层次，以权威和服从为前提，直接指挥下属工作的管理方法，行政方法具有权威性、强制性、垂直性、具体性、无偿性的特点。

行政方法的实质是通过行政组织中的职务和职位来进行管理。它特别强调职责、职权、职位，而并非个人的能力或特权。任何部门、单位总要建立起若干行政机构来进行管理，它们都有着严格的职责和权限范围。由于在任何行政管理系统中，各个层次所掌握的信息是不对称的，所以才有了行政的权威。上级指挥下级，完全是由于高一级的职位所决定的。下级服从上级是对上级所拥有的管理权限的服从。

2. 行政方法的正确运用

行政方法是实现管理功能的一个重要手段，要正确运用，不断克服其局限性，才能发挥它应有的作用。

（1）管理者必须充分认识行政方法的本质是服务。服务是行政的根本目的，这是由管理的实质、生产的社会化以及市场经济的基本特征决定的。行政不以服务为目的，必然导致官僚主义、以权谋私、玩忽职守等行为；而没有行政方法的管理，同样达不到服务的目的。服务，就企业管理的行政方法来说，是为基层、为生产和科研第一线、为全企业职工服务。

（2）行政方法的管理效果为领导者水平所制约。因为它更多的是人治，而不是法治。管理效果基本上取决于领导者的指挥艺术和心理素质，取决于领导者和执行者的知识、能力。

（3）信息在运用行政方法过程中是至关重要的。首先，领导者驾驭全局、统一指挥，必须及时获取组织内外部有用的信息，才能做出正确决策，避免指挥失误。其次，上级要把行政命令、规定或指示迅速而准确地下达，还要把收集到的各种反馈信息和预测信息发送给下级领导层，供下级决策时使用。总之行政方法要求有一个灵敏、有效的信息管理系统。

（4）不可单纯依靠行政方法。行政方法的运用由于借助了职位的权力，因此对行政下属来说有较强的约束力，较少遇到下属的抵制，这种特点可能使得上级在使用行政方法时忽视下属的正确意见和合理的要求，从而容易助长官僚主义作风，不利于充分调动各方面的积极性。所以，不可单纯依靠行政方法，要在客观规律的基础上，把行政方法和管理的其他方法、特别是经济方法有机地结合起来。

（三）经济方法

1. 经济方法的内容与实质

经济方法是根据客观经济规律，运用各种经济手段，调节各种不同经济主体之间的关系，以获取较高的经济效益与社会效益的管理方法。这里所说的各种经济手段，主要包括价格、税收、信贷、工资、利润、奖金、罚款以及经济合同等，具有利益性、关联性、灵活性、平等性等特点。不同的经济手段在不同的领域中，可发挥各自不同的作用。

2. 经济方法的正确应用

（1）注意将经济方法和教育方法有机结合起来。人们除了物质需要以外，还有更多的精神和社会方面的需要。在现代生产力迅速发展的条件下，物质利益的刺激作用将逐步减弱，人们更需要接受教育，以提高知识水平和思想修养。再者，如果单纯运用经济方法，易导致讨价还价，"一切向钱看"的不良倾向，易助长本位主义、个人主义思想。所以，也必须结合教育方法，搞好精神文明建设。

（2）注意经济方法的综合运用和不断完善。既要发挥各种经济杠杆的作用，更要重视整体上的协调配合。如果忽视综合运用，孤立地运用单一杠杆，往往不能取得预期的效果。例如，价格杠杆对生产和消费同时有相反方向的调节作用。提高价格可以促进生产，却抑制消费。但在经济生活中有些产品具有特殊的性质。因而，仅凭单一的价格杠杆难以奏效，必须综合运用一组杠杆。

课堂讨论

　　一家IT公司的老板，每年中秋节会额外给员工发放一笔1000元的奖金。但几年下来，老板感到这笔奖金正在丧失它应有的作用，因为员工在领取奖金的时候反应相当平和，每个人都像领取自己的薪水一样自然，并且在随后的工作中也没有人会为这1000元表现得特别努力。既然奖金起不到激励作用，老板决定停发，加上行业不景气，这样做也可以减少公司的一部分开支。但停发的结果却大大出乎意料，公司上下几乎每一个人都在抱怨老板的决定，有些员工明显情绪低落，工作效率也受到不同程度的影响。老板由此很困惑。

讨论： 为什么有奖金的时候，没有人会为此在工作上表现得积极主动，而取消奖金之后，大家都不约而同地指责、抱怨甚至消极怠工呢？

（四）教育方法

1. 教育方法的实质和任务

教育是按照一定的目的、要求对受教育者从德、智、体诸方面施加影响的一种有计划的活动。

管理的人本原理认为，管理活动中人的因素第一，管理最重要的任务是提高人的素质，充分调动人的积极性、创造性。而人的素质是在社会实践和教育中逐步发展、成熟起来的，通过教育，不断提高人的政治思想素质、文化知识素质、专业水平素质，是管理工作的主要任务。现代社会科学技术的迅猛发展导致了人的知识更新速度的加快，因此全面提高人的素质，对组织成员不断进行培养教育，就必然成为管理者管理活动的一项重要内容。

2. 教育的方式

教育方式正在发生深刻的变化。人们普遍认识到，对于思想性质的问题，必须采取讨论的方法、说理的方法、批评和自我批评的方法进行疏导，而不应依靠粗暴的训斥、压制和简单的惩罚来解决问题。对于传授知识和技能方面的教育，也不宜全部采用以讲授为中心的教育方法。因为在讲授方式中，受教育者处于被动状态，接受知识的效率并不高，所以应当减少讲授方式，而较多地采用有目的、有指导的小组讨论、现场实习和体验学习等方法，让受教育者按他们自己创造的学习方法去学习，这样会取得更好的效果。国内外许多企业在这种新的教育思想指导下创造了多种行之有效的教育方式，诸如案例分析法、业务演习法、事件过程分析法、角色扮演法、拓展训练法等，都有较好的效果，可供各企业选择采用。总之，教育的方式应灵活方便，讲求实效。

（五）技术方法

1. 技术方法的内容与实质

根据管理活动的需要，管理者自觉运用自己或他人所掌握的各种技术，以提高管理效率和效果的管理方法。这里所说的各类技术，主要包括信息技术、决策技术、计划技术、组织技术和控制技术等。

管理技术方法的实质是把技术融入管理中，利用技术来辅助管理。善于使用技术方法的管理者通常能把技术与管理很好地结合起来。

2. 技术方法的正确运用

管理者要想正确运用技术方法，必须注意以下几点：

（1）技术不是万能的，并不能解决一切问题。在某些场合，技术可能很管用，但在其他场合，技术可能不管用。技术是有一定局限性的，或技术是有一定适用范围的。管理者既不能否定技术的重要性，也不能盲目迷信技术。

（2）既然技术不是万能的，管理者在解决管理问题时，就不能仅仅依靠技术方法。相反，应该把各种管理方法结合起来使用，"多管齐下"，争取收到较好的效果。

（3）管理者使用技术方法有一定的前提，即他本人必须或多或少掌握一些技术，知道技术的价值所在和局限所在，并在可能的情况下，让组织内外的技术专家参与进来，发挥他人的专长，来弥补自身某些方面的不足。

三、企业经营管理的创新

（一）观念创新

观念创新的精髓是永远不存在固定的思维模式。世界著名管理大师德鲁克曾经指出"当今社会不是一场技术也不是软件、速度的革命，而是一场观念的革命。"过去是企业利益优先，一切以利润最大化作为企业行为的标准，而现在要改为顾客利益优先，一切为顾客着想，让顾客满意；过去看中的是实物财产，现在更重视商品品牌、企业形象等无形资产。

（二）目标创新

我们知道，知识经济时代的到来导致了企业经营目标的重新定位。原因很简单：一是企业管理观念的革命，要求企业经营目标重新定位；二是企业内部结构的变化，促使企业必须重视非股东主体的利益；三是企业与社会的联系日益密切、深入，社会的网络化程度大大提高，企业正成为这个网络中重要的节点。因此，企业经营的社会性越来越突出，从而要求企业高度重视自己的社会责任，全面修正自己的经营目标。

（三）技术创新

技术创新是市场经济的产物，属于经济学范畴，它是创新的一个重要组成部分。技术创新又是一种能力，体现在市场机会与技术机会的结合，即创造新的商业机会上，是一种能够及时把握这种商业机会，正确地做出创新决策并有效实施的能力，它集中体现为企业市场竞争力的提高。

技术创新主要有产品创新和工艺创新两种类型，同时它还涉及管理方式及其手段的变革。

（四）制度创新

企业制度创新就是实现企业制度的变革，通过调整和优化企业所有者、经营者、劳动者三者的关系，使各个方面的权力和利益得到充分的体现；不断调整企业的组织结构和修正完善企业内部的各项规章制度，使企业内部各种要素合理配置，并发挥最大限度的效能。

（五）结构创新

在当今时代，随着企业规模的不断发展，组织复杂化程度也越来越高，信息社会的到来，使环境不稳定因素越来越多，竞争越来越激烈。一个有效的组织应当能够随着环境变化而不断调整自己的结构，以适应新的环境。

（六）环境创新

环境是企业的土壤，同时也制约着企业的经营。环境创新不是指企业为适应外界变化而调整内部机构或活动，而是指通过企业积极地创新活动去改造环境，去引导环境朝着有利于企业经营的方向变化。

（七）文化创新

现代管理发展到文化管理阶段，可以说已达到顶峰。企业文化通过员工价值观与企业价值观的高度统一，通过企业独特的管理制度体系和行为规范，使得管理效率得到较大提高。创新不仅是现代企业文化的一个重要支柱，而且还是社会文化中的一个重要部分。如果文化创新已成为企业文化的根本特征，那么，创新价值观就得到了企业全体员工的认同，行为规范就会得以建立和完善，企业创新动力机制就会高效运转。

任务二　企业经营策略

在企业经营管理中，为了实现某一经营目标，采取的行动及其方针，方案和竞争方式，均称为企业经营策略。

企业经营策略是企业在竞争的环境中，考量本身的优劣，据以形成的优势和创造生存与发展空间的反应。它规定了在一种可能遇见和可能发生的情况下，应该采取的行动。经营策略不能一成不变，必须随内部条件、外部环境的变动而调整。在世界大环境瞬息万变的时代，以变应变，随时调整服务于经营战略的经营策略是经营管理的真谛。

　　企业需要"定位"，经营需要"对策"，根据定位来制定的发展战略就是"企业战略"；根据经营阶段的需求而制定的策略就是"经营策略"。一个企业的长远发展，通常会有短、中、长期的规划，随着进程的推进，需要的策略也不同，下面介绍三种企业经营策略：品牌策略、服务策略和公共关系策略。

一、品牌策略

　　品牌是一种名称、术语、标记、符号或设计，或是它们的组合运用，其目的是借以辨认某个销售者或某群销售者的产品或服务，并使之同竞争对手的产品或服务区别开来。菲利普·科特勒将品牌所表达的意义分为六层：属性、利益、价值、文化、个性、使用者。消费者感兴趣的是品牌的利益而不是属性，一个品牌最持久的含义是它的价值、文化和个性，它们确定了品牌的基础。品牌是企业的一种无形资产，对企业有以下重要意义：有助于企业将自己的产品与竞争者的产品区分开来；有助于产品的销售和占领市场；有助于培养消费者对品牌的忠诚；有助于开发新产品，节约新产品投入市场的成本。

　　品牌策略是一系列能够产生品牌积累的企业管理与市场营销方法。

（一）品牌化策略

　　企业给产品起名字、设计标志的活动就是企业的品牌化策略。历史上，许多产品不用品牌，生产者和中间商把产品直接从桶、箱子和容器内取出来销售，无须任何辨认凭证。中世纪的行会经过努力，要求手工业者把商标标在他们的商品上，以保护他们的商品不受劣质商品的损害。在美术领域内，艺术家在他们的作品上附上了标记，这就是最早的品牌标志。今天，品牌的商业作用被企业特别看重，品牌化迅猛发展，已经很少有产品不使用品牌了。像大豆、水果、蔬菜、大米和肉制品等过去从不使用品牌的商品，也被放在有特色的包装袋内，冠以品牌出售，这样做的目的自然是获得品牌化的好处。

　　使用品牌对企业有如下好处：有利于订单处理和对产品的跟踪；保护产品的某些特征不被竞争者模仿；提供了吸引忠诚顾客的机会；有助于市场细分；有助于树立产品和企业形象。

　　尽管品牌化是商品市场发展的大趋向，但对于单个企业而言，是否要使用品牌还必须考虑产品的实际情况，因为在获得品牌带来的上述好处的同时，建立、维持、保护品牌也要付出巨大成本，如包装费、广告费、标签费和法律保护费等。所以在欧美的一些超市中又出现了一种无品牌化的现象，如在细面条、卫生纸等一些包装简单、价格低廉的基本生活用品上不使用特选品牌，这使得企业可以降低在包装和广告上的开支，以取得价格优势。

　　一般来说，对于那些在加工过程中无法形成一定特色的产品，由于产品同质性很高，消费者在购买时不会过多地注意品牌。此外，品牌与产品的包装、产地、价格和生产厂家等一样，都是消费者选择和评价商品的一种外在线索，对于那些消费者只看重产品的式样和价格而忽视品牌的产品，品牌化的意义也就很小。如果企业一旦决定建立新的品牌，那不仅仅只是为产品设计一个图案或取一个名称，而必须通过各种手段来使消费者达到品牌识别的层次，否则这个品牌的存在也就没有意义。未加工的原料产品以及那些不会因生产商不同而形成不同特色的商品仍然可以使用无品牌策略，这样可以节省费用，降低价格，扩大销售。

经典案例

松下：向索尼学习品牌化

2008 年 6 月 26 日，松下电器产业株式会社宣布，该公司将于 10 月 1 日起正式更名为 "Panasonic Corporation"。随着公司更名，松下电器计划在 2009 年度将国内外所有品牌都统一为 "Panasonic"。

这一整合，使得源自已故创始人松下幸之助姓氏的 "Matsushita" 正式退出历史舞台，同时松下沿用了 80 多年的 "National" 品牌也将寿终正寝。松下曾为国际化发展采用了多品牌战略，此次又为全球化回归统一品牌。松下品牌的分分合合，其中的经验教训，值得中国企业深思。

松下电器改名及整合品牌的出发点是集中原本分散的品牌资源，提升海外市场的竞争力。多品牌共存源于历史原因，品牌间没有形成战略协作，反而空耗资源。"National" 与 "Panasonic" 这两个品牌的差异化定位及区域市场覆盖的不重叠性，使得品牌资源难以共享，成了供应链发挥协同效应的障碍，导致销售费用增加。无论是 "National" 还是 "Panasonic"，与 "Sony" 相比，影响力都相对逊色。"Sony" 的成功起步于盛田昭夫将自己的公司品牌和产品品牌定为 "Sony" 的那一天。"Sony" 易发音，不易混淆，而且简单易记，非常适合在全球发展。因此，松下电器的这一举措是在向 "Sony" 学习，以使其全球化更为深入。

（二）品牌使用者策略

企业决定使用本企业的品牌，还是使用经销商的品牌，或两种品牌同时兼用，叫做品牌使用者决策。

一般情况下，品牌是制造商的产品标记，制造商决定产品的设计、质量、特色等。享有盛誉的制造商还将其商标租借给其他中小制造商，收取一定的特许使用费。现在经销商的品牌也日益增多。西方国家许多享有盛誉的百货公司、超级市场、服装商店等都使用自己的品牌，有些著名商家（如美国的沃尔玛）经销的 90% 商品都用自己的品牌。同时强有力的批发商中也有许多使用自己的品牌，以增强对价格、供货时间等方面的控制能力。

当前，经销商品牌已经成为品牌竞争的重要因素。但使用经销商品牌会带来一些问题：经销商需大量订货，占用大量资金，承担的风险较大；同时经销商为扩大自身品牌的声誉，需要大力宣传其品牌，经营成本提高。经销商使用自身品牌也会带来诸多利益，比如因进货数量较大则其进货成本较低，因而销售价格较低，竞争力较强，可以得到较高的利润。同时经销商可以较好地控制价格，可以在某种程度上控制其他中间商。

在现代市场经济条件下，制造商品牌和经销商品牌之间经常展开激烈的竞争，也就是所谓品牌战。一般来说，制造商品牌和经销商品牌之间的竞争，本质上是制造商与经销商之间实力的较量。在制造商具有良好的市场声誉，拥有较大市场份额的条件下，应多使用制造商品牌，无力经营自己品牌的经销商只能接受制造商品牌。相反，当经销商品牌在某一市场领域中拥有良好的品牌信誉及庞大的、完善的销售体系时，利用经销商品牌也是有利的。因此进行品牌使用者决策时，要结合具体情况，充分考虑制造商与经销商的实力对比，以求客观地做出决策。

（三）品牌名称策略

品牌名称策略是指企业决定所有的产品使用一个或几个品牌，还是不同产品分别使用不同的品牌。在这个问题上，大致有以下四种策略模式。

1. 个别品牌名称

个别品牌名称即企业决定每个产品使用不同的品牌。采用个别品牌名称，为每种产品寻求不同的市场定位，有利于增加销售额和对抗竞争对手，还可以分散风险，使企业的整个声誉不致因某种产品表现不佳而受到影响。如"宝洁"公司的洗衣粉使用了"汰渍""碧浪"；肥皂使用了"舒肤佳"；牙膏使用了"佳洁士"。

2. 对所有产品使用共同的家族品牌名称

对所有产品使用共同的家族品牌名称即企业所有产品都使用同一品牌。对于那些享有很高声誉的著名企业，全部产品采用统一品牌名称策略可以充分利用其名牌效应，使企业所有产品畅销。同时企业宣传介绍新产品的费用开支也相对较低，有利于新产品进入市场。如美国通用电气公司的所有产品都用 GE 作为品牌名称。

3. 各大类产品使用不同的家族品牌名称

企业使用这种策略，一般是为了区分不同大类的产品，一个产品大类下的产品再使用共同的家族品牌，以便在不同大类产品领域中树立各自的品牌形象。例如史威夫特公司生产的一个产品大类是火腿，还有一个大类是化肥，就分别取名为"普利姆"和"肥高洛"。

4. 个别品牌名称与企业名称并用

个别品牌名称与企业名称并用即企业决定其不同类别的产品分别采取不同的品牌名称，且在品牌名称之前都加上企业的名称。企业多把此种策略用于新产品的开发。在新产品的品牌名称上加上企业名称，可以使新产品享受企业的声誉，而采用不同的品牌名称，又可使各种新产品显示出不同的特色。例如海尔集团就推出了"探路者"彩电、"大力神"冷柜、"大王子"、"小王子"和"小小神童"洗衣机。

（四）品牌战略决策

品牌战略决策有 7 种，即产品线扩展策略、多品牌策略、新品牌策略、合作品牌策略、品牌再定位策略、品牌延伸策略和品牌更新策略。

1. 产品线扩展策略

产品线扩展指企业现有的产品线使用同一品牌，当增加该产品线的产品时，仍沿用原有的品牌。这种新产品往往都是现有产品的局部改进，如增加新的功能、包装、式样和风格等。通常厂家会在这些商品的包装上标明不同的规格，不同的功能特色或不同的使用者。产品线扩展的原因是多方面的，如可以充分利用过剩的生产能力；满足新的消费者的需要；填补市场的空隙；与竞争者推出的新产品竞争或为了得到更多的货架位置。产品线扩展的利益有：扩展产品的存活率高于新产品，而通常新产品的失败率在 80% ～ 90%；满足不同细分市场的需求；完整的产品线可以防御竞争者的袭击。产品线扩展的不利方面有：它可能使品牌名称丧失它特定的意义；随着产品线的不断加长，会淡化品牌原有的个性和形象，增加消费者认识和选择的难度；有时因为原来的品牌过于强大，致使产品线扩展造成混乱，加上销售数量不足，难以冲抵它们的开发和促销成本；如果消费者未能在心目中区别出各种产品时，会造成同一种产品线中新老产品自相残杀的局面。

2. 多品牌策略

在相同产品类别中引进多个品牌的策略称为多品牌策略。证券投资者往往同时投资多种股票，一个投资者所持有的所有股票集合就是所谓证券组合（portfolio），为了减少风险增加盈利机会，投资者必须不断优化股票组合。同样，一个企业建立品牌组合，实施多品牌战略，往往也是基于同样的考虑，并且这种品牌组合的各个品牌形象相互之间既有差别又有联系，不是大杂烩，组合的概念蕴含着整体大于个别的意义。

3. 新品牌策略

为新产品设计新品牌的策略称为新品牌策略。当企业在产品类别中推出一个新产品时，它可能发现原有的品牌名不适合于它，或是对新产品来说有更好更合适的品牌名称，企业需要设计新品牌。例如，春兰集团以生产空调著名，当它决定开发摩托车时，采用春兰这个女性化的名称就不太合适，于是采用了新的品牌"春兰豹"。又如，原来生产保健品的养生堂开发饮用水时，使用了更好的品牌名称"农夫山泉"。

4. 合作品牌策略

合作品牌（也称为双重品牌）是两个或更多的品牌在一个产品上联合起来。每个品牌都期望另一个品牌能强化整体的形象或购买意愿。

合作品牌的形式有多种。一种是中间产品合作品牌，如富豪汽车公司的广告上说明，它使用米其林轮胎。另一种是同一企业合作品牌，如摩托罗拉公司的一款手机使用的是"摩托罗拉掌中宝"，掌中宝也是公司注册的一个商标。还有一种是合资合作品牌，如日立的一种灯泡使用"日立"和"GE"联合品牌。

5. 品牌再定位策略

品牌再定位决策是指一种品牌在市场上最初的定位也许是适宜的、成功的，但是到后来企业可能不得不对之重新定位。原因是多方面的，如竞争者可能继企业品牌之后推出他的品牌，并削减企业的市场份额；顾客偏好也会转移，使对企业品牌的需求减少；或者公司决定进入新的细分市场。

在做出品牌再定位决策时，首先应考虑将品牌转移到另一个细分市场所需要的成本，包括产品品质改变费、包装费和广告费。一般来说，再定位的跨度越大，所需成本越高。其次，要考虑品牌定位于新位置后可能产生的收益。收益大小是由以下因素决定的：某一目标市场的消费者人数；消费者的平均购买率；在同一细分市场竞争者的数量和实力，以及在该细分市场中为品牌再定位要付出的代价。

"七喜"品牌的重新定位是一个成功的典型范例。七喜牌饮料是许多软饮料中的一种，调查结果表明，主要购买者是老年人，他们对饮料的要求是刺激性小和有柠檬味。七喜公司使了一个高招，进行了一次出色的活动，标榜自己是生产非可乐饮料的，从而获得了非可乐饮料市场的领先地位。

6. 品牌延伸策略

品牌延伸策略是将现有成功的品牌，用于新产品或修正过的产品上的一种策略。品牌延伸并非只借用表面上的品牌名称，而是对整个品牌资产的策略性使用。随着全球经济一体化进程的加速，市场竞争愈加激烈，厂商之间的同类产品在性能、质量、价格等方面强调差异化变得越来越困难。厂商的有形营销威力大大减弱，品牌资源的独占性使得品牌成为厂商之间竞争力较量的一个重要筹码。于是，使用新品牌或延伸旧品牌成了企业推出新产品时必须面对的品牌决策。

品牌延伸是实现品牌无形资产转移、发展的有效途径。品牌也受生命周期的约束，存在导入期、成长期、成熟期和衰退期。品牌作为无形资产是企业的战略性资源，如何充分发挥企业的品牌资源潜能并延续其生命周期便成为企业的一项重大的战略决策。品牌延伸一方面在新产品上实现了品牌资产的转移，另一方面又以新产品形象延续了品牌寿命，因而成为企业的现实选择。

7. 品牌的更新策略

品牌更新是指随着企业经营环境的变化和消费者需求的变化，品牌的内涵和表现形式也要不断变化发展，以适应社会经济发展的需要。品牌更新是社会经济发展的必然。只要社会经济环境在发展变化，人们需求特征在趋向多样化，社会时尚在变，就不会存在一劳永逸的品牌，只有不断设计出符合时代需求的品牌，品牌才有生命力。品牌创新是品牌自我发展的必然要求，是克服品牌老化的唯一途径。由于内部和外部原因，企业品牌在市场竞争中的知名度、美誉度下降，以及销量、市场占有率降低等的品牌失落的现象，称为品牌老化。现代社会，技术进步愈来愈快，一些行业内，产品生命周期也越来越短，同时社会消费意识、消费观念的变化频率也逐渐加快，这都会影响到产品的市场寿命。如英雄牌打字机，曾以电子式英文打字机盛销一时，但后来随着个人电脑技术及多任务系统的推出，机械式及电子式英文打字机由于缺乏通信端口而被市场淘汰，该品牌也就被 IBM 等电脑公司的品牌所取代。

二、服务策略

从宏观角度看，人类社会的经济经历了从农业经济到工业经济再到服务经济的发展历程。发达经济大都是服务业主导的经济。改革开放以来，我国的服务业也取得了飞速的发展，2013 年，我国服务业的产值在国内生产总值中的比例占到 46%，已经超过制造业，在未来的发展阶段，服务业的增长速度要高于国民经济的整体增长速度，服务业要成为提供就业机会的主要行业，成为产业结构优化的主导行业。

从微观角度看，随着科学技术的快速发展和知识经济时代的来临，在产品质量、功能和价格越来越难以实现差异化的今天，服务已经成为现代企业参与市场竞争的重要手段。在 IBM 的全球营业额中，超过 260 亿美元的产值来自服务项目的收入。优质的服务策略可以提升产品形象和在消费者心中的地位，进而为企业带来效益。

（一）服务领域的开拓

服务领域的开拓主要体现为服务项目的延伸与扩展。在企业经营管理中，企业应根据产品自身特性以及顾客要求，不断开拓服务领域，增加相应的服务项目，以提高企业的竞争能力。如旅游业，只有开拓出丰富多样化的旅游服务产品，客户才有更多的选择空间，进而促成最终的交易；对于其他非服务型企业，服务项目主要为产品的延伸性服务，如免费送货和上门维修，服务项目的延伸区域越广，客户的满意度越高，企业的竞争力则越强。

（二）服务水平的提高

服务水平的提高表现如下：

（1）时间上的迅速性。为顾客节约时间成本，对顾客反映的问题能迅速及时给予解决。

（2）技术标准化和全面性。提供服务的质量标准，如服务网络的设置、服务技能和设备、服务程序、服务方法等都能适应和方便顾客的需要，切实为顾客做到排忧解难。

（3）服务过程亲和性。服务人员的仪态仪表要端庄，精神要热情饱满，态度要和蔼可亲，使被服务者感受到亲切安全。

（4）语言和行为的规范性。服务语言要文明礼貌，行为举止要规范，让顾客感受到服务人员的高素质，加深对企业的良好印象，从而提高企业的美誉度。

（三）服务方式的创新

服务方式有以下几种：

（1）服务承诺。在商品售出前或售出时，对将来必须给目标顾客提供的服务用书面的形式加以确定。企业承诺的服务，一定要兑现。同时，企业承诺服务一定要实事求是，暂时无条件达到的标准，不要轻易允诺。

（2）电话服务。向广大用户开通 24 小时热线电话，收集客户投诉信息并转交有关部门，对客户所需服务进行分类。然后根据不同情况，采取上门服务或请专家电话指导用户排除相关故障。

（3）网上服务。随着 Internet 技术的深入发展，网上服务以其快捷、方便、及时而得到了广泛应用。如企业通过开设电子信箱，收集顾客投诉；设立专门的服务网站，向用户提供各种支持和咨询。

（4）注册服务品牌。随着服务竞争的不断加剧，出现了服务品牌。主要形式表现为：企业服务品牌和个人服务品牌。企业服务品牌是指以企业的名义注册的一种规范化的服务。如 IBM 的蓝色快车、江苏熊猫集团的"金手指"服务品牌。另一种是个别服务人员注册的个人服务品牌。如上海华联商厦推出的"买相机找王震""布置温馨家居，帼玲为你服务""张佩华服务到家"等三大个人服务品牌。

经典案例

安徽首个服务品牌注册商标诞生——阿福服务队谱写合家福新发展

2010 年，经过十年发展的合家福，在消费者心中形象与其他超市没有特别之处，从而导致品牌资产流失。为此，合家福开展品牌形象建设，从服务方面着手，以十周年司庆为契机，进行新形象的宣传与推广——"10 岁了，我能做得更多"。2011 年 8 月 18 日，合家福"创服务品牌、树企业形象"活动启程，宣告"阿福"服务队的成立，标志着"阿福"服务品牌开始运作。

2011 合家福年开展"创服务品牌、树企业形象"活动并建立阿福服务队，树立合家福"社区好邻居、生活好伙伴"亲民形象，形成"阿福"服务品牌体系。2014年1月，国家工商管理总局正式核准"阿福"商标注册申请，颁发证书。四年努力，"阿福"誉满江淮，成为行业中为数不多的服务品牌商标，省内首个服务品牌商标。

藉荣之际，"阿福"服务队对外郑重承诺，将一如既往坚守"消费者可以没有合家福，合家福不能没有消费者"经营理念，开展"四送二进"活动、社会公益活动，创新和丰富服务内涵、形式，服务广大消费者、服务社区、服务社会，实现企业与社会协同发展，创造美好未来。

三、公共关系策略

公共关系策略是指企业为获得公众信赖、加深顾客印象而用非付费方式进行的一系列促销活动的总称，简称"公关"策略。

（一）公共关系策略的分类

要提高企业公共关系工作的有效性，必须恰当运用公共关系策略。公共关系策略的选择，要以组织一定时期的公共关系目标和任务为核心，并针对特定公众的不同特点。公共关系策略可以分为两大类，一类突出的是公共关系功能的公关策略；另一类则是以组织发展不同阶段为依据的公关策略。

1. 突出公共关系功能的公共关系策略

（1）宣传型公共关系策略。宣传型公共关系策略就是运用各种传播沟通媒介，将需要公众知道和熟悉的信息广泛、迅速地传达到组织内外公众中去，以形成对企业有利的公众舆论和社会环境。这种策略具有较强的主导性、时效性以及传播面广、容易操作等特点。选择这种策略时，必须强调双向沟通和真实客观的原则。应用这种策略的常见做法是：做公关广告，开展新闻宣传和专题公关活动。

（2）交际型公共关系策略。交际型公共关系策略就是运用人际交往，通过人与人的直接接触，深化交往层次，巩固传播效果，实际上就是运用感情投资的方式，与公众互利互惠，为组织建立广泛的社会关系网络。这种策略的特点是直接、灵活、富于人情味。常见的做法有招待会、座谈会、茶话会、宴会、交谈、拜访、信函、馈赠礼物等。应用这一策略时一定要注意不能把一切私人交际活动都作为公共关系活动。

（3）服务型公共关系策略。服务型公共关系策略就是以向公众提供优质服务为传播途径，通过实际行动获得公众的了解和好评。它的突出特点是用实际行动说话，因而极具说服力。常见的做法有：增加服务种类、扩大服务范围、完善服务态度、扩展服务深度、提高服务效率等。应用这一策略时要注意：言必信，行必果，承诺一定要兑现。

（4）社会型公共关系策略。社会型公共关系策略是一种以各种社会性、文化性、公益性、赞助性活动为主要内容的公共关系策略，其目的是塑造组织良好的社会形象、模范公民形象，提高组织知名度和美誉度。这一策略的特点是：文化性强、影响力大，但活动成本较高。因此，运用这一策略时要注意量力而行。常见做法有：为灾区捐款；赞助文化、体育活动；利用重要机会组织一些大型活动，邀请嘉宾，渲染气氛等。

（5）征询型公共关系策略。征询型公共关系策略就是围绕搜集信息、征求意见来开展公共关系活动的。目的是通过掌握公众信息和舆论，为组织的经营决策提供依据。其特点是长期、复杂，且需要耐力、诚意和持之以恒。常见做法有热线电话、有奖征询、问卷调查、民意测验等。

2. 以组织发展阶段为依据的公共关系策略

（1）建设型公共关系策略。建设型公共关系策略适用于企业初创阶段和开创企业新局面的阶段，如新产品或新服务面世时。其主要做法是高姿态、高频率地宣传和交际，向公众作自我介绍，其目的在于在公众中形成良好且深刻的第一印象，提高知名度，扩大影响力，为日后发展奠定基础。

（2）维系型公共关系策略。维系型公共关系策略适用于企业的稳定发展阶段。具体做法是通过各种传播媒介，以较低的姿态持续不断地向公众传达各种信息，使组织的有关形象潜移默化在公众的长期记忆当中。其主要目的在于对已经形成的良好的公关状态进行加固。

（3）防御型公共关系策略。防御型公共关系策略适用于企业与外部环境发生整合上的困难时，与公众的关系发生一些摩擦时。其主要功能是防患于未然，防止公共关系失调。具体做法是，发挥内部职能，及时向决策层和各业务部门提供外部信息，特别是反映批评的信息，并提出改进的参考意见，进行全员公关教育，使全体员工从思想到行动自觉维护组织形象，避免出现漏洞。

（4）矫正型公共关系策略。矫正型公共关系策略适用于公共关系严重失调，企业形象受损时。具体做法是迅速与相关公众取得联系，如上级机关、媒体机构等，采取一系列有效措施做好传播沟通与善后工作，其目的是尽快平息风波，恢复公众对组织的信任，挽回组织声誉，改善被损坏的形象。

（5）进攻型公共关系策略。进攻型公共关系策略适用于企业与周围环境发生不协调甚至形成某种冲突时。具体做法是，采取以攻为守的方式，抓住有利时机和条件，主动调整组织政策和相应措施，以改变对原有环境的过分依赖。其主要功能在于摆脱被动局面，开创新局面。

在选择运用公共关系策略时，企业一定要准确分析自身发展和所处环境的特点，分析自身的公关状况、公众的基本情况及相关因素，避免因选择不当而劳民伤财，甚至出现适得其反的结果。

（二）公共关系策略的任务

公共关系策略在企业的经营管理中有下述两大使命或两大根本任务。

1. 树立形象

当代世界上大部分国家的市场已成为供大于求的买方市场。也就是说消费者可以在众多企业的众多产品中按自己的意愿选择产品，而不是在求大于供的卖方市场，仅此一家仅此一个品牌的产品，毫无选择余地。消费者按自己的意愿选择产品，并不是毫无根据的主观臆想，在大多数情况下该意愿是受消费者自身消费经历、众人口碑、广告信息等因素所左右的。上述诸因素对消费者长期不断影响作用后，便会在消费者脑海中对某一企业或某一品牌形成某种或好或坏的印象，此印象今后将直接影响消费者对该企业产品或该品牌产品作出或购买或拒绝购买的决策。消费者脑海中这种相对固定的印象在市场营销学中便称为企业形象或产品形象。

当代世界各国的消费者在其经济条件允许的情况下都愿意购买著名企业的产品或服务，如 IBM 公司、微软公司、通用公司、西门子公司、菲利浦公司、丰田公司、松下公司、花旗银行、希尔顿饭店、麦当劳连锁店、北京全聚德烤鸭店等企业，而不愿意购买声誉不好企业的产品或服务，也不愿意购买从未听说过的企业产品或服务。其根本原因就是前者的声誉、实力或其产品的性能、质量、价格或上述几种因素的综合在消费者脑海中有一种好的或较好的形象所致。因此，随着社会生产力的高速发展、产品的极大丰富、市场竞争的日趋激烈，现代企业特别是国际企业所采用的市场竞争手段最初是产品竞争，然后转向促销手段竞争，现在又转向了企业形象的竞争，也就是说由低层次的竞争转向了高层次的竞争。因此，现代市场营销理论认为，企业形象的好坏直接影响着企业的生存与发展。因而企业公共关系策略的最大使命之一或根本任务之一就是在社会公众的脑海中树立企业的良好形象。

公共关系学认为企业形象是社会公众对企业内在气质如理念、价值观、道德观、行为准则，以及外在行为表现如产品质量、价格、市场地位、待人接物、服务态度等的综合评价。在公共关系学中通常用知名度和美誉度两个指标的乘积对其加以度量。

2. 协调平衡

公共关系理论认为，包括企业在内的所有社会组织无一例外，只要存在一天就要与社会上各种各样的组织和群体及个人发生联系或关系，而这种联系或关系之所以会发生或不发生，其根本原因就是基于双方的利益。比如，消费者之所以购买某企业的产品是基于物有所值，而且满足其某种需求，企业之所以将产品销售给消费者是因为可以从中获得利润，实现企业的经济目标。再如，企业之所以找媒体做广告，是因为媒体可以帮助企业推销产品，而媒体则可以从中获得广告费，增加收益。上述两例是双方都对自己获得的利益感到满意的条件下发生的。但在很多情况下，双方的利益达不到平衡，比如消费者花高价买了一套商品房后，发现设施不全，便向房产开发公司提出免费增添设施的要求，企业认为不能给予满足，双方就必然发生摩擦。公共关系理论认为，包括企业在内的任何一个社会组织与其他社会组织或公众发生的关系，由于其本质是一种利益关系，因此双方产生不同程度的矛盾与摩擦是必然的，也是正常的。公共关系的任务就是对双方发生的关系进行协调和消除，最后达到双方利益的平衡，双方都对自己获得的利益感到基本满意，这便是企业公共关系策略的另一个使命或根本任务。

（三）公共关系策略的原则

1. 掌握事实原则

企业在具体公共关系活动时，不管是为了提升企业的形象，还是解决企业形象不好的问题；不管是协调平衡企业与公众之间出现的矛盾和利益冲突，还是解决已出现的公共关系危机，在这之前都要先调查了解掌握事实，然后再有的放矢地去进行公共关系活动。即这一原则反对坐在办公室里想当然地制定公共关系策略，也反对走马观花式地了解一点表面事实，就去制定公共关系策略。

2. 公众在先原则

企业要生存下去，要持续稳定发展，就要依赖公众的谅解与合作，而不是公众有求于企业。既然如此，企业在公共关系活动中若不把公众利益放在企业本身利益的前面，即先满足公众的利益再满足本企业的利益，而是反之，那么企业所希望的公众对企业的谅解与合作就不可能实现。因此，企业在考虑和平衡双方利益时应首先考虑和满足公众的利益，然后才是企业本身的利益，否则公众不会把谅解与合作免费送给企业，所以这也是企业制定公共关系策略的一条根本原则。

3. 互利原则

公共关系实质上是企业与公众之间的一种利益关系。只有当双方的利益达到基本平衡时，双方才能产生和谐的关系。当一方要求得到的利益大于对方要求的利益时，不会达到平衡；当一方要求得到的利益损害了对方要求的利益时，更不会达到平衡。这就是说，企业在制定公共关系策略时要坚持对企业、公众双方都有利的原则。

4. 平等原则

企业是法人，而公众或是自然人或是法人，在法律上两者是平等的。按照法律的规定，公众的利益是受法律保护的，公众的人格也是受到法律保护的。也就是说，企业在制定公共关系策略时，不能有以大压小、以强欺弱的行为，也不能以居高临下的态度对待公众，否则企业与公众间的关系会搞得一团糟，最后受损失的不是公众而是企业自己。

5. 主动原则

企业的公共关系是企业与公众之间的关系，那么就存在一个哪一方主动的问题，很显然企业既然要获得公众的谅解与合作，当然就应主动去做公共关系活动，有求于公众，现实中也是如此。当企业的形象十分不好时，公众不会主动改变自己对企业的看法与评价，只能由企业主动进行一些公共关系活动以改善自己在公众中的形象；同样当公众认为购买本企业的产品所获得的利益达不到平衡时，就会放弃购买而去购买能够使自己的利益达到平衡的其他企业的产品，不会主动与前一家企业寻求利益平衡，这时只能由企业主动去找公众平衡利益，然后双方才能产生和谐关系。因此，主动性也是企业制定公共关系策略的一条重要原则。

6. 角色互换原则

很多企业在制定公共关系策略时，把企业与公众关系的不和谐或冲突与矛盾一概归到公众身上，认为企业自身的营销活动无可指责。实际上企业持有这种看法是错误的，原因就出在企业只站在自我的立场看问题，而没有站在公众的立场看问题，也就是说没有真正遵守公众在先的原则和互利原则。解决这一偏向的有效方法就是企业放弃自己的立场，然后站到公众的立场去观察和思考问题，这时就会认识到公众要求的合理性，就会意识到公众没有得到应得的利益或者公众的利益受到某种损害，企业应给予满足或保护。

7. 情感相随原则

一个社会组织，不管是一个企业、一家剧团，还是一家研究所，若内部成员之间情感冷漠，那么这个组织的整体运转就不会太好。相反，内部成员之间若是情感融洽亲密无间，那么这个组织的整体运转就会比较好。这其中的原因是心理学研究出来的一种客观结论，即情感是一个社会组织运转的润滑剂，又是人际关系的黏合剂。日本的一些企业提出了一种企业管理理念，即企业是由职工组成的一个大家庭，成员之间应以家庭成员相待，企业中职工与领导人的关系不是雇员与老板的关系，而是家庭成员与家长的关系，职工之间的关系不是互不相干的路人关系，而是兄弟姊妹的关系。日本企业实行了这一理念后，企业上下左右之间的关系融洽而亲密，同舟共济齐心协力形成了极大的凝聚力。这一理念不但体现在企业内部的公共关系上，同时也体现在企业与社会外部公众的关系上，从而使日本企业无论在内部公众公共关系上还是外部公众公共关系上都以融洽和谐闻名世界，世界各国企业争相学习。上述心理学的结论也适用于企业的公共关系活动。也就是说，企业在制定公共关系策略时，要始终利用情感的手段与公众建立和保持一种融洽亲密的关系，然后在此基础上开展公共关系活动，这样做可以收到事半功倍的良好效果。

8. 柔性原则

当企业在公共关系活动中协调企业与公众的关系时，不能采取命令的方式强制公众服从，而只能采取信息沟通对话的方式互相交换信息，最后达到理解、谅解、平衡。企业采用这种柔性方式的道理很简单，即企业与公众在法律上是平等的。既然是平等的就不能使用命令的方式，只能使用协商沟通的方式。

9. 谅解原则

企业的产品及营销活动都不同程度地影响公众的利益，企业希望公众给予谅解，那么这种态度就不应当是单向的而应该是双向的，即企业要时时处处对公众抱谅解的态度，不要与公众斤斤计较，出现矛盾后也不要寸步不让，对与公众的一些小矛盾小摩擦一律不去计较。另外，谅解这一原则也是企业为了树立和保持良好的企业形象所要求的，否则企业形象必受损失。

10. 补偿原则

前面已提到企业的产品和营销活动长期大量地影响了公众的利益，尽管有些影响是难免的甚至是合法的。如自来水含有一定比率的对人体有害的消毒剂就是合法的，但公众并不认为这是天经地义的，公众要求的是自己的利益丝毫不受损害，即公众自己的利益没有任何理由遭到企业的损害。在此情况下，企业除了不断改进自己的产品和营销活动外，对难以避免或过去已对公众利益造成的损害，就应给予经济和精神补偿，只有这样企业才能得到公众的谅解与合作，否则企业的形象将受到严重损害。如今许多企业特别是跨国公司长期大量地向公益事业捐款特别是向环境保护公益事业捐款，其根本出发点也是出于上述补偿原则。

11. 长期性原则

即企业的公共关系活动必须长期坚持下去，不能是间断的，更不能是短期的。这是因为树立一个好的企业形象，绝不是一年半载或三五年内就可一蹴而就的。回顾世界上形象好的企业，没有一家企业的形象是短期内就塑造成功的。大多数企业像 IBM 公司、雀巢公司、丰田汽车公司、菲利浦电子公司、西门子公司等的形象都是经过半个多世纪的不懈努力才逐渐树立起来的。同样，一家企业与公众的关系是一个不断产生、不断消失的动态过程，不断有新的公众与企业发生关系，不断有老的公众离去。企业的公共关系活动要不停地与新的公众进行协调平衡并在他们中间树立企业形象，所以说企业制定公共关系策略要坚持长期性原则，不能有大功告成后就对公共关系活动有偃旗息鼓的想法。

12. 综合性原则

企业在进行公共关系活动时不能仅仅采用某一种或某几种方式，而是要综合利用各种方式，互相配合，发挥其最大组合效果。譬如，企业在开业时，在媒体上做庆祝开业的广告、举行剪彩活动、召开新闻发布会等。

任务三　企业策划

企业策划也称作"企划"，是企业在市场及资源的约束下，为达到目标所进行的各种创意、构想、计划、策略及实施的过程。

企业策划是谋求企业盈利和发展壮大的重要手段，贯穿于企业所有的经营活动中，是积极主动地促进企业进步的谋略的综合体。同时，企业策划也不能够单独进行，而必须与企业的子系统——企业战略、企业管理、企业组织、企业文化和企业的市场营销活动等互相渗透、互相依存、互为补充。这些存在于企业各个层面、各个子系统中的策划能促进企业的发展和壮大。

一、企业策划的基本程序

由于企业策划本身就是一项系统性的工作，因此，按照科学的程序开展的策划活动，是企业策划成功的必要条件。

企业策划的过程就是一项决策的过程，基本程序和决策程序一致，主要包括明确策划目标、资料的收集与分析、制定和选择策划方案、策划方案的实施与改进。

（一）明确企业策划目标

在企业中发现的策划对象会有很多，但策划者不可能一次性将所有的策划对象都纳入作业活动中去，而应该抓住企业迫切要解决的问题进行重点策划。这就需要策划者对企业有足够的了解，并且对众多的企业问题要有较强的筛选和判断能力。

企业策划目标的制定要明确、具体，并且要尽量对其进行量化。譬如，利润增加5%，占有率提升3%等。目标量化后，就较容易提出相应的策略与措施，也较容易对企业策划活动的效果进行评估。

（二）收集、分析和整理材料

根据资料的来源，进行企业策划所需要的资料可分为现成资料与市场调查资料两大类。

1. 收集现成资料

收集现成资料是一种既迅速又经济的方法。由于此类资料都是间接获得的，所以又称为二手资料或次级资料。通常，现成资料主要有以下四种来源。

（1）书籍与报刊资料。

（2）现成的企业内部资料。主要指企业内部客户部门、制造部门、财务部门、人事部门及其他部门在日常经营中收集与保存的各种数据和资料。

（3）普查与统计资料。主要指政府的统计年鉴，各部门各行业组织出版的资料，专业统计机构或商业性的咨询调研公司有偿出售的统计数据和调查报告等。

（4）其他可利用的调查报告和统计数据。

2. 市场调查资料

当现成的资料不能满足企业策划活动的需要时，企业必须进行市场调查，以获得所需资料。市场调查资料是通过对消费者、供应商、分销商、同行业竞争者等对象进行调查所获得的资料。这些资料是直接获得的，所以成为一手资料，或初级资料。一手资料的调研是一种十分重要的获得策划所需资料的途径，通过这个过程，可以使企业策划者对策划对象所处的内外部环境有充分的了解与认识，它是一个"使企业策划人员获得业内人士资格"的过程。一手资料收集的有两个难点：一是工作量大；二是收集资料的难度大。

3. 加工整理资料

现成资料和通过市场调研所获得的资料，必须经过分析、审核、综合、编码和列表等加工整理后才能科学有效地运用。

（三）制定和选择企业策划方案

1. 制定企业策划方案

一项成功的企业策划方案必须具备以下三个方面的内容。

（1）方案切实可行。每一个企业策划方案都会受到相关资源的限制。企业策划者在挖空心思、大胆突破的同时，应注意此创意所依据的资源条件。所以，务实的、可行的企业策划方案，也是企业现有资源能够支持的企业策划方案。

（2）高层主管的信任与支持。由于企业策划部门是职能部门，没有直接行政指挥经营管理的权利，只能进行建议咨询。因此，企业策划方案能否顺利执行、能否执行到底，与高层领导的信任和支持程度有着直接的关系。

（3）其他部门的权利配合。企业策划部门拟定策划方案后，即使思虑再周密，如果得不到企业相关各方的认同、支持和有效参与，方案也将难以有效执行。只有企业内各个相关部门、相关人员的认可和积极参与，企业策划方案才有可能顺利实施并真正取得成效。

2. 选择企业策划方案

一般情况下，针对企业策划目标，企业策划者往往会提出几个策划方案，供企业管理者选择。选择方案时，应把握目标突出原则、可行性原则、价值原则、择优原则。

（四）企业策划方案的实施

企业策划方案的实施要经过两个步骤。

（1）企业策划方案的沟通。企业策划方案制定获得通过后，就要进入企业策划方案的实施阶段了，但在这之前，有一个环节十分关键，那就是策划方案的沟通。在实际中，企业策划方案的制定和执行是由不同的部门和人员完成的。因此，企业策划方案要成功付诸实施，必须使策划方案的制定部门与执行部门及其他相关部门有效沟通。否则，策划方案制定得再好，策划书写得再好，在执行过程中也达不到预期的效果。企业策划方案沟通的主要内容有：企业策划的意图、企业策划的目标、实施的内容以及实施中应注意的重点。企业策划方案沟通的方式主要有：印发内部刊物、举行报告会培训、召开座谈会、填写调查表、非正式沟通等。

（2）企业策划方案的实施。企业策划方案的实施分为以下两个主要阶段。

① 模拟布局阶段。企业策划方案在正式实施之前，需要进行充分的"彩排"，这就是模拟布局。此时，策划者必须根据策划书中安排的策略与实施进度，尽可能运用一切手段，模拟方案实施的布局与进度，预测方案未来的过程，最大限度地减少策划方案实施后的风险，以使能取得良好的实施效果。

② 分工实施阶段。在分工实施阶段，企业策划者一方面要把各部门的任务详细地加以分配、分头实施；另一方面，要根据事先制定的进度表，严格控制预算与进度。

经过这个过程，企业策划方案才算真正从"设想"落实到"动手"阶段。

（五）企业策划方案的调整与改进

策划者要根据企业内外部环境的变化以及实施的情况，对策划方案不断进行调整与改进，防止在策划的实施过程中出现偏差，使策划方案能够得到正确的落实与实施。这个过程包括以下两个步骤。

（1）信息收集、反馈。在策划方案的执行过程中，策划者需要不断收集对方案执行产生影响的内外部信息，并及时反馈。

（2）方案调整。方案调整是指方案在执行与磨合过程中，策划者应再征求多方意见，对方案的目标、措施、策略等进行调整、修正和改进。

二、企业策划文案的设计

（一）企业策划文案的含义

企业策划文案，也称商业计划书、企划书、提案书。它是关于企业策划内容的文字报告，是一份全方位的项目计划。它从企业内部的人员、制度、管理，以及企业的产品、经营、市场等各个方面对企业的经营行为做出周密的可行性分析及事先安排。形式上，它要求规范、具体、鲜明，具有形象性和可操作性。它是实现企业策划目标的行动方案，是正确表达企业策划内容的载体。通过企业策划文案，策划者可以有效地传递企业策划的内容，从而方便企业管理者对内容的理解；并且，通过企业策划文案，策划者可以有效地说明企业策划的内容，从而保证其顺利实施。所以，企业策划文案的意义在于对企业策划内容的表现、理解及说明。

一项成功的企业策划文案必须具备以下基本特征：优良的创意；可操作性；符合企业的利益与要求；具有可靠的依据；文案条理清晰，逻辑严谨，首尾一致，文字流畅。

（二）企业策划文案的基本种类

按照企业策划文案呈示对象的不同，企业策划文案可分为面向企业内的策划文案和面向企业外的策划文案两大类。其中，每一大类又可细分出许多不同主题的企业策划文案。

企业内的企业策划文案主要呈示给企业的各级领导，事业策划文案是其主要形式。事业策划文案主要就企业中短期的新事业（如开发新市场、开展新业务、设立新机构等）进行企业策划，一般由主管经理、综合策划部门或相应的事业部门共同制定。

面向企业外的企业策划文案主要展示给企业的顾客或经营伙伴等其他与企业经营相关的个人、组织或机构。面向企业外的企业策划文案的主要形式是产品策划书。在制定产品策划书时，必须充分认识顾客的价值观，在认真考虑顾客利益的基础上，发挥丰富的想象力和创造力。

按照具体内容的不同，企业策划文案可以分为市场营销策划书、机构改革策划书、市场调查策划书、新产品开发策划书、资本运营策划书、广告策划书、CI策划书等。

（三）企业策划文案的基本结构

不同种类、不同类别的企业策划文案结构各有不同。但是，策划文案的构成与策划过程的顺序应该是一致的。一般的策划文案的构成内容如表6-1所示。

表 6-1　企业策划文案的构成

部　分	内　容	说　明
1. 策划文案的导入	（1）封面	企业策划文案的脸面，最具个性的部分
	（2）前言	表明企业策划的动机及策划者的态度
	（3）目录	企业策划文案的目录
2. 企业策划概要	（4）文案概要	概述策划文案的整体思路与内容
3. 企业策划目的	（5）企业策划活动要达到的具体目标	明确提出此次企业策划活动要达到的目标，说明策划活动的意义
4. 企业策划背景	（6）企业策划背景分析	说明此次企业策划活动的前提
5. 企业策划文案的构想与策略	（7）企业策划文案的构想与策略	达到企业策划目标的具体实施策略
6. 预算表和进度表	（8）企业策划实施过程的具体安排及费用预算	企业策划所需人员、资金、时间等要素安排
7. 效果预测评	（9）预测企业策划可能取得的效果	预测企业策划可能给企业带来的收益
8. 附录	（10）补充说明	附加的与企业策划相关的资料，增加文案的可信度

1. 封面

封面是企业策划文案的首页，是文案的"脸面"，由于策划者的风格爱好不同，在设计封面时会有很大的差异。但有一个基本原则是，封面设计在表现策划者风格的基础上，还必须与策划内容协调一致。封面能充分展示策划文案的个性、注重艺术设计，达到先声夺人的效果。

封面一般由以下几个部分构成。

（1）委托方。在封面上应写明此份文案的委托方，同时也说明此次策划活动的执行者。

（2）策划者。可以是个人也可以是策划公司。有时还要具体写出策划者的所属部门、地址、电话等较为详细的信息。

（3）方案名称。方案的名称要简洁明了。通常情况下，方案的名称可用主、副两个标题表达。主标题是策划方案的总名称，一般可表示为"XX 公司关于 XXX 活动的策划文案"。副标题的使用更加灵活，可充分展示出策划者的创意，具体表现策划主题，展示策划目的，反映策划背景以及带来的收益。副标题的设计要求是：能够揭示文案中心思想，产生较强的感染力与冲击力，新颖、醒目、紧扣文案中心。

（4）策划提出的日期。

（5）机密程度。一般策划文案的机密程度可分为绝密、机密、一般。

2. 前言

前言是企业策划文案的开篇，是整个文案的浓缩。其内容包括策划的宗旨、策划的背景及其现实性和可行性。在前言的写作过程中，要求策划者有高度的概括能力和归纳能力，将文案的核心内容用精炼的语言表达出来，让读者一看就明白该企业策划文案的主题是什么、为什么要进行这项策划。同时，在前言中，策划者还要清楚地表达自己对此项策划活动的思考与独特的见解。前言写作的原则是精简、有趣，表达出以下几方面的内容，能够引起读者的兴趣与关心。

（1）企业策划的背景及目的。

（2）企业策划内容的基本概要。

（3）企业策划及本策划文案的特点（与其他的文案相比本文案的特点或优势，以及能给企业的承诺等）。

（4）对有关人员的感谢。

阅读资料

前　　言

贵公司从创业以来，一直致力于对中国"食文化"的开发，拥有大量的畅销商品，对光大中国"食文化"作出了重大的贡献。本公司对此深表钦佩。

然而，随着我国经济的飞速发展，整个市场结构变化巨大，"食市场"同样如此。由于市场竞争日益加剧，特别是 A 公司成功地开发了新的流通渠道，全面开展新的直接营销方式后，贵公司产品的市场占有率面临着巨大的威胁。

在这样的市场环境下，贵公司自去年开始设立 XXX 研究项目，着手开发即时营销的新系统。

本企划的目的，是为贵公司构筑并展开"食市场"的即时营销系统，并为此开发、运营战略顾客数据库。

如此，本公司企划的重要特点是运用一对一的营销理论，为贵公司开发战略顾客数据库并保证其有效运用。

最后，非常感谢贵公司的信任，使本公司获得共同发展的机会。

3. 目录

策划文案的目录可以展示文案的整体构成。通过目录可以为读者了解文案、检索文案的内容提供方便。另外，由于策划的程序与文案的构成往往是一致的，读者通过目录就可以清楚地了解整个企业策划活动的作业程序。并且透过目录可预先把握企划的思路，为进一步理解、接受、执行策划方案做好准备。

4. 文案概要

为了使文案的阅读者快速、全面地了解策划文案的内容，策划者在一开始时就要直观地向阅读者或委托方全面展示策划文案的全部内容。在概要部分，通常只用一两页纸的篇幅，利用框架图的形式浓缩策划文案的整体内容，并清晰表述策划的思路和过程。

阅读资料

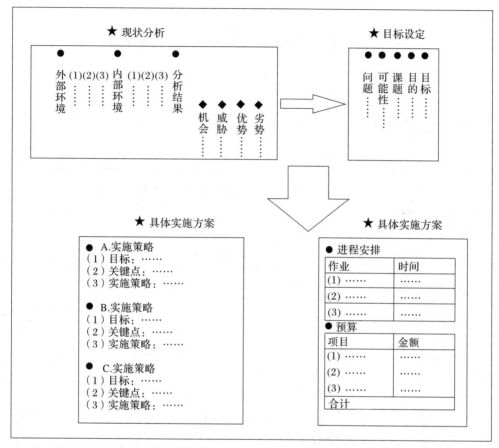

企 划 概 要

5. **企业策划活动要达到的具体目标**

明确企业策划活动的具体目标，如销售额的增加、利润的增加、顾客忠诚度的提升等。明确的企业策划目的与提出的企业策划策略应该是前后呼应，互为因果的。

6. **企业策划背景分析**

策划方案并非是凭空想象的，它是在企业背景调研的基础之上，进行周密分析而产生的结果，所以说，策划背景分析是策划文案的"出生证明"。

通常，企业策划背景分析主要包括以下内容：企业的宏观环境分析；企业的行业环境分析；企业的市场环境分析；策划活动的动机及面临的契机分析；策划活动的前提条件（制约因素）分析。

7. **企业策划文案的构想与策略**

这个部分是企业策划文案最重要的内容，也是整个策划文案的核心所在。它包括策划的缘由、问题点、创意点、具体的实施方法与策略、人员安排等方面的内容。主题内容的写作要求目标明确、重点突出、详略得当。这部分内容的设计最能够体现策划者创意能力和对企业资源的运筹能力，它要求策划者能够运用各种具有创新性的方法和策略，在企业现有资源的基础之上，实现企业预期的经营目标。通常，这部分内容除了用文字表述外，还可以通过图表来表述。用图表来表述能让读者对策划文案的构想与将要实施的策略一目了然。如图6-1所示。

阅读资料

某企业在推广某种产品时的构想与策略

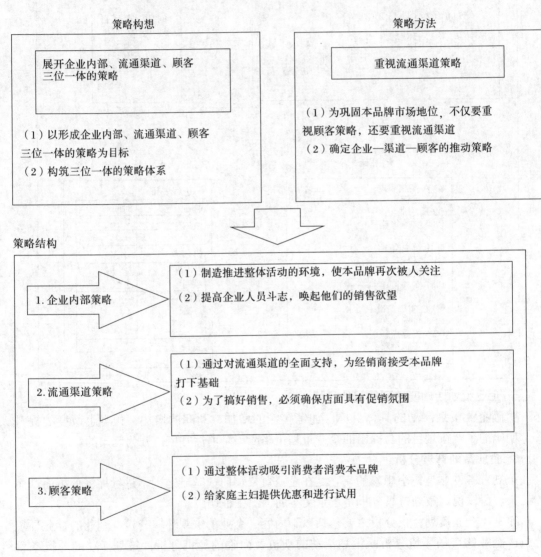

图6-1　实施策略结构实例图

8. 企业策划实施过程的具体安排及费用预算

策划主体是最重要的环节，财务预算也是策划方案极其重要的部分。因为企业策划活动是一项复杂的系统工程，需要花费相当的人力、物力、财力以及其他的企业资源。一项策划方案虽然从表面上看起来比较完善，但是否具有可操作性却是一项文案得以实施的根本前提。如果预算不周密、不符合实际情况，就会导致策划活动严重亏损，甚至中途夭折。这就要求策划文案尽可能做到详尽、周密、细化、准确这几点。为了使预算更能量化和细化，具有可操作性，最好将预算绘制成表格，这样既有利于核算，又有利于对策划的进程进行查对。表 6-2 所示是预算表的一般形式。

表 6-2　XX 策划活动预算表

实施策略（作业）	资　源	金　额	补充说明
（1）XXX			
（2）XXX			
（3）XXX			
合计			

企业策划文案的进度表是策划活动得以贯彻实施的具体安排，也是策划文案的重要组成部分。进度表必须明确表示做什么、何时做、谁来做、何人负责、何人协助，进行怎样的布置和安排。进度表最好细化和量化，这样就能将各自的职责和人物清楚地反映出来，便于操作和实施。表 6-3 所示是进度表的一般形式。

表 6-3　XX 策划活动进度表

实施策略（作业）	具体的活动内容	活动的时间安排	执行的部门及负责人	备注
（1）XXX				
（2）XXX				
（3）XXX				

在具体的操作过程中，预算与进度可以合并设计与使用。

9. 预测企业策划可能取得的效果

在制定文案时，一般都要对策划活动的效益进行预测性的评估与分析。这样更能体现出文案是否具有可操作性和现实性，更能加强对委托方的说服力。不同类型的策划文案，其使用的评估指标体系也是不同的。

10. 补充说明

在策划文案的最后，往往有必要附加一些与此次策划相关的，但在正文中又不便于表述的内容，这就是策划文案的附录（即补充说明）。附录一般包括以下内容。

（1）说明文案中材料的出处、所使用数据的来源等。

（2）对文案可能被采用的有力证据（曾经成功的案例、有利的经历等）。

（3）特别的说明（要特别感谢的组织与人员等）。

（四）企业策划文案的构成案例

不同类别、不同内容的策划文案的构成内容会各有增减。以下列举集中常用的企业策划文案的基本构成，以供了解。

1. 新商品策划书

（1）形成商品的概念：命名；包装、设计。

（2）目标市场（使用者、购买者、推荐者等）。

（3）竞争商品：竞争商品；类似商品。

（4）本企业商品的市场定位。

（5）顾客化基本战略（顾客计算机信息系统）。

（6）产品制造方法（产品图纸、基本功能、安全性等）。

（7）产品用途（使用场所、使用机会、使用方法）。

（8）渠道：营销渠道；维修服务。

（9）市场导入策略：销售促进策略；市场导入手段等。

（10）广告计划（广告活动计划）。

（11）价格（关于成本、价格等）。

（12）开发推进（设计、试制、原材料等）。

2. 进入市场策划书

（1）主要商品：对象商品的概要；商品群展开。

（2）目前市场状况：所售商品分析；销售状况分析。

（3）今后的方针与安排。

（4）商品对象（目标）：商品 ×× 目标；商品 ×× 市场。

（5）分销渠道分析。

（6）进入市场所存在的问题。

（7）广告宣传计划。

（8）营业系统。

（9）个别工具的设计案：样品方案；价格表。

3. 促销活动策划书

（1）计划的名称：活动名称；副标题。

（2）计划的目的（销售促进等）。

（3）计划的主题（活动主题）。

（4）对象商品。

（5）计划的内容（如：赠品种类、赠品的赠送方法）。

（6）计划的对象（目标顾客）。

（7）计划的目标（来店客人数、促销期间销售量等）。

（8）促销场所（店内）。

（9）促销时间。

（10）店内装饰。

（11）制品种类（广告传单、POP、卡片等）。

（12）通知方法（广告等）。

（13）运营计划：店内任务安排；与以往计划的区别。

（14）计划的效果（顾客数、销量以外的预期效果）。

阅读资料

美特斯·邦威服饰品牌营销策划书

● 目录（略）

前言

美特斯·邦威集团始建于 1995 年，主要生产销售休闲系列服饰。目前拥有美特斯·邦威上海、北京、杭州、重庆、成都等分公司，在全国设有专卖店 1500 多家。

美特斯·邦威集团在国内服装行业率先采取"虚拟经营"模式，走品牌连锁经营的发展道路。1995 年 4 月公司开设第一家"美特斯·邦威"专卖店。2001 年，集团在稳步发展的基础上，全面启动品质管理工程，从品牌形象、产品设计与质量、市场拓展、销售服务和信息化管理等全过程提升管理品质，美特斯·邦威集团由此发展成为中国休闲服饰行业的龙头企业之一。

本方案旨在抓住消费者的消费心理，协助美特斯·邦威品牌服装新产品建立品牌形象及提高知名度，并配合营销策略，使之取得优良的销售效果。

● 企划概要（略）

一、策划的目的

品牌营销策划的目的，是要成功地塑造和传播品牌的形象，就是要以品牌形象的塑造和传播为研究的重点，在掌握了大量的信息资料的前提下，遵循系统性、可行性、针对性、创造性的原则，为企业品牌的整体营销活动提供一个科学的活动规范方案的决策活动过程。

二、营销环境分析

（一）市场分析

（1）品牌在现实市场中的表现。

美特斯·邦威在现实生活中受到了年轻一代人的喜爱，并逐渐扩大其影响力，走专业化道路，大力发展企业在本土中的竞争优势，打造中国服饰企业的民族品牌，以抓住市场机会在行业中脱颖而出，是我们绝大多数服饰企业发展壮大的唯一选择。

（2）市场成长状况，品牌目前的知名度、影响力。

美特斯·邦威集团公司始建于 1995 年，主要研发、生产、销售美特斯·邦威品牌休闲系列服饰。集团在坚持"虚拟经营"的业务模式基础上，全面启动品质管理工程，从品牌形象、产品设计与生产采购、物流、市场拓展、销售服务和信息化管理等全过程提升管理品质。

（3）消费者的接受性。

美特斯·邦威集团发展成为中国休闲服饰行业的龙头企业之一。集团已连续多年跻身中国服装行业百强企业，连续多年被全国工商联评为"上规模民营企业 500 强"。受到消费者的广大好评。

（二）对品牌影响因素进行分析

1. 宏观环境因素

随着服装业的快速发展及中国加入 WTO，服装品牌数量正呈现爆炸性的增长，国外二线品牌大规模进入中国，使得中国的服装品牌市场进入了一个竞争日趋激烈、国际化和多元化并存的新时期。国内企业和品牌面临着一个如何重新定位和资源整合的现实课题。本方案旨在抓住消费者的消费心理，协助"美特斯·邦威品牌"服装新产品建立品牌形象及提高知名度，并配合营销策略，使之取得优良的销售效果。

2. 微观环境因素

（1）公司从创立之日起，就始终把诚信经营作为企业发展的基石，赢得了消费者的信赖和行业的好评，独具特色的经营管理理念和品牌文化内涵，引起了业内和各界的广泛关注。

（2）在品牌形象提升上，公司运用品牌形象代言人、极具创意的品牌推广公关活动和全方位品牌形象广告投放，结合开设大型品牌形象店铺的策略，迅速提升品牌知名度和美誉度。

（3）产品设计开发上，建立并培育了一支具有国际水准的设计师队伍，与法国、意大利、香港等地的知名设计师开展长期合作，每年设计服装新款式几千种。

（4）生产供应上，充分整合利用社会资源和国内闲置的生产能力，走社会化大生产专业化分工协作的路子，在广东、上海、江苏等地几百家生产厂家为公司定牌生产，形成年产系列休闲服几千万件（套）的强大生产基地，专业的品检师对每一道生产工序实施严格的品质检验，严把质量关。

（5）经营上利用品牌效应，吸引加盟商加盟，拓展连锁专卖网络，并对专卖店实行包括物流配送、信息咨询、员工培训在内的各种服务与管理，与加盟商共担风险，共同发展，实现双赢；实施忠诚客户服务工程，不断提升服务质量。

（6）管理上实现电子商务信息网络化，建立了管理、生产、销售等各个环节的计算机终端联网的"信息高速公路"，实现了内部资源共享和网络化管理。

三、市场机会与问题分析

（1）品牌营销现状分析。

除了一直宣扬的虚拟经营的卖点，央视广告加名人代言，这种单调的品牌传播模式并不是美特斯·邦威品牌推广的万能良药。目前，中国休闲服市场激战正酣，隐藏在这背后的是廉价的代加工劳动力和微薄的利润，品牌价值和核心竞争力无从体现。然而，要成为真正对市场具有号召力的品牌，仅仅在研发设计和销售渠道方面发力仍然远远不够，营销传播的立体化和创新化才是美特斯·邦威面临的长期课题，而现在的问题是，美特斯·邦威在这方面一直在走寻常路。

（2）品牌优劣势分析。

美特斯·邦威集团于 1998 年开始逐步把经营管理中心、研发中心移到上海。2005 年 12 月 10 日，集团上海总部正式启用，标志着集团进入二次创业阶段。借助上海这个时尚之都和经济中心的区位优势和有利平台，充分整合配置资源，从业务模式创新转向管理模式创新，利用信息化平台整合社会资源，构建服装产业上下游生态链，加快物流、信息流、资金流的循环。

四、品牌营销目标

美特斯·邦威旨在成为全球裁缝，为全球消费者提供新时尚的生活体验、年轻活力的领导品牌、流行时尚的产品、大众化的价格。集中优势资源，专注于服装产业的休闲服饰，在该领域做深、做细、做精；只有当国内市场的领导地位建立并稳定之后，才会考虑拓展海外市场。美特斯·邦威品牌在年龄定位上专注于18～25岁的年轻、活力的消费者，决不轻易变动延伸。

五、品牌营销战略（具体行销方案）

（一）品牌定位

美特斯·邦威品牌将目标受众定位在18～25岁活力和时尚的年轻消费者，倡导年轻活力和个性时尚的品牌形象，给人以平等友善、具有责任感的社会形象，带给广大消费者富有活力、时尚和个性的休闲服饰。美特斯·邦威的品牌精髓为"不走寻常路"。

（二）品牌设计

（1）名称设计：美特斯·邦威。

美：美丽，时尚；

特：独特，个性；

斯：在这里，专心、专注；

邦：国邦、故邦；

威：威风。

（美特斯·邦威，代表公司坚定不移的两个目标：为年轻消费者提供"个性时尚"的服饰产品，进而把品牌打造成国际休闲服市场一个领导品牌，扬国邦之威、扬中华之威。）

（2）标志设计。

（三）品牌形象

（1）品牌形象的概述。

在品牌运作上，美特斯·邦威运用整合营销的理念，通过选用目标受众喜爱的品牌形象代言人（周杰伦、潘玮柏和张韶涵）、举办品牌公关活动和投放品牌形象广告，结合开设大型品牌形象店铺的策略，迅速提升品牌资产。品牌在知名度、美誉度和忠诚度方面均遥遥领先于国内市场的所有竞争品牌，深受年轻消费者的喜爱。

（2）品牌形象的构成。

主要根据四季为主打形象的构成。

（3）品牌形象的塑造。

公司运用品牌形象代言人、极具创意的品牌推广公关活动和全方位品牌形象广告投放，结合开设大型品牌形象店铺的策略，迅速提升品牌知名度和美誉度；运用当红的港台艺人为之代言塑造品牌形象。

（四）品牌传播

品牌传播是企业的核心战略，也是超越营销的不二法则。品牌传播的最终目的就是要发挥创意的力量，利用各种有效发声点在市场上形成品牌声浪，有声浪就有话语权。

（1）广告传播。对品牌而言，广告是最重要的传播方式，有人甚至认为：品牌＝产品＋广告，由此可见广告对于品牌传播的重要性。人们了解一个品牌，绝大多数信息是通过广告获得的，广告也是提高品牌知名度、信任度、忠诚度，塑造品牌形象和个性的强有力的工具。

（2）公关传播。公关是公共关系的简称，是企业形象、品牌、文化、技术等传播的一种有效解决方案，包含投资者关系、员工传播、事件管理以及其他非付费传播等内容。作为品牌传播的一种手段，公关能利用第三方的认证，为品牌提供有利信息，从而吸引和引导消费者。

（3）销售促进传播。销售促进传播主要用来吸引品牌转换者。它在短期内能产生较好的销售反应，但很少有长久的效益和好处，尤其对品牌形象而言，大量使用销售推广会降低品牌忠诚度，增加顾客对价格的敏感，淡化品牌的质量概念，促使企业偏重短期行为和效益。

（4）人际传播。人际传播是人与人之间直接沟通，主要是通过企业人员的讲解咨询、示范操作、服务等，使公众了解和认识企业，并形成对企业的印象和评价，这种评价将直接影响企业形象。

六、品牌资产

美特斯·邦威在 2008 年搭上了 IPO 的末班车之后，学习 H&M、ZARA 等国际连锁品牌，走上"快时尚"之路。美特斯·邦威于 2008 年 8 月 28 日在深交所挂牌上市，上市前它的现有银行存款达 4.7 亿元，流动资金约 13 亿元，且根据其集团财报显示，2007 年它实现销售额 31.57 亿元，利润总额为 4.33 亿元，毛利率达 38.8%，其 0.95% 的市场份额在国内 20 家主要休闲服饰企业中也是排第一，美特斯·邦威的现金流是健康的。

七、方案调整

在现实的品牌销售中，我们要根据不同的市场状况、不同的区域、不同的地区、不同的经济发展水平和消费习惯，做出相应的调整，使产品销售趋于完善，市场覆盖面加大，销售增长扩大，企业经济利润提升。

（案例来源：宋卫云，《企业实用策划文案范本大全》，中华工商联合出版社，2014 年。）

思考与练习

一、判断题

（1）企业经营是企业活动的中心。（　　）

（2）管理法律方法应该独立使用，才能达到最有效的管理目标。（　　）

（3）企业决定是否给产品起名字、设计标志的活动就是企业的品牌化策略。（　　）

（4）服务就是满足别人期望和需求的行动、过程及结果。（　　）

（5）服务标准化是指设立专门的组织机构，选派业务素质高、责任心强的人员负责服务管理，实施定人、定责、定任务、定范围的岗位责任制管理。（　　）

（6）企业在与公众之间的公共关系中，必须处于主动一方。（　　）

（7）企业策划是企业在市场及资源的约束下，为达到企业目标所进行的各种创意、构想、计划、策略及实施的过程。

（8）企业策划是建立在一定的组织、制度和物质的基础上，根据企业的发展战略、管理、营销、人力资源、企业文化等情况，进行的一个总体而又具体的规划。（　　）

（9）进行企业策划活动的第一步就是写策划文案。（　　）

（10）企业策划文案的封面可有可无。（　　）

二、单选题

（1）企业经营管理是指对企业整个生产经营活动进行决策、计划、（　　）、控制、协调，并对企业成员进行激励，以实现其任务和目标的一系列工作的总称。

A. 管理　　　　　　　B. 组织　　　　　　　C. 经营　　　　　　　D. 策划

（2）在企业经营管理中，为了实现某一经营目标，在一定的市场环境条件下，所有可能实现经营目标而采取的行动及行动方针，方案和竞争方式，称为（　　）

A. 企业经营战略　　B. 企业经营策划　　C. 企业经营策略　　　D. 企业经营方法

（3）"宝洁"公司的洗衣粉使用了"汰渍""碧浪"；香皂使用了"舒肤佳"；牙膏使用了"佳洁士"，是使用了品牌名称策略中的（　　）策略模式。

A. 个别品牌名称

B. 对所有产品使用共同的家族品牌名称

C. 各大类产品使用不同的家族品牌名称

D. 个别品牌名称与企业名称并用

（4）以各种社会性、文化性、公益性、赞助性活动为主要内容，其目的是塑造组织良好的社会形象、模范公民形象，提高组织知名度和美誉度的公共关系策略是（　　）。

A. 宣传型公共关系策略　　　　　　　B. 征询型公共关系策略

C. 服务型公共关系策略　　　　　　　D. 社会型公共关系策略

（5）当企业形象受损、公共关系严重失调时，企业应采取（　　）公共关系策略。

A. 维护型　　　　　　B. 矫正型　　　　　　C. 进攻型　　　　　　D. 防御型

（6）企业在制定公共关系策略时，要始终利用情感的手段与公众建立和保持一种融洽亲密的关系，这是企业公共关系策略的（　　）原则。

A. 平等　　　　　　　B. 角色互换　　　　　C. 掌握事实　　　　　D. 情感相随

（7）企业策划方案设计的核心是（　　）。

A. 策划方案实施　　B. 资料收集　　　　C. 策划目标确定　　　D. 策划方案制定

（8）企业策划的基本程序主要包括明确策划目标、（　　）、制定和选择策划方案、策划方案的实施与改进。

A. 选择策划公司　　B. 筛选策划人　　C. 资料的收集与分析　　D. 策划书的编写

（9）根据资料的来源，进行企业策划所需要的资料可分为（　　）与市场调查资料两大类。

    A. 现成资料   B. 期刊资料   C. 书籍资料   D. 网络资料

（10）企业策划的实施分为（　　）和分工实施两个主要阶段。

    A. 宣传推广   B. 计划实施   C. 模拟布局   D. 正式实施

三、多选题

（1）企业经济系统包括以下（　　）环节。

    A. 生产   B. 营销   C. 分配   D. 消费   E. 流通

（2）企业经营管理方法一般包括（　　）方法，它们构成一个完整的管理方法体系。

    A. 法律   B. 行政   C. 经济   D. 教育   E. 技术

（3）服务的特征包括（　　）。

    A. 无形性   B. 同步性   C. 单向性   D. 差异性   E. 易逝性

（4）公共关系策略的任务是（　　）。

    A. 获得利益   B. 降低成本   C. 树立形象   D. 协调平衡

（5）按照企业策划文案呈示对象的不同，企业策划文案可分为（　　）和（　　）。

    A. 面向企业管理者的策划文案   B. 面向企业内的策划文案

    C. 面向员工的策划文案   D. 面向企业外的策划文案

四、思考题

（1）企业经营管理应该如何创新？

（2）使用品牌能够给企业带来哪些好处？

（3）企业经营服务策略应如何展开？

（4）公共关系的策略分为哪几类？公关策略的任务是什么？

（5）企业策划的基本程序分为哪几个阶段？每个阶段的内容是什么？

五、能力拓展与训练题

请选择一家企业，了解该企业的经营运作管理状况，选择一种企业活动，运用所学的知识制作一份企业活动的策划方案。

模块七　企业人力资源管理

模块综述

人力资源是经济活动中最活跃的因素，也是一切资源中最重要的资源。管理的核心是管人。随着社会的不断发展，人力资源管理在企业发展中拥有举足轻重的地位。如何有效地开发、使用、激励人力资源，不断提高现代企业管理的质量和水平，是实现企业经营管理目标的关键。

学习目标

理解人力资源和人力资源管理的概念，了解人力资源管理在企业管理中的重要作用，掌握人力资源管理的功能、内容，熟悉人力资源管理各项工作；能利用有关理论和方法，分析、解决企业人力资源管理的具体问题。

引入案例

联想——高效人力资源管理

联想集团由 1984 年创业时的 11 个人、20 万元资金发展到今天具有一定规模的贸、工、技一体化的中国民营高科技企业。联想集团为什么被其他企业极力探索？为什么一大批优秀的年轻人都涌向它？我们不妨走入联想内部，去看看联想的人力资源管理。

观念的转变：从"蜡烛"到"蓄电池"

和每一个企业的成长历史相类似，联想也经历了初创、成长到成熟稳定的几个阶段。1995 年，联想集团"人事部"改名为"人力资源部"，这种改变不仅是名称的变化，还是一种观念的更新。

蒋北麒先生曾说："过去的人才管理把人视作蜡烛，不停地燃烧直至告别社会舞台。而现在，把人才看作是资源，人好比蓄电池，可以不断地充电、放电。现在的管理强调人和岗位适配，强调人才的二次开发。对人才的管理不仅是让他为企业创造财富，同时也要让他寻找到最适合的岗位，最大地发挥自身潜能，体现个人价值，有利于自我成长。"

在联想的核心理念中，有一句非常经典的话——办公司就是办人。联想非常重视人才培养，并逐步形成了一些独特而富有成效的培训理念和方法。

"缝鞋垫"与"做西服"

联想集团认为，要培养一个战略型的人才就和培养一个裁缝一样，有着相通的道理。刚学缝纫的时候，不拿上等的毛料去做西服，而应该先学缝鞋垫。只有通过不断地实践和学习，才能培养出手艺，最后做出上等的西服。企业培养人也是一样，要逐步提高，不可一步登天。

联想集团的总裁杨元庆，从中国科技大学研究生毕业到联想，并不是直接走上重要岗位，而是当了一名推销员，又慢慢成为业务部经理，才被调到最重要的微机事业部做总经理。在微机事业部，他的才华得到充分的展现，最终被推上了当家人的位置。

这种扎实的培养方法，在企业中并不多见，但正是通过稳扎稳打的培养，才造就了一批经验丰富、见识卓越的联想人。

"赛马中识别好马"

识别人才的最好方法，是在工作中观察；培养人才的最好方法，是在工作中锻炼。在工作中培养出来的人才，才是最适合企业需要的人。在动态的过程中，通过实践、认识、再实践、再认识的不断循环，逐步在工作中提高能力。上层领导会通过观察，发现优秀的人才，然后给予更多的支持和培养。

从1990年以来，联想集团就一直大量起用新人，每年会提拔数十名的年轻人。年轻人先是到副职上工作，处在正职的联想人经验丰富，在工作中会有意地培养年轻力量，从"赛马中识别好马"。只要个人有能力，联想集团会给予更多的机会，让人才有充分的发挥空间。

（案例来源：http://wenku.Baidu.com/link?url=9rKDEB4w8J7WQpekPfkhmVpnyJGq hw4gj4oq1YrWDs9PNsuwRf25CfaQmka7tkt6oJkRE8SAet4itUmw-C7MVM1RB8NYwC_ SoWef-p_7nKG

http://wenku.Baidu.com/view/9cac0d3283c4BB4cf7ecd101.html）

思考： 通过对联想人力资源管理的了解，你对企业人力资源管理有什么认识？

任务一　人力资源管理认知

一、人力资源概述

（一）人力资源的概念

"人力资源"一词是由彼得·德鲁克于1954年在《管理的实践》中讨论管理员工及其工作时首次提出的。

人力资源是现代社会生产活动中最活跃的因素，也是一切资源中最重要的资源。从对象上看，人力资源包括具有脑力劳动能力和体力劳动能力的人；从范围上看，包括劳动力的数量、质量，以及劳动力的结构。从时间序列上看，包括现实的人力资源和潜在的人力资源。现实人力资源指一个国家或一个地区在一定时间内拥有的实际从事社会经济活动的全部人口，包括正在从事劳动和投入经济运行的人口以及由于非个人原因暂时未能从事劳动的人口。潜在人力资源则是指处于储备状态，正在培养成长，逐步具备劳动能力的，或虽具有劳动能力，但由于各种原因不能或不愿从事社会劳动的，并在一定条件下可以动员投入社会经济生活的人口总和。例如在校的青年学生、现役军人、从事劳务劳动的家庭妇女等。因此，人力资源是指一定社会组织内能够推动国民经济发展和社会发展的、具有脑力劳动和体力劳动能力的全部劳动人口总和，具体指人的体质、智质、心理素质、品德、能力素养等。

关键概念

人力资源与人力资本

人力资源包括自然性人力资源和资本性人力资源。自然性人力资源是指未经任何开发的遗传素质与个体；资本性人力资源是指经过教育、培训、健康与迁移等投资而形成的人力资源。

人力资本是指所投入的物质资本在人身上所凝结的人力资源，是可以投入经济活动并带来新价值的资本性人力资源。

人力资本存在于人力资源之中。人力资源关注的是价值问题，而人力资本关注的是收益问题。人力资源是将人力作为财富的源泉，是从人的潜能与财富的关系来研究人的问题。而人力资本则是将人力作为投资对象，作为财富的一部分，是从投入与收益的关系来研究人的问题。

（二）人力资源的基本特征

人力资源是一种特殊而又重要的资源，不同于企业中的其他资源。它具有以下的基本特征：

1. 生物性

人力资源属于人类自身所有，存在于人体之中，是一种"活"的资源，与人的生理特征、基因遗传等密切相关，具有生物性。

2. 时效性

人力资源的形成、开发、使用等都与人的生命周期有关。人力资源是在人的生命周期中不断形成的，是知识、技能、素质等的累积过程，而人力资源的开发和使用仅存在于人生命周期的一个阶段。在这个阶段中，由于人力资源的开发和使用的目的不同，人力资源本身的类型、所处层次不同，发挥作用的最佳年龄阶段也不同。

3. 能动性

人力资源的能动性是指人力资源是体力与智力的结合，能主动地认识世界、改造世界。人力资源的能动性主要表现在：一是自我强化，即通过接受教育和主动学习，使自己的素质得到提高；二是选择职业，即个人均可按自己的爱好与特长自由地选择职业；三是积极劳动，人在劳动过程中能够积极主动地利用自己的知识和能力，有效地利用其他资源为社会和经济发展创造性地工作。人力资源的主观能动性是区别于其他资源的最重要特征。

4. 两重性

两重性（双重性）是指人力资源既具有生产性，又有消费性。人力资源既是投资的结果，同时又能创造财富。根据舒尔茨的人力资本理论，对人力资源教育的投资、卫生健康的投资和对人力资源迁移的投资等因素决定了人力资源质量的高低。从生产和消费的角度看，人力资本投资是一种消费行为，并且这种消费行为是必需的，没有这种先期的投资，就不可能有后期的收益。另一方面，人力资本与一般资本一样具有投入产出的规律，并具有高增值性。对人力资源的投资无论是对社会还是对个人所带来的收益都要远远大于对其他资源投资所产生的收益。简单地说，人力资源一方面参与社会生产，提供服务，满足社会需求，但另一方面，人力资源也作为社会中的个体，在消费产品、享受他人提供的服务。

5. 连续性

与很多自然资源一次性消费不同，人力资源可以持续开发利用。不仅人力资源的使用过程是开发的过程，其培训、积累、创造过程也是开发的过程。这就要求人力资源的开发与管理要注重终身教育，加强后期的培训与开发，不断提高其知识、技能水平。

6. 再生性

人力资源和其他资源一样，在使用的过程中会产生磨损。人力资源的磨损包括有形磨损和无形磨损。人力资源的有形磨损是指由于人力资源的生物性，随着人力资源生命周期的变化，人力资源表现出的体力下降，生命特征的衰老等。人力资源的无形磨损是指随着社会经济的发展，知识更新速度的加快，人力资源所具有的知识、能力不能满足社会发展的需要。而人力资源具有再生性，其有形磨损可以通过社会人口内个体的不断替换更新和劳动力的"消耗——生产——再消耗——再生产"的过程实现其再生；其无形磨损可以通过人力资源的能动性去不断地更新知识、进行积累来满足社会需要。

7. 社会性

自然资源具有完全的自然属性，它不会因为所处的时代、社会不同而变化，古代的黄金和现代的黄金就是一样的，中国的黄金和南非的黄金也没有什么本质的区别。人力资源则不同，人所具有的体力和脑力劳动能力明显地受到时代和社会因素的影响，从而具有社会属性。社会政治、经济和文化的不同，必将导致人力资源质量的不同，例如，古代整体的人力资源质量就远远低于现代，发达国家整体的人力资源也明显高于发展中国家。

人力资源总是跟社会环境相联系的，具有环境的影响特征。人类劳动是群体性劳动，每一个人都在一定的社会和组织中工作和生活，其思想和行为都要受到社会和所处的政治、经济、历史和文化氛围的影响，每个人的价值观念也各不相同。人们在社会交往中，其行为可能与特定的组织文化所倡导的行为准则相矛盾，可能与他人的行为准则相矛盾，这就要求人力资源管理要注重团队建设，注重人与人、人与群体、人与社会的关系及利益的协调与整合。因此，人力资源具有一定的社会性。

二、人力资源管理概述

（一）人力资源管理概念

人力资源管理是指根据企业发展战略的要求，对人力资源的生产、开发、配置、使用等环节进行的计划、组织、领导和控制的管理活动。管理活动包括人力资源规划、工作分析、员工招聘与选拔、培训与开发、绩效管理、薪酬管理、劳动关系管理等。换句话说，人力资源管理是指组织运用现代管理方法，对人力资源的获取（选人）、开发（育人）、保持（留人）和利用（用人）等方面所进行的计划、组织、指挥、控制和协调等一系列活动，最终达到实现组织发展目标的管理活动。

一般来说，企业人力资源管理具有以下五种基本功能：

（1）获取。根据企业目标确定所需员工的条件，通过规划、招聘、考试、测评、选拔，获取企业所需人力资源。为了实现组织的战略目标，人力资源管理部门要根据组织结构确定工作说明书与员工素质要求，制定与组织目标适应的人力资源规划，并根据人力资源规划开展招募、考核、选拔、录用与配置等工作。显然，只有首先获取了所需的人力资源，才能对之进行管理。

（2）整合。通过企业文化、信息沟通、人际关系和谐、矛盾冲突的化解等有效整合，使企业内部的个体、群体的目标、行为、态度趋向企业的要求和理念，使之形成高度的合作与协调，发挥集体优势，提高企业的生产力和效益。现代人力资源管理强调个人在组织中的发展，个人的发展势必会引发个人与个人、个人与组织之间冲突，产生一系列问题，其主要工作内容包括：组织同化，即个人价值观趋同于组织理念；个人行为服从组织规范，使员工与组织认同并产生归属感；群体中人际关系和谐，组织中，人与组织的沟通；矛盾冲突的调解与化解。

（3）保持。通过薪酬、考核、晋升等一系列管理活动，保持员工的积极性、主动性、创造性，维护劳动者的合法权益，保证员工在工作场所的安全、健康、舒适的工作环境，以增进员工满意感，使之安心满意地工作。

（4）评价。对员工工作成果、劳动态度、技能水平以及其他方面做出全面考核、鉴定和评价，为企业做出的奖惩、升降、去留等决策提供依据。

（5）发展。通过员工培训、工作丰富化、职业生涯规划与开发，促进员工知识、技巧和其他方面素质提高，使其劳动能力得到增强和发挥，最大限度地实现其个人价值和对企业的贡献率，达到员工个人和企业共同发展的目的。

（二）人力资源管理与人事管理的区别

20世纪30年代，管理进入了人事管理阶段，开始强调人对工作的适应，人与工作的匹配。20世纪70年代以后，管理从以工作为中心转到了以人为中心，强调了人与工作的相互适应，提出了"以人为本"，出现了工作再设计。很多的人力资源管理的技术都是在这个阶段出现的，例如工作的丰富化，工作的扩大化，其主要指导思想就是怎样真正地发挥人的专长，而不是让人被动地去适应工作。

现代人力资源管理与传统人事管理在内容、地位、素质要求和管理方式等方面都有所不同。人力资源管理与人事管理不仅仅是称谓和职能部门名称的改变，并且有着以下区别：

1. 内容不同

传统的人事管理基本上属于行政事务性的工作，活动范围有限，以短期导向为主，考虑的是员工的选拔、使用、考核、报酬、晋升、调动、退休等，主要是由人事部门职员执行，很少涉及组织高层战略决策。人力资源管理的范围更加广泛，地位开始上升到战略管理层面。如人力资源的预测与规划、人员的测评与选拔、人力资源的开发与培养、人力资源的投资收益分析等等，人力资源管理与组织的发展紧密结合在一起。

2. 地位不同

传统人事管理把人看作是成本，把人事工作、人事管理看作是行政工作，着眼于为人找位，为事配人。传统人事管理的部门作为组织内的执行部门，主要从事日常的事务性工作。人力资源管理把人看作是资源，最重要的、最宝贵的"第一资源"，既重视以事择人，也重视为人设事，尤其对特殊的人力资源。人力资源管理部门被纳入决策层，把人的开发、利用、潜能开发作为重要内容，鼓励成员参与管理，将人力资源管理部门作为组织战略决策的参与者。

3. 素质要求不同

传统的人事管理主要从事的都是行政事务性工作，不需要具备特别的知识。而人力资源管理需要具备社会学、心理学、管理学、经济学和技术学等方面的知识，更加强调管理的系统化、规范化、标准化以及管理手段的现代化，突出了管理者诸要素之间互动以及管理活动与内外部环境间的互动。

4. 管理方式不同

传统人事管理将人看成是成本，强调管制、监控等方面的功能，关注的是对人的管理而忽略了人的能动性开发。人力资源管理更具有主动性，注重为人力资源提供适应的环境，关注如何从培训、工作设计与工作协调等方面开发人的价值，尊重员工主体地位的态度和发展激励、保障、服务、培训等引导性、开发性的管理功能，实现从消极压缩成本到积极开发才能的转变。

（三）人力资源管理的内容

人力资源管理的内容主要包括对员工的招募、甄选、录用、培训、岗位调配、绩效考评、奖惩、晋升、工资、福利、社会保险以及劳动关系的处理等。

1. 工作分析与设计

工作分析又叫职务分析，是对工作的全面信息的了解和提取的基础性管理活动，是对各类岗位的性质任务、职责权限、各类岗位关系、劳动条件和环境，以及员工承担本岗位任务应该具备的资格条件所进行的系统研究，并制定出工作说明书等岗位人事规范的过程。工作分析是现代人力资源管理所有职能，即人力资源获取、整合、保持与激励、控制与调整、开发等的基础和前提。

2. 人力资源规划

人力资源规划指为了实现企业的发展战略，完成企业的生产经营目标，根据企业内外环境的变化，运用科学的方法，对企业的人力资源需求和供给进行预测，制定相宜的政策和措施，从而使企业人力资源供需达到平衡，实现人力资源合理配置，有效激励员工的过程，包括人力资源现状分析、人力资源供给预测、人力资源需求预测、人力资源供求平衡。通过人力资源规划，一方面保证人力资源管理活动与组织的战略方向和目标一致；另一方面，保证人力资源管理活动中各个具体环节协调一致，消除冲突。

3. 员工招聘与选拔

根据人力资源规划和工作分析的要求开展招聘与选拔、录用与配置等工作是人力资源管理的重要活动之一。要实现组织目标，企业需要通过招聘来迅速、有效地找到合适人员弥补职位空缺。在这个过程中需要使用科学的方法与手段对所需的人员进行测评与选拔。

4. 培训与开发

通过培训提高员工个人、群体和整个企业的知识、能力、工作态度和工作绩效，激发员工的智力潜能，以增强人力资源的贡献率。

5. 绩效管理

绩效管理是管理者与员工就工作目标及如何达成工作目标进行协调并达成共识的过程，包括绩效计划、绩效沟通、绩效考评、绩效反馈和绩效改进。绩效管理的根本目的是为了持续改善组织绩效和个人绩效，它是培养企业核心竞争力的重要手段，是现代企业管理体系中不可缺少的重要环节，是企业取得成功的重要保证。

6. 薪酬管理

薪酬管理是在经营战略和发展规划的指导下，综合考虑企业内外各种因素的影响，确定企业的薪酬水平、薪酬结构和薪酬形式，并进行薪酬调整和薪酬控制的整个过程。其目的在于吸引和留住符合企业需要的员工，并激发他们的工作热情和各种潜能，最终实现企业的经营目标。薪酬管理包括对基本薪酬、绩效薪酬、奖金、津贴以及福利等薪酬结构的设计与管理，以激励员工更加努力地为企业工作。薪酬管理是人力资源活动中最敏感、最被人关注、技术性最强的工作之一，是吸引和留住人才、激励员工、充分发挥人力资源作用的有效手段之一。

7. 职业生涯管理

职业生涯管理是企业根据员工个人性格、气质、能力、兴趣、价值观等特点，结合组织需要，为员工制定具体的事业发展计划，并不断开发员工潜能的过程。职业生涯管理是把员工的职业发展与企业发展统一起来，使员工不断成长、产生强烈的归属感、忠诚感和责任心，最大限度发挥人力资源的作用，从而实现组织目标和员工的个人发展目标。

8. 劳动关系管理

劳动关系管理就是通过规范化、制度化的管理，使劳动关系双方（企业与员工）的行为得到规范，权益得到保障，维护稳定和谐的劳动关系，促使企业经营稳定运行。企业劳动关系主要指企业所有者、经营管理者、普通员工和工会组织之间在企业的生产经营活动中形成的各种责、权、利关系，包括所有者与全体员工的关系、经营管理者与普通员工的关系、经营管理者与工人组织的关系、工人组织与职工的关系等。现代企业的劳动关系管理主要是协调和改善企业与员工之间的劳动关系，进行企业文化建设，营造良好的工作氛围，保障企业经营活动的正常开展，从而实现企业经营目标。

任务二　招聘与选拔

随着社会经济的发展以及对人力资源认识的变化，人力资源的流动性越来越大，频率也越来越高。同时，企业对人力资源的需求也发生了很大的变化。企业为了谋求更好的发展，必须不断地招聘吸纳所需人力资源。因此，如何为企业吸收到合适的人才就成为人力资源部门的一项重要任务。

一、员工招聘

员工招聘是指根据人力资源规划和工作分析的要求，从组织内部和外部发现和吸引具备条件、有资格和能力的人员来填补职务空缺的活动过程。

（一）招聘的原则

人员招聘是确保企业生存与发展的一项重要的人力资源管理活动。在招聘过程中，应遵循以下原则。

1. 双向选择原则

招聘是员工和企业之间相互选择的过程。在企业挑选员工的同时，未来的员工也在选择企业。招聘工作实际上是企业向应聘者推销岗位或职务的过程。招聘中企业强调申请者的人格、兴趣和爱好应适合职务说明书、企业文化和价值观的要求，而另一方面应聘者更多地考虑企业环境、组织技术、企业发展及能否发挥自己的潜能。

2. 公平竞争原则

招聘为员工提供一个公平竞争上岗的过程，保证每个员工都能充分发挥自身的能力。企业对每一位应聘者应一视同仁，不能因地域、体貌、性别等因素限制平等竞争的市场规则，要按照公平、公开、公正的招聘程序，遵守法律规定，并承担应有的社会义务。通过公平公正的招聘，企业可以发现最佳人选，减少明显不合格或不合适的人员进入企业，减少人员受聘后离职的可能性，帮助员工找到适合自己的工作，提高企业和个人的效率。

3. 择优录用原则

人员招聘必须制定科学的考核程序、录用标准，选择合适的测试方法来筛选和鉴别人才。在强调择优的同时注重全面的原则，对报考人员的品德、知识、能力、智力、心理、过去工作的经验和业绩进行全面考试、考核和考察。因为一个人能否胜任某项工作或者发展前途如何，是由其多方面因素决定的，特别是非智力因素对其将来的作为起着决定性作用。只有根据客观的测试结果的优劣来选拔人才，才能真正选到良才。

4. 能岗匹配原则

人员招聘必须注意招聘人员的能力与聘用岗位要求之间的匹配。人的能力有大小，专长有强弱，本领有高低；而岗位要求有区别，工作有难易，待遇有不同。招聘工作的目的不是要寻找到最优秀的人才，而是要量才录用，做到人尽其才、用其所长、职得其人，这样才能持久地高效地发挥人力资源的作用。

5. 效率优先原则

招聘是一项有成本的管理活动。企业应依据不同的招聘要求，灵活选用合适的招聘程序和选拔方法。对企业关键岗位人员的招聘可选择较复杂的流程，运用多种测试手段进行鉴别，确保选出的人选符合高级管理职位的要求。而对普通岗位人员的招聘、选拔，就不必选用复杂的测评系统。这样在保证招聘质量的前提下，尽量降低招聘成本，体现效率优先的招聘原则。

（二）招聘的程序

招聘是个连续的过程。从广义上讲，人员招聘包括招聘准备、招聘实施和招聘评估三个阶段。详细的招聘实施流程如图 7-1 所示。

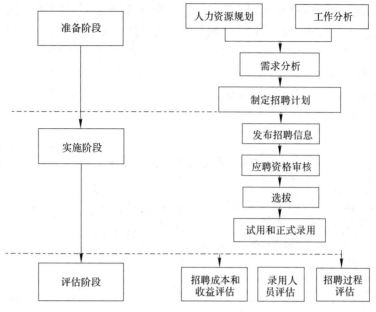

图7-1　招聘流程

1. 准备阶段

（1）在人力资源规划和工作分析的基础上进行人员招聘的需求分析，明确哪些岗位需要补充人员，掌握需要补充人员的工作岗位的性质、特征和要求。

（2）制定招聘计划。

知识链接

招聘计划的内容

（1）人员需求清单，包括岗位人数和要求。

（2）明确招聘标准，设置招聘标准最合理的方法是将资格要求分为两类：必备条件和择优条件。

（3）招聘时间、地点。

（4）招聘渠道的选择及宣传方案。

（5）招聘小组成员选择。

首先，招聘者必须具备诚实、热情、公正、认真和尽职的个人品质，同时要有较好的体力和心理素质，以应付繁重的招聘工作。

其次，招聘者应该具备表达能力、观察能力、交际能力和协调能力等多方面的能力。

第三，招聘者需要有很广阔的知识面。

（6）招聘费用预算。

2. 实施阶段

招聘工作的实施阶段是整个招聘活动的核心，也是最关键的一环，包括招募、筛选、录用三个步骤。

（1）招募阶段。根据招聘计划确定的策略和用人条件与标准进行，采用适宜的招聘渠道和相应的招聘方法发布招聘信息，确保有符合条件的人员来应聘。

（2）筛选阶段。根据用人条件和标准，依据应聘者所提供的资料，通过简历或求职人员登记表进行初步筛选，再采用笔试、面试、心理测试等方式对条件合适的应聘者进行严格测试，以确定适合岗位要求的人员。

知识链接

表 7-1　某公司求职人员登记表

应聘岗位：　　　　　　　　　　　　　　　　填表日期：　　年　　月　　日

姓名		性别		出生年月		照片
民族		婚姻状况		健康状况		
学历		专业		毕业学校		
通讯地址				手机号码		
家庭地址				QQ		
个人特长				身份证号		

教育经历			
起止时间	学校名称	所学专业	学历

工作简历				
起止时间	工作单位	职务	证明人	联系电话

家庭及主要社会关系				
姓名	所属关系	工作单位及职务	从事工作	联系电话

能否服从分配	□能　　□否	期望工资	

初试结论	初试评论： 　　　　　　　　　　　　　　　人力资源部经理：　　年　　月　　日
	主管经理意见： 　　　　　　　　　　　　　　　　　　签字：　　年　　月　　日

备注	本人承诺所填写的资料真实有效，否则同意聘用方随时无条件解除聘用关系。保证遵守公司的各项规章、制度和政策。 　　　　　　　　　　　　　　　　承诺人：　　年　　月　　日

（3）录用阶段：企业与劳动者就工作条件、工作报酬等劳动关系达成一致意见，签订劳动合同。

3. 评估阶段

招聘工作的评估主要从招聘过程和效果方面进行总结。招聘过程评估是对招聘的全过程进行全面的检查和评价，找出招聘计划与实际实施方案之间的差距及产生差距的原因；招聘效果评估是从招聘的成本和所录用人员的结果两个方面来衡量。进行招聘评估，可以及时发现问题、分析原因、寻找解决的对策，有利于及时调整有关计划并为下一次招聘提供经验教训。

经典案例

丰田公司的"全面招聘体系"

丰田公司著名的"看板生产系统"和"全面质量管理"体系名扬天下，但是其行之有效的"全面招聘体系"却鲜为人知，正如许多日本公司一样，丰田公司花费大量的人力物力寻求企业需要的人才，用精挑细选来形容一点也不过分。

丰田公司全面招聘体系的目的就是招聘最优秀的有责任感的员工，为此公司做出了极大的努力。丰田公司全面招聘体系大体上可以分成六大阶段，前五个阶段招聘大约要持续 5～6 天。

第一阶段，丰田公司通常会委托专业的职业招聘机构，进行初步的筛选。应聘人员一般会观看丰田公司的工作环境和工作内容的录像资料，同时了解丰田公司的全面招聘体系，随后填写工作申请表。1 个小时的录像可以使应聘人员对丰田公司的具体工作情况有个概括了解，初步感受工作岗位的要求，同时也是应聘人员自我评估和选择的过程，许多应聘人员会知难而退。专业招聘机构也会根据应聘人员的工作申请表、具体的能力和经验做初步筛选。

第二阶段，是评估员工的技术知识和工作潜能。通常会要求员工进行基本能力和职业态度的心理测试，评估员工解决问题的能力、学习能力和其他潜能以及职业兴趣爱好。如果是技术岗位工作的应聘人员，更会进行 6 个小时的现场实际机器和工具操作测试。通过 1～2 阶段的应聘者的有关资料会转入丰田公司。

第三阶段，本阶段主要是评价员工的人际关系能力和决策能力。应聘人员在公司的评估中心参加一个 4 小时的小组讨论，讨论的过程由丰田公司的招聘专家即时观察评估。比较典型的小组讨论可能是应聘人员组成一个小组，讨论未来几年汽车的主要特征是什么。实地解决问题可以考察应聘者的洞察力、灵活性和创造力。同样，在第三阶段应聘者需要参加 5 个小时的实际汽车生产线的模拟操作。在模拟过程中，应聘人员需要组成项目小组，负担计划和管理的职能，比如如何生产一种零配件，人员分工、材料采购、资金运用、计划管理、生产过程等一系列生产考虑因素的有效运用。

第四阶段，应聘人员需要参加一个 1 小时的集体面试，分别向丰田的招聘专家谈论自己取得过的成就，这样可以使丰田的招聘专家更加全面地了解应聘人员的兴趣和爱好，他们以什么为荣，什么样的事业才能使应聘员工感兴趣，更好地做出工作岗位安排和职业生涯计划。在此阶段也可以进一步了解员工的小组互动能力。

如果能通过以上四个阶段，员工基本上被丰田公司录用，但是员工还需要参加第5阶段一个25小时的全面身体检查。了解员工的身体一般状况和特别的情况，如酗酒、药物滥用的问题。

最后在第6阶段，新员工需要接受6个月的工作表现和发展潜能评估，新员工会接受监控、观察、督导等方面严密的关注和培训。

（资料来源：中国人力资源网）

（三）员工招聘渠道和方法

人力资源供给主要分为内部供给和外部供给。因此，在进行人力资源招聘时，招聘的渠道就对应分为内部招聘和外部招聘。

1. 内部招聘

内部招聘是指从组织内部提拔那些能够胜任的人员来充实组织中的各种空缺职位。主要有员工晋升、平级调动、工作轮换等形式。

（1）员工晋升，也叫内部晋升，是指将组织内部的职工调配到较高管理层次的职位上。

（2）平级调动是指内部员工在同管理层次水平职务间的调动，是较常见的内部招聘方式。

（3）工作轮换是指员工在不同管理部门从事不同工作。

内部招聘可提高员工的士气；对员工能力可更准确地判断；可节省成本；可调动员工的工作积极性。但内部招聘易造成"近亲繁殖"，使企业的视野逐渐狭窄，易形成内部的"勾心斗角"，易出现思维定势，缺乏创新，使企业丧失活力，因而必须制定相应的管理与培养计划。从内部招聘到的人可能只是组织中最合适的人，却并非一定是最适合职位的人。

内部招聘的主要方法有如下几种：

（1）内部媒体公开招聘。一般企业都有自己的宣传媒体，如广播台、厂报杂志、宣传栏、墙报、内部网、电子信箱等。

（2）内部员工引荐。就企业组织而言，主要是公司员工引荐其亲友师长，也可以是上级引荐下级。推荐人对企业组织的情况比较了解，对空缺职位的职责要求也比较清楚。另一方面，引荐人对被引荐人的情况熟悉，对其能力和愿望等都作了综合分析考虑后才会引荐，而且成本较低，能节省大量的时间、金钱和精力。但这种方式的缺点也很明显，引荐人可能由于种种原因，引荐并不适合企业需要的人选。因此，人力资源部门要力求任人唯贤，克服上述弊端。

（3）职业生涯记录。人力资源部门的人事档案中通常都记录有员工的教育状况、经历、技能、培训、绩效等有关情况。这些都能帮助企业了解并确定符合其空缺职位要求的人员，它对内部人员的晋升来说是非常重要的。但是，这种方法对档案管理的要求比较高，提供的信息必须准确、可靠、全面。

2. 外部招聘

当企业内部人员不能满足岗位要求时，特别是当组织快速发展需要大量专业和高能力人员时，内部人员在数量和质量上都不能满足招聘的要求，此时，就需要从组织外部进行招聘。

外部招聘的策略和方法主要有以下几种：

（1）广告。招聘广告是外部招聘最常用的方法。它通过新闻媒介向社会传播招聘信息。广告的设计要求引人注目且必须符合有关法律法规。广告招聘的优点是信息面大、影响广、可吸引较多的应聘者。由于在广告中已简略介绍了企业的情况，可使应聘者事先有所了解，减少应聘的盲目性。缺点是广告费用昂贵，而且由于应聘者较多，招聘费用和时间都随之增加。

（2）校园招聘。学校是人才资源的重要来源，学校毕业生已成为组织技术人才和管理人才的最主要来源。一些组织为了不断地从学校获得所需人才，在学校设立奖学金，资助优秀或贫困学生，借此吸引学生毕业后去该组织工作；有的还为学生提供实习机会和暑假工作机会，以期日后确定长久的雇佣关系，并达到试用观察的目的，而对学生则提供了积累工作经验、评估在该组织中工作与发展的价值的机会；有的则在学校建立"毕业生数据库"，对毕业生进行逐个筛选。

（3）就业机构。随着人才流动的日益普遍，应运而生了人才交流中心、职业介绍所、劳动力就业服务中心等就业机构。这些机构承担着双重角色：既为组织择人，也为求职者择业。借助于这些机构，组织与求职者均可获得大量的信息，同时也可传播各自的信息。这些机构通过定期或不定期地举办人才交流会，供需双方面对面地进行商谈，增进了彼此的了解，并缩短了招聘与应聘的时间。实践证明，这是一条行之有效的招聘与就业途径。

（4）信息网络招聘与求职。随着计算机通讯技术的发展和劳动力市场发展的需要而产生的通过网络进行招聘、求职的方法。由于这种方法信息传播范围广、速度快、成本低、供需双方选择余地大，且不受时间、地域的限制而被广泛采用。但是由于计算机技术的虚拟性，网络提供的信息真实可靠性较难保证。

（5）猎头公司。猎头公司的主要业务是受企业委托，搜寻中高级的管理或技术人才。为了能够快速猎取到公开人才市场上难以寻觅到的专业人才，每家猎头公司都建有自己的人才库，不同的猎头公司有着不同的"狩猎"方法。随着社会经济的不断发展，猎头公司作为企业挖掘人才的一种媒介组织，开始受到我国企业的关注。

二、员工选拔

员工选拔，即甄选或筛选，指通过运用一定的工具和手段对已经招募到的求职者进行鉴别和考察，区分他们的人格特点与知识技能水平，预测未来工作绩效，从而最终选出企业所需要的、恰当的职位空缺填补者的过程。

（一）员工选拔的内容

候选者的任职资格和对工作的胜任程度主要取决于他所掌握的与工作相关的知识、经验，本人的个性特点、行为特征和个人价值观趋向等因素。因此，人员选拔是对候选者在知识、能力、个性等方面的因素进行测量和评价。

（二）员工选拔的方法

1. 简历筛选

简历筛选是对应聘者是否符合职位基本要求的资格审查。一般通过审阅应聘者的个人简历或应聘申请表进行。简历与应聘申请表的内容比较相似，但应聘申请表更有针对性地收集应聘者的背景和工作相关情况的信息。人力资源管理部门可通过简历和应聘申请表对求职者进行初步筛选，筛选出合适人员，再进行笔试、面试等选拔。

2. 笔试

笔试主要是通过文字测验的形式，对应聘者的基本知识、专业知识、管理知识、技能、综合分析能力、文字表达能力等进行衡量的人员选拔方法。笔试的优点是易实施，可大规模对应聘者进行筛选，节省时间，效率高，对应聘者心理造成的压力小，有利于应聘者正常发挥，较客观公正。缺点是不能全面考察应聘者的工作态度、能力、技能，阅卷也会因为批改者本身的原因造成失误。

3. 面试

面试是较常用的一种选拔手段，一般由招聘单位各部门负责人或相关人员组成的面试小组与经过筛选的候选人通过面对面地交谈，亲身观察、审核求职者的方法。面试主要考察求职者的综合分析能力、言语表达能力、应变能力、计划组织协调能力、人际交往的意识与技巧、自我情绪控制、求职动机与拟任职位的匹配性、举止仪表和专业能力等。同时，面试也是求职者了解企业情况的过程。因此，面试过程也是双向沟通过程。

4. 心理测试

心理测试是指通过一系列的心理学方法来测量被试者的智力水平和个性方面差异的一种科学方法。进行心理测试时要对个人的隐私加以保护。进行心理测试以前要先做好预备工作。心理测试的主要类型包括职业能力倾向性测试、人格和兴趣测试、情商测试。

5. 评价中心技术

评价中心技术是通过把候选人置于相对隔离的一系列模拟工作情景中，以团队作业的方式，采用多种测评技术和方法，观察和分析候选人在模拟的各种情景压力下的心理、行为表现及工作绩效，以测量候选人的管理技术、管理能力和潜能的综合、全面的测评系统。主要包括公文夹处理、角色扮演、无领导小组讨论、案例分析等具体方法。由于情景模拟设计复杂，准备时间长，费用比较高，正确度比较高，因此往往在选拔高级管理人员或特殊人才时运用。

知识链接

某公司营业员结构化面试题目

一、基本条件

（1）您的性别(　　　)。

A. 男　　　B. 女

（2）您的年龄在哪个阶段（　　　）。

A.1989 ~ 1997　B.1974 ~ 1989

（3）您的学历是什么程度（　　　）。

A.初中　　　　　　B.高中、职高　　　　　C.专科、本科

二、吃苦耐劳

（1）假如店面人手不够，你作为一名营业员，店长让你上一个月的晚班，并且店面所有的营业员的工作让你一个人承担，完成不了会受到店长的批评。你该如何选择？（　　　）

A.我一个人可以多做点，但我要跟店长协调能不能不上晚班

B.我可以上晚班，但我要跟店长协调帮我一起承担

C.我可以上晚班，并且自己可以一个人承担

（2）某店面处在居民区之间，平时订蛋糕比较多。有一天离店有 3 站路的客人订蛋糕并且需要准时送到。当时天气非常冷并且下着大雪，路上没有车，这时你会怎么做？（　　　）

A.可以去送，但要等店长安排

B.可以去送，但等雪停了或者有车再送

C.可以去送，想办法一定要送到

三、抗压能力

（1）假如你是一名营业员，在为客户服务时，客人对你采取不礼貌的言行举止，此时你会怎么做？（　　　）

A.生气，不理睬

B.生气，看店长怎么做

C.生气，但由于服务行业我还是会耐心地做解释

（2）假如店面定的营业额比较高，完不成没有提成。店长安排每个人尽力销售，此时你作为店面的营业员，你会抱怨吗？（　　　）

A.不会抱怨，跟平常一样

B.不会抱怨，为了工作，想办法销售

C.不会抱怨，看领导怎么安排

四、执行力

（1）假如你是一名营业员，店长让你做面包盘的清洁，具体的标准已经跟你说过，并且教你做过，你该如何做？（　　　）

A.自己先按照标准做好，不会的再问店长

B.让店长再教一遍

C.让别人带我做一遍我再做

（2）假如你是一名营业员，店长安排某件事必须今天做完，当时你忘了。快要下班的时候，你记起来了，可是离下班只有 15 分钟了，此时你会怎么做？（　　　）

A.装作忘记　　　B.即使加班也要做完　　　C.跟店长商量能否明天做

五、关注细节程度

（1）假如你是一名营业员，某天一位母亲带小孩过来购物，他们逛了一圈之

后没有买任何东西便在一旁休息。这时这个小孩发出好几声咳嗽声，你听到了会怎么做？（　　　）

A. 无所谓，只是咳嗽而已

B. 主动上前问候，并倒杯水给孩子喝

C. 看下其他同事怎么做，我就怎么做

（2）店面员工在顾客进店时需要喊口号的，某天店面一下子来了许多顾客，假如你是一名营业员，发现某位营业员没喊口号，你会怎么做？（　　　）

A. 不是自己的事不去关心

B. 立即提醒他记得喊口号

C. 心情好就提醒下

六、态度

（1）假如你是店面的老员工，某天店面来了位新员工，店长让你去教新员工如何订蛋糕，你会怎么做？（　　　）

A. 教他，很耐心地教他，直到教会他为止

B. 教他，但只简单说一遍让他自己去理解

C. 教他，让他跟着学，学多少看他本事

（2）假如你是一名营业员，某天店面来了位衣衫褴褛并且长相丑陋的顾客，你会怎么做？（　　　）

A. 不理睬　　　B. 一视同仁　　　C. 让他离开，不要影响其他顾客

七、应变能力

（1）假如你是一名营业员，顾客来店面消费的时候问你一些问题，可是你不知道怎么回答，你会怎么做？（　　　）

A. 束手无措　　　B. 先抱歉然后让店长过来处理　　　C. 不懂装懂

（2）假如你是一名营业员，顾客来订196元的蛋糕。当时办卡有活动，200元卡送20元现金，并且当场办就可以订蛋糕了，顾客想办卡，你考虑到顾客的二次消费，你会向他推荐多少额度的会员卡？（　　　）

A.200　　　　　　B.500　　　　　　C. 不知道

八、人际沟通能力

（1）假如你是一名营业员，你在店面与同事发生争执，这时你会怎么做？（　　　）

A. 不想理他，等他先认错后再理他

B. 主动道歉，关系融洽才能更好地共事

C. 找店长处理

（2）假如你是一名营业员，你会根据店面顾客的不同，而采取不同的语言吗？（　　　）

A. 会的，看店长怎么安排

B. 会的，这样更能亲近顾客

C. 会的，但是看有无时间

九、服务意识

（1）假如你是一名营业员，在店面遇到年龄比较大的客人，购物之后你会第

一时间给他开门吗？（　　　）

　　A.买完单就跟我没关系了，让他自己开门

　　B.只要在店面都要热心服务，主动开门

　　C.看情况，忙的话就算了

　　（2）假如你是一名营业员，店面来了位顾客，左手拿着面包，右手拿着蔬菜，这时你看到了会怎么做？（　　　）

　　A.帮忙拿东西　　　B.让他把蔬菜放门口　　　C.不管不问

　　十、口头交流能力

　　（1）假如你是一名营业员，客人进店后，店员需要说欢迎语。你感觉哪种方式喊口号比较好一点？（　　　）

　　A.声音大

　　B.声音整齐并且音量适中

　　C.怎么喊都行，只要让客人听到就行

　　（2）假如你是一名营业员，店面正逢消费高峰期，突然间停电了，店里好多人在排队买单，这时你该怎么做？（　　　）

　　A.主动道歉，安抚客户

　　B.不作任何表示等待来电

　　C.听从店长安排

任务三　培训与开发

一、培训开发概述

（一）培训开发的含义

　　培训是指企业有计划地实施有助于员工学习与工作相关知识和能力的活动过程。开发是指为员工未来发展而开展的正规教育、在职实践、人际互动以及个性和能力的测评等活动。培训侧重于近期目标，强调提高员工当前工作绩效所需知识、技能，而开发则侧重于将来目标，重心放在培养员工将来工作的相关素质。综合来说，培训开发是指企业通过各种方式使员工具备完成现在或者将来工作所需要的知识、技能并改变他们的工作态度，以改善员工在现有或将来职位上的工作业绩，并最终实现企业整体绩效提升的一种计划性和连续性的活动。

　　按照不同的标准，培训开发会划分为不同类型：按照培训对象的不同，可以将培训开发划分为新员工培训和在职员工培训两大类；按照培训形式的不同，可以将培训开发划分为在职培训和脱产培训两大类；按照培训性质的不同，可以将培训开发划分为传授性培训和改变性培训；按照培训内容的不同，可以将培训开发划分为知识性培训、技能性培训和态度培训。

（二）培训开发的意义

　　企业之所以越来越重视培训开发工作，是因为它具有非常重要的作用和意义，这主要表现在以下几个方面：

（1）培训开发有助于改善企业的绩效。企业绩效的实现是以员工个人绩效的实现为前提和基础的，有效的培训开发工作能够帮助员工提高他们的知识、技能，改变他们的工作态度，增进他们对企业战略、经营目标、规章制度以及工作标准等的理解，从而有助于改善他们的工作业绩，进而改善企业的绩效。

（2）培训开发有助于增进企业的竞争优势。通过培训开发，一方面可以使员工及时掌握新的知识、新的技术；另一方面也可以营造出良好的学习氛围，这些都有助于提高企业的实力，增进企业的竞争优势。

（3）培训开发有助于增强员工的满足感。在霍桑试验基础上提出的人际关系学说指明，通过提高员工的满意度，从而提高劳动效率。对员工进行培训开发，可以使他们感受到企业对自己的重视关心，这是满足感的一个重要方面。此外，对员工进行培训开发，可以提高他们的知识技能水平，而随着知识技能的提高，员工的工作业绩能够得到提升，也有助于提高工作成就感，这也是满足感的一个方面。

（4）培训开发有助于培育企业文化。研究表明，良好的企业文化对员工具有强大的凝聚、规范、导向和激励作用，对企业发展有着非常重要的意义，因此很多企业在重视规章制度建设的同时，也越来越重视企业文化的建设。作为企业成员共有的一种价值观念和道德准则，企业文化必须得到全体员工的认可，这就需要不断地向员工进行宣传教育，而培训开发就是其中非常有效的一种手段。

（三）培训开发的方法

培训开发的方法多种多样，特别需要注意的是要根据培训内容和目的的不同选择不同的培训方法。

表 7-2　培训方法的选择

培训的内容和目的	培训方法
知识类培训	讲授法、专题讲座、研讨法
以掌握技能为目的	工作指导、工作轮换
综合能力提高与开发	案例研究、情景模拟
行为调整和心理训练	角色扮演、拓展训练

培训拓展训练

穿越电网

穿越电网项目介绍：一个团队站在一个蜘蛛网绳的一面，通过数量有限、大小不一的网口，在不能触网的规则下，通过网口将团队所有人员输送到网的另一面。

穿越电网项目目的：充分体现团队的凝聚力，相互间的沟通协调能力，工作的计划与严谨性，时间与效率的控制，资源的有效利用，以及具备在规定时间内通过调动各种资源解决问题的能力。

无轨电车

以团队为挑战对象，通过"同穿一双鞋"，感悟合作精神。要求顺向、逆向和顺、逆向交替三轮大比拼决定胜负。成功需要全体成员齐心协力、脚步一致的向前奋进，此项目使学员充分体验到竞争环境下主动沟通和掌握沟通技巧的重要性。

资料来源：某公司人力资源管理培训部

二、员工培训的流程

（一）培训需求分析

培训需求分析是指在规划和设计每一项培训活动之前，由培训部门、主管人员或被培训人员等采用各种方法与技术，对组织及其成员的目标、知识、技能等方面进行系统地鉴别与分析，以确定是否需要培训及培训内容的活动过程。

企业的培训需求是由各个方面的原因引起的，因此，要从不同层次、不同阶段对培训进行需求分析。

1. 培训需求的层次分析

需求分析一般从四个层次上进行：战略层次、组织层次、岗位层次和员工个体层次。

（1）战略层次分析。培训需求的战略层次分析也被称之为"未来分析"，这是因为它具有很强的预测性与前瞻性。企业要连续发展必须要进行战略考虑，企业没有战略指导迟早会走向没落。企业的培训也不例外，也得有一定的前瞻性，培训需求的战略分析就能满足这一要求。

战略层次分析一般由人力资源部发起，需要企业的执行层或咨询小组的密切配合。企业战略决定着培训目标，如果企业战略不明确，那么培训采用的标准就难以确定，培训工作就失去了指导方向和评估标准。因此，人力资源部必须弄清楚企业战略目标，方可在此基础上制定出可行的培训规划。

（2）组织层次的分析。组织层次分析是通过组织内外环境分析，对组织的目标、资源、环境等因素分析，找出组织存在的问题，并确定其与培训之间的关系。经过组织层次的分析，可以确定是否需要培训，确定哪些部门、业务以及人员需要培训等。培训需求的组织分析包含影响培训计划的各个方面，如组织目标分析、文化特征分析、组织资源分析和组织环境分析。

（3）岗位层次分析。岗位层次分析是根据职能说明书、岗位规范等制度文件的要求，对各部门、岗位状况进行比较分析，以确定企业组织成员在各自的工作岗位上是否胜任所承担的工作。其中工作状况主要是指员工的知识、能力、态度、行为和工作绩效等，对这些状况进行分析有利于确定企业的培训需求。

岗位层次分析是培训需求分析中最繁琐的一部分，但是，只有对岗位进行精确的分析并以此为依据，才能编制出真正符合企业绩效和特殊工作环境的培训课程。因此，为了保证培训效果，培训之前应坚持做好岗位层次的培训需求分析。

（4）员工个人层次分析。员工个人层次分析主要是确定员工目前的实际工作绩效与企业的员工绩效标准对员工技能的要求之间是否存在差距，为将来培训效果和新一轮培训需求的评估提供依据。个人层次的培训需求分析主要是对员工的工作背景、学识、资历、年龄、工作能力及个性等进行分析。主要包括员工的知识结构分析、员工能力分析、员工的专业（专长）分析、员工的个性分析、员工年龄结构分析等。

2. 培训需求的阶段分析

（1）目前培训需求分析。目前培训需求是指针对企业目前存在的问题和不足而提出的培训要求。目前培训需求分析主要分析企业现阶段的生产经营目标、生产经营目标的实现状况、未能实现的生产任务、企业运行中存在的问题等方面。

（2）未来培训需求分析。未来培训需求是为满足企业未来发展的需要而提出的培训要求。未来培训需求分析主要采用前瞻性培训需求分析方法，预测企业未来工作变化及员工调动情况，新工作岗位对员工的要求以及员工已具备的知识水平和尚欠缺的部分。

课堂讨论

管理人员能力不足，培训需求调查怎么做？

某高新技术企业周老板组织高层管理人员召开会议，高管人员一致认为：目前，公司的中层都是老员工，虽然专业技术过硬，但学历低，执行力较差，综合素质差，很难承接公司的工作目标分解。可是，作为一家在业内有影响力的公司，不可能把中层干部全部换掉。大家认为目前最好通过培训提高中层管理人员的管理水平。

讨论： 人力资源部的小刘要做培训的需求收集，他该怎么做？

（二）培训计划的设计与实施

1. 培训计划的制定

培训计划是企业培训组织管理的实施规程，如要使培训计划顺利实施，必须在培训需求分析的基础上制定适宜的培训计划。

知识链接

培训计划的内容

（1）培训目的。从企业整体的宏观管理分析，培训计划要解决的问题或者要达到的目的。

（2）原则。制定和实施计划的原则或规则。

（3）培训需求。在企业运营和管理过程中，什么地方和现实需要存在差距，需要弥补。

（4）培训对象。培训计划中的培训项目是对什么人或者什么岗位的任职人员进行的，他们的学历、经验、技能状况。

（5）培训内容。培训计划中每个培训项目的内容。

（6）培训时间。包括培训计划的执行或者有效期；培训计划中每一个培训项目的实施时间或者培训时间；培训计划中每一个培训项目的培训周期或者课时。

（7）培训地点。培训地点包括两个方面内容：一是每个培训项目的实施地点；二是实施每个培训项目时的集合地点或者召集地点。

（8）培训形式和方式。培训计划中的每个培训项目所采用的培训形式和培训方式。如：是外派培训还是内部组织培训；是外聘教师培训还是内部人员担任；是半脱产培训、脱产培训还是业余培训等。

（9）培训教师。培训计划中每个培训项目的培训教师由谁来担任，是内聘还是外聘。

（10）培训组织者。包括两个方面的人员：培训计划的执行人或者实施人；培训计划中每一个培训项目的执行人或者责任人。

（11）考评方式。每一个培训项目实施后，对受训人员的考评方式，分为笔试、面试、操作三种方式。笔试又分为开卷和闭卷，笔试和面试的试题类型又分为开放式或者封闭式试题。

（12）计划变更或者调整方式。计划变更或者调整的程序及权限范围。

（13）培训经费预算。它分两个部分：一部分是整体计划的执行费用；一部分是每一个培训项目的执行或者实施费用。

（14）签发人。培训计划的审批人或者签发人。

培训计划可以像上面介绍的那样，制定得较为详细，也可以只制定一个原则和培训方向，在每个培训项目实施前再制定详细的实施计划。

2. 培训实施前期准备工作

在新的培训项目即将实施之前做好各方面的准备工作，是培训成功实施的关键。准备工作包括以下几个方面：

（1）确认并通知参加培训的学员。

（2）培训后勤准备。

（3）确认培训时间。

（4）相关资料的准备。

（5）确认理想的培训师。

3. 培训实施阶段

（1）课前工作：准备茶水、播放音乐；学员报到，要求在签到表上签名；引导学员入座；课程及讲师介绍；学员心态引导、宣布课堂纪律。

（2）培训开始的介绍工作：做完准备工作以后，课程就要进入具体的实施阶段。无论什么培训课程，开始实施以后要做的第一件事都是介绍。具体内容包括：培训主题；培训者的自我介绍；后勤安排和管理规则介绍；培训课程的简要介绍；培训目标和日程安排的介绍；"破冰"活动；学员自我介绍等。

（3）培训器材的维护、保管：对培训的设施、设备要懂得爱护，小心使用，不能粗暴，如：收录机或录像机的磁带要轻柔地插入或取出；许多人在使用麦克风时，要注意保持麦克风清洁，以免传播疾病等。对设备要定期除尘，不要把食物、饮料放在设备附近。

4. 培训后的工作

培训后的工作主要有向培训师致谢、作问卷调查、颁发结业证书、清理检查设备、进行培训效果评估等。

（三）培训效果评估

培训效果评估是指收集企业和受训者从培训当中获得的收益情况，以衡量培训是否有效的过程。培训效果评估产生于上世纪 50 年代，经过半个多世纪的发展，经历了从定性评估到定量评估、分层次评估到分阶段评估的阶段。培训效果评估模式主要有柯克帕特里克（Kirkpatrick）的四层次评估模型、考夫曼（Kaufman）的五层次评估模型、菲力普斯（Phillips）的五级投资回报率（ROI）模型等。

柯克帕特里克在 1959 年提出的培训效果评估模型，从评估的深度和难度将培训效果分为四个递进的层次——反应层、学习层、行为层、效果层。

考夫曼扩展了柯克帕特里克的四层次模型，他认为培训能否成功，培训前各种资源的获得至关重要，而且培训所产生的效果不仅仅对本组织有益，它最终会作用于组织所处的环境，从而给组织带来效益。因而他加上了第五个层次，即评估社会和客户的反应。

菲力普斯于 1996 年提出五级投资回报率模型，该模型在柯克帕特里克的四层次模型上加入了第五个层次：投资回报率，形成了一个五级投资回报率模型。

经典案例

飘影：三阶段培训模式的建立与实践

广东飘影集团创办于 1996 年，是我国日化行业发展最迅猛的公司之一。飘影创造了民营日化企业发展的奇迹。伴随飘影公司的快速成长，企业内部管理也日趋完善，飘影集团打造了一支善经营懂管理的高层团队、一支活跃在全国各地的营销精英团队和一支优秀的职工队伍。

在飘影集团的发展过程中，公司的培训体系逐步形成，对提高公司绩效、增强企业竞争力方面已经起到重要作用，飘影公司的培训体系已形成颇具特色的三阶段培训模式：包括培训需求分析与计划拟定、培训实施与过程控制、培训的评估与反馈三个环节。有针对性地回答了为什么培训、培训什么、培训谁、谁培训、在哪里培训、什么时间培训等问题，围绕着公司战略绩效和职业化的培训目标，遵循系统性原则、主动性原则和多样性原则的培训原则，深入建设三阶段培训模式。

一、对症下药：基于任务绩效的培训需求分析

首先是发掘出公司为实现业务目标及重大工作事项而必须要做到的理想岗位绩效；在此基础上，通过科学的评估手段分析员工现有技能水平与理想绩效行为的差距，再根据差距分析确认出可能存在的培训需求；然后对从事不同工作岗位的员工的差异性能力进行评估，从而得出各员工的培训需求，再进行归纳总结，形成培训课程。

飘影集团在实施基于任务绩效的培训需求分析的基础上，采取了问卷调查法、访谈法、观察法等方法对培训需求进行辅助分析，同时还注重绩效考核评估、考核中的突发事件的分析，做到培训需求有的放矢。

通过各种培训需求分析的方法，飘影制定出分层分类的培训计划，针对各个管理阶层、各个职能部门都有系统的培训方案，解决了为什么培训、培训什么、培训谁等问题。

二、自力更生：着力于打造内部讲师队伍

在培训实施与过程控制阶段，飘影集团着力于培训内部培训师队伍，并针对不同的需求开发出不同的课程，公司90%的培训课程是由总监、经理们讲授，并形成固定的机制。飘影集团每周六下午是固定的培训学习时间，形成了良好的氛围。

飘影集团总裁要求每位总监必须要讲两门以上的课程、经理必须要讲一门以上的课程，对人力资源部门要求更严格，人力资源总监必须能讲十门以上的课程、人力资源经理必须要讲五门以上的课程，这样企业内部就有上百门课程。这些课程都是工作中实际遇到的一些问题、案例，培训师再利用专业知识进行分析、提炼、整理，对培训效果更好。

当然，根据培训需求分析的情况，如果内部讲师不能满足培训需要，公司也会聘请外部讲师进行培训，一些高端的课程也主要是由外部讲师来讲授，同时还把部分课程外包，与培训咨询公司签订外包协议，形成系统性、多样性的培训体系，解决了谁培训、在哪里培训、什么时间培训等问题。

三、结果导向：培训效果三级追踪与评估

飘影集团建立了三级追踪与评估制度，确保培训的效果。

第一级：当场评估。

在培训课程结束后，由人力资源部发放《培训课程评估表》《应用实践评估表》两张表给学员。其中《培训课程评估表》要求学员现场填写，对培训课程、培训师、培训组织人员等进行评估，并对在评估中意见中肯的几位进行奖励，评估意见由人力资源部汇总统计分析后反馈给讲师，并与讲师的出场费挂钩。《应用实践评估表》要求学员现场填写，主要体现学员通过本课程学习的知识和应用实践计划。学员填写好《应用实践评估表》后交其主属主管签字，并复印一份报人力资源部。

第二级：应用实践评估。

培训完一个月后，学员对照《应用实践评估表》的应用实践计划，填写培训学到的技能和知识的使用情况，并交给主管签字。人力资源部还组织对学员及其

直线主管进行访谈，了解学习应用实践状况。人力资源部汇总《应用实践评估表》，对学员进行应用实践评估分析，并把结果反馈给培训讲师，一方面是对培训讲师的鼓励，一方面要求培训讲师对课程进行改善。

第三级：行为的改善和绩效的提高评估。

在培训结束三个月或半年后，对学员再进行绩效考核时，对照以前的绩效记录，观察和分析学员行为的改善和绩效的提高，就可以明确地看出培训是否达到预期的效果。这个评估结果又可以进一步优化培训管理体系，无法实现绩效目标的员工将要求继续接受相关的培训，无法实现绩效目标的培训课程将会被停止。

飘影的培训效果的追踪与评估体系，确保了培训的效果，使整个培训系统良性运作，逐步形成具有飘影特色的培训需求分析与计划拟定、培训实施与过程控制、培训的评估与反馈的三阶段培训模式。

（案例来源：http://www.hztBc.com/news/news_8470.html）

任务四　绩效管理

一、绩效管理概述

（一）绩效的含义

绩效是指具有一定素质的员工在岗位职责的要求下，实现的工作结果和在此过程中表现出的行为。

在理解绩效的概念时需注意：

（1）绩效是基于工作产生的，与员工的工作过程直接联系在一起；

（2）绩效与组织目标有关，对组织目标有直接的影响作用；

（3）绩效是能够被评价的工作行为和工作结果；

（4）绩效是表现出来的工作行为和工作结果。

（二）绩效评价的含义

绩效评价又称绩效考评，是指按照一定的标准，采用科学的方法，对企业员工的品德、工作绩效、能力和态度进行综合的检查和评定，以确定其工作成绩和潜力的管理方法。

（三）绩效管理的含义

绩效管理是指管理者与员工通过持续开放的沟通，就组织目标和目标实现方式达成共识的过程，也是促进员工做出有利于组织的行为、达成组织目标、取得卓越绩效的管理实践。绩效管理强调组织目标和个人目标一致，强调组织和个人共同发展。因此，绩效管理的目的在于通过激发员工的工作热情和提高员工的能力和素质，以达到改善公司绩效的效果。要注意的是绩效管理不是在员工工作出现差错时对他们进行惩罚，而是在工作过程中帮助他们改进绩效。因此，绩效管理不仅看重绩效的实现结果，更看重绩效的实现过程。

关键概念

绩效评价与绩效管理的关系

绩效评价与绩效管理两个概念既有联系又存在区别。绩效评价是绩效管理过程中非常重要和关键的一个环节。联系表现在：一是只有通过绩效评价这个环节，才能将客观的绩效水平转变成完整的绩效信息，为改进个人和组织绩效提供管理决策依据；二是绩效管理的关键决策都围绕绩效评价展开，包括评价内容，谁来评价，如何评价，评价结果如何应用，这些决策贯穿绩效管理过程的不同环节，但都是围绕绩效评价进行的；三是绩效评价环节技术性非常强，需要专门人员进行系统设计，更需要在管理实践中把握。

两者的区别体现在目的和过程两个方面。在目的方面，一些组织并不满足于单纯的绩效评价信息在管理决策中的应用，除了单纯的评价目的之外，这些组织通过绩效管理系统帮助员工管理他们的绩效，提高他们的工作能力，改进他们的工作绩效，从而实现组织的战略目标。在过程上，绩效评价是从属于绩效管理过程的，它是由绩效计划、监控、评价和反馈构成的绩效管理全过程的一个环节。

（四）绩效管理的过程

绩效管理作为人力资源管理的重要环节和核心内容，通过对员工的工作绩效进行评定，帮助员工认识实际工作中的问题和不足，促进他们不断改进；同时在考评过程中发现员工个人的工作潜力，以开发其潜能，促进员工全面发展。

绩效管理的基本程序包括绩效计划、绩效沟通、绩效评价、绩效反馈以及绩效改进五个环节，如图 7-2 所示。

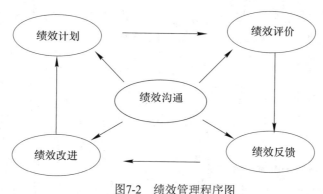

图7-2　绩效管理程序图

1. 绩效计划

绩效计划是整个绩效管理过程的起点，它是指在绩效周期开始时，由上级和员工一起就员工在绩效考核期内的工作职责、工作任务及其有效完成的标准以及员工个人发展目标达成共识的过程。为避免员工与经理对绩效标准的认识出现偏差，制订绩效计划需要在双方有效沟通的基础上达成一致意见。

2. 绩效沟通

绩效沟通是绩效管理的重要环节，也是传统的绩效考评模式与现代绩效管理模式的本质区别之一。绩效沟通包括三个方面：其一，经理或主管应对工作进展情况、潜在的障碍和问题、可能的解决措施等与员工进行全面的交流和沟通，保证员工顺利完成工作任务并达到应有的绩效水平；其二，绩效沟通贯穿于整个绩效管理过程，而不只是在某个时点、某个环节上的交换信息；其三，绩效沟通应该鼓励员工参与，体现员工自我评价、自我管理作用。传统的人事考核认为，如果鼓励员工自我评价，就会助长员工为夸大个人绩效而有意缩小过失的行为。但是如果建立一种持续沟通、平等交流的机制和环境，就会有效地引导员工正确地对待自己的行为表现，并对自己做出客观、合理的评价。

3. 绩效评价

绩效评价是绩效管理的核心环节，是对员工在一定期间内的工作绩效进行的考核和评定，以确定员工是否达到预定的绩效标准的管理活动。这里的绩效标准就是绩效计划制定时双方达成一致意见的关键绩效指标和标准。

4. 绩效反馈

绩效评价结束后，上级或主管应就绩效评价结果与员工进行沟通，重点在于使员工明确绩效的不足、改进方向以及个人特性和优缺点。绩效反馈是绩效管理的一个重要步骤。绩效反馈的有效性对绩效管理效果有很大影响，需要三个方面的支持。一是反馈手段，主要手段是绩效面谈。许多组织还设立"投诉"制度，允许员工在一定期限内对绩效考评结果提出意见，然后组织相关人员对产生异议的评价结果进行复核，以纠正评价中因主观和客观原因造成的偏差，保证评价结果的公平性和公正性。二是反馈机制，组织必须建立正规的绩效反馈制度，使与员工进行持续的绩效反馈成为管理者的一种制度化的行为。三是创造一种绩效反馈的环境与氛围。

5. 绩效改进

绩效评价结果反馈给员工后，如果不进行绩效改进和提高的指导，反馈就失去了意义。绩效改进也需要贯穿整个绩效管理过程。绩效改进包括绩效诊断和辅导两个环节。绩效诊断是管理者帮助员工识别造成绩效不足的原因或改进提高的机会，帮助员工寻求解决方法的过程；绩效辅导则是帮助员工提高知识和技能，克服绩效障碍以提高绩效。

二、绩效评价的方法

常用的绩效评价方法，根据评价依据的不同可分为结果导向型、行为导向型和特质性的绩效评价方法。

（一）结果导向型绩效评价方法

结果导向型绩效评价方法主要包括业绩评定表法、目标管理法（MBO）、关键绩效指标法(KPI)等，此类方法所做出的评价的主要依据是工作的绩效，即工作的结果，能否完成任务是第一要考虑的问题，也是评价的重点对象。

1. 业绩评定表法

业绩评定表法也可以称为评分表法，可以说是一种出现得比较早和常用的方法。它是利用所规定的绩效因素（例如，完成工作的质量，数量等）对工作进行评价，把工作的业绩与规定表中的因素进行逐一对比打分，然后得出工作业绩的最终结果，一般分为几个等级，例如优秀、良好、一般等。这种方法的优点是可以作定量比较，评价标准比较明确，便于做出评价结果。缺点是标准的确定性问题，需要对工作相当了解的制定者来制作评定表，而且评价者可能会带有一定的主观性，不能如实评价。

2. 目标管理法

目标管理法是最典型的结果导向型绩效评价法。40多年前，"现代管理学之父"彼得·德鲁克在《管理实践》中最早提出目标管理这一思想。20世纪60年代以来，目标管理法得到了广泛推广与应用，它评价的对象是员工的工作业绩，即目标的完成情况，这样使员工能够向目标方向努力，从而在一定程度上有利于目标的完成。这种方法的优点是能够通过目标调动起员工积极性，千方百计地改进工作效率；有利于在不同情况下控制员工的方向；同时员工相对比较自由，可以合理地安排自己的计划和应用自己的工作方法。它的缺点是目标的设定可能有一定的困难，目标必须具有激发性和具有实现的可能性。

3. 关键绩效指标法

关键绩效指标法是指把对绩效的评价简化为对几个关键指标的考核，将关键指标当作评价标准，把员工的绩效与关键指标标准做出比较的评价方法。这种方法的优点是标准比较鲜明，易于做出评价。它的缺点是对简单的工作制定标准难度较大，缺乏一定的定量性。绩效指标只是一些关键的指标，对于其他内容缺少一定的评价。应当适当注意。

4. 个人平衡计分卡

个人平衡计分卡是哈佛大学的罗伯特·卡普兰与波士顿的顾问大卫·诺顿在20世纪90年代提出的，包括财务纬度，顾客纬度，内部业务纬度及学习与成长纬度。在此基础上的个人平衡记分卡能够比较全面地进行评价，通过个人目标与企业目标的平衡，将平衡计分卡引入人力资源管理，而这一平衡正是实现员工的积极性、可持续的企业绩效的前提条件。

5. 主管述职评价

述职评价是由岗位人员作述职报告，把自己的工作完成情况和知识、技能等反映在报告内的一种考核方法。主要针对企业中、高层管理岗位的考核。述职报告可以在总结本企业、本部门工作的基础上进行，但重点是报告本人履行岗位职责的情况，即该管理岗位在管理本企业、本部门完成各项任务中的个人行为，本岗位所发挥作用状况。

（二）行为导向型的绩效评价方法

与结果导向型的绩效评价方法不同的是，关键事件法、行为观察比较法、行为锚定法、360度绩效评价法等都是以工作中的行为作为主要评价的依据。

1. 关键事件法

关键事件法是客观评价体系中最简单的一种形式，由美国学者弗拉赖根和贝勒斯在1954年提出的，通用汽车公司在1955年运用这种方法获得成功。它是通过对工作中最好或最差的事件进行分析，对造成这一事件的工作行为进行认定从而做出工作绩效评价的一种方法。这种方法的优点是针对性比较强，对评价优秀和劣等表现十分有效，缺点是对关键事件的把握和分析可能存在某些偏差。

2. 行为观察比较法

行为观察比较法也叫行为观察量表法，是各项评价指标给出一系列有关的有效行为，将观察到的员工的每一项工作行为同评价标准比较进行评分，看该行为出现的频率的评价方法。这种方法的优点是能够有一个比较有效的行为标准，可以帮助建立工作岗位指导书，缺点是观察到的工作行为可能带有一定的主观性。

3. 行为锚定法

行为锚定法也称为行为定位评分法，是比较典型的行为导向型评价法。行为锚定法侧重具体可衡量的工作行为，通过数值给各项评价项目打分，只不过评分项目是某个职务的具体行为事例，也就是对每一项职务指标做出评分量表，量表分段是实际的行为事例，然后给出等级对应行为，将工作中的行为与指标对比做出评价。行为锚定法主要针对的是那些明确的、可观察到的、可测量到的工作行为。行为锚定法的优点是评价指标有较强独立性，评价尺度较精确，对具体的行为进行评价，准确性高一些。缺点是评价对象一般是从事具体工作的员工，对其他工作适用性较差。

4. 360度绩效评价法

360度绩效评价法是爱德华、埃文等在20世纪80年代提出，后经1993年美国《华尔街时报》与《财富》杂志引用后，开始得到广泛关注与应用。它是一种从不同角度获取组织成员工作行为表现的观察资料，然后对获得的资料进行分析评价的方法，它包括来自上级、同事、下属及客户的评价，同时也包括被评者自己的评价。这种方法的优点是比较全面地进行评价，易于做出比较公正的评价，同时通过反馈可以提高工作能力，也有利于团队建设和沟通。它的缺点是因为来自各方面的评价，工作量比较大，同时可能存在非正式组织，影响评价的公正性，再者还需要员工有一定的知识水平。

（三）特质性绩效评价方法

除了结果导向型绩效评价方法和行为导向型绩效评价方法外，还有一类评价方法，那就是以心理学的知识为基础的评价方法——特质性绩效评价方法，以图解式评价量表为例。

图解式评价量表是一张列举了达到成功绩效所需要的不同特质（如适应性、合作性、工作动机等）的特质表，每一项特质给出的满分是五分或七分，评价结果一般是如"普通"、"中等"或"符合标准"等词语。这种方法成本低廉，适用于公司内大部分的员工。它的缺点是针对某些特质却不能有效地给予引导，不能得到明确反馈，有些反馈还会对员工造成不良影响。此方法一般不单独用在升迁的决策上。

其他绩效评价方法还有：直接排序法、对比法、强制分布法（硬性分布法）、书面叙述法、工作计划考核法、标杆对比法、情境模拟法等。

课堂讨论

为什么，怎么办

某公司中层干部在一次会议休息期间，聊起了工作上的事。生产部经理方志说："我最不痛快的事，就是安排任务和发放奖金。平时安排任务时，大家不是你推脱就是他有别的事，没个痛快劲。可到涨工资和发奖金时，你看看，一个个倒是理直气壮起来：'凭什么他涨我不涨？''凭什么他的奖金比我高？'凭什么？当然是凭他们的工作情况，可他们每个人都觉得自己不比别人差，你们说我能说得过几十张嘴吗？"

财务处长于海亮深表同情："确实是这样，不仅你，我也有同感。一到涨工资、提职称的时候，我最打怵的是向人们解释'为什么'。为什么？只能说名额少，人数多，上边卡得严。可是，名额再多，也不能全员都上，那还有什么激励先进的意义呢？可他们不这么想，大家都认为自己是涨资晋升的必然人选。"

人力资源部主管孙国庆却说："你们俩太片面了，这不是员工的错。你们说人家不努力工作，有证据吗？没有。实际上他们没有偷懒。你们也知道，现实工作多么枯燥、多么辛苦。员工在接受工作时的慎重，不过是希望在有限范围内使付出与回报尽量合理一点，其实挑来挑去，还不都是那么些事。事情的关键不在这里，而在于考评，我们没有一套科学的考评体系。无法证明究竟谁干得好，谁干得不好。"

讨论：

（1）案例中出现的问题，你认为应该如何解决？

（2）你认为绩效考评在一个企业的人力资源管理中扮演着什么样的角色？

任务五　薪酬管理

一、薪酬的内涵

（一）薪酬的概念

薪酬是指组织对员工所作贡献支付的各种回报。这里贡献包括员工实现的绩效、付出的努力、时间、学识、技能、经验、工作表现等。因此，薪酬实质上可以看成是员工与组织之间的一种公平交换或交易，是员工在向组织进行其劳动或劳务使用权后获得的报偿。

（二）薪酬的构成

薪酬是一个综合性的概念，依据不同的条件划分，薪酬有不同的构成。大多涉及薪酬问题的论著和文献中将薪酬划分为经济薪酬（外在薪酬）和非经济薪酬（内在薪酬）两大部分。这是从薪酬的形式角度进行的划分。经济薪酬是指组织针对员工所作的贡献而支付给员工各种经济形式的报酬，又可分为直接薪酬和间接薪酬。其中，直接薪酬包括基本工资、津贴、奖金及股权或红利奖励；间接薪酬则包括福利、保险和额外补助等。非经济薪酬指员工自身心理上感受到的回报措施，主要体现的是一些社会和心理方面的回报，可分为社会性奖励和职业性奖励。社会性奖励主要包括组织声誉、友善的同事、优越的办公条件、交友的机会、喜欢的任务、相互尊重、表扬与肯定等；职业性奖励是指建立在职业发展基础上，主要是个人能力的提高和事业的发展，包括晋升机会、职业保障、自我发展、弹性工时、决策参与、工作挑战性、自我成就感等。

而根据薪酬不同的功能进行划分，可分为工资、奖金、津贴和福利四个部分。工资一般是指在正常工作状态下，以货币形式或可以转化为货币形式支付的报酬。奖金是对员工超额劳动部分、增收节支的劳动或工作绩效突出部分所支付的奖励报酬，是为了鼓励员工提高工作效率和工作质量支付给员工的货币奖励。如：全勤奖，超产奖，质量奖、节约奖等。津贴是对员工在特殊劳动条件（时间、地点、岗位、环境）下工作，所支付的超额劳动及额外的生活费用，或对有损身心健康的岗位所给予的报酬，是工资的补充形式。如：高温津贴，山区津贴，生活补贴，价格补贴等。福利是指企业基于雇佣关系，依据国家的强制性法令及相关规定，以企业自身支付能力为依托，向员工所提供的用以改善其本人和家庭生活质量的各种以非货币工资和延期支付形式为主的补充性报酬与服务。如带薪休假，集体旅游，免费班车等。

经典案例

IBM 的薪酬构成

IBM 作为世界一流的高科技企业，一直致力于其薪酬管理体系的完善，以增强企业对优秀人才的吸纳、保留和激励能力。IBM 的薪酬主要由以下部分构成：

基本月薪——对员工基本价值、工作表现及贡献的认同。

综合补贴——对员工生活方面基本需要的现金支持。

春节奖金——农历新年之前发放，使员工过一个充足的新年。

休假津贴——为员工报销休假期间的费用。

浮动奖金——当公司完成既定的效益目标时发出，以鼓励员工的贡献。

销售奖金——销售及技术支持人员在完成销售任务后的奖励。

奖励计划——员工由于努力工作或有突出贡献时的奖励。

住房资助计划——公司提出一定数额资金存入员工个人账户，以资助员工购房，使员工在尽可能短的时间内有能力解决住房问题。

医疗保险计划——员工医疗及年度体检的费用由公司解决。

退休金计划——积极参加社会养老统筹计划，为员工提供晚年生活保障。

其他保险——包括人寿保险、人身意外保险、出差意外保险等多种项目，关心员工每时每刻的安全。

休假制度——鼓励员工在工作之余充分休息，在法定假日之外，还有带薪年假、探亲假、婚假、丧假等。

员工俱乐部——公司为员工组织各种集体活动，以加强团队精神，提高士气，营造大家庭气氛，包括各种文娱、体育活动、大型晚会、集体旅游等。

二、薪酬管理

（一）薪酬管理的含义

薪酬管理是指根据企业总体发展战略的要求，通过管理制度的设计与完善，薪酬激励计划的编制与实施，最大限度地发挥各种薪酬形式如工资、奖金和福利等的激励作用，为企业创造更大的价值。

传统薪酬管理仅具有物质报酬分配的性质，而对员工的行为及心理特征考虑较少，其着眼点是物质报酬；而现代企业薪酬管理的着眼点转移到了人，转移到对人的影响及作用上。企业经营首先要树立目标，企业目标的实现有赖于对员工的激励，现代薪酬管理将物质报酬的管理过程与员工激励过程紧密结合起来，使之成为一个有机的整体。

（二）薪酬管理的原则

薪酬管理是人力资源管理工作中最重要和最关键的管理活动之一。在进行薪酬管理时应遵循下列原则：

1. 公平性原则

公平性原则是薪酬管理的基本原则。公平理论指出，人们通常通过与他人所受待遇和付出劳动的对比来评价所受待遇的公平程度。只有员工认为薪酬是公平的，薪酬的激励作用才会发挥出来。员工的公平感来自四个方面：第一，与外部其他类似企业（或类似岗位）相比较所产生的感受；第二，员工对本企业薪酬系统分配机制和人才价值取向的感受；第三，将个人薪酬与公司其他类似职位的薪酬相比较所产生的感受；第四，对企业薪酬制度的执行过程和结果的严格性、公正性和公开性所产生的感受。公平性原则是保证薪酬政策中内部公平性的基本原则。

2. 激励性原则

激励性原则就是强调企业在设计薪酬时必须考虑薪酬的激励作用，对于一般企业来说，通过薪酬系统来激励员工的责任心和工作的积极性是最常见和常用的方法。因为合理的薪酬系统解决了人力资源所有问题中最根本的分配问题。简单的高薪并不能有效地激励员工，要有能让员工有效地发挥自己的才能和责任的机制，要有与努力和回报成正比的机制，才能有效地激励员工，也只有建立在这种机制的薪酬系统，才能真正地解决企业的激励问题。有效的薪酬管理能刺激员工努力工作，多做贡献，有助于吸引、保持和激励员工。在薪酬管理过程中，注意从责任、个人能力及业绩多方面考虑，使薪酬体系充分发挥出激励作用。

3. 经济性原则

经济性原则强调企业设计薪酬时必须充分考虑企业自身发展状况，因为它是组织成本的一部分，薪酬标准设计过高，虽然有助于提高薪酬的竞争性和激励性，但也会不可避免地带来组织人工成本的上升，从而削弱组织产品的竞争力，阻碍薪酬管理目标的实现。因此，一个优秀的薪酬管理者在设计薪酬方案时，一定是在考虑企业经济状况的前提下发挥出薪酬的最大功能，帮助组织增强竞争力，实现协调、持续和健康发展。

4. 竞争性原则

在人力资源市场上，企业的薪酬标准要有吸引力，这样才能战胜竞争对手，引进所需人才。竞争性原则包括两重含义：第一，工资水平必须高到可以吸引和留住雇员，如果本企业的工资与其他企业中同等情况相比不平等的话，不仅招聘不到人，而且会导致本企业员工离职；第二，如果人工成本在本企业的总成本中所占的比例较大，就会直接影响到企业产品的价格，而人工成本必须保持在企业所能允许的提高生产产品和劳务效率的最大限度。因此，体现了成本可控的有效的薪酬管理才把握了竞争性原则，而竞争性原则保证了薪酬政策中的外部竞争力。

5. 合法性原则

组织的薪酬制度、政策和薪酬管理过程必须符合政府的有关法律法规和政策规定，如有关薪酬水平最低标准的法规、有关职工加班加点的工资支付规定、劳动法等。企业在制定自己的薪酬政策时必须以不违反国家的法律法规为前提，制定出符合要求的薪酬制度。

课堂讨论

朗讯的薪酬管理

朗讯的薪酬结构由两大部分构成，一部分是保障性薪酬，跟员工的业绩关系不大，只跟其岗位有关。另一部分薪酬与业绩紧密挂钩。朗讯的销售人员的待遇中有一部分专门属于销售业绩的奖金，业务部门根据个人的销售业绩，每一季度发放一次。在同行业中，朗讯业绩薪酬浮动比较大，朗讯公司这样做是为了将公司每个员工的薪酬与公司的业绩挂钩。

朗讯的管理方法如下：

（1）业绩比学历更重要。朗讯在招聘人才时比较重视学历，贝尔实验室某一年招了 200 人，大部分是研究生以上学历，"对于从大学刚刚毕业的学生，学历是我们的基本要求。"朗讯领导如是说。对其他的市场销售工作，基本的学历是需要的，但是经验就更重要了。学位到了公司之后在比较短的时间就淡化了，无论做市场还是做研发，待遇、晋升和学历的关系慢慢消失。在薪酬方面，朗讯是根据工作表现决定薪酬。进了朗讯以后薪酬和职业发展跟学历工龄的关系越来越淡化，基本上跟员工的职位和业绩挂钩。

（2）加薪策略。朗讯在加薪时做到对员工尽可能的透明，让每个人知道其加薪的原因。加薪时员工的主管会找员工交谈，比如根据今年的业绩，员工可以加多少薪酬。每年的 12 月 1 日是加薪日，公司加薪的总体方案出台后，人力总监会和各地做薪酬管理的经理进行交流，告诉员工当年薪酬的总体情况，市场调查的结果是什么？今年的变化是什么？加薪的时间进度是什么？公司每年加薪的最主要目的是保证朗讯在人才市场增加一些竞争力。

朗讯领导言："一方面我们都知道高薪酬能够留住人才，所以每年的加薪必然能够留住人才。另一方面是，薪酬不能任意上涨，必须和人才市场的情况挂钩，如果有人因为薪酬问题提出辞职，很多情况下我们是让他走或者用别的办法留人。"

（案例来源：http://wenku.Baidu.com/view/5a6ae2d8d15aBe23482f4def.html）

思考题：

讨论：朗讯的薪酬管理给了你哪些方面的启示？

（三）薪酬管理的内容

1. 企业工资总额管理

按照 1989 年 9 月 30 日国务院批准、1990 年 1 月 1 日国家统计局发布的《关于工资总额组成的规定》，工资总额是指各单位在一定时期内直接支付给本单位全部职工的劳动报酬。工资总额管理不仅包括工资总额的计划与控制，还包括工资总额调整计划与控制。国家统计局对于工资总额的组成有明确的界定：

工资总额＝计时工资＋计件工资＋奖金＋津贴和补贴＋加班加点工资
＋特殊情况下支付的工资

事实上，对于国家来说，工资总额的准确统计是国家从宏观上了解人民的收入水平、生活水平，计算离退休金、有关保险金和经济补偿金的重要依据；对于企业来说，工资总额是人工成本的一部分，是企业掌握人工成本的主要信息来源，是企业进行人工成本控制的重要方面。因此，必须充分认识工资总额统计核算的重要性。由于工资总额的各项组成均与企业经济效益等因素直接相关，工资总额的调整在所难免，因此，确定工资总额调整的幅度也是十分重要的。

工资总额的管理方法，首先确定合理的工资总额需要考虑的因素，如企业支付能力，员工的生活费用，市场薪酬水平，以及员工现有薪酬状况等，然后计算合理的工资总额。可以采用工资总额与销售额关系的方法推算合理的工资总额，或采用盈亏平衡分析方法推算合理的工资总额，还可以采用工资总额占附加值比例的方法来推算合理的工资总额。

2. 企业员工薪酬水平的控制

企业要明确界定各类员工的薪酬水平，以实现劳动力与企业之间公平的价值交换，这是薪酬管理的重要内容。正确的做法是，哪类员工对企业的贡献大，从薪酬中得到的回报就应当多，哪类员工对企业的贡献小，从薪酬中得到的回报就应当少，以示公平。

同时，为了体现薪酬管理公平的基本原则，还必须根据劳动力市场的供求关系以及社会消费水平的变化，及时对企业员工的总体获酬水平适时地进行调整，以最大限度地调动员工的工作积极性、主动性和创造性。

3. 企业薪酬制度设计与完善

企业薪酬制度设计完善是企业薪酬管理的一项重要任务，包括工资结构设计完善，即确定并调整不同员工薪酬项目的构成，以及各薪酬项目所占的比例，还包括工资等级标准设计，薪酬支付形式设计，即确定薪酬计算的基础，是按照劳动时间，还是按照生产额、销售额计算。不同的企业薪酬制度有不同的适用对象和范围，要选择与企业总体发展战略以及实际情况相适应的薪酬制度。

4. 日常薪酬管理工作

日常薪酬管理工作具体包括：

（1）开展薪酬的市场调查，统计分析调查结果，写出调查分析的报告。

（2）制定年度员工薪酬激励计划，对薪酬计划执行情况进行统计分析。

（3）深入调查了解各类员工的薪酬状况，进行必要的员工满意度调查。

（4）对报告期内人工成本进行核算，检查人工成本计划的执行情况。

（5）根据公司薪酬制度的要求，结合各部门绩效目标的实现情况，对员工的薪酬进行必要的调整。

》 思考与练习

一、判断题

（1）人力资源管理是企业中全体管理者的共同职责，而不单单是人力资源部门的责任。（ ）

（2）与人力资源管理相比，人事管理最主要的特点是具有战略性。（ ）

（3）对于企业人力资源管理而言，人力资源规划具有全局性和先导性。（ ）

（4）培训需求分析的目的是确定培训者和培训内容。（ ）

（5）招聘确保质量的原则是指企业在选聘人员时要选择素质最高、质量最好的人才。（ ）

（6）人事管理是对企业中人的专项管理，在企业管理中处于核心地位，具有战略性和行政性。（ ）

（7）绩效管理就是绩效考核。（ ）

（8）在当代社会人力资本已经成为一种稀缺性资源，在生产过程中起着关键作用，可以取代物质资本和货币资本。（ ）

（9）薪资管理的原则实际上是企业向员工传递企业价值观的渠道。（ ）

（10）员工的个别需求完全出于个人发展要求，与企业发展没有联系时，企业也应创造条件为员工安排相关培训。（   ）

二、单选题

（1）在知识经济时代，企业的竞争，归根结底是（   ）的竞争。

A. 资本　　　　　B. 信息　　　　　C. 人才　　　　　D. 技术

（2）与人事管理相比，人力资源管理具有（   ）。

A. 行政性　　　　B. 事务性　　　　C. 专业性　　　　D. 战略性

（3）"字如其人"反映的是一种（   ）测试方法。

A. 测谎　　　　　B. 语文测试　　　C. 字迹测试　　　D. 个人品格测试

（4）下列选项中属于知识类培训的方法是（   ）。

A. 拓展训练　　　B. 特别任务法　　C. 角色扮演法　　D. 讲授法

（5）容易出现"轮流坐庄"现象的考评方式是（   ）。

A. 上级考评　　　B. 自我考评　　　C. 下级考评　　　D. 同级考评

（6）关于企业薪酬管理原则，说法不正确的是（   ）。

A. 分配结果均等　B. 对外有竞争力

C. 对内分配公正　D. 适当拉开薪酬差距

（7）人员招聘的直接目的是为了（   ）。

A. 招聘到精英人才　　　　　B. 获得组织所需要的人

C. 增加单位人力资源储备　　D. 提高单位的影响力

（8）企业内部招募的主要方法不包括（   ）。

A. 推荐法　　　　B. 借助中介法　　C. 内部公开招募　D. 轮岗

（9）下列绩效考评指标中，不属于能力考评目的的是（   ）。

A. 知识　　　　　B. 经验阅历　　　C. 技能熟练程度　D. 工作质量

（10）（   ）是一种补充性报酬，往往不以货币的形式直接支付，而采取实物形式发放。

A. 工资　　　　　B. 奖金　　　　　C. 福利　　　　　D. 股票期权

三、多选题

（1）人力资源的特点有（   ）。

A. 能动性　　　　B. 生物性　　　　C. 社会性　　　　D. 再生性

（2）人员外部招聘的优点是（   ）。

A. 选择范围大，有利于选拔到一流人才

B. 可给企业带来新的思想，观念

C. 有利于打破近亲繁殖和部门利益

D. 有利于激发内部竞争

（3）人才招聘中常用的选拔方法有（   ）。

A. 笔试　　　　　B. 面试　　　　　C. 情景模拟测试　　　　D. 评价中心

（4）一个完整的培训过程包括（   ）。

A. 需求分析　　　B. 计划制定　　　C. 培训组织与实施　　　D. 效果评估

（5）员工培训与开发的内容有（   ）。

A. 知识培训　　　B. 技能培训　　　C. 思维培训　　　D. 观念培训　　　E. 态度培训

（6）现在企业进行培训评估时，主要采用的评估方式（　　　）。

A. 反映评估　　　　B. 学习评估　　　　C. 行为评估　　　　D. 结果评估　　　　E. 经费评估

（7）结果导向型的考评方法是（　　　）。

A. 目标管理法　　　　B. 成绩记录法

C. 绩效标准法　　　　D. 行为观察法　E. 直接指标法

（8）关键业绩指标法应该遵循的原则是（　　　）。

A. specific，"具体的"　　　　　　　　B. measuraBle，"可度量的"

C. attainaBle，"可实现的"　　　　　　D. realistic，"有时限的"

E. time-Bound，"现实的"

（9）薪酬管理的原则是（　　　）。

A. 合法原则　　　　B. 公平原则　　　　C. 经济原则　　　　D. 竞争原则

（10）企业利用目标管理法进行绩效考评，在制定绩效目标时，（　　　）。

A. 由员工的上司为员工制定个人目标

B. 目标要依据企业的战略目标及相应的部门目标确定

C. 目标的数量不宜过高，要有针对性

D. 在设立目标时，还应制定达到目标的详细步骤

E. 目标一旦制定，就不能再修改，要保持它的一致性

四、思考题

（1）人力资源管理与传统人事管理有什么区别？

（2）在企业招聘工作应如何开展？

（3）如何进行培训效果评估？

（4）绩效考核与绩效管理有什么不同？

（5）薪酬管理的原则是什么？

五、能力拓展与训练题

请选择一家企业，了解该企业的人力资源管理状况，运用所学的知识进行分析，就该企业人力资源管理的某项管理工作写出调查报告。

模块八 企业财务管理

 模块综述

财务管理是从价值方面对企业进行的管理工作，例如对资金、成本、利润等方面的管理，这些管理以货币形式反映了价值的形成、实现和分配过程，是企业管理的中心。随着计算机的普及和应用，财务人员已更多地投入到管理工作之中。经济的发展，也要求加强企业财务管理工作。

学习目标

了解财务管理的概念、特征及内容，能够运用财务管理的基本原理解释企业出现的现象和问题；掌握货币时间价值的概念和计算方法，能够熟练运用货币时间价值原理解决实际问题；了解资金筹集的主要方式及其优缺点；了解投资资金的主要方法；理解并能分析财务报表。

引入案例

早期的"财务管理"

早在明朝中期，晋商就发明了"人身股"制度，其基本内容是：商号的主要职工，从大掌柜（总经理）到业务骨干，都可以由财东（投资人）根据他们的任职时间、能力高低和贡献大小，授予一定的股份，成为"身股"或"顶生意"，并在财务年度结算时与财东的资本一起参与利润分红。把劳动力作为资本，与实物资本一起参加商号的利润分配，实质上就是今天所倡导的人力资源会计，它比美国人在20世纪60年代创立的人力资源会计要早四五百年，是晋商繁荣昌盛的秘密武器。晋商最早使用了商业票据和银行票据。此外，晋商还较早实行了资本金制度，建立了风险基金，采用了"逆汇"平衡现银的办法等。明末清初，山西傅山参考了当时的官厅会计和"四柱清册"记账方法，设计出一套既简单又实用的民间会计核算方法——"龙门账"，促使我国记账方法由单式记账向复式记账转化，形成了"有来源必须有去路"的复式记账原理，强化对商业经营活动的反映和控制。上海钱业在1890年设立汇划总会，开始以公单方式计数并进行清算。

在此之前，晋商已在清朝中期创造了银行拨兑和转账结算。当时的票据有：凭贴（类似今天的本票）、兑账（类似今天的支票）、上贴（类似今天的银行汇票）、上票（类似今天的商业汇票）、壶瓶贴（类似今天的空头支票）、期贴（类似今天的远期支票）。

（资料来源：陈兴斌. 公司理财. 4 版. 北京：中国人民大学出版社）

思考： 你认为现代股份制企业财务管理模式是什么样的？

任务一　财务管理认知

一、财务管理概述

（一）财务管理的概念

财务管理是基于企业生产经营过程中客观存在的财务活动和财务关系而产生的，它是利用价值形式对企业生产经营过程进行的管理，是企业组织财务活动、处理财务关系的一项综合性管理工作。

简单地说，财务管理就是对公司财务进行的管理，是公司组织财务活动、处理财务关系的一项经济管理工作。

知识链接

我国财务管理理论的发展

我国企业财务管理工作是在高度集中的计划与财政体制下建立和发展的。财务理论研究也就围绕国营企业实行经济核算制，建立企业财务管理体系及其管理内容与方法而展开。十一届三中全会拉开了全方位经济体制改革序幕，我国财务理论研究也进入了一个新的转折时期，以国营企业的财务改革和改进国营企业财务管理为核心的财务研究全面展开。

（二）财务管理的特点与内容

1. 财务管理的特点

财务管理区别于生产管理、技术管理、营销管理、人事管理的主要特点有：

（1）涉及面广。财务管理对象是企业资金，很难想象一个企业的哪一个部门不和资金有关。因此，财务管理工作渗透到企业的每一个部门、每一项活动中，涉及到企业的方方面面。财务部门通过资金和企业的各个环节建立联系，通过资金的管理对各个部门的活动加以约束。

（2）综合程度强。财务管理是利用价值手段管理企业的生产经营活动，将企业的生产过程、经营成果转化成价值形态，因此需要用一种高度综合的手段进行管理。

（3）灵敏度高。企业的一切活动都通过财务指标反映到财务部门，财务部门通过对财务指标的分析、计算、整理、综合，可以掌握企业的各个部门的动态。例如，生产部门可能没有发现生产流程中存在问题而导致产品质量的下降，但是，财务部门可能从销售退回及急增的维修费用中发现问题。

2. 财务管理的内容

公司经济活动主要包括资金的投入、投放和退出活动，以及公司组织的供应、生产、销售三个过程的活动。在资金的投入、投放和退出活动中，资金投入是资金的筹措，资金投放是资金的投资和使用，资金退出是各项税款的上缴和股东利润分配。在供应、生产、销售三个过程的活动中，供应过程是形成生产储备的过程，在此过程货币资金转化为储备资金；生产过程要耗费材料、支付工资、发生固定资产使用的折旧费和其他费用，在此过程储备资金、部分货币资金和固定资产的价值转化为生产资金，当在产品加工完成后经验收入库，生产资金转化为成品资金；销售过程是将产品销售出去并收回销售货款的过程，在此过程成品资金转化为货币资金，这时收到的货款减去销售产品的成本就构成公司的利润，利润一部分以所得税等形式上缴国家，净利润的一部分分配给投资者。由此可见，公司的资金随着供产销活动不断地改变它的形态，即从货币资金开始，依次转化为储备资金、生产资金、成品资金、货币资金，这样不断地循球，称为资金周转。资金只有通过筹集、投放与使用、回收与分配等不断的循环，才能在周转过程中实现价值的增值。

（1）筹集资金。筹集资金是企业运作的前提，也是企业资金运作的起点。企业资金按投资者权益的不同可分为债务资金和所有者权益资金；所有者权益资金包括所有者投入企业的资本金和企业在生产经营活动中形成的资本公积金、盈余公积金和未分配利润，其所有权属于企业所有者。企业资金按企业使用时间长短可分为长期资金和短期资金，长期资金包括所有者权益资金和非流动负债；短期资金是企业的流动负债。在市场经济条件下，企业可以依法吸收直接投资、发行股票等所有者权益资金；通过银行借款、发行债券等方式筹集债务资金。企业财务人员要科学地确定所需资金数额，合理选择筹集资金的来源渠道和筹资方式，保持较低的资金成本和合理的资金结构。

（2）投资管理。企业筹集资金的动因是为了投资，企业只有将资金投入使用，才能在资金周转过程中增值。企业投资可分为对内投资和对外投资。对内投资是企业将资金用于自身的生产经营，通过投资形成企业的固定资产、流动资产、无形资产和其他资产等；对外投资是企业将资金投放给其他企业。对外投资的形式有多种，主要有股权投资和债权投资。股权投资是企业将资金投给其他企业形成所有者权益，债权投资是将资金投给其他企业形成债务。按照形成资产的不同，企业投资分为固定资产投资和营运资金投资。公司的投资管理是财务管理的重要内容，因此要认真选择投资方向和投资方式，合理安排资产结构，提高投资报酬率并降低企业风险。

（3）营运资金管理。营运资金是企业流动资产和流动负债的总称；流动资产减流动负债的余额称为净营运资金。营运资金管理包括流动资产管理和流动负债管理。流动资产包括货币资金、交易性金融资产、应收账款、应收票据、预收账款及存货等；流动负债包括短期借款、应付票据、应付账款、预付账款及应付职工薪酬等。合理控制流动资产和流动负债的数量及其搭配，既可以增加资产的流动性，使短期资金得到有效利用，提高整体资金的利用效率，同时可以降低企业的风险。

（4）股利分配。企业投资的根本目的是为了获取利润。企业的经营成果在补偿生产耗费以后，缴纳所得税，税后利润应属于企业所有者，企业在考虑发展对资金的需要和投资者的意愿的前提下，决定向投资者分配的股利和留存利润的比例。制定合理的股利分配政策，可以缓解企业对资金需求的压力；降低企业筹资的资金成本；影响企业股价在市场上的走势；满足投资者对投资回报的要求。

财务管理上述四项基本内容是一个有机联系的整体，它们共同为实现企业财务管理目标服务。此外，财务管理的内容还包括企业破产、清算和重整管理；企业收购与兼并管理；企业业绩评价；企业财务诊断；国际财务管理等内容。

（三）财务管理的目标

财务管理目标又称理财目标，是企业财务活动所要达到的最终目标，决定着财务管理工作的基本方向。关于理财目标目前理论界主要有三种观点：利润最大化、股东财富最大化和企业价值最大化。其中，企业价值最大化目标具有综合性和代表性，在理论上和实践上被广泛应用。

1. 利润最大化

利润最大化可从两个方面来理解：一是利润总额最大化；二是净资产收益率最大化。如果以利润总额最大化作为目标，对于两个资本额不同而利润相同企业的理财业绩就无法判断。所以把利润最大化理解为资本利润最大化更合理。企业追求利润最大化，就必须加强管理，改进技术，降低产品成本，提高劳动生产率，加速资金周转，以较少的资金投入获得更多的利润产出，提高经济效益。

以利润最大化作为财务管理的目标，主要有以下几方面的不足：

第一，以利润最大化为目标没有反映出预期收益的时间性或持续时间，即没有考虑资金的时间价值。

第二，利润最大化没有考虑风险的问题。企业的投资项目风险越大，其未来各年按预期的资本收益率获得收益的风险也就越大。两家企业预测的资本收益率相同，但一家企业未来各年的风险大于另一家企业，前者的理财业绩就不如后者。

第三，利润最大化目标往往会使财务决策带有短期行为的倾向，即只顾实现目前的最大化利润而不顾企业的长远发展。

将利润最大化作为企业财务管理的目标，只是对经济效益的浅层次的认识，存在一定的片面性，所以，现代财务管理理论认为，利润最大化不是财务管理的最优目标。

2. 股东财富最大化

股东财富最大化是指通过财务上的合理经营，为股东带来最多的财富。持这种观点的学者认为，股东创办企业的目的是增长财富。股东是企业的所有者，是企业资本的提供者，其投资的价值在于能给所有者带来未来报酬，包括获得股利和出售股权获取现金。在股份经济条件下，股东财富由其所拥有的股票数量和股票市场价格两方面来决定，因此，股东财富最大化也最终体现为股票价格。股价的高低代表了投资大众对公司价值的客观评价。它以每股的价格表示，反映了资本和获利之间的关系；它受每股盈余的影响，反映了每股盈余大小和取得的时间；它受企业风险大小的影响，反映了每股盈余的风险。

股东财富最大化是对经济效益深层的认识。财富最大化目标可以克服公司在追求利润上的短期行为。因为不仅过去和目前的利润会影响企业的价值，预期未来利润的多少对企业价值的影响会更大。同时，财富最大化目标科学地考虑了风险与报酬之间的联系，能有效地克服公司不顾风险大小，只片面追求利润的错误倾向。当各个企业都追求本公司财富最大化时，在国家宏观调控和法律约束下，会使整个社会的财富得到增加，最终满足人民日益增长的物质文化需要。

3. 企业价值最大化

企业价值最大化是指通过财务上的合理经营，采取最优的财务政策，充分利用资金的时间价值和风险与报酬的关系，保证将企业长期稳定发展摆在首位，强调在企业价值增长中应满足各方利益关系，不断增加企业财富，使企业总价值达到最大化。持这种观点的学者认为，财务管理目标应与企业多个利益集团有关，可以说，财务管理目标是这些利益集团共同作用和相互妥协的结果。在一定时期和一定环境下，某一利益集团可能会起主导作用。但从长期发展来看，不能只强调某一集团的利益，而置其他集团的利益于不顾，不能将财务管理的目标集中于某一集团的利益。从这一意义上讲，股东财富最大化不是财务管理的最优目标。

相比股东财富最大化而言，企业价值最大化最主要的是把企业相关者利益主体进行揉合形成企业这个唯一的主体，在企业价值最大化的前提下，也必能增加利益相关者之间的投资价值。但是，企业价值最大化最主要的问题在于对企业价值的评估上，由于评估的标准和方式都存在较大的主观性，股价能否做到客观和准确，直接影响到企业价值的确定。

能力提升

股东财富最大化的优缺点

股东财富最大化的财务管理目标，与本世纪 50 年代以前在西方根深蒂固的利润最大化的财务管理目标相比，由于它考虑了不确定性、时间价值和股东资金的成本，无疑更为科学和合理，有其积极的内涵。

第一，对于额外的风险，要求有更高的预期收益补偿；第二，对于相同的投资报酬，重视现金流入时间的判别，现金流入越早其价值越大；第三，当公司可以通过一项新的投资提高盈利水平时，从股东的利益出发，公司的经营者就会投资于收益更高的项目。

可见，股东财富最大化与利润最大化相比，优点甚为明显：综合地考虑了风险因素；在一定程度上克服企业在追求利润上的短期行为；不仅要提高公司利润，还要权衡股东资金的机会成本。

同时，我们也看到了追求股东财富最大化也存在一些缺点：第一，它只适用于上市公司，对非上市公司很难适用。就中国现在国情而言，上市公司并不是中国企业的主体，因此在现实中，股东财富最大化尚不适于作为中国财务管理的目标。第二，股东财富最大化要求金融市场是有效的。由于股票的分散和信息的不对称，经理人员为实现自身利益的最大化，有可能以损失股东的利益为代价作出逆向选择。第三，股票价格除了受财务因素的影响之外，还受其他因素的影响，股票价格并不能准确反映企业的经营业绩。所以，股东财富最大化目标受到了理论界的质疑。

（资料来源：陈小林《财务管理》东北财经大学出版社）

（四）财务管理的环境

企业财务管理环境是指财务管理以外的，对财务管理系统有影响作用的一切因素的总和。它包括微观理财环境和宏观理财环境。

1. 微观理财环境

微观理财环境指企业的组织形式——生产、销售和采购方式等。中国的经济体制改革由政策调整转向企业制度创新的过程中，建立了适应市场经济的产权清晰，权责明确，政企分开、管理科学的现代企业制度。企业的生产经营方式也由生产经营型向资本运营型转变，在这种方式下，财务管理处于企业经营管理的中心，企业财务管理目标决定着企业经营管理的目标。在微观理财环境下，企业不仅要获得最大利润，而且要争取企业价值有所增加。

2. 宏观理财环境

宏观理财环境主要是指企业理财所面临的法律环境、金融市场环境、经济环境和社会环境等

（1）法律环境。企业和外部发生经济关系时应遵守有关的法律、法规和规章。企业的理财活动，无论是筹资、投资还是利润分配，应当遵守有关的法律规范，如：公司法、证券法、金融法、证券交易法、经济合同法、企业财务通则、企业财务制度、税法等。

（2）金融市场环境。金融市场是企业筹资和投资的场所，与企业的理财活动密切相关。金融市场上有许多资金筹集的方式，并且比较灵活。企业需要资金时，可以到金融市场选择适合自己的方式筹资。企业有了剩余资金，也可以灵活地选择投资方式，为其资金寻找出路。并且在金融市场上，企业可以实现长短期资金的转化。金融市场为企业理财提供有效的信息。金融市场的利率变动，反映资金的供求状况；有价证券市场的行市反映投资人对企业经营状况和盈利水平的评价。他们是企业经营和投资的重要依据。

（3）经济环境。经济环境指企业进行财务活动的客观经济状况，如经济发展状况、通货膨胀状况、经济体制等。经济发展的速度对企业有重大影响。随着经济的快速增长，企业需要大规模地筹集资金，需要财务人员根据经济的发展状况，筹措并分配足够的资金，用以调整生产经营。经济体制是指对有限资源进行配置而制定和执行决策的各种机制。

（4）社会环境。社会舆论监督对企业价值的影响，主要体现在企业对社会的贡献方面，如满足就业、增加职工福利、保护环境、节约资源、创新意识等。这些直接影响企业的经营目标和投资方向，对企业理财目标有重大影响。

二、货币时间价值

资金时间价值是客观存在的经济范畴。在不考虑风险和通货膨胀的条件下，一定数量的货币资金在不同时点上具有不同的价值。

知识链接

货币时间价值的理解

本杰明·弗兰克说：钱生钱，并且所生之钱会生出更多的钱。这就是货币时

间价值的本质。货币的时间价值（Time value of money）这个概念认为，当前拥有的货币比未来收到的同样金额的货币具有更大的价值，因当前拥有的货币可以进行投资、复利。即使有通货膨胀的影响，只要存在投资机会，货币的现值就一定大于它的未来价值。

（一）一次性收付款项

资金时间价值是时间的函数，可按单利计算，也可按复利计算，一般情况下按复利计算。用复利计算资金时间价值，不仅要考虑到利息，而且要考虑到利息的利息，即利生利。资金时间价值有两种表示方式：现值和终值。现值是指货币资金的现在价值，即将来某一时点的一定资金折合成现在的价值；终值是指货币未来的价值，即一定量的资金在将来某一时点的价值，表现为本利和。

1. 复利的终值

复利终值是指一定量的本金按复利计算若干期后的本利和。

为计算方便，先设定如下符号所代表内容：I 表示利息；P 表示现值；F 表示终值；i 表示每一利息期的利率；n 表示计算利息的期数（或折现率）。

复利终值的计算公式为：

$$F = P \times (1+i)^n \tag{8-1}$$

式中：$(1+i)^n$ 通常称做"一次性收付款项终值系数"，简称"复利终值系数"，用符号 $(F/P, i, n)$ 表示。复利终值系数可以通过查阅"复利终值系数表"（见专业书籍附表）直接获得。

上式也可写为：

$$F = P \times (F/P, i, n) \tag{8-2}$$

例 8-1 某人将 3000 元存于银行，年存款利率为 5%，计算 3 年的本利和。

$$F = 3000 \times (1+5\%)^3 = 3000 \times 1.158 = 3474(\text{元})$$

2. 复利的现值

复利现值是指今后某一特定时间收到或付出的一笔款项，按折现率所计算的现在时点的价值。复利现值是复利终值的逆运算，其计算公式为：

$$P = F/(1+i)^n \quad \text{或} \quad P = F \times (1+i)^{-n} \tag{8-3}$$

其中，$(1+i)^{-n}$ 通常称作"一次性收付款项现值系数"，用符号 $(P/F, i, n)$ 表示，可以直接查阅"复利现值系数表"（见专业书籍附表）。

上式也可以写为：

$$P = F \times (P/F, i, n) \tag{8-4}$$

例 8-2 某人预计 5 年后可获得 5 万元现金，按年利率（折现率）5% 计算，问这钱现在的价值是多少？

$$P = 50000 \times (P/F, 5\%, 5) = 50000 \times 0.7835 = 39175(\text{元})$$

（二）系列性收付款项

在现实经济生活中，除了一次性收付款项，还存在一定时期内多次收付的款项，即系列收付款项，如果每次收付的金额相等，则这样的系列收付款项就是年金，如保险费、折旧费、租金、等额分期收款、等额分期付款以及零存整取或整存零取储蓄等。

年金通常记作 A。年金按其每次收付发生的时点不同，可分为普通年金、即付年金、递延年金、永续年金等几种。

1. 普通年金的终值和现值

普通年金又称后付年金，是指一定时期内每期期末等额收付的系列款项。

（1）普通年金的终值。年金终值是指一定时期内每期期末收付款项的复利终值之和，如零存整取的本利和。

利用复利终值公式，可以计算出普通年金的每期收付款项的终值，然后相加即得普通年金终值，但是，这样计算非常麻烦，所以需要年金的直接计算公式，经推导，普通年金终值计算公式为：

$$F = A \times \left[\frac{(1+i)^n - 1}{i} \right] \tag{8-5}$$

式中：方括号中的数值，通常称作"年金终值系数"，记作 $(F/A, i, n)$，可直接查阅"年金终值系数表"(见专业书籍附表)。

上式也可写为：

$$F = A \times (F/A, i, n) \tag{8-6}$$

例 8-3　某项目在 5 年建设期内每年年末向银行借款 150 万元，借款年利率为 10%，问该项目竣工时应付本息的总额是多少？

$$F = 150 \times (F/A, 10\%, 5) = 150 \times 6.1051 = 915.77(万元)$$

（2）普通年金现值。年金现值是指一定时期内每期期末付款项的复利现值之和。利用复利现值公式，计算出普通年金的每期收付款的现值，然后相加即得普通年金现值。只是，这样计算非常麻烦，所以需要年金的直接计算公式，经推导普通年金现值的计算公式为：

$$P = A \times \left[\frac{1 - (1+i)^{-n}}{i} \right] \tag{8-7}$$

式中：方括号中的数值，通常称作"年金现值系数"，记作 $(P/A, i, n)$，可直接查阅"年金现值系数表"(见专业书籍附表)。

上式也可写为：

$$P = A \times (P/A, i, n) \tag{8-8}$$

例 8-4　某公司租入甲设备 5 年，每年需要支付租金 50 万元，利率为 10%，问租期内应支付的租金总额的现值是多少？

$$P = 50 \times (P/A, 10\%, 5) = 50 \times 3.7908 = 189.54(万元)$$

2. 即付年金的终值和现值

（1）即付年金的终值。即付年金又称先付年金，是指一定时期内每期期初等额收付的系列款项。即付年金的终值是指一定时期内每期期初收付款项的利复利终值之和。

即付年金的终值与普通年金的终值之间的关系，是 n 期数加 1(终值) 的关系。利用普通年金的终值公式推导以下两个计算公式。

计算公式一：利用同 n 期的普通年金的终值公式再乘 $(1+i)$ 计算。

$$F=A\times(F/A,\ i,\ n)\times(1+i) \tag{8-9}$$

计算公式二：利用同 $n+1$ 期的普通年金的终值公式并年金终值系数减 1 计算。

$$F=A\times[(F/A,\ i,\ n+1)-1] \tag{8-10}$$

例 8-5 公司准备建立一项防风险基金，假设公司每年年初存入 100 万元，利率 10%，5 年后公司能一次性取出多少防风险基金？

$$F=100\times(F/A,\ 10\%,\ 5)\times(1+10\%)=671.56(万元)$$

或

$$F=100\times[(F/A,\ 10\%,\ 6)-1]=671.56(万元)$$

（2）即付年金的现值。即付年金的现值是指一定时期内每期期初收付款项的复利现值之和。即付年金的现值与普通年金的现值之间的关系，是 n 期数减 1 的关系。利用普通年金的现值公式推导以下两个计算公式。

计算公式一：

利用同 n 期的普通年金的现值公式再乘 $(1+i)$ 计算。

$$P=A\times(P/A,\ i,\ n)\times(1+i) \tag{8-11}$$

计算公式二：

利用同 $n-1$ 期的普通年金的现值公式并年金现值系数加 1 计算。

$$P=A\times[(P/A,\ i,\ n-1)+1] \tag{8-12}$$

例 8-6 某公司因生产需要租入设备，租期 5 年，经双方协议每年年初应支付 10 万元租金。假设利率为 10%，则公司该项支出租金相当于现在一次性支出多少？

$$P=10\times(P/A,\ 10\%,\ 5)\times(1+10\%)=41.70(万元)$$

3. 递延年金的现值

递延年金是普通年金的特殊形式。它是指第一次收付款发生时间不在第一期期末，而是隔若干期后才开始发生的系列等额收付款项。递延年金的现值是自若干时期后开始每期款项的现值之和，利用普通年金的现值公式等推导以下两个计算公式。其中，N 表示递延年金总期数；M 表示递延年金隔若干期数；$n(N-M)$ 表示递延年金发生期数。

计算公式一：分解成 n 期的普通年金和 M 期的一次性款项两段计算。

$$P=A\times(P/A,\ i,\ n)\times(P/F,\ i,\ M) \tag{8-13}$$

计算公式二：分解成假设的 N 期普通年金（递延年金 + 年金 A）和假设的 M 期普通年金（年金 A）两段计算，见表 8-1。

表 8-1

年限	0	1	2	…	M	$M+1$	…	$N-1$	N
年金		(A)	(A)	$(…)$	(A)	A	…	A	A

注：0 为年初；1 为第 1 年年末；(A) 为假设 M 期年金；A 为递延年金

$$P=A\times(P/A,\ i,\ N)-A\times(P/A,\ i,\ M)\quad 或\quad P=A[(P/A,\ i,\ N)-(P/A,\ i,\ M)] \tag{8-14}$$

例 8-7 某公司拟在年初在银行建立一笔基金，以便能在第 6 年年末（第 7 年年初）起每年取出 5 万元支付付债务至第 10 年年末，假设银行存款利率为 10%，该公司应在最初一次存入多少钱？

$$P=50000 \times (P/A，10\%，5) \times (P/F，10\%，5)$$
$$=50000 \times 3.7908 \times 0.6209 \approx 117690（元）$$

（注：该得数为根据实际业务需要算得的约等数）

或

$$P=50000 \times [(P/A，10\%，10)-(P/A，10\%，5)]$$
$$=50000 \times (6.1446-3.7908)=117690（元）$$

递延年金一般不计算终值。如需要计算，可按递延年金发生期数的 n 期数直接代入普通年金终值公式。

4. 永续年金的现值

永续年金也叫永久年金。它是指无限期等额收付的特种年金，它是普通年金的特殊形式，即期限趋于无穷的普通年金。根据普通年金现值公式，可推导出永续年金现值的计算公式为

$$P = \frac{A}{i} \tag{8-15}$$

例 8-8 建立一项永久性奖学金，若每年发奖金 10000 元，银行存款利息 10%，现在应存入多少资金？

$$P=10000/10\%=100000（元）$$

由于永续年金持续期无限，没有终止的时间，因此没有终值，只有现值。

课堂讨论

拿破仑赠送玫瑰花的诺言

1797 年 3 月拿破仑在卢森堡第一国立小学演讲时说了这样一番话："为了答谢贵校对我，尤其是对我夫人约瑟芬的盛情款待，我不仅今天呈上一束玫瑰花，并且在未来的日子里，只要我们法兰西存在一天，每年的今天我将亲自派人送给贵校一束价值相等的玫瑰花，作为法兰西与卢森堡友谊的象征。"时过境迁，拿破仑穷于应付连绵的战争和此起彼伏的政治事件，最终惨败而流放到圣赫勒拿岛，把卢森堡的诺言忘得一干二净。

可卢森堡这个小国对这位"欧洲巨人与卢森堡孩子亲切、和谐相处的一刻"念念不忘，并载入他们的史册。1984 年底，卢森堡旧事重提，向法国提出违背"赠送玫瑰花"诺言的索赔：要不从 1797 年起，用 3 路易作为一束玫瑰花的本金，以 5 厘复利（即利滚利）计息全部清偿这笔玫瑰花案；要不法国政府在各大报刊上公开承认拿破仑是个言而无信的小人。

起初，法国政府准备不惜重金赎回拿破仑的声誉，但却又被电脑算出的数字惊呆了：原本 3 路易的许诺，本息竟高达 1375596 法郎。

经苦思冥想，法国政府斟词酌句的答复是："以后，无论在精神上还是在物质上，法国将始终不渝地对卢森堡大公国的中小学教育事业予以支持与赞助，来兑现我们拿破仑将军那一诺千金的玫瑰花信誉。"这一措辞最终得到了卢森堡人民的谅解。

讨论:

(1) 为何每年 3 路易累加, 187 年后相当于 1375596 法郎?

(2) 今天的 100 元钱与一年后的 100 元钱等价吗?

(三) 风险与报酬

从财务管理的角度, 风险是指公司在各项财务活动中, 由于各种难以预料或无法控制的因素作用, 使公司的实际收益与预计收益发生背离, 从而有蒙受经济损失的可能性。风险本身可能带来超出预期的损失, 也可带来超出预期的收益。财务管理要求利用风险衡量原理, 尽量减少公司的预期损失, 实现公司尽可能多的预期收益。

1. 风险的种类

财务中的风险按形成的原因一般可分为经营风险和财务风险两大类。

(1) 经营风险。经营风险又称业务风险, 是指因生产经营方面的原因给公司盈利带来的不确定性。公司生产经营的许多方面都会受到来自于公司外部和内部的诸多因素的影响, 具有很大的不确定性。比如, 人、财、物价格的变动, 竞争对手的变动, 利率的调整, 以及公司自身的决策失误等, 都会引起公司生产经营方面的不确定性, 导致公司收益的不确定性, 从而给公司带来风险。

(2) 财务风险。财务风险又称筹资风险, 是指由于举债而给公司财务成果带来的不确定性。公司负债经营, 全部资金中除自有资金外还有一部分借入资金。由于公司息税前利润率(EBIT)和借入资金利息率的差额具有不确定性, 这会对自有资金的盈利能力造成影响。当公司息税前资金利润率高于借入资金利息率时, 公司负债经营可以使自有资金利润率提高; 但是, 当公司息税前资金利润率低于借入资金利息率, 这时公司负债经营将导致自有资金利润率降低, 甚至使公司发生亏损。同时, 借入资金还需还本付息, 一旦无法偿付到期债务, 公司便会陷入财务困境甚至破产。总之, 若公司亏损严重, 财务状况恶化, 丧失支付能力, 就会出现无法还本付息甚至破产的危险。

2. 风险报酬

(1) 风险报酬率。风险报酬率是指投资者因冒风险进行投资而要求的, 超过资金时间值的那部分额外报酬率。如果不考虑通货膨胀因素, 其公式表示为

$$风险报酬率 = 期望投资报酬率 - 资金时间价值 (或无风险报酬率) \qquad (8-16)$$

由以上公式可知, 投资者进行风险投资所要求或期望的投资报酬率为

$$期望投资报酬率 = 资金时间价值 (或无风险报酬率)+ 风险报酬率 \qquad (8-17)$$

(2) 风险报酬。风险报酬指公司预期投资额和风险报酬率的乘积。其公式为

$$风险报酬 = 预期投资额 \times 风险报酬率 \qquad (8-18)$$

例 8-9 某公司准备 100 万元投资一项目, 期望的投资报酬率为 18%, 无风险报酬率为 8%, 则该项投资的风险报酬和无风险报酬是多少?

$$投资的风险报酬 =100 \times 10\%=10(万元)$$

$$投资的无风险报酬 =100 \times 8\%=8(万元)$$

3. 风险衡量

风险衡量是公司理财中的一项重要工作, 在进行风险衡量时应着重考虑概率、期望值、标准离差、标准离差率等几方面的因素。

（1）概率。

通常，把必然发生的事件的概率定为 1，把不可能发生的事件的概率定为 0，一般随机事件概率介于 0 与 1 之间，所有可能出现的概率之和必定为 1。

概率必须符合下列两个要求：

$$① \; 0 \leqslant P_i \leqslant 1 \qquad ② \sum_{i=1}^{n} P_i = 1$$

式中：P_i 表示出现第 i 种结果的相应概率。

假设某公司一项目投产后，预计取得的收益与市场销售好坏密切相关，见表 8-2。

表 8-2

市场销售	年收益 X_i	概率 P_i
销售很好	9	0.1
销售较好	7	0.2
销售一般	5	0.4
销售较差	3	0.2
销售很差	1	0.1

上表中，概率之和等于 1。

（2）期望值。

期望值是指一个概率分布中所有可能结果，以各自相应的概率为权数计算的加权平均值，是加权平均的中心值。其计算公式如下：

$$\left(\overline{E} \right) = \sum_{i=1}^{n} X_i P_i \qquad (8\text{-}19)$$

式中：X 表示随机事件；X_i 表示随机事件的第 i 种结果。

例 8-10　根据表 8-2 中的有关数据，计算该项目投产后预计收益的期望值。

预计收益的期望值（$\overline{E}$）＝9×0.1+7×0.2+5×0.4+3×0.2+1×0.1=5

（3）标准离差。

标准离差又称准差，是反映概率分布中各种可能结果对期望值的偏离程度，也即离散程度的一个数值。标准离差是一个绝对数指标，它以绝对数衡量决策方案的风险。在期望值相同的情况下，标准离差越大，风险越大；反之，标准离差越小，则风险越小。其计算公式为

标准离差
$$\left(\delta \right) = \sqrt{\sum_{i=1}^{n} \left(X_i - \overline{E} \right)^2 P_i} \qquad (8\text{-}20)$$

例 8-11　根据表 8-2 的相关数据，计算该项目投产后预计年收益与期望年收益的标准离差。

标准离差 $\left(\delta \right) = \sqrt{\left(9-5\right)^2 \times 0.1 + \left(7-5\right)^2 \times 0.2 + \left(5-5\right)^2 \times 0.4 + \left(3-5\right)^2 \times 0.2 + \left(1-5\right)^2 \times 0.1} = 2.19$

（4）标准离差率。

标准离差率是标准离差同期望值之比。标准离差率是一个相对数指标，它以相对数反

映决策方案的风险程度。在期望值不同的情况下，标准离差率越大，风险越大；反之，标准离差率越小，风险越小。其计算公式为

$$标准离差率 = (q) = \frac{\delta}{E} \tag{8-21}$$

例8-12 现仍以表8-2中的有关数据为例，计算该项目投资后预计年收益的标准离差率。

$$标准离差率 (q) = 2.19 \div 5 = 0.438$$

通过上述方法将决策方案的风险加以量化后，决策者便可据此作出决策：对于单个方案，决策者可根据其标准离差（率）的大小，将其与设定的可接受的此项指标最高限值对比，看前者是否低于后者，然后作出取舍。对于多方案择优，决策者应是选择低风险、高收益的方案，即选择标准离差最低、期望收益最高的方案。

高收益往往伴有高风险，低收益方案其风险程度往往也较低，究竟选择何种方案，那就要权衡风险与收益之间的关系，而且还要视决策者对风险的态度而定。稳健态度的人可能会选择期望收益较低同时风险也较低的方案，敢冒风险的人则可能选择风险高但同时收益也高的方案。

任务二 资金筹集管理

一、筹资概述

（一）筹资的概念

筹资是指公司根据其生产经营、对外投资及调整资金结构的需要，通过一定的渠道，采取适当的方式，获取所需资金的一种行为。筹资是财务管理的一项重要活动。筹资的基本目的是为了自身的生存和发展。任何资金的使用都不可能是没有代价的或无偿供应的，投资者要保持其良好的投资，就必须进行有效合理的筹资。

筹资决策是指为满足企业融资的需要，对筹资的途径、数量、时间、成本、风险和方案进行评价和选择，从而确定一个最优资金结构的分析判断过程。筹资决策的核心，就是在多种渠道、多种方式的筹资条件下，如何利用不同的筹资方式力求筹集到最经济、成本最低的资金来源。其基本思想是实现资金来源的最佳结构，即使公司平均资金成本率达到最低限度时的资金来源结构。

经典案例

阿里巴巴成功上市

美国时间2014年9月19日上午，阿里巴巴正式在纽交所挂牌交易，股票代码为BABA。截至当天收盘，阿里巴巴股价暴涨25.89美元报93.89美元，较发行价68美元上涨38.07%，市值达2314.39亿美元，超越FaceBook成为仅次于谷歌的第二大互联网公司。至此，阿里巴巴执行主席马云的身家超过200亿美元，成为中国新首富。

在阿里巴巴成功的融资史上，总共使用了多种融资方式，首先是创业初期内部融资的启动资金，其次是高盛作为天使投资人投资的种子资本，之后第二、第

三轮融资都来自于软银等 VC 集团的风险投资，然后作为上市之前最大的一笔股权融资——雅虎的 10 亿美元也同样非常关键，最后就是两次分别在港交所和纽交所上市的 IPO 融资。

（二）筹资的目的与要求

1. 筹资的目的

具体来说，筹资动机有以下几种：

（1）设立性筹资动机，是投资者投资一个新项目时为取得资本金而产生的筹资动机。

（2）扩张性筹资动机，是投资者为扩大原有项目的规模而产生的追加筹资的动机。

（3）调整性筹资动机，是投资者因调整现有资金结构而产生的筹资动机。

（4）混合性筹资动机，是投资者既为扩张规模又为调整资金结构而产生的筹资动机。

2. 筹资的要求

企业筹资要综合考虑一下因素：资金量大小、资金期限长短、资金来源、资金的债权性质或股权性质、对企业权力结构的影响、融资关系稳定性及使融资成本最小化。

二、普通股筹资

普通股是股份公司为筹集自有资金而发行的赋予投资者一般权利的有价证券，是公司签发的证明股东所持股份的凭证，它代表了股东在公司中拥有的所有权。发行普通股是股份有限公司筹集权益资金的基本形式。

（一）股票发行的目的

明确股票发行的目的，是股份公司决定发行方式、发行程序、发行条件的前提。股份公司发行股票总的来说是为了筹集资金。具体来说，又有三种不同原因：

（1）设立新的股份公司。股份公司成立时，通常以发行股票的方式来筹集资金。此种股票的发行通常被称为股票的首发。

（2）扩大经营规模。已设立的股份公司为不断扩大生产经营规模，也需通过发行股票来筹集所需资金。通常，人们称此类发行为增资发行。如果拟发行的股票在核定资本的额度内，只须经董事会批准；如果超过了核定资本额度，则需召开股东大会重新核定资本额。

（3）其他目的。其他目的的股票发行通常与集资没有直接关系，如发放股票股利。

（二）股票的发行与上市

按国标惯例，股份公司发行股票必须具备一定的发行条件，取得发行资格，并在办理必要手续后才能发行。我国于 2006 年 5 月 8 日正式实施的《上市公司公开发行证券管理办法》(中国证监会，2006 年 5 月) 对股票的发行条件做了明确规定。

股票上市指股份有限公司公开发行的股票经批准在证券交易所进行挂牌交易。我国《公司法》规定，股东转让其股份，即股票流通必须在依法设立的证券交易所进行。

公司股票上市的好处主要有：有助于改善财务状况；便于利用股票收购其他公司；利用股票市场客观评价企业；利用股票可激励职员；提高公司知名度，吸引更多顾客。

公司股票上市的弊端主要有：使公司失去隐私权；限制经理人员操作的自由度；公开上市需要很高的费用。

公司股票上市后如果发生违反证券管理部门规定的会面临暂停或终止上市的处罚。

（三）普通股筹资的优缺点

发行普通股是公司筹集资金的一种基本方式，其优点主要有：

（1）筹资风险小。由于普通股没有固定到期日，不用支付固定的利息，实际上不存在不能偿付的风险，因此风险最小。

（2）能增加公司的信誉。普通股本与留存收益构成公司的一切债务基础。有了较多的自我资金，就可为债权人提供较大的损失保障，因而，普通股筹资既可以提高公司的信用价值，同时也为使用更多的债务资金提供了强有力的支持。

（3）筹资限制较少。利用优先股或债券筹资，通常有许多限制。这些限制往往会影响公司经营的灵活性，而利用普通股筹资则没有这种限制。

普通股筹资的缺点主要有：

（1）资本成本较高。从投资者的角度讲，投资于普通股风险较高，相应地要求有较高的投资报酬率。对筹资者来讲，普通股股利从税后利润中支付，不具有抵税作用。另外，普通股的发行费用也较高。

（2）股票融资上市时间跨度长，竞争激烈，无法满足企业紧迫的融资需求。

（3）容易分散控制权。当企业发行新股时，出售新股票，引进新股东，会导致公司控制权的分散。

（4）新股东分享公司未发行新股前积累的盈余，会降低普通股的净收益，从而可能引起股价的下跌。

三、长期负债筹资

（一）向金融机构借款

向金融机构借款就是根据借款合同从有关银行或非银行金融机构借入所需资金的一种筹资方式。我国金融部门对企业发放贷款的原则是：按计划发放，择优扶持，有物资保证，按期归还。

可供公司选择的金融机构借款的种类很多：按借款期限长短分类，可分为短期[期限在1年以内(含1年)]借款、中期[期限在1年以上(不含1年)、5年以下(含5年)]借款和长期[期限在5年以上(不含5年)]借款；按借款是否需要担保分类，可分为信用借款、担保借款和票据贴现；按提供贷款的机构分类，可分为政策性银行贷款和商业性银行贷款。

1. 借款筹资的程序

向金融机构借款，主要履行以下基本步骤：提出借款申请，银行审批，签订借款合同，取得借款，归还借款。

2. 借款筹资的优点

（1）融资速度快。企业若发行证券融资，不仅要花时间做好发行前的各项准备工作，而且证券发行本身还需要一定时间；而向金融机构借款只要通过双方直接谈判，即可取得所需资金，所花时间较短。

（2）筹资成本低。金融机构借款利率一般低于债券利率，且借款属于直接筹资，费用较小，利息可在税前支付，使企业可实际少负担利息费用，因而筹资成本低。

（3）借款弹性较大。这种弹性主要表现为企业对借款契约中某些条款协商或修改的可能性。而在发行有价证券筹资的方式下，企业想单方面修改某些条款几乎是不可能的。

3. 借款筹资的缺点

（1）财务风险较大。企业长期借款，必须定期还本付息，当企业经营不景气时，会给企业带来更大的财务困难，甚至可能导致破产。

（2）限制性条款较多。这有可能使企业在财务管理和生产经营上受到某种程度制约，以致对企业今后的筹资和投资活动产生影响。

（3）筹资数额有限制。银行一般对长期借款会有上限的限制，无法满足企业生产经营活动大跨度方面的转变，以及大规模的范围调整等的需要。

（二）债券筹资

债券是企业作为债务人为了筹集资金向债权人承诺在未来一定时期还本付息而发行的一种有价证券，是企业负债筹资的主要方式之一。非公司制企业发行债券称为企业债券，股份有限公司和有限责任公司发行的债券称为公司债券。发行债券的主要目的是一次性筹集大额长期资金。

1. 普通债券筹资

普通债券是指公司发行的不具备转换权特点的债券。其基本要素有：

（1）公司名称。公司发行公司债券，必须在债券上注明公司名称，明确债务人，以便承担有关法律责任。

（2）票面金额。债券票面金额的大小，直接影响债券的发行成本及发行数量，从而影响筹资的效果。

（3）利率。债券利率的高低是由发行债券的公司来决定的，但要受到银行利率，公司的资信级别、偿还期限、偿还利息的方式以及资本市场资金的供求关系等因素的制约。

（4）偿还期限。偿还期限长短的确定，主要受发行公司未来可调配的资金规模、市场利率的状况、证券市场的完善程度等因素的影响。

（5）发行价格。以票面金额为基础，但究竟定为多少还要考虑资本市场的供求状况、市场利率的变化情况等因素。

债券筹资有以下优点：

（1）债券筹资的成本较低。从投资者角度来讲，投资于债券可以受限制性条款的保护，其风险较低，相应地要求较低的回报率，即债券的利息支出成本低于普通股票的股息支出成本；从筹资公司来讲，债券的利息是在所得税前支付，有抵税的好处，显然债券的税后成本低于股票的税后成本；从发行费用来讲，债券一般也低于股票。债券投资在非破产情况下对公司的剩余索取权和剩余控制权影响不大，因而不会稀释公司的每股收益和股东对公司的控制。

（2）公司运用债券投资，不仅取得一笔营运资本，而且还向债权人购得一项以公司总资产为基础资产的看跌期权。若公司的市场价值急剧下降，普通股股东具有将剩余所有权和剩余控制权转给债权人而自己承担有限责任的选择权。

（3）债券投资具有杠杆作用。不论公司盈利多少，债券持有人只收回有限的固定收入，而更多的收益则可用于股利分配和留存公司以扩大投资。

债券筹资有以下缺点：

（1）债券筹资有固定的到期日，须定期支付利息，如不能兑现承诺则可能引起公司破产。

（2）债券筹资具有一定限度，随着财务杠杆的上升，债券筹资的成本也不断上升，加大财务风险和经营风险，可能导致公司破产和最后清算。

（3）公司债券通常需要抵押和担保，而且有一些限制性条款，这实质上是取得一部分控制权，削弱经理控制权和股东的剩余控制权，从而可能影响公司的正常发展和进一步的筹资能力。

能力提升

股票与债券的区别

股票与债券的区别如下：

（1）发行主体不同。作为筹资手段，无论是国家、地方公共团体还是企业，都可以发行债券；而股票则只能是股份制企业才可以发行。

（2）收益稳定性不同。从收益方面看，债券在购买之前，利率已定，到期就可以获得固定利息，而不用管发行债券的公司经营获利与否；股票一般在购买之前不定股息率，股息收入随股份公司的赢利情况变动，盈利就多得，盈利少就少得，无盈利不得。

（3）保本能力不同。从本金方面看，债券到期可回收本金，也就是说连本带利都能得到，如同放债一样；股票则无到期之说。股票本金一旦交给公司，就不能再收回，只要公司存在，就永远归公司支配。公司一旦破产，还要看公司剩余资产清盘状况，甚至连本金都会蚀尽。

（4）经济利益关系不同。上述本利情况表明，债券和股票实质上是两种性质不同的有价证券，二者反映着不同的经济利益关系。债券所表示的只是对公司的一种债权，而股票所表示的则是对公司的所有权。权属关系不同，就决定了债券持有者无权过问公司的经营管理，而股票持有者，则有权直接或间接地参与公司的经营管理。

（5）风险性不同。债券只是一般的投资对象，其交易转让的周转率比股票低；股票不仅是一般的投资对象，更是金融市场上的主要投资对象，其交易转让的周转率高，市场价格变动幅度大，可以暴涨暴跌，安全性低、风险性大，但却又能获得很高的预期收入，因而能够吸引不少人投入股票交易中去。

另外，在公司交纳所得税时，公司债券的利息已作为费用从收益中减除，在所得税前列支；而公司股票的股息属于净收益的分配，不属于费用，在所得税后列支。

2. 可转换债券融资

可转换债券，简称"可转债"，是一种被赋予了股票转换权的公司债券，是普通债券和认股权证明组合，具有公司债券和股票的双重特点。可转换债券的投资者同时拥有债权和股票期权两项权益。发行公司也相当于同时发行了债券和认股证。我国《上市公司证券发行管理办法》(中国证监会，2006年5月)对上市公司发行可转换债券的票面要素和发行条件都有明确的规定。

可转债券具债券和股票的功能和优势，在一定程序上克服和弥补了单一性能金融工具的固有缺陷，能充分适应融资者动态化的需求和投资者追求利润最大化的行为特征。其优点主要表现在：能够吸引投资者；增强融资灵活性；有利于降低资金成本；增加资本结构弹性；有利于减少增发普通股股数而带来的股权稀释效应。

可转换债券筹资的缺点主要表现为：存在不转换风险；股价大幅度上涨的风险。

四、短期负债筹资

（一）向金融机构短期借款

向金融机构短期借款主要是指企业向银行等金融机构借贷期限在一年以内（包括一年）的贷款业务。具体内容如前所述。

（二）融资租赁

融资租赁又称资本租赁，是由租赁公司按照承租企业的要求融资购买设备，并在契约或合同规定的较长期限内提供给承租企业使用的信用性业务。融资租赁集融资与融物于一身，具有借贷性质，是承租企业筹集长期借入资金的一种特殊形式。

1. 融资租赁的形式

融资租赁按其业务的不同特点，可以分为以下三种具体形式：

（1）售后租回。根据协议，企业将某项资产卖给出租人，再将其租回使用。采用这种租赁形式，出售资产的企业可得到相当于售价的一笔资金，同时仍然可以使用资产。从事这种出租业务的公司为租赁公司等金融机构。

（2）直接租赁。直接租赁是指承租人直接向出租人租入所需要的资产，并付出租金。直接租赁的出租人主要是制造厂商、租赁公司。除制造厂商外，其他出租人都是从制造厂商购买资产出租给承租人。

（3）杠杆租赁。杠杆租赁主要涉及承租人、出租人和资金出借人三方当事人。从承租人的角度来看，这种租赁与其他租赁形式并无区别，同样是按合同的规定，在基本租赁期内定期支付定额租金，取得资产的使用权。但对出租人却不同，出租人只出购买资产所需的部分资金（如30%），作为自己的投资，另外以该资产作为担保借入其余资金（如70%）。因此，它既是出租人又是借款人，同时拥有对资产的所有权，既收取租金又要偿付债务。如果出租人不能按期偿还借款，那么资产的所有权就要转归资金出借者。

2. 融资租赁筹资的优缺点

融资租赁筹资的优点：

（1）筹资速度快。租赁往往比借款购置设备更迅速、更灵活，因为租赁是筹资与设备购置同时进行的，可以缩短设备的购进、安装时间，使企业尽快形成生产能力。

（2）限制条款少。如前所述，对于债券和长期借款都规定了相当多的限制条款，虽然类似的限制租赁公司中也有，但一般比较少。

（3）设备淘汰风险小。利用融资租赁筹资可减少企业设备因科学技术迅速发展而陈旧过时的风险。这是因为：融资租赁的期限一般为资产使用年限的75%；也不会像自己购买设备那样整个期间都承担风险；多数租赁协议都规定由出租人承担设备陈旧过早的风险。

（4）财务风险较小。许多借款都在到期日一次偿还本金。这会给财务基础较弱的公司造成相当大的困难，有时会造成不能偿付的风险。而租赁则把这种风险在整个租期内分摊，可适当减少不能偿付的风险。

（5）税收负担轻。租金可以税前扣除，具有抵减所得税的效用。

租赁筹资的主要缺点就是资金成本较高。一般来说，其租金要比向银行借款或发行债券所负担的利息高得多，若财务困难，固定的租金也会构成一项较沉重的负担。另外，采用租赁不能享有设备残值，这也是一种损失。

（三）利用商业信用

1. 商业信用的概念

商业信用是指商品交易中由于延期付款或延期交货形成的借贷关系，是买方企业与卖方企业之间的一种直接信用关系。当企业以赊销的方式购入各种物资时，只是在相应账户上记一笔"应付账款"，在规定的赊购期限内，"应付账款"构成企业的一项短期资金来源。而在卖方企业的账户上，这笔资金表现为"应收账款"，是卖方企业促进自身产品销售的一种手段。

除由应付账款形成的商业信用，有些企业还可以利用预收货款而获得买方企业提供的商业信用。这种商业信用通常只有在以下两种情况下可能发生：一是卖方提供的是市场上的紧俏商品；二是卖方提供的是生产周期长、产品价值高的产品（如大型轮船、飞机等），生产企业常常要求购货方预付部分货款，以解决建造资金占用过多的问题。在实际经济活动中，也会出现当已知买方信用状况差，卖方坚持要求对方预付货款的情况，但这时卖方的主要目的并不只是寻求短期资金来源，而是要避免很可能发生的坏账损失。

2. 商业信用的条件与形式

信用条件是售货方就购货的付款时间和现金折扣所做出的具体规定。信用条件主要有以下几种形式：

（1）预收货款。预收货款是卖方从买方得到的商业信用，如果买方对预付货款不提出任何额外要求，累计付款额与商品正常售价相等，则卖方等于无偿占用买方资金，在卖方提供的商品极度紧俏时，卖方是可以得到这种无偿的商业信用的。但买方对预付款也可能提出自己的要求，如要求享受一定比例的折扣，使购买价格低于商品的正常售价，这时卖方企业为得到商业信用就要付出成本。

（2）延期付款，但不提供现金折扣。在这种信用条件下，卖方允许买方在交易发生后的一定时期内按售货发票付款。

任务三　项目投资管理

一、项目投资概述

（一）项目投资的含义

投资是指特定经济主体为了在未来可预见的时期内获得收益或使资金增值，在一定时机向一定领域的标的物投放足够数额的资金或实物等货币等价物的经济行为，是企业财务管理最核心的内容。企业投资主要有项目投资和证券投资之分。企业投资管理的关键是要对投资对象进行价值评估，并选择适当的方式进行投资决策。

项目投资是对特定项目进行的一种长期投资行为。对企业来讲，主要有以新增生产能力为目的的新建项目投资和以恢复改善原有生产能力为目的的更新创造项目投资两大类。

相对营运资金投资而言，项目投资具有以下特点：投资规模较大，投资回收时间较长，是一种风险较大的长期投资行为。正因为如此，项目投资不宜过于频繁，企业必须量力而行，而且必须严格遵守相应的投资决策程序。完整的项目投资管理包括投资项目的论证、决策和实施等全过程的一系列管理。

与其他形式的投资相比，项目投资具有投资内容独特（每个项目都至少涉及一项固定资产投资）、投资数额多、影响时间长（至少一年或一个营业周期以上）、发生频率低、变现能力差和投资风险大的特点。

按照投资时间，项目投资可分为短期投资和长期投资，短期投资又称流动资产投资，是指在一年内能收回的投资。长期投资则是指一年以上才能收回的投资。由于长期投资中固定资产所占的比重最大，所以长期投资有时专指固定资产投资。

从决策的角度看，可把投资分为采纳与否投资和互斥选择投资。采纳与否投资是指决定是否投资于某一独立项目的决策。在两个或两个以上的项目中，只能选择其中之一的决策叫做互斥选择投资决策。

按其涉及内容还可进一步细分为单纯固定资产投资和完整工业投资项目。单纯固定资产投资项目特点：在投资中只包括为取得固定资产而发生的垫支资本投入而不涉及周转资本的投入；完整工业投资项目则不仅包括固定资产投资，而且还涉及到流动资金投资，甚至包括其他长期资产项目（如无形资产、长期待摊费用等）的投资。

（二）项目投资的程序

项目投资的决策程序一般包括以下几个步骤：

（1）投资项目的提出。一般而言，新增生产能力的投资项目由企业的高层管理者提出，而更新改造的投资项目可以由企业中层或基层管理者提出。

（2）投资项目的可行性分析。当投资项目提出以后，就必须从多个方面进行可行性分析，写出投资项目的可行性分析报告。

（3）投资项目的决策。在写出投资项目可行性分析报告的基础上，企业作做出最后的决策。对于投资额特别大的项目应当由董事会或股东大会投票表决；对于投资额较小的项目，则可以由企业的经理层做出决策。

（4）投资项目的实施与控制。在投资项目的实施过程中，必须加强对建设进度、建设质量、建设成本等方面的管理，确保投资项目保质保量完成。

课堂讨论

鞍钢的投资决策

在我国，有个实现了跨越式发展的著名公司：鞍山钢铁集团公司（以下简称鞍钢）。在国有老企业成功转向市场经济的过程中，鞍钢采取"投资—更新技术—新产品—效益—积累—投资"良性循环的做法，制定了"高起点，少投入，快产出，高效益"的科学技改决策。"高起点"，就是要在关键部位采用先进技术和工艺，使整体装备达到世界先进水平；"少投入"，就是盘活一切可用的资产，尽可能地运用自己的力量，最大限度地压缩投资额；"快产出"，就是大项目投资回收期不超过5年，一般项目不超过2年；"高效益"，就是既要做到改造期间不停产或少产，又要通过技术改造大幅度提高企业经济效益和市场竞争力。为此，鞍钢制定了《鞍钢资产投资管理办法》，实行建设项目经理负责制，由项目经理对立项、设计、设备采购、施工、达产、达效全过程负责，克服以往的技术改造由公司各部门各管一段的弊端，提高了资产投资的质量与效益。

尤其是固定资产的投资属于长期投资，其特点是时间长（投资回收期一般在1年以上）、耗资大、风险大，而且长期投资一旦完成，是不容反悔的，如果要改变当初的决策，就要付出相当大的代价。因此，长期投资具有不可逆性。公司管理当局在进行长期投资决策时，采用了科学的决策方法。

讨论：

（1）鞍钢公司是如何进行投资的？对公司的经营业绩有何影响？

（2）简要说明长期投资决策的重要性，及其决策程序。

二、项目投资的现金流量

（一）现金流量的概念

在项目投资决策中，现金流量是指该项目投资所引起的现金流入量和现金流出量的统称，它可以动态地反映该投资项目投入和产出的相对关系。这时的"现金"是一个广义的现金概念，它不仅包括各种货币资金，而且还包括项目投资所需要投入的、企业所拥有的非货币资源的变现价值。现金流量是计算项目投资决策评价指标的主要依据和重要信息，其本身也是评价投资是否可行的一个基础性指标。

（二）现金流量的作用

现金流量对整个项目投资期间的现实货币资金收支情况进行了全面揭示，序时动态地反映了项目投资的流向与收回之间的投入和产出关系，使决策得以完整、准确，进而全面地评价投资项目的经济效益。

采用现金流量指标有利于科学地考虑资金的时间价值因素。由于项目投资的时间较长，所以资金时间价值的作用不容忽视。采用现金流量的考核方法确定每次支出款项和收入款项的具体时间，能使评价投资项目财务可行性时考虑资金时间价值成为可能。

采用现金流量指标作为评价项目投资经济效益的信息，可以摆脱在贯彻财务会计的权责发生制时必然面临的困境，即由于不同的投资项目可能采取不同的固定资产折旧方法、存货估价方法或费用摊配方法，从而导致不同方案的利润相关性差、可比性差等问题。

利用现金流量信息，排除了现金收付内部周转的资本运动形式，从而简化了有关投资决策评价指标的计算过程。

三、投资项目评价指标分类

按是否考虑时间价值可分非贴现指标（投资利润率、静态投资回收期）、贴现指标（又称动态指标，净现值、净现值率、现值指数、内含报酬率）。

按指标性质可分为正指标（投资利润率、净现值、净现值率、现值指数、内含报酬率）、反指标（静态回收期）。

按数据特征可分为绝对数指标（静态回收期、净现值）、相对数指标（净现值率、现值指数、内含报酬率）。

能力提升

贴现指标与非贴现指标的比较

贴现指标与非贴现指标的差异如下：

（1）非贴现指标把不同时间点上的现金收入和支出当作毫无差别的资金进行对比，忽略了资金的时间价值因素，这是不科学的。而贴现指标则把不同时间点收入或支出的现金按照统一的贴现率折算到同一时间点上，使不同时期的现金具有可比性，这样才能作出正确的投资决策。

（2）非贴现指标中的投资回收期法只能反映投资的回收速度，不能反映投资的主要目标——净现值的多少。同时，由于回收期没有考虑时间价值因素，因而夸大了投资的回收速度。

（3）投资回收期、平均报酬率等非贴现指标对寿命不同、资金投入的时间和提供收益的时间不同的投资方案缺乏鉴别能力。而贴现指标则可以通过净现值、内含报酬率和利润指数等指标，有时还可以通过净现值的年均化方法进行综合分析，从而作出正确合理的决策。

（4）非贴现指标中的平均报酬率、投资利润率等指标，由于没有考虑资金的时间价值，因而，实际上是夸大了项目的盈利水平。而贴现指标中的内含报酬率是以预计的现金流量为基础的，考虑了货币的时间价值以后计算出的真实报酬率。

（5）在运用投资回收期这一指标时，标准回收期是方案取舍的依据。但标准回收期一般都是以经验或主观判断为基础来确定的，缺乏客观依据。而贴现指标中的净现值和内含报酬率等指标实际上都是以企业的资金成本为取舍依据的，任何企业的资金成本都可以通过计算得到。因此，这一取舍标准符合客观实际。

（6）管理人员水平的不断提高和电子计算机的广泛应用，加速了贴现指标的使用。

例 8-13 某企业现有甲、乙两个项目，现金流量数据如表 8-3 所示。

表 8-3 单位：万元

年限(t)	预计税后净现金流量	
	项目甲	项目乙
0	(2000)	(2000)
1	1000	200
2	800	600
3	600	800
4	200	1200

以此例说明各方法的应用。

（一）静态回收期法

回收年限越短，方案越有利。

在原始投资一次支出，每年现金净流入量相等时：

$$\text{回收期} = \frac{\text{原始投资额}}{\text{每年现金净流入量}} \tag{8-22}$$

例 8-13 中，项目甲前两年只回收 1000+800=1800 万元，没有完全收回投资，第三年再回收 600 万元，超过投资额 2000 万元，因此回收期 =2+(2000-1800)/600=2.33 年。

同理，项目乙的回收期 =3+(2000-200-600-800)/1200=3.33 年。

回收期计算简便，并且容易为决策人所正确理解。它的缺点不仅在于忽视时间价值，而且没有考虑回收期以后的收益。

（二）投资利润率法

投资利润率 ARR 这种方法计算简便，应用范围很广，它在计算时使用会计报表上的数据以及普遍会计的收益和成本观念。

$$\text{投资利润率} = \frac{\text{年平均净收益}}{\text{原始投资额}} \times 100\% \tag{8-23}$$

假定项目甲和乙均按直线折旧法折旧，净残值为零，则每一项目年折旧额均为 2000/4=500 万元。以项目甲为例，年平均收益 =(1000+800+600+200)/4-500=150 万元。则

$$ARR = \frac{150}{2000} \times 100\% = 7.5\%。$$

投资利润率法也忽视时间价值，会导致错误的投资决策，只能作为项目评价的辅助参考指标。

（三）净现值法

所谓净现值（NPV），是指特定方案未来现金流入的现值与未来现金流出的现值之间的差额。按这种方法，所有未来现金流入和流出都要按预定贴现率折算为它们的现值，然后再计算它们的差额。如净现值为正数，即贴现后现金流入大于贴现后现金流出，该项投资的报酬率大于预定的贴现率。如净现值为零，即贴现后现金流入等于贴现后现金流出，该项投资的报酬率相当于预定的贴现率。如净现值为负数，即贴现后现金流入小于贴现后现金流出，该项投资的报酬率小于预定的贴现率。

计算净现值的公式如下：

$$NPV = \sum_{k=0}^{n} \frac{I_k}{(1+i)^k} - \sum_{k=0}^{n} \frac{O_k}{(1+i)^k} \tag{8-24}$$

式中：n 为投资涉及的年限，I_k 为第 k 年的现金流入量，O_k 为第 k 年的现金流出量，i 为预定的贴现率。

净现值法所依据的原理是：假设预计的现金流入在年末肯定可以实现，并把原始投资看成是按预定贴现率借入的，当净现值为正数时表明偿还本息后该项目仍有剩余的收益，当净现值为零时表明偿还本息一无所获，当净现值为负数时表明该项目收益不足以

偿还本息。

净现值法具有广泛的适用性，净现值法应用的主要问题是如何确定贴现率，一种办法是根据资金成本率来确定，另一种办法是根据企业要求的最低资金利润率来确定。

例 8-13 中，假如资金成本率为 10%，项目甲的

$$NPV = \frac{-2000}{(1+10\%)^0} + \frac{1000}{(1+10\%)^1} + \frac{800}{(1+10\%)^2} + \frac{600}{(1+10\%)^3} + \frac{200}{(1+10\%)^4}$$

$$=157.64$$

而项目乙的净现值为 98.36 万元。如果两个项目是独立的，则均可接受；如果是互斥的，则选择项目甲。

（四）现值指数法

现值指数法使用现值指数（PV）作为评价方案的指标。所谓现值指数，是未来现金流入量现值与现金流出量现值的比率，亦称现值比率、获利指数、贴现后收益与成本比率等。计算公式为

$$PV = \sum_{k=0}^{n} \frac{I_k}{(1+i)^k} \div \sum_{k=0}^{n} \frac{O_k}{(1+i)^k} \tag{8-25}$$

现值指数法的主要优点是，可以进行独立投资机会获利能力的比较。现值指数可以看成是 1 元原始投资可获得的现值净收益。因此，可以作为评价方案的一个指标。它是一个相对数指标，反映投资的效率；而净现值指标是绝对数指标，反映投资的效益。

例 8-13 中，项目甲的

$$PV = \frac{\dfrac{1000}{(1+10\%)} + \dfrac{800}{(1+10\%)^2} + \dfrac{600}{(1+10\%)^3} + \dfrac{200}{(1+10\%)^4}}{2000} = 1.079$$

项目乙的 PV=1.049，两者均可接受，当然，项目甲优于项目乙。

（五）内含报酬率法

内含报酬率法是指能够使未来现金流入量现值等于未来现金流出量现值的贴现率，或者说是使投资方案净现值为零的贴现率。内含报酬率是根据方案的现金流量计算出的，是方案本身的投资报酬率。

内含报酬率的计算，通常需要"逐步测试法"。首先估计一个贴现率，用它来计算方案的净现值；如果净现值为正数，说明方案本身的报酬率超过估计的贴现率，应提高贴现率后的进一步测试；如果净现值为负数，说明方案本身的报酬率低于估计的贴现率，应降低贴现率后进一步测试。经过多次测试，寻找出使净现值接近于零的贴现率，即为方案的内含报酬率。

四、利润分配管理

利润分配涉及的主要问题是企业及其收益进行分配或留存以用于再投资的决策问题。

这里主要说明的是现代股份公司条件下的利润分配管理，即股利分配管理。用多少盈余发放股利，将多少盈余为公司所留用，会对公司股票的价格产生多大的影响。对股利政策的研究，目的就在于权衡这些因素，建立最优股利政策，以使股票价格最大化，实现财务管理目标。

（一）影响股利分配的因素

影响股利分配的因素有：

（1）法律因素。为了保护债权人和股东的利益，有关法规对公司的股利分配经常作一些限制：资本保全约束；企业积累约束；净利润约束；超额积累利润约束。

（2）股东因素。股东从自身需要出发，对公司的股利分配往往产生这样一些影响：稳定的收入和避税；控制权的稀释。

（3）公司因素。就公司的经营需要来讲，也存在一些影响股利分配的因素：盈余的稳定性；资产的流动性；举债能力；投资机会；资本成本；债务需要。

（4）其他因素。如：债务合同约束；通货膨胀等。

（二）利润分配的项目

利润分配的项目包括：

（1）盈余公积金。盈余公积金从净利润中提取形成，分为法定盈余公积金和任意盈余公积金。公司分配当年税后利润时，应当按照 10% 的比例提取法定盈余公积金；但当盈余公积金累计额达到公司注册资本 50% 时，可不再提取。任意盈余公积金的提取由股东会根据需要决定。

（2）股利。股利的分配应以各股东持有的股份数额为依据，每一股东取得的股利与其持有的股份数成正比。股份有限公司股利原则上应从累计盈利中分派，无盈利不得支付股利。

利润分配的顺序根据公司法规定：先计算可供分配的利润，然后依次计提法定盈余公积金、计提任意盈余公积金、向股东个人支付股利。

（三）股利形式

股利形式有：

（1）现金股利。它是股利支付的主要方式。公司支付现金股利除了要有累计盈余（特殊情况下可用弥补亏损后的盈余公积金支付）外，还要有足够的现金。

（2）财产股利。财产股利主要是以公司所拥有的其他企业的有价证券，如债券、股票作为股利支付给股东。

（3）负债股利。负债股利通常以公司的应付票据支付给股东，不得已情况下也有发行公司债券抵付股利的。财产股利和负债股利实际上是现金股利的替代。这两种股利方式目前在我国公司实务中很少使用，但并非法律所禁止。

（4）股票股利。股票股利是公司以发放的股票作为股利的支付方式。股票股利并不直接增加股东的财富，不会导致公司资产的流出或负债的增加，因而不是公司资金的使用，同时也并不因此增加公司的财产，但会引起所有者权益各项目的结构发生变化。

（四）股利分配政策

（1）剩余股利政策。采取剩余股利政策时，应遵循四个步骤：设定目标资本结构，即确定权益资本与债务资本的比率；确定目标资本结构下投资所需的股东权益数额；最大限度地使用保留盈余来满足投资方案所需的权益资本数额；投资方案所需权益资本已经满足后若有剩余盈余，再将其作为股利发放给股东。

奉行剩余股利政策，意味着公司只将剩余的盈余用于发放股利。这样做的根本理由在于保持理想的资本结构，使加权平均资本成本最低。

（2）固定或持续增长的股利政策。固定或持续增长的股利政策是将每年发放的股利固定在某一水平上并在较长的时期内不变，只有当公司认为未来盈余将会显著地、不可逆转地增长时，才提高年度的股利发放额。不过，在通货膨胀的情况下，大多数公司的盈余会随之提高，且大多数投资者也希望公司能提供足以抵消通货膨胀不利影响的股利，因此，在长期通货膨胀的年代里也应该提高股利发放额。

这种股利政策有利于树立公司良好的形象，增强投资者对公司的信心，稳定股票的价格。缺点在于股利的支付与盈余脱节，当盈余较低时仍要支付固定的股利，这可能导致资金短缺，财务状况恶化；同时不能像剩余股利政策那样保持较低的资金成本。

（3）固定股利支付率政策。固定股利支付率政策，是公司确定一个股利占盈余的比率，长期按此比率支付股利的政策。这一股利政策下，各年股利额随公司经营的好坏而上下波动，获得较多盈余的年份股利额高；获得盈余少的年份股利额低。这种股利政策使股利与公司盈余紧密地配合，以体现多盈多分、少盈少分、无盈不分的原则。

但是这种政策下，各年的股利变动较大，极易造成公司不稳定的感觉，对于稳定股票价格不利。

（4）低正常股利加额外股利政策。公司一般情况下每年只支付固定的、数额较低的股利；在盈余较多的年份，再根据实际情况向股东发放额外股利。但额外股利并不固定化，不意味着公司永久地提高了规定的股利率。

这种股利政策使公司具有较大的灵活性；使那些依靠股利度日的股东每年至少可以得到虽然较低、但比较稳定，从而吸引这部分股东。

≫　思考与练习

一、判断题

（1）在企业财务关系中最为重要的关系是指企业与作为社会管理者的政府有关部门、社会公众之间的关系。（　　）

（2）经营者的薪金水平，主要取决于经营者风险管理的成败。（　　）

（3）只要公司拥有足够现金，就可以发放现金股利。（　　）

（4）强大的核心竞争力与高效率的核心控制力依存互动，构成了企业集团生命力的保障与成功的基础。（　　）

（5）对于企业集团来说，核心竞争力要比核心控制力更重要。（　　）

（6）财务资本更主要的是为知识资本价值功能的发挥提供媒体和物质基础。（　　）

（7）无论是站在企业集团整体的角度，还是成员企业的立场，都必须以实现市场价值与所有者财富最大化作为财务的基本目标。（　　）

（8）融资决策制度安排指的是总部与成员企业融资决策权力的划分。（　　）

（9）我国现有财务公司属于大型企业集团的附属机构，不具有独立的法人资格和权力。（　　）

（10）处于发展期的企业集团，由于资本需求远大于资本供给，所以首选的筹资方式是负债筹资。（　　）

（11）是否完成企业集团的融资目标是对融资完成效果评价的依据。（　　）

（12）融资帮助是指管理总部利用集团的资源一体化整合优势与融通调剂便利而对管理总部或成员企业的融资活动提供支持的财务安排。（　　）

（13）全部投资的现金流量表与项目资本金现金流量表的流入项目没有区别，但是流出项目不同。（　　）

（14）如果项目的净现值大于0，则净现值率一定大于0，获利指数也一定大于0。（　　）

（15）投资，是指企业为了在未来可预见的时期内获得收益或使资金增值，在一定时期向一定领域的标的物投放足够数额的资金或实物等货币等价物的经济行为。（　　）

二、单选题

（1）企业同其所有者之间的财务关系反映的是（　　）。

A. 经营权与所有权关系　　　　　　　B. 债权债务关系

C. 投资与受资关系　　　　　　　　　D. 债务债权关系

（2）经营者财务的管理对象是（　　）。

A. 资本　　　　　B. 法人资产　　　　C. 现金流转　　　　D. 成本费用

（3）将1000元钱存入银行，利息率为10%，计算3年后的到期值应采用（　　）。

A. 复利终值系数　　B. 复利现值系数　　C. 年金终值系数　　D. 年金现值系数

（4）若两种股票完全负相关，则把这两种股票合理地组合在一起时，（　　）。

A. 能适当分散风险　　B. 不能分散风险　　C. 能分散一部分风险　　D. 能分散全部风险

（5）若净现值为负数，表明该投资项目（　　）。

A. 为亏损项目，不可行　　　　　　　B. 它的投资报酬率小于0，不可行

C. 它的投资报酬率没有达到预定的贴现率，不可行

D. 它的投资报酬率不一定小于0，因此也有可能是可行方案

（6）对于企业而言，它自身的折旧政策是就其固定资产的两方面内容作出规定和安排，即（　　）。

A. 折旧范围和折旧方法　　　　　　　B. 折旧年限和折旧分类

C. 折旧方法和折旧年限　　　　　　　D. 折旧率和折旧年限

（7）按照我国法律规定，股票不得（　　）。

A. 溢价发行　　　　B. 折价发行　　　　C. 市价发行　　　　D. 平价发行

（8）把投资分为直接投资和间接投资的标准是（　　）。

A. 投资行为的介入程度　　　　　　　B. 投入的领域

C. 投资的方向　　　　　　　　　　　D. 投资的内容

（9）下列属于直接投资的是（　　）。

A. 直接从股票交易所购买股票　　　　B. 购买固定资产

C. 购买公司债券　　　　　　　　　　D. 购买公债

（10）关于项目投资，下列表达式不正确的是（　　）。

A. 计算期＝建设期＋运营期

B. 达产期是指从投产至达到设计预期水平的时期

C. 运营期＝试产期＋达产期

D. 从投产日到终结点之间的时间间隔称为运营期

（11）计算投资项目现金流量时，下列说法不正确的是（　　）。

A. 必须考虑现金流量的增量　　　　　　B. 尽量利用未来的会计利润数据

C. 不能考虑沉没成本因素　　　　　　　D. 考虑项目对企业其他部门的影响

（12）某完整工业投资项目的建设期为 0，第一年流动资产需用额为 1000 万元，流动负债可用额为 400 万元，第二年流动资产需用额为 1200 万元，流动负债可用额为 600 万元，则下列说法不正确的是（　　）。

A. 第一年的流动资金投资额为 600 万元　B. 第二年的流动资金投资额为 600 万元

C. 第二年的流动资金投资额为 0 万元　　D. 第二年的流动资金需用额为 600 万元

（13）经营成本中不包括（　　）。

A. 该年折旧费　　　B. 工资及福利费　　　C. 外购动力费　　　D. 修理费

（14）项目投资现金流量表（全部投资现金流量表）中不包括（　　）。

A. 所得税前净现金流量　　　　　　　　B. 累计所得税前净现金流量

C. 借款本金偿还　　　　　　　　　　　D. 所得税后净现金流量

（15）计算静态投资回收期时，不涉及（　　）。

A. 建设期资本化利息　　　　　　　　　B. 流动资金投资

C. 无形资产投资　　　　　　　　　　　D. 开办费投资

三、多选题

（1）下列关于企业总价值的说法中正确的有（　　）。

A. 企业的总价值与预期的报酬成正比

B. 企业的总价值与预期的风险成反比

C. 风险不变，报酬越高，企业总价值越大

D. 报酬不变，风险越高，企业总价值越大

E. 在风险和报酬达到最佳平衡时，企业的总价值达到最大

（2）下列属于财务管理观念的是（　　）。

A. 货币时间价值观念　　　B. 预期观念　　　　　C. 风险收益均衡观念

D. 成本效益观念　　　　　E. 弹性观念

（3）下列属于市场风险的有（　　）。

A. 战争　　　　　　　　　B. 经济衰退　　　　　C. 员工罢工

D. 通货膨胀　　　　　　　E. 高利率

（4）确定一个投资方案可行的必要条件是（　　）。

A. 内含报酬率大于 1　　　B. 净现值大于 0　　　 C. 现值指数大于 1

D. 内含报酬率不低于贴现率　E. 现值指数大于 0

（5）下列各项中，属于商业信用特点的有（　　）。

A. 是一种持续性的贷款形式　B. 容易取得　　　　　C. 期限较短

D. 没有筹资成本　　　　　E. 期限较长

（6）影响债券发行价格的因素有（　　　）。

A. 债券面额　　　　　　B. 市场利率　　　　　C. 票面利率

D. 债券期限　　　　　　E. 机会成本率

（7）公司债券筹资与普通股筹资相比，（　　　）。

A. 普通股筹资的风险相对较低

B. 公司债券筹资的资本成本相对较高

C. 普通股筹资可以利用财务杠杆的作用

D. 如果筹资费率相同，两者的资本成本就相同

E. 公司债券利息可以税前列支，普通股股利必须是税后支付

（8）延长信用期，会使销售额增加，但也会增加相应的成本，主要有（　　　）。

A. 应收账款机会成本　　　　　B. 坏账损失　　　　　　C. 收账费用

D. 现金折扣成本　　　　　　　E. 转换成本

（9）确定项目现金流量时的相关假设包括（　　　）。

A. 投资项目的类型假设　　　　　　　　B. 按照直线法计提折旧假设

C. 项目投资假设　　　　　　　　　　　D. 时点指标假设

（10）在项目投资决策中，估算营业税金及附加时，需要考虑（　　　）。

A. 应交纳的营业税　　　　　　　　　　B. 应交纳的增值税

C. 应交纳的资源税　　　　　　　　　　D. 应交纳的城市维护建设税

（11）建设期内年初或年末的净现金流量有可能（　　　）。

A. 大于 0　　　　　B. 小于 0　　　　　C. 等于 0　　　　　D. 三种情况均有可能

（12）项目投资现金流量表与财务会计的现金流量表相比（　　　）。

A. 反映对象不同　　　B. 期间特征不同　　　C. 勾稽关系不同　　　D. 信息属性不同

（13）财务危机预警指标必须同时具备的基本特征是（　　　）。

A. 重要性　　　　　　B. 高度的敏感性　　　　　C. 同一性

D. 先兆性　　　　　　E. 危机诱源性

（14）企业集团财务管理主体的特征是（　　　）。

A. 财务管理主体的多元性

B. 只能有一个财务管理主体，即母公司

C. 有一个发挥中心作用的核心主体

D. 体现为一种一元中心下的多层级复合结构

E. 只要是财务管理主体就要发挥核心作用

（15）企业集团成败的关键因素在于能否建立（　　　）。

A. 强大的核心竞争力　　　　　　　　　B. 严格的质量管理体制

C. 强有力的集权管理线　　　　　　　　D. 灵活高效的分权管理线

E. 高效率的核心控制力

四、思考题

（1）你同意股东财富最大化是企业财务管理的目标吗？它与你对现实生活的认知有差距吗？

（2）举出生活中运用货币时间价值的事例。

（3）当你的公司缺少资金的时候，你将怎么办？

（4）你若经营一家公司，如何理解最优资本结构？

（5）对于净现值法和内含报酬率法，你比较欣赏哪一个？为什么？

五、能力拓展与训练题

请选择一家大型企业，了解该企业财务主管的主要工作、了解该企业的筹资投资环节，运用所学的知识进行分析，写出调查报告。

模块九　企业生产管理

模块综述

生产管理不仅在工业制造企业，在其他类型企业、社会公益组织及政府机构中都起着重要的作用。有效的生产管理对提高顾客和社会满意度、提高企业竞争力、提高企业经济效益与社会效益都起着重要的作用。

学习目标

理解生产管理的概念，了解生产管理在现代企业中的重要作用，了解生产管理理论与实践的历史演进；了解生产过程，掌握几种主要的生产组织形式；掌握生产计划的指标，具备生产运作计划的编制技能；掌握生产现场管理的四大利器，能利用四大利器进行工作现场管理。

引入案例

松下自行车公司的定制化生产

松下自行车是日本松下的一个分公司。松下自行车曾经销售不理想，其管理层发觉主要原因是公司不能预测和满足各类顾客的需求。于是松下决定实施大量定制化，而不是去提高预测水平和对特定的市场进行营销。

松下公司注意到油漆、部件安装、调试都是独立的功能，可以用模块化实施制造，他们便开发了一个非常柔性化的自行车架生产设备。其次，公司还在零售商处安装了一个非常复杂的"松下订单系统"，此系统包括一个特制机器，可以测量顾客的身材和体重、车架的合适尺寸、座位位置和横杆的长度。顾客可以根据自己的喜好来选择颜色、式样和各种零部件（18种模式、199种颜色的模型中可以选择赛车、脚踏车、山地车等800万种车型）。零售商处的信息可以实时传到工厂，3分钟内CAD可以生成具体的技术细节，信息自动传到合适的模块后，便会在那里完成生产过程。两至三周后，自行车就可以交到顾客手中（价格比直接购买贵20%～30%）。为了保持与顾客更多的联系，收到顾客订单后，工厂立刻将由计算机生成的顾客定制的自行车图样连同一封感谢信寄给顾客，3 个月后寄第二封信询问顾客对自行车的满意程度，最后，会寄一张"自行车生日卡"庆祝这辆自行车的周岁生日。

思考：

（1）定制化生产的运作流程是怎样的？

（2）定制化生产有哪些优势？

任务一　生产管理认知

一、生产

生产是指人们结成一定的协作关系，利用各种工具和方法，将投入的要素进行加工或转换，为社会提供需要的产品或服务的过程。

上述是广义的生产过程，生产过程模型如图 9-1 所示，狭义的生产过程即变换过程。

图9-1　生产过程模型

输入的要素主要包括：生产对象、劳动力、生产手段、生产信息等。

生产手段包括直接生产手段（如设备）、间接生产手段（如土地、道路、厂房、设施等）。

生产信息是指为有效进行生产所运用的一切知识，包括生产技术、技巧、方法，具有软件特征，能有效控制生产对象、劳动力和手段。

变换过程即加工或转换的过程，是劳动过程、价值增值的过程。企业之间的产品、质量、阶段、服务等的差异主要产生于变换过程。

输出即产品输出，产品包括有形产品和无形产品。

表 9-1 给出了一些典型的生产过程。

表 9-1　一些典型的生产过程

如	输　　入	变　　换	输　　出
工厂	原材料、设备、工人、工具	加工、制造、装配	产品
学校	教师、学生、教材、教室、设备	传授	人才
医院	病人、医生、护士、医药、设备、床位	医治、护理	健康的人
商店	顾客、售货员、商品、仓库	产品推销	销售量 顾客满意度

反馈就是将生产过程输出的信息，如产品产量、质量、进度、消耗、成本、利润、效果、顾客的满意度等，返回到输入端或生产运作过程当中，与输入的信息如计划、标准相比较，发现差异，查明原因，采取措施，及时解决，以保证生产过程的正常进行和计划的完成。反馈在整个过程中起到控制和提供信息的作用。

知识链接

生产概念的发展

过去，西方国家的学者把有形产品的生产称作"Production"（生产），将提供服务的生产称作"Operations"（运作）。而近几年来更为明显的趋势是把提供有形产品的生产和提供服务的生产统称为"Operations"，都看成是为社会创造财富的过程。

本章为叙述方便，通称作"生产"，以制造型企业的生产为主。

二、生产管理

（一）生产管理概念

生产管理就是对企业生产活动的计划、组织、协调和控制，有广义和狭义之分。广义的生产管理是对企业生产的全过程，包括所有与产品制造或服务提供密切相关的各个方面的工作，进行系统的管理，内容十分广泛。譬如生产或服务设施的选址与布置、工艺路线与方法的制定、生产组织机构的设立、生产方式和品种及数量的决策、生产计划的编制、质量控制、库存控制、设备管理、安全生产、现场管理、环境保护等。狭义的生产管理是指以生产产品或提供劳务的生产过程为对象的管理，即对企业的生产技术准备、原材料投入、工艺加工直至产品完工的具体活动过程进行管理。本章研究的是广义的生产管理。

（二）生产管理目标

企业在发展过程中或在激烈的市场竞争中，经常会遇到以下问题：

（1）如何保证和提高质量。产品的设计质量、制造质量和服务质量问题——质量管理。

（2）如何保证适时适量地将产品投放市场。产品的时间价值转变为生产与运作管理中的产品数量与交货期控制问题——进度管理。

（3）如何才能使产品的价格既为顾客所接受，同时又为企业带来一定的利润——成本管理。

通过生产管理，我们希望能在解决上述问题的同时达到以下目标：

"四适"：在适应需要的时候，以适合的品种，适宜的价格，向顾客提供具有适当质量的产品和服务。

"三提高"：达到提高顾客和社会满意度、提高竞争力、提高经济效益与社会效益的目的。

这一目标，是根据前述的生产过程的客观规律确立的。因为生产过程是一个"输入—变换—输出"的过程，是向社会提供有用的产品并实现价值增值的过程。"有用"的产品，无论是有形的还是无形的，都必须有一定的使用价值，而使用价值的支配要素主要是产品的品种、质量、提供的时间和价格。只有产品品种适合市场需求或潜在需求，满足用户的一般需要与特殊需要，产品质量充分体现出"适用性"的本质，产品提供的时间适应顾客需要的时间，产品价格适宜，能被顾客所接受或承受，其使用价值才能实现。同时，企业为实现经营目标，全面完成生产计划所规定的任务，不断降低物耗，降低运作成本，缩短生产周期，减少在制品，压缩占用的生产资金，以提高企业的经济效益。

（三）生产管理作用

1. 生产管理是企业管理的金三角内容之一

人与动物最根本的区别是人会使用工具。人类的工具分为自然科学技术类和管理科学技术类。自然科学技术类工具包括数理化、冶炼技术、开采技术、制造技术等；管理科学技术类工具包括宏观管理技术和微观管理技术。微观管理技术即企业管理，由销售管理、财务管理和生产管理三部分组成。此三部分在企业管理中都处于执行地位，相互影响、相互制约、相互促进。

（1）良好的生产管理有助于提高企业销售管理水平。生产管理是销售管理的先决条件，它为销售部门及时地提供用户满意的、适销对路的产品或劳务。搞好生产管理，对开展销售管理工作、提高产品的市场占有率有着十分重要的意义。然而，生产管理应主动适应销售管理工作的要求，销售部门也必须及时向生产管理部门提供可靠的信息，以改进产品、提高质量，并力求使市场需要和生产条件结合起来，达到最优配合。这二者相辅相成。

（2）良好的生产管理有助于加快资金周转、降低资金占用。生产管理所控制的主要是企业有形的物流，而在财务管理上所体现的就是对应的资金流。财务管理是生产管理的重要保障，为生产部门提供必要的资金。二者在企业管理中都处于执行地位，但又相互影响。

2. 生产管理是企业维持生存发展与提高经济效益的重要手段

（1）良好的生产管理有助于增强企业执行力。企业经营决策确定了企业在一定时期内的经营方针、经营目标和经营策略等。生产管理作为企业管理的重要组成部分，通过组织生产活动，尽可能保证企业经营目标的实现。因此，生产管理为经营决策提供物质条件，起着重要的保证作用，处于执行地位。

（2）良好的生产管理有助于提高企业技术开发的能力。技术开发是企业在经营决策目标的指导下，进行的产品开发、工艺技术和原材料开发，它是生产管理的前提条件，是组织生产、实现经营目标的重要技术保证。而生产管理也为技术开发的顺利进行提供实验条件和反馈信息。

（3）良好的生产管理能有效提高企业的经济效益。某公司为提高经济效益制定了三种方案，分别是在销售、财务和生产方面的努力计划，预测实施三种方案后的企业收入分别是 24000 元、17000 元和 30000 元，如表 9-2 所示。

表 9-2 某公司的三种方案比较

方案	销售方案	财务方案	生产方案
当前状况	增加销售收入50%	削减财务支出50%	降低制造成本20%
销售额 10万	15万	10万	10万
商品成本 8万	12万	8万	6.4万
毛利润 2万	3万	2万	3.6万
财务费用 6千	6千	3千	6千
收入 1万4	2万4	1万7	3万

从表 9-2 中可以看出生产方案可行性最大，最终收益最多。因而良好的生产管理是减

少支出、增加利润的好方法，能有效提高企业的经济效益。

（四）我国生产管理实践演进

西方国家生产管理理论的发展随着企业管理理论的发展而同步发展。我国的生产管理实践自新中国成立以来，也一直在发展变化，不断适应整个社会环境。从市场的角度可以将我国的生产管理实践划分为四个阶段。

1. 计划导向阶段

计划导向阶段主要是指我国实行计划经济体制时期。在这个阶段，典型的企业管理方式是：国家投资，企业利润全部上缴，企业按国家指令性计划生产，产品由国家统购统销。企业属于单纯生产型企业。这个阶段生产管理的特点是：生产管理系统是封闭的。企业不需要考虑其他因素，生产管理是企业管理的核心，生产管理的重点就是提高效率，增加产量，保证完成和超额完成国家计划。

2. 生产导向阶段

1982年我国开始在企业进行经济改革，这一阶段主要是指我国实行计划经济为主、市场经济为辅的经济体制时期。在这个阶段，国家对企业投资由"拨"改"贷"，企业向国家上缴由"利"改"税"。国家只对指令性计划生产的产品进行统购统销，企业需要为自己安排生产的产品寻找市场，负责盈亏。企业由单纯生产型向生产经营型转变。这个阶段生产管理的特点是：生产管理系统具有一定的封闭性，与外界联系逐步加强。在企业管理上，企业仍然以生产管理为主，逐步重视推销工作，生产管理的重点主要还是提高效率，增加产量，缺乏独创性和市场意识。

3. 销售导向阶段

随着邓小平同志发表的南巡讲话，我国逐步建立了社会主义市场经济体系。这一阶段主要指我国市场经济体制转换时期。在这个阶段，国家减少甚至取消了指令性计划，企业必须根据市场的需求来安排生产，实行自主经营、自负盈亏、自我发展、自我约束。企业由生产经营型向生产经营开拓型转变。这个阶段生产管理的特点是：生产管理系统与外界紧密联系在一起。生产管理的重点是根据企业的战略规划，配合市场的需求，保质、保量、按期、低成本地生产出适销对路的产品。企业加强生产管理，除从技术的角度考虑保证产品质量和提高生产效率外，还注意从时间上、成本上来配合消费者的喜好和市场的需要。

4. 营销导向阶段

随着我国社会主义市场经济体系的不断发展和完善，市场竞争越来越激烈，商品的供过于求已逐步成为普遍现象。企业为了保持在市场上的竞争地位，除了在研究开发新产品上不断下工夫外，还必须为创造和保持顾客而进行工作。这时候，企业已成为经营开拓型企业。这个阶段生产管理的特点是：生产管理系统是完全开放的。生产管理除需与企业战略规划配合外，还需与企业营销计划、经营计划、利润计划相通融，以便能对市场信息做出全面及时的反映，在最短时间内推出在质量设计及价格上均能吸引顾客的产品，满足顾客的各种需求，迅速占领市场。企业加强生产管理，不仅要从技术方面，也要从时间和成本方面，更要从企业的市场营销方面综合考虑，追求能够结合生产技术、企业设计、营销策略、成本计划于一体的生产管理方式。

（五）现代生产管理模式

1. 准时化生产

准时化生产（Just in Time，JIT），是日本丰田汽车公司在20世纪60年代实行的一种生产方式。1973年以后，这种方式对丰田公司顺利度过第一次能源危机起到了重要的作用，后引起其他国家生产企业的重视，并逐渐在欧美的日资企业及当地企业中推行开来。现在这一方式与源自日本的其他生产、流通方式一起被西方企业称为"日本化模式"。

准时化生产是指无库存的生产，其基本思想是：库存是万恶之源；要彻底消除一切无效劳动和浪费；在必要的时候提供或生产必要数量的产品；制造工厂的利润寓于制造方法之中。

准时化生产的目标主要在于降低成本。在单件大批量生产时代，降低成本主要是依靠对单一品种产品生产的规模效益来实现的。但是在多品种中小批量生产的情况下，这一方法是行不通的。因此，JIT主要的方式是通过消除一切可能消除的"浪费"，以此在多品种小批量生产方式中实现低成本。

为了达到这一目标，其基本方法可以概括为：适时适量生产、弹性配置作业人数、质量保证，而生产同步化、生产均衡化、将看板作为管理工具又是实现适时适量生产的具体方法。

2. 精益生产

JIT首先出现于日本，与其国情十分有关：日本国土面积狭小，而人口密度大，加之自然资源贫乏，因此在生产管理中，就必须充分利用各种资源，避免各种可能的浪费；另一方面，土地昂贵，占地面积小，工厂布局必须合理，同时要求物流通畅，减少仓储面积等。JIT生产方式到底是日本独特的社会、经济、文化背景下的一种产物，还是在全球范围内具有普遍意义？ 以美国MIT大学教授为首，有日美等国50多位专家参加的一个研究小组，对JIT生产方式进一步作了详尽的实证考察和理论研究，提出了"精益生产"理论，进一步升华JIT生产方式。

精益生产（Lean Production，LP) 是通过系统结构、人员组织、运行方式和市场供求等方面的变革，使生产系统能很快适应用户不断变化的需求，并能使生产过程中一切无用、多余的东西被精简，最终达到包括市场供销在内的生产各方面最好的结果。

精，即少而精，不投入多余的生产要素，只是在适当的时间生产必要数量的市场急需产品（或下道工序急需的产品）；益，即所有经营活动都要有效有益，具有经济效益。

精益生产的核心是消除一切无效劳动和浪费，它把目标确定在尽善尽美上，通过不断地降低成本、提高质量、增强生产灵活性、实现无废品和零库存等手段确保企业在市场竞争中的优势；同时，精益生产把责任下放到组织结构的各个层次，采用小组工作法，充分调动全体职工的积极性和聪明才智，把缺陷和浪费及时地消灭在每一个岗位。

精益生产方式的优越性不仅体现在生产制造系统，同样也体现在产品开发、协作配套、营销网络以及经营管理等各个方面，它是当前工业界最佳的一种生产组织体系和方式，也必将成为标准的全球生产体系。

知识链接

除了准时化生产和精益生产方式外，还有 CIMS（计算机集成制造系统）生产方式、OPT（最优生产技术）、AF（敏捷制造），等等。

任务二　生产过程的组织

一、生产过程与组织

（一）生产过程组成

企业的生产过程是各种产品生产过程的总和，一般由以下几个部分组成：

（1）生产技术准备过程。是指产品在投入生产前所进行的各种生产技术准备工作。如产品设计、工艺设计、工艺装备设计、新产品试制和鉴定等。

（2）基本生产过程。是指对构成产品实体的劳动对象直接进行工艺加工的过程。这是直接产生价值增值的过程，也是整个生产过程中最主要的环节。如汽车厂生产的汽车，水泥厂生产的水泥等。

（3）辅助生产过程。是指为保证基本生产过程的正常进行而从事的各种辅助性生产活动的过程。如汽车厂生产供本厂自用的工模具、修理用备件、蒸汽、压缩空气等。

（4）生产服务过程。是指为保证企业生产活动正常进行而提供的各种服务性工作。如物料的采购和保管、物料运输、技术检验等。

以上四个部分是企业生产过程的基本组成部分。有的企业除了进行上述活动以外，还从事副业活动，生产某些副产品。如钢铁企业利用高炉炉渣生产的建筑材料，飞机制造厂利用边角余料生产的铝锅、饭盒等。副业生产过程也是企业生产过程的组成部分。

（二）合理组织生产过程的要求

生产过程组织的合理性反映在生产过程的连续性、平行性、均衡性、比例性和适应性上。

生产过程的组织，在时间上可以从考察生产周期的组成入手。生产周期由有效时间和停歇时间组成。有效时间由基本时间和辅助时间构成。自然过程时间和工艺加工时间属于基本时间。加热、冷却、自然时效等所需要的时间，都可以认为是自然过程时间。在消除热应力的经济而有效可行的人工办法产生之前，铸件的自然时效一直是机械工业生产周期中重要的组成部分。准备终结时间、运输时间和质量检验时间等属于辅助时间。在停歇时间中，工序之间的等待时间及成批等待时间，是指加工对象在工作班次内不能被连续加工的停歇时间；节假日、午休、工作班次之间的停歇是由于非工作时间造成的停歇时间。

生产过程组织最重要的要求是连续性要求。从时间上考察，加工对象处理的连续性，是影响生产周期长短的重要因素之一。另一个因素是生产资源在利用上的连续性。

一年 365 天除双休日和固定假日外，如果剩下的工作日只开两班，那么生产资源至少有一半时间是由于工作作息制度的原因而得不到利用。在制度规定的工作时间内，由于一些辅助工作而使设备或工人没有把时间用在加工工艺上，也是生产资源没有被连续利用的表现。在这些设备没有被利用的时间内，如果不是与加工对象的自然过程相重叠，也是延长生产周期的原因。工序之间的等待时间和零件成批加工的等待时间使加工对象不能连续得到处理而延长了生产周期，但在一定的条件下，工序之间的等待和零件的成批加工有利于生产资源的连续利用。从上述两方面的连续性的要求，生产过程在空间上的组织，可以通过提高对象处理的连续性和生产资源的利用连续性来布置，称为对象专业化原则和工艺专业化原则。

当生产任务是一个可分解的系统时，把生产任务分解成若干个可以平行作业的任务链来同时处理，显然是可以缩短生产周期的。比如，有 100 页手稿要键入计算机，如果一个人每小时可以键入 10 页，共需要 10 个小时；如果安排 5 个人分别在 5 个终端上键入，则 2 个小时就可以完成。这就是提高作业平行性的好处。

从资源配置上来说，要做到连续性，资源必须与生产能力的需求结构成比例。这就是所谓的生产过程组织的比例性要求。生产任务是根据市场情况变动的，而根据特定任务配置均衡的生产能力，在市场变化或产品改进时，就可以不符合比例性要求。另外，工人技术水平与熟练程度的变化、设备的技术革新、工艺的改进等，都可以使比例性发生改变。因而，生产过程组织只能动态地保持其比例性。

生产过程的均衡性，是指在不连续利用资源的情况下，资源的利用率能够做到各时期大致相同，避免生产时松时紧。不均衡的生产，是造成工人纪律松弛、产品质量低劣、事故发生的原因。

生产过程的均衡性和比例性，是不能通过保留原有的工艺和产品来实现的。为了能适应外部条件的变化，生产过程的组织必须提高适应性，即生产系统能在不破坏均衡性和比例性的条件下，迅速地对用户的需求改变作出响应。生产系统对用户的需求改变作出响应的速度及其成本是生产系统柔性的标志。柔性好的生产过程组织，也是适应性强的组织。

二、生产组织形式

（一）流水生产线

1. 流水线生产的特征和分类

流水生产方式于 1913 年产生于美国福特汽车公司，最初用于汽车装配，使生产效率大大提高。流水生产是在"分工"和"作业标准化"的原理上发展起来的。流水生产也叫流水作业或流水生产线，它是专业化组织形式进一步发展的先进生产组织形式。一般是指按照产品生产加工工艺的先后顺序排列工作地，使加工对象按规定的顺序和速度，连续不断地从一个工作地到另一个工作地，似流水般地进行移动，并生产产品。

流水线的主要特征是：组成流水线的各个工作地都固定地做一道或几道工序，工作地的专业化程度很高；各工作地按照对象加工的顺序排列；流水线上各工序（各工作地）的加工时间之间，规定着相等的关系或倍数的关系；按照规定的时间间隔或节拍出产产品。采用流水线，可以使用专用的设备和工具，提高工作效率，改善产品质量，可以减少在制品，缩短生产周期，取得专业化生产的经济效益。因此，它是一种先进的生产组织形式。

我们可以把所有的流水线按照一定的特点做如下分类（见图 9-2）。

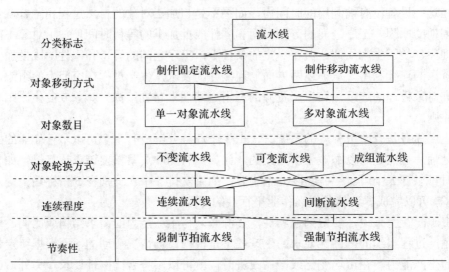

图9-2　流水线分类图

2．流水线的技术、经济分析

不论采用哪一种形式的流水线，都应该具备一定的先决条件。因此，在组织流水线生产之前，要认真进行技术、经济分析，以便正确选择和确定流水线生产的加工对象和具体形式。

（1）零部件和产品的产量相当大，足以保证工作地正常负荷。流水线是和专业化、标准化密切联系的一种生产组织形式，同种零部件（或产品）的生产规模，是决定能否采用流水线的重要条件。

（2）产品结构和工艺过程相对稳定不变，并且产品的设计能够达到"结构的工艺性"。所谓"结构的工艺性"，就是产品和零部件的结构使在流水线上采用最有效和最为经济的工艺程序成为可能。如果原有的产品结构和工艺过程不适宜于采用流水线，那么在生产规模扩大以后，还必须对原有的结构和工艺过程加以改变，才有可能采用流水线。在单件小批量生产的企业，一般是不宜采用流水线的。但如果在零部件的结构方面实行标准化、通用化，以减少不必要的品种，提高零部件的互换性，在工艺过程方面采用典型工艺，以减少工艺方法的不统一和不必要的多样性，那么也就能够在相当大的程度上创造出在某些小组、工段上采用流水线的有利条件。

（二）单一品种流水线的组织设计

1．设计流水线的节拍和节奏

节拍是流水线上连续出产前后两件产品的时间间隔，它是流水线其他一切设计计算的出发点。其计算公式为：

$$R = \frac{F}{N} \quad 或 \quad R = \frac{F}{N(1-\alpha)} \tag{9-1}$$

式中：F 为有效工作时间；N 为流水线在计划期的产量；α 为废品率。

如果计算出来的节拍很小，同时零部件的体积也很小，不便于一件一件地运输，需要按批量来运输，那么还要计算流水线的节奏。

$$节奏 = 节拍 \times 运送批量 \tag{9-2}$$

2. 组织工序同步化(同期化)

工序同步化是指通过技术组织措施来调整流水线各工序时间，使它们等于流水线节拍或者与节拍成整数倍关系。工序同步化是保证生产过程连续的前提，也是提高设备负荷、提高劳动生产率和缩短产品生产周期的重要措施。

3. 确定设备(工作地)需要量及负荷系数

设备(工作地)数：

$$S_i = \frac{t_i}{r} \tag{9-3}$$

各工序设备(工作地)负荷系数：

$$k = \frac{s_i}{s_{ei}} \tag{9-4}$$

总设备(工作地)负荷系数：

$$k = \frac{\sum_{i=1}^{m} S_i}{\sum_{i=1}^{m} S_{ei}} \tag{9-5}$$

式中：t_i 为工序单件作业时间，r 为节拍，s_i 为设备(工作地)计划数，s_{ei} 为设备(工作地)实际数，m 为工序数。

在流水线中，机床的平均负荷系数应不低于 0.75。如果负荷系数太低，则表明不适宜采用流水线。

4. 计算和配备工人

在机械化生产中，某些情况下，流水线所需工人的人数可以少于机床数目。如果机床的自动化程度较高，可以实行多机床管理，由一个工人同时看管几台机床。或者由于流水线的一部分工作地负荷率较低，为了不使工人停工，实行工人兼管工作地，流水线就成为间断流水线，这时工人人数也少于机床数，而工人的负荷率也和机床的负荷率不一致，即机床有停工时间，而工人并不停工。

5. 选择运输装置

流水线上使用的运输装置有传送带、传送链、滚道、重力滑道、各种运输车辆等。选取何种形式的运输装置既要考虑产品形式、尺寸、重量、精度要求，又要考虑流水线的类型。在连续流水线上必须采用机械化的运输装置，如传送带。间断流水线在选用运输工具时，要考虑在制品的储存问题。当运输装置采用传送带时，要确定传送带的长度和速度。

$$传送带的长度 = 2 \times 工作地长度之和 + 技术上需要的长度 \tag{9-6}$$

$$传送带的速度 = \frac{流水线上两件产品的中心距离}{节拍} \tag{9-7}$$

6. 进行流水线的平面布置

平面布置应当有利于工人操作，使零部件的运输线路最短，流水线之间能合理衔接，以及可以有效地利用生产面积等。流水线的形状有直线形、L 形、U 形、E 形、环形和 S 形等。直线形用于工序及工作地较少的情况，当工序或工作地数较多时，可采用双直线排列，或采用 L 形、U 形、S 形等。E 形一般用于零部件加工和部件装配结合的情况。环形在工序循环重复时采用。流水线上工作地排列要符合工艺路线顺序，整个流水线布置要符合产品总流向，以尽可能缩短运输路线，减少运输工作量。

（三）多品种生产线

多品种混流的生产是将工艺流程、生产作业方法基本相同的若干个产品品种，在一条流水线上科学地编排投产顺序，实行有节奏、按比例地混合连续流水生产，并以品种、产量、工时、设备负荷全面均衡为前提的生产方式。

多品种混合生产适用于加工工艺基本相同，生产设备不需要调整，工、模、夹具可以快速调换，而设备负荷又能负担多品种生产的流水生产和成批生产的企业。它的前提是生产条件稳定，专用设备通用，或增加少量的设备和工、模、夹具就可以实现通用性的专用生产工序，企业生产管理良好。

编排混流生产的投产顺序的方法主要有生产比例法或生产比例倒数法、启发式法、逻辑运算法、分支界限法等。它们的基本原理仍然是生产平均化问题。

（四）自动线

1. 自动线的含义

自动线即自动生产线，是在流水生产线的基础上进一步发展起来的一种先进的生产组织形式。它通过采用一套能自动进行加工、检测、装卸、运输的机器体系，组成高度连续的、完全自动化的生产线来实现产品的整个工艺过程。在自动化线上，不需要工人直接操作，只需少数人进行监督和看管。

自动线可以消除笨重的体力劳动，减少工人需要量，可以提高产品质量，缩短生产周期，减少在制品，节约流动资金。它的经济效益是很明显的。自动线的缺点是投资较大，回收期较长，自动线上有一小部分出了故障，会造成整条线的停产。

2. 组织自动生产线必须具备的条件

产品必须是市场需求量大，工艺稳定，能够充分发挥自动生产线的生产能力的；自动生产线是以利用电子计算机对生产过程进行自动控制为前提的，所以企业必须具备较高的生产技术条件和管理水平；自动生产线投资额大，须做好可行性研究，包括考察投资的经济效益以及与自动线相关的其他问题，如原材料供应的保障情况、自动生产线的维修、多余工人的安排等。

3. 自动线发展的主要趋势

自动线发展的主要趋势是：提高可调性，以适应多品种生产的要求；扩大工艺范围，实现全部加工工序的自动化；提高加工精度，更稳定地保证产品质量；提高自动化程度，着重解决装卸、检测、控制装配的自动化；自动线与以电子计算机为中心的自动控制系统结合成一个整体的自动化车间或自动化工厂。

知识链接

生 产 平 均 化

生产平均化是在多品种生产条件下，科学地组织和管理可变流水线上若干种产品投产顺序的一种最优化方法。它有以下几个基本特点：属于多品种流水生产方式，且要减少批量，增加批次；同一条流水线上多品种变换生产；选择一个最优化的投产顺序。

所谓最优化的投产顺序，要满足以下要求：当各种产品产量相同时，各种产品应有规律地实行相间性投产；当各种产品产量不同时，应按照一定的逻辑规律制定投产顺序，组织各种产品顺序变换投产；实行相间性投产或按逻辑规律规定的顺序投产，投产顺序在坐标图上的折线，均应以最小的幅度规律性地沿平均线摆动，并趋近于平均线。这种按逻辑程序规定多品种可变流水线最优投产顺序的方法，称为生产平均化。

生产平均化可给企业带来极大的经济效益，它的最突出优点就是为减小批量、增加批次创造最为有利的条件，使企业的生产能够满足社会对不同品种规格的多种需要，大幅度减少在制品，并且也为充分利用流水线的生产能力提供了必要的条件，是流水线组织管理的一个重大发展。但实现生产平均化一般需要电子计算机的帮助，因为在品种多、特性多的情况下，平均化逻辑运算的量较大，手工计算难以完成，所以电子计算机的应用是实现生产平均化的一个重要条件。

任务三　生产的计划与控制

一、生产计划

（一）企业生产计划的层次

企业生产计划具备三个层次，依次是综合计划、主生产计划和物料需求计划。

1. 综合计划

综合计划是对企业未来较长一段时间内资源与需求之间的平衡所做的总体性规划，是根据企业所拥有的生产能力和需求预测对企业未来较长一段时间内的产出内容、产量、劳动力水平、库存投资等问题所做的决策性描述。

综合生产计划并不具体制定每一品种的生产数量、生产时间，也不布置每一车间、人员的具体工作任务，只是对产品、时间和人员的配置进行总体规划，它是以产品系列为对象的。

（1）产品：按照产品的需求特性、加工特性、所需人员和设备上的相似性等，将产品划分为几大系列，以系列为单位来制定综合计划。

（2）时间：综合计划的计划期通常是以一年为单位（有些生产周期较长的产品，如大型机床可能是两年、三年或五年），因此有些企业也把综合计划称为年度生产计划或年度生产大纲。在该计划期内，使用的计划单位是月、双月或季。

（3）人员：综合计划可以用几种方式来考虑人员安排问题。例如，将人员按照产品系列分为相应的组，或将人员根据产品的工艺特点和人员所需的技能水平分组等。

2. 主生产计划

主生产计划是对某一具体的最终产品在每一具体的时间段内生产的数量所进行的具体安排。这里的最终产品主要指对于企业来说最终完成、要出厂的产品，它是可以直接用于消费的产品，也可以作为其他企业的部件或配件。这里的具体时间长度通常以周为单位，个别情况下有的企业也会以旬、月、日为单位。

3. 物料需求计划

物料需求计划是根据主生产计划的要求，对所需的全部物料（零部件）所做的安排。

知识链接

图9-3 给出了综合生产计划、主生产计划及物料需求计划的关系

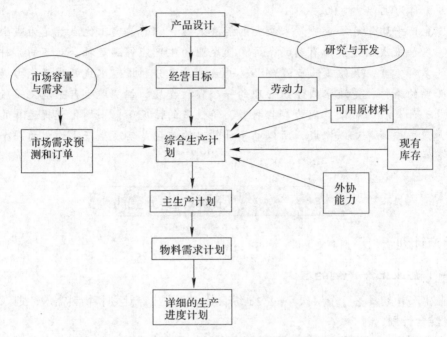

图9-3　综合生产计划、主生产计划及物料需求计划的关系

（二）生产计划的主要指标

（1）品种指标。该指标是企业在计划期内出产的产品品名、型号、规格和品种数。它作出企业"生产什么"的决策。

（2）产量指标。该指标是指企业在计划期内出产的合格品的数量。它作出企业"生产多少"的决策，产量指标一般用实物量表示。

（3）质量指标。该指标是指企业在计划年度内各种产品应该达到的质量标准。它反映着产品的内在质量（产品的性能、使用寿命、工作精度和使用经济性等）和外在质量（产品的颜色、外形包装等）。企业的质量指标也综合反映了企业的技术水平和管理水平。

（4）产值指标。该指标是货币表示的产量指标。它综合反映企业生产的总成果，以便进行不同行业间的比较。产值指标有商品产值、总产值与净产值三种形式。商品产值是指企业在计划期内应当产出的可供销售的产品和工业性劳务的价值；总产值是用货币表现的企业在计划期内应该完成的工作总量，它包括商品产值、订货者原料的价值、在制品、半成品、自制工具的期末期初差额价值。净产值是企业在计划内新创造的价值。

（5）出产期。出产期是为了保证按期交货确定的产品出产期限。正确地确定出产期很重要，因为如果出产期太紧，保证不了按期交货，会给用户带来损失，也给企业的信誉带来损失；如果出产期太松，不利于争取客户，还会造成生产能力浪费、库存费用增加。

（三）生产计划的编制步骤

（1）确定计划期内的市场需求。分析企业内外部环境，收集信息资料。信息来源包括：用户的直接订单、市场需求预测等。

（2）统筹安排，初步提出生产计划指标。这一步主要包括产量指标的优选和确定、出产进度的安排、品种的合理搭配等。

（3）综合平衡，确定生产计划指标，编制计划草案。这一步主要包括年度生产能力和生产任务指标的平衡；年度生产任务与物资的平衡；年度生产任务与劳动力的平衡；年度生产任务与成本财务的平衡等。

（4）讨论修正，批准实施。根据综合平衡的结果，即可编制年度计划草案。计划草案经有关科室、车间组织员工讨论后，作出必要的修正，经生产主管或经理批准，就可以实施。

（5）考核和总结生产计划的完成情况。这一步许多企业都没有认真执行，实际上这是为下一期生产计划工作能够做得更好所进行的非常重要的一个环节。

二、生产作业计划的编制

生产作业计划是生产计划的具体执行计划，它是把生产计划规定的任务一项一项具体分配到每一生产单位，以及每个工作中心和每个操作工人，规定他们在月、周、日以致每一个轮班的工作任务。

生产作业计划的主要内容包括期量标准的制定、生产能力的核算与平衡、生产作业准备的检查、生产作业控制（包括生产调度、进度管理、在制品管理、生产作业统计与分析）等。

生产作业计划的主要作用：生产作业计划在空间上把全场任务细分到车间、工段、班组、机台和个人，在时间上把年、季等较长计划期的任务细分到月、旬、日、小时，在计划单位上把成台产品细分到零件和工序。因此作业计划起着具体落实年度生产大纲的作用；生产作业计划将是日常生产活动的依据；生产作业计划是联系供、产、销等日常工作和日常生产技术准备工作的纽带。

生产作业计划的特点是计划期短、计划内容具体、计划单位小。

生产作业计划的形式有厂部、车间、工段（班组）三级作业计划形式。

生产作业计划的编制主要包括如下内容。

1. 期量标准的制定

1）期量标准

期量标准是指对加工对象在生产过程中所规定的时间和数量标准。期是指期限，即一种产品什么时间投入、制造周期需要多少时间等，这些有关时间的规定就称期。量是指数量，即一种产品投多少、出多少，这些有关数量的规定称为量。

不同生产类型的期量标准也不同，大量流水生产作业计划的期量标准有节拍、流水线、工作指示图表等；成批生产作业计划的期量标准有批量和生产间隔期、生产周期、生产提前期、在制品占用定额等；单件小批量生产作业计划的期量标准有生产周期、吨工时、产品工时结构等。

2）批量和生产间隔期

批量是指花费一次准备结束时间投入生产的同种制品的数量。生产间隔期是指相邻两批同种工件投入（或产出）的时间间隔，在周期性重复生产的条件下，批量就等于生产间隔期乘以平均日产量。

二者之间的关系：

$$批量 = 生产间隔期 \times 平均日产量 \tag{9-8}$$

例 9-1 某产品年计划产量为 7650 件，年工作时间为 306 天，若生产间隔期为 8 天，那么投产批量应为多少？

$$批量 = 平均日产量 \times 生产间隔期 = \frac{7650}{306} \times 8 = 200 （件）$$

3）生产周期

生产周期是指从原材料投入生产的时候起，到成品完工的时候止，期间所经历的全部日历时间。产品的生产周期由各零部件的生产周期组成，零部件的生产周期由该零部件的各个工艺阶段或工序的生产周期组成。对产品来说，它的生产周期（见图 9-4）包括毛坯准备、零件加工、部件装配、成品总装的时间。

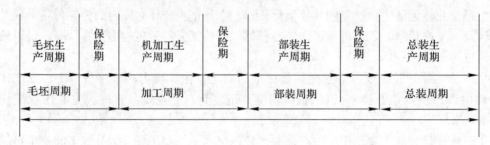

图9-4 产品生产周期

4）生产提前期

生产提前期是指确定产品生产过程各工艺阶段的投入、产出日期，是保证各工艺阶段相互衔接和保证合同交货期的重要依据。它以成品的出产日期为基准，按产品工艺过程的反工艺顺序，以生产周期和生产间隔期为依据进行计算。

$$车间投入提前期 = 本车间出产提前期 + 本车间生产周期 \tag{9-9}$$
$$车间出产提前期 = 后一车间投入提前期 + 保险期 \tag{9-10}$$

例 9-2 某工厂有三个车间，装配、机械加工和毛坯车间，生产周期分别为 30、50、20 天，批量均为 40 件，两车间之间的保险期均为 5 天，产品提前期示意图如图 9-5 所示，求各车间的出产提前期、投入提前期。

装配车间出产提前期：0（天）

装配车间投入提前期：30（天）

机械加工车间出产提前期：5 + 30=35（天）

机械加工车间投入提前期：50 + 5 + 30=85（天）

毛坯车间出产提前期：5 + 50 + 5 + 30=90（天）

毛坯车间投入提前期：20 + 5 + 50 + 5 + 30=110（天）

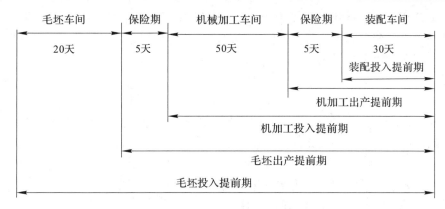

图9-5 产品提前期示意图

2．大量流水生产作业计划的编制——在制品定额法

传统的编制大量大批生产作业计划的方法通常是采用在制品定额法。所谓在制品定额法就是运用预先制定的在制品定额，按照返工顺序连锁计算的方法，计算各车间的投入量、出产量，规定各车间的生产任务，保证车间之间协调配合的生产作业计划编制方法。

（1）某车间出产量计算公式。

$$某车间出产量 = 后一车间的投入量 + 本车间半成品计划外销量$$
$$+（中间库存半成品定额 - 中间库存半成品期初预计存量）\quad（9-11）$$

（2）某车间投入量计算公式。

$$某车间投入量 = 本车间的出产量 + 本车间计划允许废品量$$
$$+（本车间在制品定额 - 本车间在制品期初预计存量）\quad（9-12）$$

（3）在制品定额法实例。

例9-3 自行车厂某月计划任务为 10 万辆，车架外销半成品 1 万架，油漆车间、制管车间计划允许废品率为 0.5%。制管车间、油漆车间、中间仓库、装配车间的在制品定额分别为 15000、20000、8000、4000 件，其在制品期初预计量分别为 15623、18000、9000、2500 件。试计算各车间投入量和出产量。

装配车间：

出产量 =100000（架）

投入量 =100000 +（4000 － 2500）= 101500（架）

油漆车间：

出产量 =101500+10000 +（8000 － 9000）= 110500（架）

投入量 =110500+110500 × 0.5%+（20000 － 18000）= 113053（架）

管制车间：

出产量 =113053（架）

投入量 =113053+113053 × 0.5%+（15000 － 15623）= 112995（架）

3．成批生产作业计划的编制——累计编号法

成批生产作业计划的编制常用累计编号法，也称为提前期法。所谓累计编号，是指从年初或从开始生产这种产品起，依成品生产的先后顺序，为每一件产品编上一个累计号码。由于成品出产号是按反工艺顺序排列编码的，因此，在同一时间上，某种产品越接近

完成阶段，其累计编号越小；越是处于生产开始阶段，其累计编号越大。在同一时间上，产品在某一生产环节上的累计号数，同成品出产累计号数相比，相差的号数叫提前量。提前量的大小同产品的提前期成正比，它们之间的关系为：

$$提前量 = 提前期 \times 平均日产量 \tag{9-13}$$

采用累计编号法规定车间任务的具体方法和步骤是：

（1）计算产品在各车间计划期末应达到的累计生产和投入的号数。其公式为

$$某车间出产累计号数 = 成品出产累计号数 + 该车间出产提前期$$
$$\times 成品的平均日产量 \tag{9-14}$$

$$某车间投入累计号数 = 成品出产累计号数 + 该车间投入提前期$$
$$\times 成品的平均日产量 \tag{9-15}$$

例：某企业成批生产一种产品，十月份装配车间，累计出产到 150 号、平均日产量为 3 台。装配车间的前一车间是机加工车间，机加工车间出产提前期为 10 天，投入提前期为 15 天，则十月份机加工车间出产累计号为 150 ＋ 10×3=180（号），机加工车间投入累计号为 150+15×3= 195（号）。

（2）进一步计算各车间在计划期内应完成的出产量和投入量。其计算公式为：

$$计划期车间出产（或投入）量 = 计划期末出产（或投入）的累计号数$$
$$- 计划期初已出产（或投人）的累计号数 \tag{9-16}$$

（3）如果是严格按照批量进行生产的话，则计算出的车间出产量和投入量，还应按各种零件的批量进行修正。

例 9-4 根据企业的生产计划，到 3 月底，某产品的成品出产累计号数应达 185 号，日平均产量为 2.5 台。构成这一产品的某一成套零件组在机械加工车间的出产提前期是 21 天，这一零件组在机械加工车间的批量是 20 套。那么，机械加工车间到 3 月底应达到的出产累计号是：185 ＋（21×2.5）= 237.5 号。其中有 17.5 套不是一批，需要到下一计划期凑足整批时才出产，在出产任务中应将其扣除。所以，机械加工车间到 3 月末计划应达到的累计号数为 220 号，这个 220 号就是以累计号被下达给车间的任务计划。

采用累计编号法安排车间生产任务有以下优点：

（1）它可以同时计算各车间任务、故而加快了计划编制速度。

（2）由于生产任务用累计号数来表示，所以不必预计期初在制品的结存量，计划的修正是自动进行的。当上期计划超额完成时，就自动削减了本期计划任务；如没有完成时，未完成部分就自动转为计划期的任务。这样就可以简化计划的编制工作。

（3）由于同一台产品所有零件都属于同一个累计编号，所以，只要每个生产环节都能出产（或投入）到计划规定的累计号数，就能有效地保证零件的成套性，防止零件不成套或投料过多等不良现象。

4. 单件小批生产作业计划的编制——生产周期法

企业使用生产周期法编制小批量生产作业计划一般包括三个步骤：

（1）根据接到顾客订单的情况，分别安排生产技术准备工作。

（2）根据合同规定的交货期，采用网络计划技术及相关技术，为每一项订货编制生产周期进度表。它是单件小批量生产企业的主要期量标准。

（3）根据合同规定的交货期和生产周期进度表，为每一项产品制定一项生产说明书，

详细规定该产品在某一车间投入和出产的时间。

三、生产能力计划

（一）生产能力

1. 生产能力的含义

生产能力是指企业的全部生产性资产，在一定时期内，一定的技术组织条件下，所能生产的一定种类和一定质量产品的最大数量，或者能够加工处理一定原材料的最大数量。

2. 生产能力的类型

（1）设计能力：指企业在其设计任务书和技术文件中规定的应达到的最大年产量。

（2）查定能力：由企业重新调查核定的生产能力。

（3）计划能力（现有生产能力）：指企业在计划年度内实际能够达到的生产能力。

3. 影响生产能力的因素

企业生产能力是企业生产过程中许多因素发展变化的结果。无论从长远还是短期来看，它都不是固定不变的。其中最重要的因素有：

（1）固定资产的数量和生产面积。是指企业在一定时期内用于生产的全部机器设备的数量、厂房和其他生产性建筑物的面积等。（包括：现有的全部用于生产的设备，不论是运转的、维修与正在修理的或已到厂家待安装的，还是因任务不足而暂停使用的设备，均应加以计算。）生产面积是指用于生产的全部厂房、其他生产性建筑物以及服务性建筑的面积。

（2）固定资产的工作时间。是指按企业现行工作制度计算的机器设备全部有效工作时间和生产面积利用时间。

（3）固定资产的生产效率。是根据机器设备和生产面积的有关数据来计算的。前者可以用单位机器设备的产量定额或单位产品的台时定额来表示，后者可用单位时间、面积的产量定额或单位产品的生产面积占用定额来表示。

（4）企业的经营管理水平。管理的作用就在于从时空上合理地组织协调企业诸因素的相互关系，使其发挥出最大的综合作用，形成最大的生产力。因此，在研究企业的生产能力时，必须充分考虑管理对生产能力的影响。

（二）核定企业生产能力的方法

1. 单台设备生产能力

单台设备生产能力

$$M_{单} = \frac{F}{t} \tag{9-17}$$

其中，$M_单$ 为单台设备生产能力（件），F 为单台设备计划期（年）有效工作时间（小时），t 为单位产品在设备上加工的时间定额（小时／件）。

2. 单品种生产条件下设备组生产能力

单品种生产条件下设备组生产能力

$$M_{组} = M_{单} \times S = \frac{FS}{t} \tag{9-18}$$

其中 S 为设备组的设备数量。

3. 多品种生产条件下设备组的生产能力——代表产品法

代表产品法是指在所生产的产品中，选择一种产量大、劳动量大、结构和工艺较有代表性的产品为代表产品，用代表产品为标准来核定生产能力。

$$代表产品生产能力：\frac{年有效工作时间×设备台数}{代表产品台时定额} \qquad (9-19)$$

4. 多品种生产条件下设备组的生产能力——假定产品法

假定产品法是指按各种具体产品工作量比重构成的一种实际上不存在的产品，为结构与工艺差异大的产品假定的一个统一的计量单位，来核定企业的生产具体产品的生产能力的方法。

假定产品法核定企业的生产具体产品的生产能力，一般来说，要经过三个步骤：

（1）计算假定产品台时定额，其实质是求全部产品台时定额的加权平均数。

（2）计算设备组假定产品的生产能力，用单一品种生产能力核定方法计算；计算设备组的负荷系数。

（3）计算设备组各具体产品的生产能力。

第 i 种产品的生产能力 = 设备组各产品计划生产能力 × 设备组的负荷系数 　(9-20)

例 9-5 某企业生产甲、乙、丙三种产品，计划产量分别为 2000、1000、1200 台，各产品在机加工车间铣床组的计划台时定额分别为 20 台时、25 台时、15 台时，铣床组共有铣床 25 台，两班制生产，每班工作 8 小时，设备停修率为 5%。假设三种产品结构不相似，以假定产品为单位计算铣床组的生产能力。

首先，假设产品的台时定额

$$t_{假}=\sum \frac{t_i Q_i}{\sum Q_i}=\frac{2000×20+1000×25+1200×15}{4200}=19.76台时$$

其次，计算假定产品表示的设备组生产能力和设备组负荷系数 α

$$M_{组}=\frac{FS}{t}=\frac{8×2×(365-111)×(1-0.05)×0.25}{19.76}=4885台$$

$$\alpha=\frac{M_{组}}{Q_i}=\frac{4885}{4200}=1.163$$

最后，计算各种计划产品的最大生产能力：

$$M_{甲}=2000×1.163=2326台$$

$$M_{乙}=1000×1.163=1163台$$

$$M_{丙}=1200×1.163=1396台$$

生产能力的核算过程是一个动态的过程，生产计划每作一次调整都需要重新核定生产能力，直到 α 接近于 1 时，计划与能力基本平衡。

任务四　企业生产现场管理

现场管理就是指用科学的管理制度、标准和方法对生产现场各生产要素，进行合理有效的计划、组织、协调、控制和检测，使其处于良好的结合状态，达到优质、高效、低耗、均衡、安全、文明生产的目的。

现场管理的六个要素即：① 人（Man）：操作者对质量的认识、技术、身体状况等；② 机器（Machine）：设备、测量仪器的精度和维护保养状况等；③ 材料（Material）：材料能否达到要求的性能等；④ 方法（Method）：生产工艺、设备选择、操作规程等；⑤ 环境（Environment）：工作现场的技术要求和清洁条件等；⑥ 测量（Measurement）：测量时采取的方法是否标准、正确。

生产现场管理的内容可以概括为"点、线、面"三个字。点：工序管理；线：物流管理；面：环境管理，即安全生产、文明生产、定置管理。生产现场管理的四大利器分别是"6S"活动、定置管理、目视管理和看板管理。

一、"6S"活动

（一）"6S"活动含义

6S 活动起源于日本的 5S 活动。5S 是指在现场对人员、机器、材料、方法、环境等生产、工作要素进行有效的管理，是在日本企业广泛流行的一种管理方法。

1955 年日本提出"2S"，即整理、整顿，"安全始于整理，终于整顿"，后来由于生产控制和品质的需要，逐步提出了另外的"3S"，即"清扫、清洁、素养"。1986 年日本的"5S"专著问世，从而对整个现场管理模式起到了冲击的作用，并掀起了"5S"的热潮。"5S"不但在日本流行，而且已经成为世界企业学习与应用的一种潮流。"5S"引入中国以后，中国企业根据实际需要增加了第六个"S"，即"安全"。

（二）"6S"活动内容

1. 整理（Seri）

整理的定义：将工作场所的任何物品区分为有必要和没有必要，有必要的留下来，其他的都清理掉。

整理不仅仅是指平常所说的把东西整理好，更主要指将不要的东西处理掉，通过整理对物品进行区分和归类，划分出有用的东西，在此基础上将多余的物品从作业现场清除出去。

整理对象主要出现在清理现场被占有而无效用的"空间"。

整理目的：清除凌乱的根源，腾出空间，合理利用空间，打造清爽的工作场所。

整理的推行要领：所在的工作场所全部检查，包括看得到和看不到的地方；制定"需要"和"不需要"的判别基准；清除不需要物品；调查需要物品的使用频度；制定废弃物处理办法；并坚持每日自我检查。

整理的推行步骤：第一步，现场检查；第二步，区分必需品和非必需品；第三步，清理非必需品；第四步，非必需品的处理；第五步，每天循环整理。

整理活动后应实现：不用的东西不放在生产现场，出现了坚决清除；不常用的物品不放在生产现场，用时取来用毕送回；偶尔用的东西集中放在生产现场的一个指定地点；经常使用的物品放在生产现场，且处于备用状态。

2. 整顿（Seiton）

整顿的定义：把留下来的必要用的物品依规定位置摆放，并放置整齐加以标示，"零时间"找到需要。

整顿对象主要出现在减少任意浪费时间的场所。

整顿目的：工作场所整整齐齐、一目了然，消除过多的积压物品，节省寻找物品的时间。

整顿的推行要领：彻底落实前一步的整理工作；物品摆放要有固定的地点和区域，放置场所明确，以便于寻找，消除因混放而造成的差错；物品摆放地点要科学合理。例如，根据物品使用的频率，经常使用的东西应放置在较近的地方（如放在作业区内），偶尔使用或不常使用的东西则应放得远些（如集中放在车间某处）；物品摆放目视化，尽量使物品做到过目知数，摆放不同物品的区域采用不同的色彩和标记加以区别 (如地板画线定位、对场所物品进行标识)。

整顿活动后实现：提高工作效率；将寻找时间减少为零；异常情况（如丢失、损坏）能马上发现；非担当者的其他人员也能明白要求和做法；不同的人去做，结果是一样的（已经标准化）。

小窍门

整 顿 的 口 诀

有物必有位，有位必分类；分类必标识，标识必规范。注意：整顿要以员工为中心。

3．清扫（Seiso）

清扫的定义：将工作场所内看得见与看不见的地方清扫干净，当设备出现异常时马上及时进行修理，使之恢复正常运转状态。清扫过程是根据整理、整顿的结果，将不需要的部分清除去，或者标示出来放在仓库之中，从而保持工作场所干净亮丽的环境。

清扫对象：工作现场各处所发生的"脏、污"。

清扫目的：保持工作环境的整洁干净；保持整理、整顿成果；稳定设备、设施、环境质量、提高产品或服务质量；防止环境污染。

清扫的推行要点：自己使用的物品，如设备、工具等，要自己清扫，而不要依赖他人，不增加专门的清扫工；对设备的清扫，着眼于对设备的维护保养，清扫设备要同设备的点检结合起来，清扫即点检；清扫设备要同时做设备的润滑工作，清扫也是保养，清扫也是为了改善。当清扫地面发现有飞屑和油水泄漏时，要查明原因，并采取措施加以改进。

清扫活动后实现：经过整理、整顿，必须物品处于立即能取到的状态，但取出的物品还必须完好可用，这是清扫最大的作用。

4．清洁（Seiketsu）

清洁的定义：维持整理、整顿、清扫后的局面，使现场保持完美和最佳状态。

清洁对象：工作区域、环境。

清洁目的：养成持久有效的清洁习惯，维持和巩固整理、整顿、清扫的成果。成为惯例和制度化、标准化的基础，企业文化开始形成。

清洁的推行要点：车间环境不仅要整齐，而且要做到清洁卫生，保证工人身体健康，提高工人劳动热情；不仅物品要清洁，而且工人本身也要做到清洁，如工作服要清洁，仪表要整洁，及时理发、刮须、修指甲、洗澡等；工人不仅要做到形体上的清洁，而且要做到精神上的"清洁",待人要讲礼貌、要尊重别人;要使环境不受污染,进一步消除混浊的空气、粉尘、噪音和污染源,消灭职业病。

清洁活动后实现:将整理、整顿、清扫后取得的良好作用维持下去,成为公司的制度;贯彻"6S"意识,寻找有效的激励方法;坚持不懈;彻底贯彻"3S";推行"透明管理",即目视管理。

5. 素养(Shitsuke)

素养的定义:每位成员养成良好习惯,并遵守规则,培养积极主动的精神(养成习惯性)。

素养对象:改善习惯、提升品德。

素养的目的:提升员工素质,使之有积极主动的态度,营造团队精神。

素养的具体表现:遵守公司的规章制度,按标准作业;主动、积极、认真对待工作;不断改善,勇于创新;为他人着想,为他人服务;信任。

素养的推行要领:持续推动"4S"直至习惯化;制定相关的规章制度,规范员工的行为准则;对员工进行素养方面的教育与培训;开展各种形式的评比与竞赛活动,激发员工的热情和责任感。

素养的推行步骤:制定共同遵守的有关规则、规定;制定服装、仪容、识别证标准;制定礼仪守则;教育培训;推动各种精神提升活动(晨会、礼貌运动等)。

素养活动后实现:提升人员的品质;改善工作意识;净化员工心灵,形成温馨明快的工作氛围;培养优秀人才,铸造战斗型团队;成为企业文化的起点和最终。

6. 安全(safety)

安全的定义:消除隐患,排除险情,预防事故的发生。

安全目的:保障员工的人身安全,保证生产的正常运行,减少经济损失。建立起安全生产的环境,所有工作应建立在安全的前提下。

安全的推行要领:制定服装、臂章、工作帽等识别标准;电源开关、风扇、灯管损坏及时报修;物品堆放、悬挂、安装、设置不存在危险状况;特殊工位无上岗证严禁上岗;正在维修或修理设备贴上标识;危险物品、区域、设备、仪器、仪表特别提示;保障企业财产安全,保证员工在生产过程中的健康与安全。杜绝事故苗头,避免事故发生。

安全的推行步骤:制定现场安全作业基准;规定员工的着装要求;制定预防火灾的措施;制定应急措施;日常作业管理。

小窍门

"6S"顺口溜

整理:要与不要,一留一弃;整顿:科学布局,取用快捷;

清扫:清除垃圾,美化环境;安全:安全操作,生命第一;

清洁:形成制度,贯彻到底;素养:养成习惯,以人为本。

二、定置管理

(一)定置管理含义

从20世纪50年代开始,日本学者根据企业生产现场管理实践,经过潜心钻研,提出了"定置管理"这一新的概念。后来，日本企业管理专家清水千里先生在应用的基础上，发展了定置管理，把定置管理总结和提炼成为一种科学的管理方法。

定置管理的含义：是对生产现场中的人、物、场所三者之间的关系进行科学地分析研究，使之达到最佳结合状态的一种科学管理方法。它以物在场所的科学定置为前提，以完整的信息系统为媒介，以实现人和物的有效结合为目的，通过对生产现场的整理、整顿，把生产中不需要的物品清除掉，把需要的物品放在规定位置上，使其随手可得，从而促进生产现场管理文明化、科学化，达到高效生产、优质生产、安全生产的目的。定置管理是"6S"活动的一项基本内容，是"6S"活动的深入和发展。定置管理含义模型如图9-6所示。

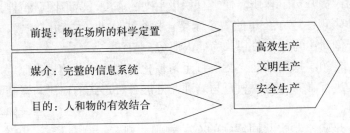

图9-6　定置管理含义模型图

能力提升

图9-7为物品的定置与放置比较。

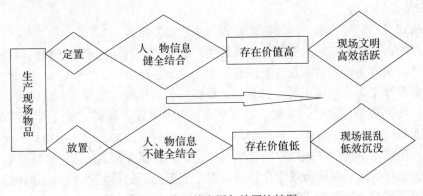

图9-7　物品的定置与放置比较图

（二）定置管理基本原理

定置管理是对生产现场中的人、物、场所三者之间的关系进行科学地分析研究，使之达到最佳结合状态的一门科学管理方法。

1. 人与物的三种结合状态

定置管理将生产现场中人、物、场所三要素分别划分为三种状态，并将三要素的结合状态也划分为三种。

（1）A状态。A状态即人与物处于能够立即结合并发挥效能的状态。例如，操作员工使用的各种工具，由于摆放地点合理而且固定，当操作者需要时能立即拿到或者做到得心应手。

（2）B状态。B状态即人与物处于寻找状态或尚不能很好发挥效能的状态。例如，一个操作者想加工一个零件，需使用某种工具，但由于现场杂乱或忘记了这工具在何处，结果因寻找而浪费了时间；或者由于半成品堆放不合理，散放在地上，当加工时每次都需弯腰，一个个地拣起来，既影响了工时，又增加了劳动强度。

（3）C状态。C状态是指人与物失去联系的状态。这种物品与生产已无关系，不需要人去同该物结合。例如，生产现场中存在的已经报废的设备、工具、模具，生产中产生的垃圾、切屑，以及同生产现场无关的员工生活用品等。这些物品放在生产现场，必将占用作业面积，而且影响操作者的工作效率及安全。

因此，定置管理就是要通过相应的设计、改进和控制，消除C状态，对B状态进行分析和改进，使之都成为A状态，并长期保持下去。

2．人与物的结合成本

在班组生产活动中，为实现人与物的结合，需要消耗劳动时间，而支付劳动时间的工时费用称之为人与物的结合成本。结合成本又称物的使用费用。

当人与物的结合处于A状态时，结合成本可以忽略不计。当人与物的结合处于B状态时，操作者因使用的工具未实行定置管理，工作时花费很多时间去寻找需要的工具，用于找工具的工时费用越多，结合成本就越高，也就是增加了物的使用费用。如果工具处于C状态，即此工具已与生产活动无关，这时，此工具就可入库或报废，清理出生产现场。

3．物与场所的关系

在生产活动中，人与物的结合都是在一定场所进行的，因此，实现人与物的最佳结合，必须处理好物与场所的关系，实现物与场所的合理结合。对生产现场、人、物进行作业分析和动作研究，使对象物品按生产需要、工艺要求科学地固定在某场所的特定位置上，达到物与场所的有效结合，缩短人取物的时间，以促进人与物的最佳结合。

（1）三种定置状态。物与场所的合理结合，首先要使现场本身处于良好的状态。场所本身的布置可以有以下三种状态。

A状态：良好状态，即良好的工作环境。场所中的作业面积、通风设置、恒温设备、光照、噪音、粉尘等状态，符合人的生理、工厂生产和安全的要求。

B状态：需要改善的状态，即需要不断改善的工作环境。这种状态的场所，布局不尽合理，或只满足人的生理要求，或只满足生产要求，或两者都不能满足。

C状态：需要彻底改造的状态，即需消除或彻底改造的工作环境。这种场所对人的生理要求及工厂生产、安全要求都不能满足。

定置管理的任务，就是要把B、C状态改变成A状态。

（2）两种定置方法。实现物与场所的结合，要根据物流运动的规律性，科学地确定物品在场所内的位置，即定置。定置方法有两种基本形式。

① 固定位置，即场所固定、物品存放位置固定、物品的信息媒介物固定。这种"三固定"的方法，适用于那些在物流系统中周期性地回归原地，在下一生产活动中重复使用的物品，主要是那些用作加工手段的物品，如工具、检具、量具、工艺装备、工位器具、运输机械、机床附件等物品。

② 自由位置，即相对地固定一个存放物品的区域，在此区域内有一定自由。这种方法适用于物流系统中那些不回归、不重复使用的物品。例如，原材料、毛坯、零部件、半成品。这些物品的特点是按照工艺流程不停地从上一工序向下一工序流动，一直到最后出厂。

4. 信息媒介与定置的关系

信息媒介是指在人与物、物与场所合理结合的过程中起着指导、控制、确认等作用的信息载体。由于生产中使用的物品，品种多、规格杂，它们不可能都放置在工作者手边，找到它们，需有一定信息来指引。许多物品在流动中是不回归的，它们的流向和数量也需要有信息来指导和控制。为了便于寻找和避免混放，需要信息来确认。因此，在定置管理中，完善而明确的信息媒介影响人、物、场所的有效结合程度。

根据信息媒介在定置管理中所起的作用，信息媒介可分为两类：

（1）引导信息。有的引导信息告诉人们"该物在何处"，便于人与物结合。例如，车间里各种物品的台账就是一种引导信息。在台账中，每类物品都有自己的编号，这种编号是按"四号定位"原理来编码的（库、区、架、位），有了台账就可知道某种物品放在何处。又如，定置的平面布置图，也是一种重要的引导信息，它形象地指示存放物的处所或区域的位置，人们凭借平面图中标记的信息，被引导到所需物品的场所去。

（2）确认信息。这是为避免物品混放和场所误置所需的信息。例如，各种区域的标志线、标志牌和彩色标志，它告诉人们"这儿就是该场所"。有了废品存放区和合格品存放区的不同标志，就可避免混号的质量事故。这种指示点的信息，又称场所标志。又如各种物品的卡片，也是一种重要的确认信息。在卡片上说明这种物品的名称、规格、数量、质量等，告诉人们"这就是该物"，是物品的核实信息。

由此可见，在定置管理中各种信息媒介物是很重要的。实行定置管理，必须重视和健全各种信息媒介物。信息媒介物与定置关系如图9-8所示。

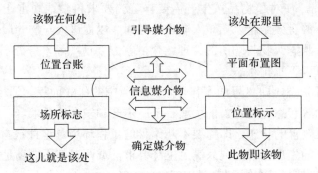

图9-8 信息媒介物与定置关系

（三）定置管理的程序

1. 现场调查，明确问题点

对生产现场进行调查的内容一般包括：生产现场中人机联系情况；物流情况；员工操作情况；生产作业面积和空间利用情况；原材料、在制品管理情况；半成品库和中间库的管理情况；工位器具配备和使用情况；生产现场物品摆放情况；生产现场物品搬运情况；质量保证和安全生产情况；设备运转和利用情况；生产中的消耗情况等。

调查应有侧重点，在调查基础上，找出主要问题。

2. 分析问题，提出改善方案

对生产现场问题进行分析内容有：人与物结合分析；现场物流状况及搬运分析；现场信息流分析；工艺路线和方法分析；现场利用状况分析等。

3. 定置管理的设计

定置管理的设计主要是对场地及生产所用物品和信息媒介物确定合理的摆放位置。

（1）各种场地及各种物品（机台、货架、箱柜、工位器具等）的定置设计，其表现形式就是各类定置图。定置设计，实质是工厂布置的细化、具体化，它必须符合工厂布置的基本要求。主要有：单一的流向和看得见的搬运路线；最大程度地利用空间；最大的操作方便和最小的碰撞；最短的运输距离和最少的装卸次数；切实的安全防护保障；最少的改进费用和统一标准；最大的灵活性及协调性。

（2）信息媒介物的标准设计，如区域、通道、流动器具的位置信息的标准设计；各种料架、工具箱、生活柜、工位器具等物品的结构和编号的标准设计；设置台账、物品确认卡片的标准设计；结合各种物品的专业管理方法，制定出各种物品进出、收发的定置管理办法的设计等。

4. 定置管理的实施

定置管理的实施是理论付诸实践的阶段，也是定置管理工作的重点。它是按照定置管理的设计要求，对生产现场的材料、机械、操作者、方法进行科学的整理和整顿，将所有的物品定置，包括三个步骤：

（1）清除与生产无关之物。生产现场中凡与生产无关的物品，都要清除干净。本着节约精神，能转变利用就转变利用，不能转变利用的，可变卖化为资金。

（2）按定置图实施定置。各车间（工段）、班组都应按照定置图的要求，将生产现场、器具等物品进行分类、搬、转、调整并予以定位。定置的物要与图相符，位置要准确，摆放要整齐，贮存要有器具。可移动物如推车、电动车等也要定置到适当的位置。

（3）放置标准信息标牌。放置标准信息标牌要做到牌、物、图相符，设专人管理，不得随意挪动。要以醒目和不妨碍生产操作为原则。

5. 定置管理考核

为了巩固已取得的成果，进一步发现存在的问题，不断完善定置管理，必须坚持定期检查和考核工作。考核的基本指标就是定置率。其计算公式为

定置率＝实际定置的物品个数（种类）／定置图规定的定置物品个数（种类）×100%
（9-21）

例如，检查某车间的三个班组定置区域，其中合格区（绿色标牌区）摆放 15 种零件，其中有 1 种没有定置；待检区（蓝色标牌区），摆放 20 种零件，其中有 2 种没有定置；返修区（红色标牌区）摆放 3 种零件，其中有 1 种没有定置。那么，该场所的定置率为

$$定置率=\frac{(15+20+3)-(1+2+1)}{15+20+3}\times100\%=89\%$$

能力提升

定置图设计原则口诀

有图必有物；有物必有区；有区必挂牌；有牌必分类；
按图定置；按类存放；图物一致。

三、目视管理

（一）目视管理的概念

目视管理（Visual Management）又称一眼即知的管理或一目了然的管理，它是通过各种标志、牌、板和显示工具，及时反映生产现场作业动态、产品质量、设备涨停等信息，让每个生产工人和现场管理者做到一目了然，以便及时发现问题，采取纠正措施，保证生产顺利进行的管理方法。目视管理的目的是把工厂潜在的大多数异常显示化，变成谁都能一看就明白的事实。

目视管理有三个要点：无论是谁都能判明是好是坏（异常）；能迅速判断，精度高；判断结果不会因人而异。

轻松一刻

目视管理的重要性

有这样一则笑话，一位去美国旅游的人不懂英语，到美国后想上厕所，来到公厕一看，傻眼了，虽然厕所门上写着"MAN"和"WOMEN"，但他不懂英文不敢进去，后来实在憋不住了，情急之下跑进了女厕所。事后这人抱怨说"如果在门上贴个男人的照片我也不至于跑错"，于是就有了我们今天看到的厕所标志，不但有中英文说明还加上男士和女士的特征像。这样做的好处是，容易判断，不会因人而异。不论你是哪国人，识字不识字，均不会进错厕所。

（二）目视管理的内容

目视管理的内容如表 9-3 所示。

表 9-3 目视管理检查表

序号	项目	目视化管理项次	目视化管理现状	后续推进目标	责任人	完成时间
1	看板管理目视化	1.看板样式目视化	各部门、班组统一看板大小、版面设计	根据精益生产推进实施情况进一步完善看板版面设计		
		2.看板内容目视化	各部门、班组根据自身实际情况制定看板内容，其中包括：生产管理、质量管理、物料管理、人员管理、提案改善、激励制度等	根据精益生产推进实施情况进一步完善看板内容，使之能更实际地反映部门、班组的实际情况，更好地进行目视化管理		
		3.看板责任人目视化	明确每块管理看板的责任人、监督人	明确责任人、监督人的工作内容，应该达到的标准，以及检查考核办法，有照片对应		

续表一

序号	项目	目视化管理项次	目视化管理现状	后续推进目标	责任人	完成时间
2	人员管理目视化	1.考勤管理目视化	明确考勤管理制度，制作考勤管理板和员工考勤管理牌，使员工出勤情况目视化	做好考勤目视化管理工作，逐步改进考勤管理板和员工考勤管理牌使之更美观、耐用，有照片对应		
		2.劳动纪律管理目视化	明确劳动纪律管理制度，加强劳动纪律的宣传和检查	完善各岗位的管理工作，使各员工岗位职能明确		
		3.仪表、仪容管理目视化	制定公司仪容、仪表管理制度	完善仪容、仪表管理制度，加强仪容、仪表的宣传、落实、检查工作		
		4.人员岗位管理目视化	明确各自岗位的工作职责	完善岗位管理，通过看板、图表的形式进行岗位管理		
		5.人员动向管理目视化	制作部门人员动向看板，使人员的动向明确，便于进行目视化管理	完善人员动向看板及看板内容，使之更美观，易于进行可视管理		
3	物品管理目视化	1.物品状态目视化	通过区域、标识、工位器具、颜色等使物品的状态目视化	利用看板完善物品目视化管理工作，做好物品管理的保持、推进、检查考核工作		
		2.物品加工流程目视化	明确物品的加工流程，部分产品制作物品加工流程图	完善物品的加工流程管理，利用看板、图表使物品流程目视化		
		3.物品存放目视化	依据物品状态明确存放的区域、数量、工位器具	根据精益生产工作的推进，相应调整物品存放的区域、数量、工位器具，并用不同颜色对区域进行划分，方便管理		
		4.物品转移目视化	明确物品转移的流程，部分产品确定物品转移的时间、数量、频次	根据精益生产工作的推进利用看板、图表，完善物品转移的时间、数量、频次		
		5.物品责任人目视化	明确各类物品的责任人，其中制造部统一制作物品责任人管理标识	进一步完善物品责任人标识的管理工作，并明确责任人的工作职责		

序号	项目	目视化管理项次	目视化管理现状	后续推进目标	责任人	完成时间
4	作业管理目视化	1.作业标准目视化	完善各个工位的作业标准的制定工作	利用图片、表格等更直观的工具使作业标准目视化程度更高		
		2.作业流程目视化	明确各工作、各产品的作业流程	利用看板、图表等更直观的工具使作业流程目视化程度更高		
		3.作业状态目视化	利用警示灯、图片等表示作业状态	完善作业状态目视化的推广工作		
		4.作业计划、进度目视化	利用看板、表格使作业计划、进度目视化	利用看板、图表等更直观的工具使作业计划、进度目视化程度更高，并做好检查工作		
5	设备管理目视化	1.各种开关、仪表目视化	利用颜色、图标等工具使各种开关、仪表目视化（如：阀门开关利用指示箭头表明开、关，空调利用小布条来表明开、关）	利用各种工具进一步完善各种开关、仪表的目视化工作，并做好落实检查工作，如用不同颜色的箭头来标明不同管道和仪表的正常、异常范围		
		2.设备操作、点检、维保目视化	利用图表使设备的操作、点检、维修目视化	充分利用看板、表格、图片、警示标语等工具，使设备的操作、点检、维修目视化程度更高		
		3.设备状态、性能目视化	利用图表使设备的状态、性能目视化	利用图片、表格、警示标语等更直观的工具使设备状态、性能目视化程度更高		
		4.设备责任人目视化	制作设备责任人卡片张贴于设备上	利用图片完善设备责任人的目视化，并明确设备责任人的职责，有照片对应		
		5.设备布局目视化	根据精益理念进行设备布局的合理优化	班组设备布局的目视化		
		6.设备参数目视化	设备参数只有维修、技术人员明白	明确设备的主要参数，将其利用图表的形式进行目视化。其中英文的参数建立中英文设备单词对照表		
		7.设备档案目视化	部分设备有设备档案，但是内容不完善	完善设备档案，其主要内容包括：保养、维修、停机记录、磨损件的使用时间及周期等		

序号	项目	目视化管理项次	目视化管理现状	后续推进目标	责任人	完成时间
6	品质管理目视化	1.质量标准目视化	制定明确的质量标准	利用图片、表格将质量标准目视化		
		2.控制要点目视化	在作业标准中明确质量控制的要点	利用图片、实物对比等方法将质量控制要点目视化		
		3.质量趋势目视化	利用图表将月度质量趋势目视化	利用图表、图形将质量趋势目视化，并将整改措施的效果目视化		
		4.量检具使用方法目视化	规范量检具的使用方法并使之标准化	利用图片、正确错误使用方法对比等方式使量检具使用方法目视化		
		5.量检具管理目视化	明确量检具的管理规定（使用、存放、责任人、校验周期等），进行规范管理	利用图片、图表、形迹等方式使量检具的管理目视化		
7	安全管理目视化	1.消防器材管理目视化	明确消防器材的位置、责任人、管理办法、使用方法等进行有效管理	利用图片、颜色区分、真人示范、警示标语等方式使消防器材的管理及使用目视化		
		2.危险点管理目视化	明确危险点的位置、危险种类、责任人、注意事项、警示标语等进行有效管理	利用图表、图片、警示标语、"吓一跳"等方式将危险点的管理目视化		
		3.安全警示标语目视化	安全警示标语悬挂张贴在醒目的位置	利用图片、醒目颜色将安全警示标语悬挂张贴在醒目位置及危险源附近，将可能造成的后果目视化		
		4.安全责任区域管理目视化	明确安全责任区域及其相关规定进行有效管理	将安全责任区域用不同颜色区分，明确区域的管理职责及管理的重点		
		5.安全责任人员目视化	明确各个区域的责任人并进行目视化管理	利用图片明确责任人的工作内容、工作范围、责任人的职位、联系方式、应该达到标准，以及检查考核办法		
		6.安全宣传目视化	利用图片、影像、条幅等方式进行安全教育及宣传	充分利用看板、图片、影像、条幅等方式将安全宣传目视化		

序号	项目	目视化管理项次	目视化管理现状	后续推进目标	责任人	完成时间
8	6S管理目视化	1.整理的目视化	明确整理的范围及整理的标准进行整理工作	利用图片、影像、标语等方式将整理的范围及标准目视化，从而推动整理工作的目视化		
		2.整顿的目视化	明确整顿的范围及整顿的标准进行整顿工作	利用图片、影像、标语等方式将整顿的范围及标准目视化，从而推动整顿工作的目视化		
		3.清扫的目视化	明确清扫的范围、标准、责任人进行清扫工作	利用图片、影像、标语等方式将清扫的范围及标准目视化，从而推动清扫工作的目视化		
		4.清洁的目视化	明确清洁的范围及清洁的标准进行清洁工作	利用图片、影像、标语等方式将清洁的范围及标准目视化，从而推动清洁工作的目视化		
		5.素养的目视化	明确素养的范围及素养的标准进行素养工作	利用图片、影像、标语等方式将素养的范围及标准目视化，从而推动素养工作的目视化		
		6.安全的目视化	明确安全的范围及安全的标准进行安全工作	利用图片、影像、标语等方式将安全的范围及标准目视化，从而推动安全工作的目视化		

知识链接

推行目视化管理的基本要求

推行目视化管理，一定要从企业实际出发，有重点、有计划地逐步展开。在这个过程中，应做到的基本要求是：统一、简约、鲜明、实用、严格。

统一，即目视管理要实行标准化，消除五花八门的杂乱现象。

简约，即各种视觉显示信号应简洁易懂，一目了然。

鲜明，即各种视觉显示信号要清晰，位置适宜，现场人员都能看得见、看得清。

实用，即不摆花架子，少花钱、多办事，讲求实效。

严格，即现场所有人员都必须严格遵守和执行有关规定，有错必纠，赏罚分明。

目视管理颜色的应用口诀：绿色行，红色停，白色没检查，黄色等判定，黑色全是报废品。

美国安全协会对颜色的规定：

（1）红：灭火用器具

（2）绿、白、黑、灰：如水安全物品。

（3）蓝：防护材料。

（4）紫：小心使用之贵重材料。

四、看板管理

（一）看板管理定义

看板管理又称为视板管理、看板方式、看板法等，是 20 世纪 50 年代由日本丰田汽车公司创立的一种先进的生产现场管理方法或生产控制技术，是目视管理的重要工具。它以流水线作业为基础，将生产过程中传统的送料制改为取料制，以看板作为取货指令、运输指令、生产指令，进行现场生产控制。从生产的最后一道工序（总装线）起，按逆（或反）工艺顺序，即倒流水拉动方式，一步一步、一道工序一道工序地向前推进，直到原材料准备部门，都按看板的要求取货、运送和生产。看板作为可见的工具，可使企业中的各生产部门、各车间、各班组等协调地运行，实现整个生产过程的准时化、同步化，保证企业以最少的在制品占用最少的流动资金，获取较好的经济效益。

看板管理的目的是要严格控制所有生产工序和在制品库、半成品库的在制品流转数量，从而减少在制品储备，减少资本占有，降低生产成本。它要求在需要的时间，用需要的材料，生产出需要数量的产品。

（二）看板管理的实施条件

（1）生产过程必须是流水作业，而不适用于单工序生产。

（2）生产必须秩序稳定，有均衡生产基础和工艺规程，工艺流程执行良好，工序质量能够得到控制和保证。

（3）设备、工装精度良好，保证加工质量稳定。

（4）原材料、配件供应数量质量有保证。

（5）实施标准化作业，企业内生产布局和生产现场布置合理。

总之，看板管理只有在工序一体化、生产均衡化、生产同步化的前提下才有可能运用。

（三）看板的种类

根据功能和应用的不同进行看板的分类，常见的看板的形式很多。

1．工序内看板

工序内看板是指某工序进行加工时所用的看板。这种看板用于装配线以及即使生产多种产品也不需要实质性的作业更换时间（作业更换时间接近于零）的工序，例如机加工工序等。

工序内看板的使用方法中最重要的一点是看板必须随实物，即与产品一起移动。后工序来领取中间品时摘下挂在产品上的工序内看板，然后挂上领取用的工序间看板。该工序然后按照看板被摘下的顺序以及这些看板所表示的数量进行生产，如果摘下的看板数量变为零，则停止生产，这样既不会延误也不会产生过量的存储。

2．信号看板

信号看板是在不得不进行成批生产的工序之间所使用的看板。例如树脂成形工序、模锻工序等。信号看板挂在成批制作出的产品上，当该批产品的数量减少到基准数时摘下看板，送回到生产工序，然后生产工序按该看板的指示开始生产。另外，从零部件出库到生产工序，也可利用信号看板来进行指示配送。信号看板挂在成批制作出的产品上面。如果该批产品的数量减少到基准数时就摘下看板，送回到生产工序，然后生产工序按照该看板的指示开始生产。没有摘牌则说明数量足够，不需要再生产。

3．工序间看板

工序间看板是指工厂内部后工序到前工序领取所需的零部件时所使用的看板。

工序间看板挂在从前工序领来的零部件的箱子上，当该零部件被使用后，取下看板，放到设置在作业场地的看板回收箱内。看板回收箱中的工序间看板所表示的意思是"该零件已被使用，请补充"。现场管理人员定时来回收看板，集中起来后再分送到各个相应的前工序，以便领取需要补充的零部件。

4．外协看板

外协看板是针对外部的协作厂家所使用的看板。对外订货看板上必须记载进货单位的名称和进货时间、每次进货的数量等信息。外协看板与工序间看板类似，只是"前工序"不是内部的工序而是供应商，通过外协看板的方式，从最后一道工序慢慢往前拉动，直至供应商。因此，有时候企业会要求供应商也推行 JIT 生产方式。

外协看板的摘下和回收与工序间看板基本相同。回收以后按各协作厂家分开，等各协作厂家来送货时由他们带回去，成为该厂下次生产的指示。在这种情况下，该批产品的进货至少将会延迟一回以上。因此，需要按照延迟的回数发行相应的看板数量，这样就能够做到按照 JIT 进行循环。

5．临时看板

临时看板是在进行设备保全、设备修理、临时任务或需要加班生产的时候所使用的看板。与其他种类的看板不同的是，临时看板主要是为了完成非计划内的生产或设备维护等任务，因而灵活性比较大。

▶▶ 思考与练习

一、判断题

（1）产品包括有形产品和无形产品。有形产品的生产，称之为"生产"，无形产品的生产，称之为"运作"。（　　　）

（2）制造性生产的绩效主要以可计量的质量、成本、交货期等指标来衡量，服务性运作的绩效主要以难以计量的顾客满意度来衡量。（　　　）

（3）多品种中小批量或单件生产的技能要求高，生产控制困难，产品流程是流水型的。（　　　）

（4）定制生产虽然满足了顾客个性化需求，但效率低、成本高。（　　　）

（5）服务业的兴起使得传统的生产概念得以扩展。（　　　）

（6）整理整顿清扫清洁，主要针对现场物和事的因素，素养主要针对人的因素。
（　　）

（7）定置管理太耽误时间，赶不上过去随意取放方便、省时。（　　）

（8）清扫并不仅仅是打扫，而是生产制造工程中重要的一部分，清扫是要用心来做的。（　　）

（9）将桌上的所有文件摆放在抽屉和文件柜中，保持桌面干净整洁。（　　）

（10）样板工程要选择简单的场所，便于"6S"工作的展开。（　　）

二、单选题

（1）生产与作业管理在企业管理中处于（　　）。

A．决策性地位　　　B．计划性地位　　　C．基础性地位　　　D．主导性地位

（2）生产管理是销售的(　　)和后盾。

A．要求　　　　　B．手段　　　　　C．保证　　　　　D．条件

（3）某流水线计划日产量为150件，采用两班制生产，每班规定有21分钟停歇时间，计划不合格品率为2%，该流水线的节拍为（　　）分钟。

A．2　　　　　　B．3　　　　　　C．4　　　　　　D．6

（4）提前期的计算是按工艺过程(　　)的顺序进行的。

A．相同　　　　　B．相反　　　　　C．交叉　　　　　D．无关

（5）大量生产类型的企业，编制生产作业计划可采用（　　）。

A．在制品定额法　　B．累计编号法　　　C．生产周期图表法　　D．定货点法

（6）（　　）也叫生产大纲，是对企业未来较长一段时间内资源与需求之间平衡的总体性规划。

A．综合计划　　　B．主生产计划　　　C．物料需求计划　　　D．短期计划

（7）6S管理中红色代表什么（　　）。

A．警告、危险、不合格和不良　　　　　B．重点、突出

C．喜庆、欢快　　D．以上都包括

（8）打造傻瓜化现场的理念要求我们现场管理应该做到（　　）。

A．简单化、傻瓜化　　　B．程序化、标准化、规范化

C．形象化、图形化　　　D．以上都不正确

（9）我国的安全生产方针是（　　）。

A．预防为主，防治结合　　　B．安全第一，预防为主　　　C．安全第一，防消结合

（10）安全色是表达安全信息的颜色，包括（　　）四种。

A．红黄黑绿　　　B．红黄蓝绿　　　C．红黄白绿

三、多选题

（1）生产过程可分为以下部分（　　）。

A．生产技术准备过程　B．基本生产过程

C．辅助生产过程　　　D．生产服务过程　　　E．副业生产过程

（2）生产与运作管理的目标是（　　）。

A．适合的品种　　　B．适宜的价格

C．适当的质量　　　D．适当的服务

（3）从市场的角度可以将我国的生产运作管理划分为以下几个阶段（　　）。

A. 计划导向阶段　　　　B. 生产导向阶段

C. 销售导向阶段　　　　D. 营销导向阶段

（4）JIT 的基本方法可以概括为（　　）。

A. 适时适量生产　　　B. 弹性配置作业人数　　C. 质量保证

D. 生产同步化　　　　E. 生产均衡化

（5）生产运作管理包括（　　）。

A. 计划　　　　　　B. 组织　　　　　　C. 控制　　　　　　D. 融资

（6）生产计划指标体系包括（　　）。

A. 品种　　　　　　B. 质量　　　　　　C. 产量

D. 产值　　　　　　E. 出产期

（7）按照国际惯例，制造类企业的生产运作计划一般来说分为三个层次即（　　）。

A. 综合计划　　　　B. 主生产计划　　　C. 物料需求计划　　　D. 短期计划

（8）大量流水生产作业计划常用的期量标准有（　　）。

A. 节拍　　　　　　　　　　　　　B. 生产周期

C. 批量和在制品储备量　　　　　　D. 在制品占用量定额

（9）现场管理的六个要素包括（　　）。

A. 人　　　B. 机　　　C. 料　　　D. 法　　　E. 环　　　F. 测

（10）常见的看板的形式很多，譬如（　　）。

A. 工序内看板　　　B. 信号看板　　　　C. 工序间看板

D. 外协看板　　　　E. 临时看板

四、思考题

（1）为什么说生产管理是企业维持生存发展与提高经济效益的重要手段？

（2）准时化生产和精益生产的主要思想。

（3）主生产计划的任务、计划周期与综合计划有什么不同？

（4）6S 管理与目视管理的联系和区别？

（5）请举例说明颜色在目视管理中的应用。

（6）一流水线可生产 A 产品，年产量为 36000 件，全年生产时间为 300 天，每天两班制，每班工作时间为 8 小时，工作时间有效系数为 95%。产品预期废品率为 5%，试计算 A 产品在流水线上的节拍。

（7）一批产品，其加工过程依次经过 A、B、C、D 四个工艺阶段，每个阶段的生产周期分别为 5、6、4、3 天，生产间隔期分别为 4、3、2、1 天，保险期分别为 3、5、2、0 天。

① 试确定该产品生产提前期；

② 如果有人订货，要求在 45 天内交货，问能否接受？

③ 如果 C 工艺阶段需要大修，修理需要 30 天，问能否接受？

④ 如果 B 工艺阶段需要修理 18 天，能否接受？

（8）试根据以下产品数据，采用代表产品和假定产品法分别计算生产能力（假定产量数据代表其真实生产能力）。

	计划产量	单位台时
A	50	30
B	80	15
C	200	20
D	250	25
合计	580	

五、能力拓展与训练题

以你所处的教室、宿舍、校园环境等为例，找出存在的问题并用科学现场管理方法进行改善，结合改善前和改善后效果对比，以图片加文字进行说明并用 PPT 演示。

模块十 企业物流管理

模块综述

　　企业物流管理贯穿于从原材料采购到提供最终产品的整个过程。通过对采购、库存、生产、以及发货等一系列环节的有效控制，使物料在企业的运作过程中顺畅地流动，最大限度地减少其在时间和空间的占用，可以充分发挥物流效率，降低企业物流成本，减少物流环节中的浪费，提高物流服务水平及经营效益，是提升企业核心竞争力的有效战略。

学习目标

　　了解物流的起源、发展及物流管理的相关概念；了解我国企业物流发展的现状及存在问题；熟悉企业主要的物流工作环节；掌握库存管理的概念、模式、方法及措施，熟练运用库存管理进行实践应用；理解供应链管理的概念及其在企业物流管理中的重要意义，掌握供应链管理的整个流程。

引入案例

沃尔玛降低运输成本的策略

　　沃尔玛公司是世界上最大的商业零售企业，在物流运营过程中，尽可能地降低成本是其经营的哲学。

　　沃尔玛有时采用空运，有时采用船运，还有一些货物采用卡车公路运输。在中国，沃尔玛百分之百地采用公路运输，所以如何降低卡车运输成本，是沃尔玛物流管理面临的一个重要问题，为此他们采取了以下措施：

　　（1）沃尔玛使用一种超大卡车，此卡车有16米加长的货柜，比集装箱运输卡车更长更高。卡车被装得非常满，这样有助于节约成本。

　　（2）沃尔玛拥有自己的车辆和司机，除了有3700多名司机外，还有5000名非司机员工，车队每周一次运输可以达7000～8000公里。

　　沃尔玛知道，卡车运输是比较危险的，偶尔发生交通事故。对于运输车队来说，保证安全是节约成本最重要的环节。因此沃尔玛的口号是"安全第一，礼貌第一"，而不是"速度第一"。在运输过程中，沃尔玛的卡车司机都非常遵守交通规则，沃尔玛也会定期在公路上对运输车队进行调查，卡车上面都带有公司的号码，如果看到司机违章驾驶，调查人员就可以根据车上的号码报告，以便于进行惩处。沃尔玛认为，卡车不出事故，就是节省公司的费用，就是最大限度地降低物流成本，由于沃尔玛狠抓安全驾驶，所以运输车队已经创造了300万公里无事故的纪录。

（3）沃尔玛采用全球定位系统对车辆进行定位，因此在任何时候，调度中心都能知道这些车辆在什么地方，离商场有多远，还需要多长时间才能运到商场，这种估算可以精确到小时。沃尔玛知道卡车在哪里，产品在哪里，因此大大提高了整个物流系统的效率，也降低了成本。

（4）沃尔玛的连锁商场的物流部门，24小时进行工作，无论白天或晚上，都能为卡车及时卸货。另外，沃尔玛的运输车队利用夜间进行从出发地到目的地的运输，从而做到了当日下午进行集货，夜间进行异地运输，翌日上午即可送货上门，保证在15～18个小时内完成整个运输过程，这是沃尔玛在速度上取得的优势。

（5）沃尔玛的卡车把产品运到商场后，商场会先把货卸下来，而不用对每个产品逐个检查，这样会节省很多时间和精力，加快了沃尔玛物流的循环过程，从而降低了成本。当然，这里有一个非常重要的先决条件，那就是沃尔玛的物流系统能够确保商场所得到的产品是与发货单完全一致的产品。

（6）沃尔玛的运输成本比供货厂商自己运输产品要低，所以厂商也使用沃尔玛的卡车来运输货物，从而做到了把产品从工厂直接运送到商场，大大节省了产品流通过程中的仓储成本和转运成本。

沃尔玛的集中配送中心把上述措施有机地组合在一起，做出了一个最经济合理的安排，从而使沃尔玛的运输车队能以最低的成本高效率地运行。当然，这些措施的背后包含了许多艰辛和汗水，相信我国的本土企业也能从中得到启发，创造出沃尔玛式的奇迹来。

思考：

（1）沃尔玛是如何降低运输成本的？

（2）在物流的各个环节中，还有哪些地方可以降低成本，增加利润？

任务一 物流管理认知

一、物流概念及实践

（一）物流的概念

早期的"物流"译自"物的流通"。简单地说，早期物流概念是指商品实体的储存与运输，即商品的空间位移。20世纪80年代物流的概念普遍用"后勤"，这是第二次世界大战中，军队在运输武器、弹药和粮食等给养时使用的一个名词。它是为维持战争需要的一种后勤保障系统。1985年美国物流管理协会名称正式启用，从而标志现代物流观念的确立，以及对物流战略管理的统一化。

人们在不同的时期，处于不同的发展阶段，对物流的认识也有所不同。因而，从不同的角度对物流下了不同的定义。同时，随着经济和社会需要的发展，对物流的概念和定义也更加完善。

美国物流管理协会认为："物流是制成品从生产线的终点到消费者的有效移动以及从原材料的供应者到生产线起点的移动，是在生产行业和商业中使用的语言，这一外在动态包含货物输送、保管、装卸搬运、产品包装、储存库存货管理、工厂或储存库安排布置、预定产品处理、市场预测以及对顾客的服务。"后来，该含义内容中又加进了有关信息的活动，从而反应了物流的整体面貌。

东京早稻田学院著名学者在"物流基础"一书中对物流的定义："我们这里所讲的物流是指有关供给主体和需求主体相结合，克服空间和时间上的间隔，创造部分有形物质的经济外在动态，这个当中包含所有有形和无形财物的废弃和还原。具体来说就是，所展示的运输、保管、产品包装、装卸、运输管理加工等物资运输管理外在动态以及有关物流的信息外在动态。"

以上两个含义给人们一种感觉，似乎物流就是运输和保管等一系列外在动态的集合。物流比较重要的功能是运输和保管，于是运输和保管就被当成了物流的代名词。

加拿大物流管理协会对物流的定义为："物流所展示的为满足消费者所需要求而进行的对原材料、中间储存库存货、最终产品及相关信息从起始地到消费地的有效流动与存储的策略、实施与控制的程序。"这个含义突出表示的是"有效流动与存储"，突出了物流服务中表现内容最为丰富、表现程序最为漫长的核心部分，即运输与仓储。在现实生产过程中，我们深刻地认识到物流虽然包含采购活动、运输、仓储、选配运送、产品包装、运输管理加工以及信息处理等诸多内容，但其最核心构成部分仍然是运输、仓储、选配运送和信息处理，其中的运输管理加工和产品包装等内容始终不是其核心构成部分。

伴随着整个世界物流业的发展，物流的内涵和外延发生了较大的变化。国内对物流的概念也纵说纷纭，在综合参考了北美、东京物流含义的基础上，结合中国物流发展的现实情况，修订后的国家标准《物流术语》（2006年4月），对物流的表述是："物品从供应地向接收地的实体流动程序。以实际需要为根据，将运输、储存、装卸、搬运、产品包装、运输管理加工、选配运送、信息处理等基本功能实施有机结合。"顾名思义，物流就是在整个供应链中为了满足最终消费者需求而进行的对商品物资、服务以及有关的信息从产地到消费地的高效、低费用流动和对储存进行的规划、实施与控制的程序。

（二）物流实践的发展

在企业实践中，对物流概念形成了较为简单的表达方式，那就是认为企业物流就是由5"恰当"组成，即恰当的产品（right product）、恰当的数量（right quantity）、恰当的条件（right condition）、恰当的地点（right place）、恰当的时间（right time），也称作5R。5R"恰当"描述了物流的基本活动，强调了空间和时间的重要性。简单地说，企业物流就是关于某种产品或服务在客户需要的时候，令客户能够在指定的地点得到满足。企业物流的发展过程大致可以分为如下三个阶段：

第一个阶段：产品配送阶段。这个阶段的时间起止为20世纪60年代初期至70年代后期，属于企业物流的早期发展阶段，在该阶段中，物流的主要功能大多围绕在产品从企业工厂生产出来到到达消费者手中这一过程的运作上。

第二个阶段：综合物流阶段。这个阶段的时间起止为 20 世纪 70 年代中后期至 80 年代后期，在这个阶段中，企业物流集中表现为原材料物流和产品物流的融合。

第三个阶段：供应链管理阶段。这个阶段始于 20 世纪 90 年代初期，在这个阶段中，企业对传统的物流管理有了更为深刻的认识，企业已经将单纯的个体企业之间的竞争上升到企业群、产品群或产业链条上不同企业所形成的供应链之间的竞争这个高度。

从 20 世纪 80 年代后期开始，信息技术获得了飞速的发展，信息技术的发展迅速转化为生产力，进而在生产领域掀起了一场前所未有的信息化革命。世界物流不断提高技术和装备使物流企业快速发展。其中，高科技在物流和运输行业的应用特别引人注目。专业物流初具规模，共同配送成为主导。目前在美国、日本和欧洲等发达国家和地区，专业物流服务形成规模，主要表现在两个方面，一是大力建立物流园区，二是物流企业兼并与合作。互联网电子商务的迅猛发展，促进了电子商务物流的发展。绿色物流将成为新的增长点，物流专家的需求增加，教育和培训体系成熟。物流一方面促进了经济发展，一方面对城市环境带来了负面影响。21 世纪的要求是发展绿色物流。

能力提升

现代意义上的物流

随着物流技术的日益发展，"商流技术"也在蓬勃发展。人们发现，将"物流管理"与"商流管理"分开看待会使"物流"与"信息流"融合的速度变慢，从而制约了"物流"与"商流"的发展。物流的综合性也使物流系统在经济活动中从潜隐状态显现出来，成为一个综合的研究领域以及当代企业内部管理中的一个举足轻重的环节。这种物流的综合性被演变成"综合物流"。

"综合物流"，这种更为综合的概念出现，是现代大生产、大流通的要求。现代经济社会造就了许许多多的参差交错、纵横贯通的物的运动网络，贯穿于经济社会的各个机体之中和机体之间，是经济社会的血脉。充分运用物流的综合性成果，更全面、更系统、更广泛地观察和研究企业内部的物流活动，从而提高企业内部物流系统的效率，更好地实现企业内部物流的时间效益和空间效益，既有效地满足生产与销售，又最大限度地降低库存、提高库存周转率。

二、物流的分类

社会经济领域中物流活动无处不在，但是由于物流对象不同，物流目的不同，物流范围不同，使得各领域物流虽然基本要素是相同的，然而都有各自的特征，因而形成了不同类型的物流。既然有不同类型的物流，必然产生与之相适应的分类标准与方法，以便区别认识和研究。由于各地区经济发展状态不同，社会对物流的需求不同，人们对物流的分类并没有统一的划分标准。综合现有的论述，大致可将物流按下列标准分类。

（一）按物流的范围分类

1. 宏观物流

宏观物流是指社会再生产总体的物流活动和物流行为。这种物流活动的参与者是构成社会总体的大产业、大集团。宏观物流是从总体看物流而不是从物流的某一个构成环节来看物流。因此，宏观物流的主要特点是综观性和全局性。

2. 微观物流

微观物流是指消费者、生产者企业所从事的实际具体的物流活动。其含义包括：在整个物流活动中的一个局部、一个环节的具体物流活动、在一个小地域发生的具体的物流活动、针对某一种具体产品所进行的物流活动等。

3. 国际物流

国际物流是指国与国之间、洲际之间开展的物流活动。这种物流是国际贸易的一个必然组成部分，各国之间的相互贸易最终通过国际物流来实现。

4. 国内物流

国内物流是指一个国家内发生的物流活动，物流活动的空间范围局限在一个国家领土、领空、领海内。国内物流就其地理概念而言，较国际物流的范围小，它也可包括一些区域性组织内部的物流。如按行政区域可划分为西南地区、西北地区等；按所处地理位置可划分为长江三角洲地区、河套地区等；按经济圈可划分为沿海经济贸易区、边境贸易区等。它所制定的各项计划、法规、政策应该是为其自身的整体利益服务的。

（二）按物流系统的性质分类

1. 社会物流

社会物流是指超越一家一户的以一个社会为范畴的物流。这种社会性很强的物流往往是由专门的物流承担人承担的。是再生产过程中随之发生的物流活动，是国民经济中的物流活动，是服务于社会、面向社会又在社会环境中运行的物流，具有综观性和广泛性。

2. 行业物流

行业物流是指同一行业，为了本行业的整体利益或共同目标，形成的行业内部物流网络。为了某一行业的发展，同行内各企业在行业物流大领域中，常常需要相互合作，共同促进行业物流系统的合理化。

3. 企业物流

企业物流是指以盈利为目的，运用生产要素，为各类用户从事各种后勤保障活动，即流通和服务活动，依法自主经营、自负盈亏、自我发展，并具有独立法人资格的经济实体。

（三）按物流在整个生产中所起的作用分类

1. 供应物流

供应物流是指为生产企业、流通企业或消费者提供原材料、零部件、燃料或商品时，物品在提供者与需求者之间的实体流动。供应物流的目标不仅要保证供应，而且还要以最少消耗、最低成本和最大保证度来组织好物品的供应活动。

2. 生产物流

生产物流是指从生产厂的原材料购进入库到成品库发送这一全过程的物流活动，它也是企业生产工艺中的物流活动。这种物流活动是与整个生产工艺过程伴生的，实际上已构成生产工艺过程的一部分。

3. 销售物流

销售物流是指生产企业、流通企业售出产品或商品时，货物的空间和时间的转移过程，它是将产品或商品所有权转让给用户的物流活动。销售物流的特点是通过包装、配货、送货一系列物流活动实现销售，因而要求企业认真研究送货方式、包装水平、运输路线等，并采取各种诸如少批量、多批次、定时、定量配送的特殊物流方式达到目的。

4. 回收物流

回收物流是指不合格物品的返退货以及周转使用的包装容器从需方返回到供方所形成的物品实体流动，同时也指企业在生产、供应和销售活动中所产生的边角余料、废料、残损品等进行回收的活动。

5. 废弃物流

废弃物流是指对企业排放的无用物（如废气、污水、废渣等）进行运输、装卸、处理等的物流活动。废弃物流虽然没有经济效益，但是具有不可忽视的社会效益。

（四）按物流主体方分类

（1）第一方物流。第一方物流是指生产企业或流通企业自己将产品或商品送到客户手中的物流运作，而不依靠社会化的物流服务。第一方物流实际上就是供方物流，或者叫销售物流，是由供应厂商到其各个用户的物流。

（2）第二方物流。第二方物流是指用户企业从供应商市场购进各种物资而形成的物流，实际上就是需求方物流，或者说是购进物流。

（3）第三方物流。第三方物流是相对于第一方物流和第二方物流而言的。第三方物流指的是专业物流企业在整合了各种资源后，为客户提供包括物流设计规划、解决方案以及具体物流业务运作等全部物流服务的物流活动。

能力提升

第四方物流

第四方物流的概念首先是由安德森咨询公司提出的，它甚至注册了该术语的商标，并定义为"一个调配和管理组织自身的及具有互补性的服务提供商的资源、能力与技术，来提供全面的供应链解决方案的供应链集成商"。从概念上来看，第四方物流是有领导力量的物流提供商，它可以通过整个供应链的影响力，提供综合的供应链解决方案，也为其顾客带来更大的价值；它不仅控制和管理特定的物流服务，而且对整个物流过程提出解决方案，并通过电子商务将这个过程集成起来。第四方物流正日益成为一种帮助企业实现持续运作成本降低和区别于传统的外包业务的真正的资产转移。它实际上是一种虚拟物流，是依靠业内最优秀的第三方物流供应商、技术供应商、管理咨询顾问和其他增值服务商，整合社会资源，为用户提供独特的和广泛的供应链解决方案。这是任何一家公司所不能单独提供的。

三、物流管理概念和内容

物流管理的概念表述为在社会和生产过程中，以物质资料实体流动的规律为依据，综合应用管理学的原理和方法，对物流活动各个环节进行科学计划、积极组织、合理指挥、沟通协调、有效控制和监督，使各环节物流活动实现完美的协调与配合，从而降低物流成本，提高物流效率和经济社会效益。具体来说，物流管理的内容主要由以下几个方面组成。

1. 物流作业管理

物流作业管理是重视低成本、高效率、高质量服务的。企业首先通过一种作业成本法计算所需要的成本，从而使成本清晰明了，然后依据作业成本法的管理思想开展物流管理。

2. 物流战略管理

通过物流战略设计、战略实施、战略评论与控制等环节，调节物流资源、组织结构等，最终实现物流系统宗旨和战略目标的一系列动态过程的总和。物流战略管理同样重视低成本、高效率、高质量服务。

3. 物流成本管理

物流成本管理是对物流相关费用进行的计划、协调与控制。物流成本管理是通过成本去管理物流，管理的对象是物流而不是成本。

4. 物流服务管理

中华人民共和国国家质量监督检验检疫总局和中国国家标准化管理委员会于2006年12月4日联合发布了中华人民共和国国家标准《物流术语》GB/T18354-2006，该术语将物流服务定义为：为满足客户需求所实施的一系列物流活动产生的结果。无论是物流作业管理、亦或是物流战略管理，其宗旨都是低成本、高效率、高质量服务。可见，服务的质量和水平已经成为衡量物流好坏的重要因素。

5. 供应链管理

GB/T18354-2006将供应链定义为：生产及流通过程中，涉及将产品或服务提供给最终用户活动的上游与下游组织所形成的网链结构。将供应链管理定义为：对供应链涉及的全部活动进行计划、组织、协调与控制。供应链管理是企业的有效性管理，表现了企业在战略和战术上对企业整个作业流程的优化。

任务二　主要物流管理工作认知

一、采购管理

采购是经济主体为满足自身的某种需要，通过一定支付代价的方式向供应商换取商品或劳务的经济行为，目的是以最少的支出获得最大的收获。

采购过程是提出采购需求，选择供应商，价格谈判，确定交货及相关条件，签订合同并按要求收货及付款的过程。日常经济生活中，经常发生各种不同类型的采购。根据采购主体不同，有个人采购、家庭采购、团体采购、企业采购和政府采购；根据采购客体不同，有农产品采购、工业品采购、工程采购和服务采购；根据采购频率和数量的多少，有集中采购和日常采购；根据交易方式的不同，有现款采购、租赁采购、交换采购等。

采购职能的具体目标为：

（1）提供不间断的物资流，以使组织正常运转；

（2）以可能的最低水平的管理费用来完成采购目标；

（3）使库存投资和损失保持最小；

（4）保持并提高质量；

（5）以最低的总成本获得所需的物资和服务；

（6）提高公司的竞争地位；

（7）当条件允许的时候，将所购物料标准化；

（8）在企业内部与其他职能部门建立和谐而富有生产效率的工作关系；

（9）发现或发展有竞争力的供应商。

企业采购管理是企业为了实现生产或销售计划，在确保适当品质的条件下，选择适当的供应商，以适当的价格，购入必需数量的物品或劳务所采取的一切管理活动。

二、运输管理

（一）运输的概念

在物流系统中，运输是最重要的功能，是中心活动。物流系统中的运输概念，指的是"物"的运输和输送，是以改变"物"的空间位置为目的的活动。运输与搬运功能相似，它们之间的区别仅仅在空间范围的大小。运输的空间范围较大，可以是跨城市、跨区域、跨国界，而搬运仅限于一个部门内部，如车站内、港口内、仓库内或是车间内。

（二）运输在物流系统中的作用

物流中关于"流"的概念，既指"物"的空间流动，也指"物"的时间流动。"物"的空间流动，主要是靠运输完成，并且任何一种运输过程都需要时间，所以不管是有目的的还是无目的的，运输同时也完成了部分"物"的时间流动过程。因此可以说，运输在搬运的配合下，完成了物流的大部分功能。同一"物"在不同的场所，其使用价值的实现程度不同，效益也不同。通过运输将"物"运到能够发挥其最高效用的地方，相当于通过运输提高了物的使用价值。但是运输过程要消耗能源，要有运输工具、设施的投入，要有人力的投入，运输组织者还希望通过运输获取一定的利润收入，这些消耗、投入与利润收入体现了"物"的所有者为运输所付出的运费。运费在全部物流费用中占的比例接近50%，从运输过程降低费用的潜力是最大的。

总的说来，物流运输提供了两大主要功能：第一功能是产品转移，使产品在价值链中来回移动；第二功能是产品储存，在运输过程中运输车辆将作为储存设施来利用。

（三）常见的运输方式

运输方式指载运货物所使用的运输工具的分类。运输方式分为公路运输、铁路运输、水路运输、航空运输、管道运输五类。

1. 公路运输

公路运输是主要使用汽车，也使用其他车辆（如人、畜力车）在公路上进行货客运输的一种方式。公路运输主要承担近距离、小批量的货运和水运、铁路运输难以到达地区的长途、大批量货运及铁路、水运优势难以发挥的短途运输。公路运输主要优点是灵活性强，公路建设期短，投资较低，易于因地制宜，对收到站设施要求不高。可以采取"门到门"运输形式，即从发货者门口直到收货者门口，而不需转运或反复装卸搬运。公路运输也可作为其他运输方式的衔接手段。公路运输里程，一般在200公里以内。

2. 铁路运输

铁路运输是使用铁路列车运送客货的一种运输方式。铁路运输主要承担长距离、大数量的货运，在没有水运条件地区，几乎所有大批量货物都依靠铁路，是在干线运输中起主力运输作用的运输形式。

铁路运输的优点是速度快，不太受自然条件限制，载运量大，运输成本较低。缺点是灵活性差，只能在固定线路上实现运输，需要其他运输手段配合和衔接。铁路运输经济里程一般在 200 公里以上。

3. 水路运输

水路运输是使用船舶运送客、货的一种运输方式。水运主要承担大数量、长距离的运输，是在干线运输中起主力作用的运输形式。在内河及沿海，水运也常作为小型运输工具使用，担任补充及衔接大批量干线运输的任务。水运的主要优点是成本低，能进行低成本、大批量、远距离的运输。但是水运也有显而易见的缺点，主要是运输速度慢，受港口、水位、季节、气候影响较大，因而一年中中断运输的时间较长。水运有以下四种形式：

（1）沿海运输。是使用船舶通过大陆附近沿海航道运送客货的一种方式，一般使用中、小型船舶。

（2）近海运输。是使用船舶通过大陆邻近国家海上航道运送客货的一种运输形式，视航程可使用中型船舶，也可使用小型船舶。

（3）远洋运输。是使用船舶跨大洋的长途运输形式，主要依靠运量大的大型船舶。

（4）内河运输。是使用船舶在陆地内的江、河、湖、川等水道进行运输的一种方式，主要使用中、小型船舶。

4. 航空运输

航空运输是使用飞机或其他航空设备进行运输的一种形式。航空运输的单位成本很高，因此，主要适合运载的货物有两类，一类是价值高、运费承担能力很强的货物，如贵重设备的零部件、高档产品等；另一类是紧急需要的物资，如救灾抢险物资等。航空运输的主要优点是速度快，不受地形的限制。在火车、汽车都达不到的地区也可依靠航空运输，因而有其重要意义。

5. 管道运输

管道运输是利用管道输送气体、液体和粉状固体的一种运输方式。其运输形式是依靠物体在管道内顺着压力方向循序移动实现的，和其他运输方式主要区别在于，管道设备是静止不动的。

管道运输的主要优点是，由于采用密封设备，在运输过程中可避免散失、丢失等损失，也不存在其他运输设备本身在运输过程中消耗动力所形成的无效运输问题。另外，运输量大，适合于大且连续不断运送的物资。

三、仓储管理

（一）仓储的概念

仓储是指在指定场所储放和保管货物的行为，从供应到生产再到销售，每个环节都有仓储行为参与。仓储作为物流活动的主要支柱，它包含了原材料供应、半成品及成品中转仓储及客户配送中心，是产品在企业内部流通的主要环节。仓储不再是简单的仓库管理，而是与其他物流活动中心相联系、相匹配的包含货物的入库、储存、管理、出库的行为，是多主体参与的仓库管理系统，其不仅包含传统的出入库、分拣和包装基本功能，同时也包括货物的配送和信息处理功能。仓储是以科学管理为支撑的现代化仓储设施管理行为。

首先仓储在物流系统中起缓冲的作用。因不同的运输方式和主体在运输数量、运输规模、运输路线和运输时间上存在差异，所以对于不同的供应商和销售商不能采取一种运输方式，需要企业改变运输方式来协调运输过程，完成产品的转运、中途储存、分装、集装等物流操作，通过存储可以实现对运输的调节；另一方面，仓储可以调节生产与消费的关系，通过调节它们时间和空间上的信息，保证产品再生产顺利进行。如图10-1所示。

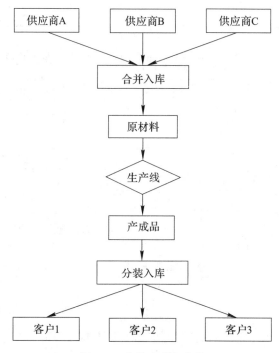

图10-1　货物合并与分装

其次，仓储是物流和供应链中的检验中心。在物流过程中，为确保产品的质量和数量准确，分清责任事故承担方，维护各方利益，需要对产品进行严谨的检查，以满足生产、销售、运输及消费者的需求。仓储主要为检验环节提供合适场地和必要条件。

再次，仓储是物流和供应链的配送中心。通过仓储将生产产品集中起来，并且形成规模，再依据消费者或者下级制造商的需求分散配送到需求地，通过收集产需信息，一集一散，平衡运输，物流速度显著提高。

最后，现代仓储工作内容不仅包括传统的货物储存与保管，还包括货物定期盘点、包装、贴签打码、后期客户服务等与生产有关的仓储服务，进而提高客户和供应链的服务水平。

（二）仓储管理

仓储管理就是对仓库和仓库内储存的物品所进行的管理，是仓储组织为了充分利用资源针对仓储服务做出的计划、组织、控制和协调的过程。仓储管理的目标是快进、快出、多储存、保管好和费用省，其基本原则是保证质量、注重效率、确保安全、讲求效益。仓储管理通过一系列的管理工作，规划仓储工作整个系统，分解和设计仓储管理的每个工作环节，优化仓储规划方案，以最低的仓储成本实现货物在供应链中快速、准确地运输的目标。

仓储管理的主要内容有：仓库位置选择与建设、仓储设备配备、仓储作业组织和流程、仓储的信息管理及库存管理、仓储成本控制等。概括地可以分为两类：仓储基本工作内容和仓储中心业务工作，如图10-2所示。

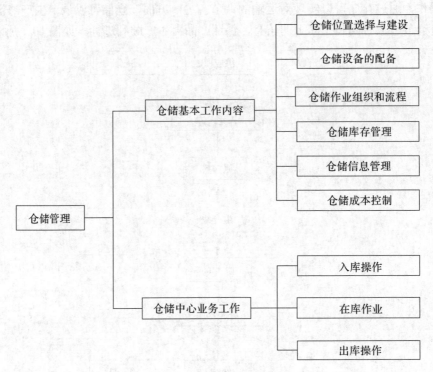

图10-2　仓储管理主要内容

1. 仓储管理基本工作内容

仓储管理的基本工作内容一般由仓库位置选择与建设、仓储设备的配备、仓储作业组织与作业流程、仓库的信息管理及库存管理、成本控制等组成。

（1）仓库位置选择与建设。仓库位置选择与建设是基于公司的仓储战略计划对公司的配送网络、设备需求及顾客服务进行分析。在物流系统中从需求的物流服务水平出发，以尽可能小的物流费用，实现物流网络机构的合理化，确定仓库位置及类型，合理规划仓库的规模和物料流等主要参数。

（2）仓储设备的配备。仓储设备的配备包括如何根据仓库作业特点和储存产品的属性，选择合适的存取货、分拣配货、验货养护等仓储设备以及应配套的数量，选择合适的仓储设备管理方式和技术。

（3）仓储作业组织和流程。仓储作业组织和流程包括组织结构的设置，各岗位责任的分工，仓储过程中信息流程和工作流程的确定。设计合理的组织结构和分工的明确是仓储管理的目标得以实现的基本保证，合理的信息流程和工作流程使仓储管理高效、顺畅，并达到客户满意的要求。

（4）仓储库存管理。仓储的库存管理包括确定库存周转率、确定仓库的最高最低储备量、编制库存计划。

（5）仓储信息管理。现代仓储管理离不开现代管理技术与管理手段，如 RFID、光导分拣、声控技术以及安装 WMS 系统，实行 JIT 管理等先进的管理方法。仓库的信息技术管理则包括选择合适的仓储管理系统、信息采集。

（6）仓储成本控制。成本控制是企业管理的重要目标，仓储管理也不例外。仓储综合成本控制不但要考虑库房内仓储运作过程中各个环节的相互协调关系，还要考虑物流过程中各功能间的背反效应，以平衡局部利益与全局利益的最大化关系。选择适用的成本控制方法和手段，对仓储过程每一个环节的作业表现和成本加以控制是实现仓储管理目标的要求。

2. 仓储管理中心业务工作

仓储管理中，其中心业务工作由三个环节组成，分别是入库操作、在库作业和出库操作。

（1）入库操作。货物的入库操作是仓储作业管理的第一步，也是仓储作业管理的关键环节，直接关系到后面的在库、出库作业管理能否顺畅与方便。入库作业的基本业务流程包括：入库准备、接运卸货、物品验收作业、处理入库信息。

（2）在库作业。物品的在库作业主要是指对在库物品进行合理的保存和经济的管理。经济的管理是指对物品在保证储存质量的基础上兼顾成本和费用的科学管理。物品在库作业的具体内容包括：物品分区分类存放；货位合理安排；物品正确堆码；物品的保管、流通加工、盘点、损耗控制等。通过物品的在库科学管理，不仅能保持物品的原有价值，还能增加物品的使用价值，保证后续作业顺畅。

（3）出库操作。物品出库是物品存储阶段的终止，也是仓储中心业务流程的最后环节，是仓库根据货主开出的出货凭证中所注明的货物名称、型号、规格、数量、收货单位、出货方式等项目，所进行的审核凭证、备货、复核、出货交接、销账存档等一系列活动。

四、装卸搬运

（一）装卸搬运的概念

物流中习惯将装卸搬运称作"货物装卸"，而在生产领域中常将这种活动称作"物料搬运"。两者只是在称呼上有差别，其实活动内容是一样的。

装卸搬运在整个物流过程中充当着衔接的作用，直接影响后续作业的顺利进行。由于其是不断反复出现的，因此往往成为物流速度的决定因素。据统计，铁路运距低于 500 km 时装卸时间将超过实际运输时间，美日两国间的远洋运输往返 25 天，其中装卸时间为 12 天。我国生产物流统计也表明工厂每生产 1 吨成品需进行 252 吨次的装卸搬运，其成本为加工成本的 15.5%。因此提高装卸搬运效率对于提高企业物流效率和降低成本具有直接作用。

（二）装卸搬运的特点

1. 附属与伴随性

装卸搬运是物流每一环节开始及结束时必然发生的，被视为其他物流操作（如运输、储存等）不可缺少的组成部分。比如，在生产物流中，物料的装卸搬运就广泛存在于产品制造过程中，并成为提高加工效率的重要方面。

2. 支持与保障性

附属性、伴随性的特点决定了装卸搬运对物流活动的支持、保障作用，这种作用在某种程度上对其他物流活动还具有一定的决定性。例如，装卸搬运会影响其他物流活动的质量和速度，装车不当，会引发运输安全问题；装卸能力不足，会引起物流活动的堵塞。因此，物流活动在有效的装卸搬运支持下，才能实现高效率运作。

3. 衔接性

其他物流活动在互相过渡时，都以装卸搬运来衔接。因而，装卸搬运往往成为整个物流系统的"节点"，是物流各功能之间形成有机联系和紧密衔接的关键。高效的物流系统，关键看衔接是否顺畅。如集装箱多式联运，正是运用适宜的运输载体（集装箱），良好的装卸搬运设备（集装箱门吊、吊运机、叉车等），使一贯性运输得以实现。

此外，在特定的物流系统中，装卸搬运已成为系统的核心，如港口物流系统、车站物流系统等都以装卸搬运为主要内容。

（三）装卸搬运对物流的影响

1. 影响物流质量

货物在改变其位置的过程中最易受损，货物在储存和运输过程中处于相对静止的状态，装卸搬运使货物产生垂直和水平方向上的位移，改变了物品的存在状态，所以装卸搬运损失在物流费用中占有相当的比重。

2. 影响物流效率

据统计，在火车短途运输中，装车卸车所用时间超过了运输时间，缩短装卸搬运时间，对加速商品周转具有重要作用。在仓储活动中，装卸搬运效率对货物的收发速度和货物周转速度也产生直接影响。

3. 影响物流成本

装卸搬运具有零散、作业量大的特点，在很多活动中，装卸的工作量甚至是运输和仓储量的若干倍，所以在这方面投入人员和设备数量也占据比较大的比重，如果能减少装卸搬运的消耗，就可以在很大程度上降低物流成本。

（四）常见的装卸搬运设备

1. 叉车

叉车（见图10-3）指对成件托盘货物进行装卸、堆垛和短距离运输作业的各种轮式搬运车辆，国际标准化组织称为工业车辆。常用于仓储大型物件的运输，通常使用燃油机或者电池驱动。

图10-3　叉车

2. 堆高车

堆高车（见图 10-4）结构简单、操控灵活、微动性好、防爆安全性能高，可广泛应用于石油、化工、制药、轻纺、军工、油漆、颜料、煤炭等工业，以及港口、铁路、货场、仓库等含有爆炸性混合物的场所，并可进入船舱、车厢和集装箱内进行托盘货物的装卸、堆码和搬运作业。适用于狭窄通道和有限空间内的作业，是高架仓、车间装卸托盘理想化设备。

3. 链式输送机

链式输送机（见图 10-5）以链条作为牵引和承载体输送物体，链条可以采用普通的套筒滚子输送链，也可采用其他各种特种链条。输送能力大，可承载较大的载荷。输送速度准确稳定，能保证精确的同步输送，易于实现积放输送，可用作装配生产线或作为物料的储存输送。链条的结构和种类丰富多样，还可采用多种附件，能满足各种不同的要求。

图10-4　堆高车

图10-5　链式输送机

4. 履带起重机

履带起重机（见图 10-6）将起重作业部分装在履带底盘上，行驶依靠履带装置的流动式起重机，可以进行物料起重、运输、装卸和安装等作业。履带起重机具有起重能力强、接地比压小、转弯半径小、爬坡能力大、不需支腿、带载行驶、作业稳定性好以及桁架组合高度可自由更换等优点，在电力、市政、桥梁、石油化工、水利水电等建设行业应用广泛。

5. 固定式升降机

固定式升降机（见图 10-7）升降稳定性好，但不能移动只能在固定位置进行作业，主要用于生产流水线间或楼层间的货物运送；物料上线、下线；工件装配时调节工件高度；高处给料机送料；大型设备装配时部件举升；大型机床上料、下料；仓储装卸场所与叉车等搬运车辆配套进行货物快速装卸等。

图10-6　履带起重机

图10-7　固定式升降机

五、物流包装

（一）包装的概念

中国国家标准 GB/T4122.1-1996 中的包装定义："为在流通过程中保护产品、方便贮运、促进销售，按一定技术方法而采用的容器、材料及辅助物等的总体名称。也指为了达到上述目的而采用容器、材料和辅助物的过程中施加一定技术方法等的操作活动。"其他国家或组织对包装的含义有不同的表述和理解，但基本意思是一致的，都以包装功能和作用为其"核心内容"。

处于生产过程的末尾和物流过程的开头定义为包装；它既是生产的终点，同时又是物流的始点。在整个物流过程中，包装可以发挥对产品保护的作用和开展物流的作用，最后实现最终的销售。由此可见，包装是物流流通过程中的重要环节之一。

（二）包装的作用

包装有以下四个作用：

（1）保护作用。这是包装的主要功能，是确定包装的方式和包装的形态时必须抓住的重点。只有有效地保护，才能使商品不受损地完成流通过程，实现所有权的转移。

（2）集中作用。包装有将商品以"某种单位集中"的功能，这就叫单元化。单元化形式取决于商品的基本情况、消费情况以及商品种类、特征，还有物流方式条件等。

（3）便捷作用。商品的包装还有方便流通及消费的作用，要求包装的大小、形态、材料、重量、标志等各个要素都应为运输、保管、验收、装卸各项操作创造便利的条件，也要求容易"区分不同商品并进行计量"。进行包装及拆装作业，应当简便、快速，拆装后的包装材料应当容易处理。

（4）促进销售。在商业交易中促进销售的手段很多，包装在其中占有重要地位。适宜的包装能够唤起人们的购买欲望。包装的外部形态、装潢和广告说明一样，都具有很好的宣传作用，对顾客的购买起着促进作用。

（三）物流包装的分类

1. 按照包装作用分类

（1）销售包装。直接接触商品并伴随商品进入零售网点和消费者直接见面的包装。该包装的特点是外观精美，装潢精致，主要是满足顾客的购买心理以及商店美观陈设的要求。

（2）运输包装。主要是以运输、保护物品为主要目的的包装。

2. 按照包装容器分类

（1）按照包装容器的抗变形能力分为硬包装和软包装。

（2）按照包装容器的形状不同，物流包装可分为包装袋、包装箱、包装盒和包装罐等。

（3）按照包装容器是否可以进行回收，物流包装可分为一次性包装和多次周转包装。

3. 按照包装材料分类

按照包装材料不同，物流包装可分为纸质包装、金属包装、木质包装、塑料材质包装、麻质包装、竹签质包装、琉璃质包装等。

4. 按照包装程度分类

（1）全部包装。即对整个产品进行包装。

（2）局部包装。只对商品需要包装的部位进行包装，而对于其他部分不予包装。

六、配送管理

（一）配送与配送中心

配送的概念原本是从日语中直接引来的，用最通俗的话说就是既配又送，即直接按照用户的订货要求，在物流结点进行分货、配货工作并将配好之货送交收货人。"配"包括货物的分拣和配货活动；"送"则包括各种送货方式和送货行为。日本文部省审定的教材中将配送定义成"最终将物品按指定的日期安全准确交货的输送活动"。而日本政府发布的 1985 年权威性的工业标准中则将配送定义为"把货物从物流结点交到收货人处"的交货行为。目前较为科学、全面的界定是：配送是整个物流过程的一部分，是包括输送、送达、验货等以送货上门为目的的商业活动，它是商流与物流紧密结合的一种综合的、特殊的环节，同时也是物流过程中的关键环节。

配送是物流中一种特殊的、综合的活动形式，包含了商流活动和物流活动的一种商业活动形式。从物流来讲，配送几乎包括了所有的物流功能要素，是物流的一个缩影，也可以认为配送是在某个小范围中物流全部活动的体现。一般的配送集装卸、包装、保管、运输于一身，通过这一系列活动完成将货物送达的目的。从商流的角度来讲，配送和物流的不同之处在于，物流是商流、物流分离的产物，而配送则是商流、物流合一的产物。

配送活动在西方发达国家已有相当长的历史。从 20 世纪 60 年代起，合理化的商品配送在美国普遍得到重视，日本于 60 年代即开始实施"共同配送"。国际资深的知名配送企业有美国的"联邦快递"、日本的"宅急便"和日本通运等公司。其中联邦快递是全球最具规模的快递运输公司，为全球超过 235 个国家及地区提供快捷、可靠的快递服务。宅急便是日本大和运输所建立的宅配服务品牌，宅急便借由各种交通工具的小区域经营及转运系统，经营户对户小包裹的收取与配送。

配送中心是从供应者手中接受多种大量的货物，进行包装、分类、保管、流通加工和情报处理等作业，然后按照众多需要者的订货要求备齐货物，以令人满意的服务水平进行配送的设施。中国国家标准《物流术语》中对配送中心的定义是："从事配送业务且具有完善信息网络的场所或组织。"一般的配送中心主要为特定客户或末端客户提供服务，辐射范围较小，有实现多品种、小批量、多批次、短周期配送任务等基本特征。

配送中心是物流系统中一种现代化的物流结点，它是在社会分工、专业分工进一步细化的基础上产生的。在城市物流领域，配送中心对于各大城市和区域范围的配送，优化城市、区域范围的物流系统起着很大的作用，尤其在连锁商业和连锁服务业领域，配送中心已经成为这种商业系统有机机构的一部分，商业发展在很大程度上也依托于配送中心的建设。

（二）物流配送中心的功能

1. 备货

备货是配送的准备工作或者说是基础工作，包括筹集货源、订购以及相关的质量检查、结算、交换等子功能。第三方物流实现共同配送的优势之一，就是集中用户的需求进行一定规模的备货。备货成本对整个配送系统的运作成本有极大的影响，过高的备货成本必然导致配送效率的降低。

2. 储存

配送中的储存有储备及暂存两种形态。配送储备是按一定时期的客户经营要求而存储，其主要目的是应对消费者对客户的商品资源需求，这种类型的储备数量大，储备结构也比较完善，可以视货源及到货情况，有计划地确定周转储备及保险储备的结构及数量。另一种储存形态是暂时存放，是具体执行短期配送计划时，按配送要求在理货场地所做的少量储存准备。由于总体储存效益取决于储存总量，所以，这部分暂存数量仅对配送效率产生影响，而不会影响储存的总效益，因而在数量上不必过于严格控制。还有一种形式的暂存，是在出库指令已经下达，而且经过分拣、配货之后，装车以前所形成的发送货物的暂存，其目的主要是调节配货与送货的时间节奏，暂存时间不长。

3. 分拣与配货

分拣与配货是配送有别于其他物流形式的独特的功能要素，也是配送成败的一项重要支持性工作。分拣及配货是完善送货、支持送货的准备性工作，是不同配送企业在送货时进行竞争和提高自身经济效益的必然趋势，也可以说是送货向高级形式发展的必然要求。有了分拣及配货就会大大提高送货服务水平，尤其对于多客户、且种类繁多的共同配送模式更是如此。所以，分拣及配货是决定整个配送系统水平的关键要素。

4. 配装

在单个用户配送数量不能达到车辆最有效载运负荷时，就存在如何集中不同用户的配送货物进行搭配装载以充分利用运能、运力的问题，这就需要配装。和一般送货不同之处在于：通过配装送货可以大大提高送货水平，更重要的是对于为多个客户提供配送服务的配送中心来说极大地降低了送货成本。所以，配装是共同配送区别于一般配送、单一送货的具有现代物流特点的功能要素。

5. 配送运输

配送运输属于运输中的末端运输，是与干线运输完全不同的概念。配送是较短距离、较小规模、频率较高的运输形式，一般选择汽车作为运输工作。配送运输的路线选择问题及时间问题是一般干线运输所没有或无需重视的。干线运输的干线是唯一的运输线路，而配送运输由于配送用户多，配送路线复杂，使得如何组合最佳配送路线，如何使配装、配送路线与配送终端客户的有效衔接成为配送中难度很大的工作，对配送效率及配送成本会产生直接影响。

（三）物流配送的作业流程

物流配送中心配送管理系统总体流程如图 10-8 所示。

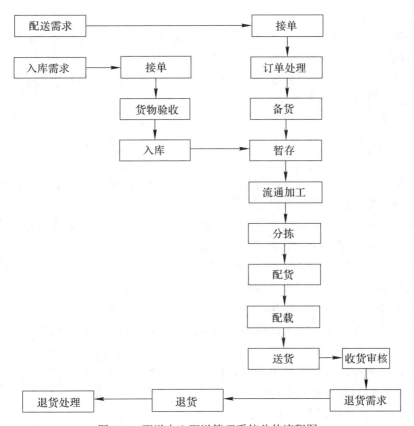

图10-8　配送中心配送管理系统总体流程图

课堂讨论

企业物流管理的各个环节中，哪一个环节是最重要和最关键的？阐述你的理由。

任务三　库存管理

一、库存及其分析

（一）库存的定义与分类

1. 库存的定义

库存 (Inventory) 是企业生产经营过程中一个不可缺少的重要环节，是企业物流的基本功能。"库存"，译自英语里面的"Inventory"，它表示用于将来目的的资源暂时处于闲置状态。这里包括两层含义：一是存货闲置的位置，可以在仓库、生产线或车间里，也可以在非仓库的任何位置，如车站、机场或码头等类型的流通节点，甚至可以是在运输途中；二是存货闲置的原因，可以是主动的各种形态的储备，也可以是被动的各种形态的仓储，也可以是完全的积压。

2. 库存的分类

从不同的角度可以对库存进行多种不同的分类。

1）按库存的功能分类

（1）安全库存。为了应付需求、生产周期或者供应周期等可能发生的意外变化而设置的一定量的缓冲库存。

（2）调节库存。为了调节供应或需求的不均衡，生产速率与供应速率不均衡及各生产阶段的产出不均衡而设置的库存。如为了迎接一个高峰销售季节，企业需要在淡季设置调节库存等。

（3）周转库存。在相邻两次订货之间即订货周期内，企业需要持有一定的库存以避免缺货，由批量周期性形成的库存即为周转库存。

（4）在途库存。正处于运输途中以及停放在相邻两个工作地点之间或相邻两个组织之间的库存。这种库存存在的原因是因为运输需要时间。

2）按库存在生产和配送过程中所处的状态分类

（1）原材料库存。用来制造成品中组件的钢铁、木料、面粉、布料或其他物料，包括原材料、零件和部件。这部分库存可能是符合生产者自己标准的特殊商品。

（2）在制品库存。工厂中正在被加工或等待作业的物料和组件，包括在不同生产阶段的半成品。

（3）产成品库存。备货生产工厂的库存中所持有的已完工物品，或订货生产工厂里准备按某一订单发货给客户的完工货物。

3）按用户对库存的需求特性分类

（1）独立需求库存。用户对某种库存物品的需求与其他种类库存无关，表现出对这种库存需求的独立性。独立需求库存是随机的，企业自身无法控制的，是由市场决定的。

（2）相关需求库存。是与其他需求有内在相关性的需求。相关需求的需求数量和需求时间与其他变量存在一定的关系，可以通过一定的数学关系推算得出。

3. 制造企业库存构成

制造业是指对原材料进行加工或对零部件进行装配的工业部门的统称。制造业与流通企业不同的是，它以"生产"或"制造"为主体，在过程中借助物理或化学变化，或经由组合装配，以产生"附加价值"的增加。与流通业的商品库存不同，制造企业的库存构成复杂得多。

制造企业的库存构成有广义范围与狭义范围两种不同理解。

（1）广义范围的库存构成。

① 产成品——可供直接销售之产品。

② 原材料与半成品——供生产所需，直接构成产品结构的部分。

③ 在制品——原材料或者半成品，经领用而投入生产现场，其制程尚未完成，尚未缴入料品仓库或成品仓库的物品。

④ 设备维修用零部件或工具——生产设备必有其零部件备存，待预防保养或故障时得以置换使用。维护时所需工具也归入此类。

⑤ 售后服务用零部件——大部分机械产品或电子仪器都是"生产财"或"消费财"，为能维持更长久的使用功效，必须备存相当程度的零组件库存，以备售后服务置换之需。

⑥ 制造耗材——在生产制造过程中的辅助用品，并未构成产品的一部分。例如电子装配厂内的焊锡或除焊剂，再注塑成型塑胶制品厂中的离模剂。

⑦ 事务及杂项用品——管销过程所需的文具用品，厂务设施辅助用品。

（2）狭义范围的库存构成。

制造企业狭义范围的库存主要指产成品库存、在制品库存和原材料库存。本文所指的是狭义范围的库存，即以制造企业"产成品、在制品和原材料"为库存控制的主要研究对象。

（二）库存利弊分析

库存对于企业来说是把双刃剑，即库存的存在有利有弊。

1. 库存的作用

在不同情况下，不同企业内，持有库存的理由可能各有不同，各有侧重。但一般来说，主要有以下几方面的原因：

（1）如果销售需求增大，而又不能及时增加生产量适应这个变化时，库存可以预防不确定性的、随机的需求变动，可以提高用户服务水平，即持有一定量的库存有利于调节供需之间的不平衡，保证企业按时交货和快速交货，能够避免或减少由于库存缺货延迟带来的损失，这些对于企业改善客户服务质量都具有重要作用。

（2）如果供应商的供应不确定时，原材料安全库存可以使生产过程正常进行，保持生产的连续性、稳定性。

（3）大批量的采购可以获得价格折扣，降低采购次数，避免价格上涨。因此，如果增大订货批量，就可以减少订货次数，从而减少订货费用。原材料合理的库存数量基于经济订货批量，可以降低总费用。

（4）利用产成品的预期库存可以满足如季节性需求、促销活动、节假日等的需求变化，避免打乱正常生产秩序。

（5）在途库存是根据产成品从生产者到中间商及最终消费者手中所需要的时间及数量而确定的库存。由于生产者、中间商及最终消费者常常不在同一地理位置，因此需要有在途库存来消除生产者、中间商及最终消费者的位置上的差异。

从生产的角度来看，持有库存还可以节省作业交换的费用和提高人员与设备的利用率。

2. 库存带来的弊端

库存的作用是相对的，无论是原材料、在制品还是产成品，企业都在想方设法降低其库存量。库存给企业带来的不利影响主要有以下几个方面：

（1）占用企业大量资金。通常情况下，库存占企业总资产的比重大约为 20% ~ 40%，库存管理不当会形成大量资金的沉淀。

（2）增加了企业的商品成本与管理成本。库存材料的成本增加直接增加了商品成本，而相关库存设备、管理人员的增加也加大了企业的管理成本。

（3）掩盖了企业众多管理问题。企业库存量过大会掩盖企业管理中的诸多问题，如商品质量不稳定、计划不周、采购不力、生产不均衡、市场销售不力及工人不熟练等情况。

总之，持有库存要发生一定费用，还会带来其他一些管理上的问题。

关键概念

牛 鞭 效 应

在一个包含零售商、分销商、制造商、供应商的供应链中，各节点企业通常只根据其相邻下级企业的需求信息进行采购、库存、生产或供应，从而导致需求信息的不真实性沿着供应链逆流而上，产生逐级放大的现象，达到最源头的供应商时，其获得的需求信息和实际消费市场中的顾客需求信息往往会发生很大的偏差。这种沿供应链上游方向前进，需求变动增大的现象就称为"牛鞭效应"。

（三）库存成本分析

库存管理的任务是用最少的费用在适当的时候和适当地点获取适当数量的原材料、消耗品和最终产品。库存是包含经济价值的物质资产，购置和储存都会产生费用。库存成本是在建立库存系统时或采取经营措施时所造成的结果。库存系统的成本主要有购入成本、订货费用(订购成本)、持有成本和缺货成本。

1. 购入成本

购入成本即购买所需要的原材料或半成品所需要的费用，它包括单位购入价格或单位生产成本。单位成本始终要以进入库存时的成本计算。对于外购物品来说，单位成本包括购价和运费；对于自制品来说，单位成本则应包括直接人工费、直接材料费和企业管理费用等。

2. 订货费用（或称订购成本）

订货费用是从需求的确认到最终到货，通过采购或其他途径获得物品或原材料的时候发生的费用。订货费用与采购次数有关，而与订货量的大小几乎无关。订货成本包括提出请购单、分析货源、填写采购订货单、来料验收、跟踪订货等各项费用。主要包括以下费用：

（1）内部各部门人员的费用。如采购、财务、原材料控制与储存人员的工资等。

（2）管理费用。如办公用品、电话、计算机系统的应用等费用。

3. 持有成本

库存持有成本是因一段时间内存储或持有商品而导致的，大致与所持有的平均库存量成正比。该成本可分成四种：空间成本、资金成本、库存服务成本和库存风险成本。

（1）空间成本是因占用存储建筑物立体空间所支付的费用。

（2）资金成本是指库存占用资金的成本。该项成本是库存成本中最捉摸不定，最具主观性的一项，主要是利息和机会成本。关于资金成本的计算，许多企业使用资金成本的平均值，另一些则使用企业投资的平均回报率计算，也有人使用最低资金回报率计算。

（3）库存服务成本主要是指与库存相关的保险费。

（4）库存风险成本是与产品变质、短少(偷窃)、破损或报废相关的费用。这项成本的计算可用产品价值的直接损失来估算，也可用重新生产产品或从备用仓库供货的成本来计算。

在计算库存成本时，人们常常陷入一种误区：往往将库存的空间成本作为库存持有成本看待，而忽略了成本值更高的资金成本、风险成本等。

4. 缺货成本

缺货成本是指因存货不足或用尽、供应中断而导致不能满足生产经营的需求所造成的经济损失。对于制造企业而言，缺货成本存在两种情况。一是原材料的短缺，就是因供应不足而造成的停工损失费，或调整生产的损失费，或为补充因缺料短缺的产量而加班加点的损失费；二是成品短缺，指因产品脱销而损失的利润，因交货误期而应付的罚金以及相应的名誉的无形损失。缺货成本的高低与库存量相关：当库存量较大时，缺货的次数和数量就相对较少，缺货成本就可能较低，但储存(持有)成本必然较高；另一方面当库存量小时，缺货成本可能较高，而储存成本可以较低。

这几种成本之间互相冲突或者说存在背反关系。要确定订购量补足某种产品的库存就需要对其相关成本进行权衡。通常这几种成本的关系可用图 10-9 表示。

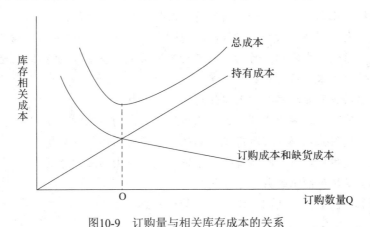

图10-9 订购量与相关库存成本的关系

二、库存管理

（一）库存管理的内容与目标

库存管理，是对制造业或服务业生产经营全过程的各种物品资源进行管理和控制。库存管理主要解决下面三个问题：

（1）存货中应该包括哪些物品？

① 把现有物品的存货控制在合理水平上。

② 杜绝向库存中加入不必要的产品。

③ 把那些不再使用的物品从库存中清除出去。

（2）什么时候对供应商下订单？

对于这个问题，有三种不同方法：

① 进行阶段性回顾，在固定的时间间隔，发布批量规模不一的订单。改变订单批量，企业就可以应对任何需求的变化。

② 企业对存货水平进行持续的监控，一旦存货下降到一定水平，企业立即实施固定数量的订货。需求的变化可以通过改变发布订单的间隔时间来应付。

③ 直接把供给与需求相联系，进行较大量的订货，以满足一定时间段内的已知需求。

（3）订购多少？

每一次的订货，都会产生相应的管理成本和送货成本。订购数量的确定原则是实现总成本最小化。

库存管理有两个目标：一是降低库存成本，二是提高客户服务水平。这两个目标像其他物流活动一样也存在着背反关系，库存控制就是要在这两个目标之间寻求平衡，使得企业效益最大化。传统的库存控制方法往往更注重成本目标的实现，而随着买方市场的形成和竞争的日趋激烈，越来越多的企业开始重视客户服务水平的提高。

关键概念

VMI

20 世纪 90 年代出现的供应商管理库存（Vendor Managed Inventory，VMI）模式打破了传统的各自为政的库存管理模式，体现了供应链的集成化管理思想，适应市场变化的要求，是一种新的有代表性的库存管理思想。

供应商管理库存模式也即 VMI 管理模式，就是指由供应厂商管理用户库存，该模式以通过双方密切合作形成的交付货物方式为基础。对于供应链第一层供应商、分销商（零售商）特别有效率。

运用供应商管理库存，可以使用的方法包括：

（1）使用第三方的资源、由采购商组织的，由第三方分销。

（2）使用供应商拥有所有权的车辆、设备，由第三方分销。

（3）使用采购商拥有所有权的车辆、设备，由第三方分销。

（4）供应商组织的第三方分销。

（5）由供应商通过拥有股权实行管理的分销。

（二）库存管理的作用

在保证企业生产、经营需求的前提下，使库存量经常保持在合理的水平上；掌握库存量的动态，适时、适量提出订货，避免超量储存或缺货；减少库存空间占用，降低库存总费用；控制库存资金占用，加速资金周转；提高企业管理水平；提高客户满意度，从而提高企业竞争力。

（三）库存管理与企业竞争力

企业竞争力可以看作是企业的持续发展、增长后劲以及资产增值和效益提高的能力。因此，就企业本身来说，竞争力因素大体上包括以下五个方面：

（1）采用新技术的速度和技术改造的进度。

（2）新产品、新技术研究、开发的状况。

（3）劳动生产率的提高。

（4）产品的质量优势。

（5）综合成本的降低和各种开支的节约。

维持一定的库存可以提高顾客服务水平，但库存量过大且流通不畅则会阻碍企业的资金周转，带来恶劣影响。但是如果能经常使库存保持适当的必需数量，并且妥善管理，库存却能保障企业利润的增长。制造商的材料及原料有了保障，便可缩短购料和生产周期时间。淡季里生产出来的"展望性库存"能减轻旺季的负担，不致特别增添设备和投资，还可以借着缩短了交货期限来应对市场的竞争。另外从减轻成本方面考虑，也可以因有适当的库存满足生产和市场需求而能从容地选购价格相对低廉的原材料和协作零件。

如果库存管理得当，可以大大提高企业的竞争力。

关键概念

零库存管理

零库存并不是等于不要储备和没有储备，而是一个特殊的库存概念。所谓的零库存，是指物料(包括原材料、半成品和产成品等)在采购、生产、销售、配送等一个或几个经营环节中，不以仓库存储的形式存在，而均是处于周转的状态。实现零库存管理的目的是为了减少社会劳动占用量(主要表现为减少资金占用量)和提高物流运动的经济效益。如果把零库存仅仅看成是仓库中存储物的库存管理数量减少或数量变化趋势而忽视其他物质要素的变化，那么，上述的目的很难实现。因为在库存结构、库存布局不尽合理的状况下，即使某些企业的库存货物数量趋于零或等于零，不存在库存货物，但是，从全社会来看，由于仓储设施重复存在，用于设置仓库和维护仓库的资金占用量并没有减少。

零库存管理应当包含以下两层意义：(1)库存货物的数量趋于零或等于零；(2)库存设施、设备的数量及库存劳动耗费同时趋于零或等于零。后一层意义上的零库存，实际上是社会库存结构的合理调整和库存集中化的表现。其中我们最常见的订单生产方式就是应用零库存的最好表现。

在拉动(PULL)生产方式下，企业只有在接到客户订单后才开始生产，企业的一切生产活动都是按订单来进行采购、制造、配送的。仓库不再是传统意义上的储存物资的仓库，而是物资流通过程中的一个"枢纽"，是物流作业中的一个站点。物是按订单信息要求流动的，因此从根本上消除了呆滞物资，从而也就消灭了"库存"，实现了零库存。

任务四 供应链管理

一、供应链管理概述

（一）供应链管理概念

供应链就是从原材料到最终产品整个过程中各个环节所组成的一条链。

供应链管理的概念在 20 世纪 80 年代末提出。所谓供应链管理，就是为了满足顾客的需求，在从原材料到最终产品的过程中，为了获取有效的物资运输和储存，以及高质量的服务和有效的相关信息所做的计划、操作和控制。

供应链管理的范围包括从最初的原材料直到最终产品到达客户手中的全过程，管理对象是在此过程中所有与物资流动及信息流动有关的活动和相互之间的关系。如图 10-10 所示。

集成化供应链管理，是指购买者、供应商和顾客的联盟以及他们共同努力达到一个更具竞争力的先进组织的过程。在早期所研究的供应链管理中，通常将视点集中在一个企业内部的供应链管理，而现在的研究则主要集中在跨公司的计划与执行，即供应链的垂直一体化。由于供应链系统所包含的范围很广，所以供应链系统合理运作的关键在于供应链系统的垂直一体化，即供应商、制造者、客户为同一个目标而共同努力，从而提高效率。如图 10-11 所示。

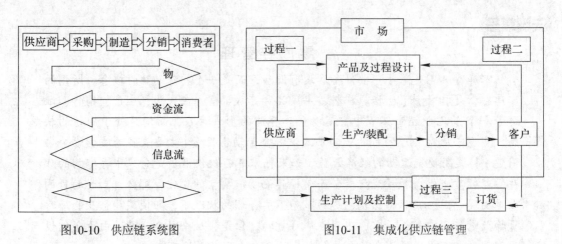

图10-10　供应链系统图　　　　　图10-11　集成化供应链管理

其中，过程一是指合作设计，即供应商参与到实际过程中，这样可以避免由于设计不合理而造成供应商无法生产、供应商需改变生产线才能满足总装厂的要求、或造成成本提高等不必要的浪费。过程二是指用户驱动设计，即根据用户的需求对产品进行设计，这样可以使产品尽可能满足用户的需求，从而增强产品的竞争力。过程三是指订单驱动生产，即工厂根据用户的需求量进行生产，而不是盲目生产，避免了库存积压及供不应求的现象。

知识链接

供应链管理的主要理念

供应链管理体现了从起始点到消费点的集成管理思想，将物流、信息流以及资金流构成一个有机集合体。主要有以下理念：

（1）"横向一体化"取代"纵向一体化"。摒弃传统的"大而全"与"小而全"、"纵向一体化"的管理思想，建立"合作竞争"战略合作伙伴关系。在这样的模式下，企业之间可以采用"双赢"的理念看待价值链，从而选择合作伙伴。

（2）达到整个系统成本最低、系统效益最大、产品质量最好。供应链管理可以通过 VMI、有效顾客反应 ECR、快速响应 QC 和第三方物流等技术来实现供应链的高效率，低成本的要求。同时必须连续监测供应链和价值链，提高组织与业务过程的敏捷性，致力于整个供应链的优化。

（3）利益共享与风险承担的战略协作伙伴关系。战略性协作伙伴是供应链管理的核心理念。战略性合作伙伴关系是一条供应链上的有垂直关系的两个独立企业之间形成的一种长期的关系，以实现提供顾客价值和提高伙伴利润水平的战略目标。

（二）供应链管理的内容

1. 供应链管理研究的主要领域

供应链管理研究的内容主要涉及到四个领域：供应 (Supply)、生产计划 (Production Plan)、物流 (Logistics)、需求 (Demand)。供应链管理是以同步化、集成化生产计划为指导，以各种技术为支持，尤其以 Internet/Intranet 为依托，围绕供应、生产作业、物流、满足需求来实施的。供应链管理主要包括计划、组织、控制从供应商到用户的物料 (零部件和成品) 及信息。

在以上四个领域的基础上，我们可以将供应链管理细分为职能领域和辅助领域。职能领域主要包括产品工程、产品技术保证、采购、生产控制、库存控制、仓储管理、分销管理。而辅助领域主要包括客户服务、制造、设计工程、会计核算、人力资源、市场营销。

2. 供应链管理研究的主要问题

供应链管理关心的并不仅仅是物料实体在供应链中的流动，供应链管理还注重以下主要问题：

随机性问题：包括供应商的可靠性、运输渠道可靠性、需求不确定性、价格波动影响、汇率变动影响、随机固定成本、提前期的确定、顾客满意度的确定等。

供应链结构性问题：包括规模经济性、选址决策、生产技术选择、产品决策、联盟网络等。

供应链全球化问题：包括贸易壁垒、关税、政治环境、产品各国差异性等。

协调机制问题：如供应——生产协调，生产——销售协调，库存——销售协调等。

此外，供应链管理还包括以下主要内容：战略性供应商和用户伙伴关系管理；供应链产品需求预测和计划；全球节点企业的定位、设备和生产的集成化计划、跟踪和控制；企业内部与企业之间物料供应与需求管理；基于供应链的用户服务和运输、库存、包装等管理；企业间资金流管理 (汇率、成本等问题)；基于 Internet/Intranet 的供应链交互信息管理，等等。

（三）供应链管理的意义

实施供应链管理，可为企业带来极大的效益，对增强企业的市场竞争力和应变力具有重要的理论和现实意义。

1. 供应链管理的内部效益

（1）有效地实现供求的良好结合。

在流通领域中，由于存在众多的供应商、生产商、分销商、零售商，而它们之间的联系千丝万缕，错综复杂。如此冗长复杂的流通渠道使消费者信息的反馈缓慢而零乱，甚至产生信息失真，使供应无法协调。

供应链把供应商、生产商、分销商、零售商紧密连接在一起，并对之进行协调、优化管理，使企业之间形成良好的关系，使产品、信息的流通渠道最短，从而可以使消费者需求信息沿供应链准确地、迅速地反馈到生产厂商。生产厂商据此对产品的增加、减少、改进、质量提高、原材料的选择等做出正确的决策，保证供求良好的结合。

（2）促使企业采用现代化的管理手段，实现现代化的管理。

供应链是一个整体，相关的各企业为共同的利益而奋斗。要达到这个目标，整个供应链中的物流、资金流、信息流必须畅通无阻。为此，各企业——供应链中的每个节点，必须采用先进技术与设备，科学的管理方法，共同为销售提供良好的服务。生产、流通、销售规模越大，则物流技术设备、管理越需现代化。现代化手段包括计算机技术、通讯技术、机电一体化技术、语音识别技术等。

（3）降低社会库存，降低成本。

供应链的形成，要求对组成供应链的各个环节做出优化，建立良好的相互关系，采用先进的设备，从而促进产品、需求信息的快速流通，减少社会库存量，避免库存浪费，减少资金占用，降低库存成本。

（4）有效地减少流通费用。

通过各企业的优化组合，供应链成为最快捷、最简便的流通渠道和最优化网络。除去中间不必要的环节，大大地缩短流通路线，从而有效地减少流通费用。

2. 供应链管理的外部效益

（1）实现信息资源共享。

在信息化时代，谁拥有信息，谁就能在激烈的竞争中多了一个坚强的后盾，在赢取成功的奖杯时捷足先登。供应链管理充分意识到了这一点，它不仅利用现代科技手段，采用最优流通渠道，使信息快速、准确反馈，而且在供应链联结的各个企业之间实现了资源共享。

（2）提高服务质量，刺激消费需求。

现代化企业均把消费者奉为上帝，而消费者要求提供消费品的前置时间越短越好。为此，供应链通过生产企业内部、外部及流通企业的整体协作，大大缩短产品的流通时间，加快流通配送的速度，并将产品按消费者的需求生产出来，快速送到消费者手中。

供应链还使服务功能系列化。它在传统的储存、运输、流通加工等服务的基础上，增加了市场调查与预测、采购及订单处理、配送、物流咨询、物流解决方案的选择与规划、库存控制的策略建议、贷款的回收与结算、教育培训等增值服务。这种快速、高质量的服务，必然会塑造企业的良好形象，提高企业的信誉，提高消费者的满意程度，使产品的市场占有率提高、消费者剧增。

（3）产生规模效应，有效地提高供应链上各企业的竞争力。

企业遇到多点竞争时它必须走出竞争者单位的范围来看待自己的对手，树立起合作双赢的新理念。只有多个企业联合起来，为共同的利益而奋斗，共同抵挡外来竞争，才能在激烈的竞争中获胜。众多企业产生的竞争力，绝不仅仅是各个企业的力量的简单的相加，而是远远大于此，它的意义在于整体化、一致化。

供应链就是这样一个整体，它把供应商、生产厂商、分销商、零售商等联系在一条链上，并对之优化，使企业与相关企业形成一个融会贯通的网络整体，为了整体利益最大化共同合作，协调相互关系加快商品从生产到消费的过程，缩短产销周期，减少库存，使整个供应链对市场作出快速反应，大大提高企业在市场中的竞争力。

3. 供应链管理的总效益

供应链管理的实施，可给企业带来巨大的效益。在企业内部，供应链的优化加快了企业对市场的反应速度，使企业内部的物流渠道、物流功能、物流环节与制造环节集成化，使物流服务扩大化、系列化，并通过规范作业、确定目标关系、采用现代化手段、建立完善的物流网络体系，使各企业更加适应市场经济体制。并且，由于信息技术的应用，供应链过程的可见度明显增加，流通过程中库存积压、延期交货、送货不及时、库存与运输不可控等风险大大降低，从而为企业增加效益。

在企业外部，通过供应链协调管理，利用现代化科技手段，准确及时地获取信息，并依靠供应链的整体优势，迅速沟通生产厂商、客户、分公司、市场信息，共享信息资源，降低应收账款，获得第三利润（即物流领域利润）。

二、供应链管理面临的挑战

供应链各节点的期望并非没有冲突，而是恰恰相反：供应商希望有大量且数量稳定的需求，所需物料的组合最好没有变化；制造商希望提前知道订单内容，并且没有大的波动；零售商要求短的订货提前期（指发出订单到货物抵达的时间间隔）和有效率的正确交货；顾客则要求商品的可靠性、多种类和低价格。

因此，先进的交通和通讯技术固然为企业间可靠的货单传递、产品交付以及紧密的协同工作提供了条件，但各节点目标的尖锐冲突使供应链成为一项极富挑战性的工程。对于多个组织的情形，节约下来的成本和利益的计算、分配更加复杂，在各个供应链合作伙伴之间需要达成共识和愿望。核心企业要能够说服其他供应链成员为了提高所有成员的竞争力的长期利益作出短期调整。这种调整是在一种互相支持的、信任的文化氛围中进行的，必须反映一种互相学习的态度、团队合作的精神和实现职员个人责任。

目标冲突的存在使得功能集成有时是在供应链的某一阶段成为现实。事实证明即使只是局部功能集成，供应链管理也已经取得降低系统成本，提高系统效率的卓然成效。供应链管理的具体实施战略因企业在供应链中的地位、类型、规模而异。在供应商战略以外，企业常采取集中型系统、缩短供应链、延迟供应和推动型供应链等四种策略。

≫　思考与练习

一、判断题

（1）通常物流企业是指第一方物流。（　　）

（2）物流企业专门从事物流活动并且追求盈利，是享有合法权益的法人。（　　）

（3）信息已成为物流企业管理的核心。（　　）

（4）物流联盟能够给物流企业带来很多的利益，它是现代物流企业的主流模式。（　　）

（5）物流企业间竞争加剧，更加突出了物流战略的重要性。（　　）

（6）接收货物标志着一次采购工作的完整结束。（　　）

（7）配送就是送货。（　　）

（8）包装的主要目的是保护物品不受损伤。（　　　）

（9）零库存策略也称准时制库存，是基于在精确的时间以精确的数量把物料或商品送达指定的地点，以维持系统完整运行所需的最小库存。（　　　）

（10）一个企业设立了物流管理部门，那么企业降低物流成本的责任应该全部归于物流部门。（　　　）

二、单选题

（1）从资产角度看，物流的核心是在供应链中流动的（　　　）。

A. 金钱　　　　　　　B. 半成品　　　　　　C. 成品　　　　　　D. 存货

（2）物流可以成为企业追求的第（　　　）利润源泉。

A. 一　　　　　　　　B. 二　　　　　　　　C. 三　　　　　　　D. 四

（3）企业物流按行业分类可以分为生产企业物流和（　　　）。

A. 加工物流　　　　　B. 流通企业物流　　　C. 合同制物流　　　D. 生产物流

（4）以下（　　　）是企业物流的起始阶段。

A. 供应物流　　　　　B. 生产物流　　　　　C. 销售物流　　　　D. 回收物流

（5）以下（　　　）是企业物流的输出系统。

A. 生产物流　　　　　B. 供应物流　　　　　C. 回收物流　　　　D. 销售物流

（6）以下（　　　）不是企业战略的目标。

A. 成本最小　　　　　B. 投资最少　　　　　C. 利润最少　　　　D. 服务改善

（7）供应物流与社会物流的衔接点是（　　　）。

A. 采购　　　　　　　　　　　　　　　　　B. 生产资料供应

C. 仓储与库存管理　　　　　　　　　　　　D. 装卸与搬运

（8）供应物流与生产物流的衔接点是（　　　）。

A. 采购　　　　　　　　　　　　　　　　　B. 生产资料供应

C. 仓储与库存管理　　　　　　　　　　　　D. 装卸与搬运

（9）（　　　）是指企业选择和购买生产所需的各种原材料、零部件等各种物资的全过程。

A. 采购作业流程　　　B. 采购订单　　　　　C. 采购需求　　　　D. 采购计划

（10）以下（　　　）不是逆向物流产生的原因。

A. 顾客的卖货行为　　　B. 生产厂商的产品召回行为

C. 产品生命周期结束　　　D. 国际和法律的环境保护因素

三、多选题

（1）下面（　　　）是物流的基本功能。

A. 运输　　　　　　　B. 储存　　　　　　　C. 包装　　　　　　D. 配送

（2）物流的主要功能是（　　　）效用和（　　　）效用。

A. 经济　　　　　　　B. 空间　　　　　　　C. 人力　　　　　　D. 时间

（3）流通企业物流包括（　　　）。

A. 批发企业的物流　　　B. 零售企业的物流　　C. 仓储企业的物流

D. 配送中心的物流　　　E. "第三方物流"企业的物流

（4）企业物流按物流活动的主体分类可以分为（　　　）。

A. 企业自营物流　　　B. 专业子公司物流　　C. 合同制物流　　　D. 生产企业物流

（5）物流运作系统的要素有（　　）。

A. 人　　　　　　　　B. 财　　　　　　　　C. 物　　　　　　　　D. 信息

（6）企业供应物流的模式有（　　）。

A. 委托社会销售企业代理供应物流方式

B. 委托第三方物流企业代理供应物流方式

C. 委托第四方物流企业代理供应物流方式

D. 企业自供物流方式

（7）关于采购的描述，下面（　　）是正确的。

A. 采购是一种经济行为

B. 采购是指一项具体的物资购买活动，有具体的采购人员操作实施

C. 采购和采购管理是两个不同的概念

D. 采购和采购管理是同一个概念

（8）选择供应商的原则有（　　）。

A. 目标定位原则　　　　B. 优势互补原则　　　　C. 择优录用　　　　D. 共同发展原则

（9）企业生产模式经历了（　　）三个阶段。

A. 作坊式手工生产模式　　　B. 大批量生产

C. 多品种小批量生产　　　　D. 以上都不是

（10）精益生产下的生产物流管理有两种模式，分别是（　　）。

A. 推进式　　　　　　　B. 连动式　　　　　　　C. 螺旋式　　　　　　　D. 拉动式

四、思考题

（1）结合实际，谈谈物流管理在现代企业管理中的作用。

（2）影响企业对运输服务选择的最重要的因素是哪些？为什么？

（3）现代仓储的概念和主要功能是什么？

（4）有人说，物流只是"必不可少"，而不是战略性的，你是如何看待这个问题的？

（5）请结合实际论述电子商务的发展对企业物流的发展会产生什么样的影响。

五、能力拓展与训练题

请选择一家第三方物流企业，了解该企业的生产与运作过程，运用所学的知识分析其盈利模式，并写出调查报告。

领导方法与激励

模块综述

　　领导是一个组织的领头羊，负责组织目标的制定、实施与控制等活动。尤其一把手是组织业绩的最终负责人，决定着组织的兴衰成败。领导者采用什么样的领导风格和方式，才能实现有效的管理是非常重要的管理内容。

学习目标

　　理解领导的实质、激励的作用；了解领导的权力构成和实际工作中常见的领导风格和方式；掌握领导理论、激励理论，能将领导理论和激励理论灵活地运用到管理实践中；熟悉激励的方法和具体应用。

引入案例

哪种领导类型最有效

　　ABC 公司是一家中等规模的汽车配件生产集团。最近，对该公司的三个重要部门经理进行了一次有关领导类型的调查。

安西尔

　　安西尔对他本部门的产出感到自豪。他总是强调对生产过程、出产量控制的必要性，坚持要求下属必须理解生产指令并能迅速、完整、准确地作出反馈。遇到小问题时，安西尔会放手交给下级去处理，而当问题严重时，他则会委派几个有能力的下属去解决问题。通常情况下，安西尔只是大致规定下属的工作方针、完成怎样的报告及完成期限。安西尔认为只有这样才是好的合作方式，并能避免工作重复。

　　安西尔认为作为经理对下属采取敬而远之的态度可以说是最好的行为方式，而所谓的"亲密无间"则会松懈纪律。他不主张公开谴责或表扬某个员工，相信每一个下属都有自知之明。

　　安西尔说，在管理中的最大问题是下级不愿意接受责任。他讲到，他的下属可以有机会做许多事情，但他们并不是很努力地去做。目前，安西尔的上司对他们部门现在的工作运转情况非常满意。

鲍勃

鲍勃认为每个员工都有人权，他偏重于管理者有义务和责任去满足员工需要的学说。他常会为他的员工做一些小事，如给员工两张下月举行的艺术展览的入场券。他认为，每张门票才15美元，但对员工和他的妻子来说却远远超过15美元。通过这种方式，也是对员工过去几个月工作的肯定。

鲍勃说，他每天都要到工厂去一趟，与至少25%的员工交谈。鲍勃说自己已经意识到在管理中有不利因素，但大多都是由于生产压力造成的。他对待员工是以一个友好、粗线条的管理方式。鲍勃虽然承认尽管在生产率上不如其他单位，但他认为他的雇员有很好的忠诚度和士气，而且坚信他们会因他的开明领导而努力工作。

查里

查里认为自己的基本问题是与其他部门的职责分工不清。他说不论是否属于他们的任务都会被上司安排在他的部门，似乎上级并不清楚这些工作应该归哪个部门去做。

查里承认自己对此没有提出异议，他说提出异议会使其他部门的经理对自己产生反感。查里说在过去不平等的分工会议上，他常感到窘迫，但现在他适应了，其他部门的领导也习以为常了。

查里认为纪律就是使每个员工不停地工作，同时能预测各种问题的发生。他认为作为一个掌控部门全局的管理者，没有时间像鲍勃那样握紧每一个员工的手，告诉员工正在从事一项伟大的工作。他相信一个经理如果告诉下属为了将来的提薪与晋职而进行工作考核，那么，员工便会认真考虑和努力工作，以争取提薪或晋职。

他主张，一旦给一个员工分配了工作，就让他以自己的方式去做，取消工作检查。他相信大多数员工知道自己把工作做得怎么样。如果说存在问题，那就是他的工作范围和职责在生产过程中发生了混淆。查理希望公司领导能听听他对工作的一些想法。但是，他并不能保证这样做是否会引起风波。

思考：

（1）这三个部门经理各采取了什么样的领导方式？预测下它们各自将会产生什么结果。

（2）是否每一种领导方式在特定的环境下都有效？为什么？

任务一　学会领导

一、领导实质与权力构成

（一）领导实质

领导实质是对他人的影响力，即领导在一定的社会组织或群体内，为实现组织预定目标，运用其法定权力和自身影响力影响被领导者的行为，并将其导向组织目标的过程。

名人名言

孔茨认为："领导是一种影响力，它是影响人们心甘情愿地和满怀热情地为实现群体目标努力的艺术和过程。"

（二）权力构成

领导的核心在于权力。领导权力通常是指影响他人的能力，这种影响力是由职权影响力（包括法定权、奖赏权和强制权）和非职权影响力（包括专长权、表率权和亲和权）两方面构成。

1. 职权影响力

职权影响力是组织赋予领导者的岗位权力，它以服从为前提，具有明显的强制性。职位权力随职务的授予而开始，以职务的免除而终止。它既受法律、规章制度的保护，又受法律、规章制度的制约，在领导者的权力构成中居主导地位。

（1）法定权。是由组织机构正式授予领导者在组织中的职位所引起的、指挥他人并促使他人服从的权力。组织正式授予领导者一定的职位，从而使领导者占据权势地位和支配地位，使其有权力对下属发号施令。法定权力是领导者职权大小的标志，是领导者的地位或在权力阶层中的角色所赋予的，是其他各种权力运用的基础。

（2）奖赏权。是一种建立在良好希冀心理之上的权力，在下属完成一定的任务时给予相应的奖励，以鼓励下属的积极性。奖赏属于正刺激，是领导者为了肯定和鼓励某一行为，而借助物质或精神的方式，以达到使被刺激者得到心理、精神以及物质等方面的满足，从而激发出前进性行为的最大动力。依照交换原则，领导者通过提供心理或经济上的奖酬来换取下属的遵从。

（3）强制权。又叫惩罚权，是领导者在具有法定权的基础上，强行要求下级执行的一种现实的用权行为，是和惩罚相联系的迫使他人服从的力量。服从是强制权的前提；法律、纪律、规章是强制权的保障；处分、惩罚是强制权的手段。如果领导者不善于运用这种权力，就会使被领导者的服从意向减弱，从而降低领导效能。在某些情况下，领导是依赖于强制的权力与权威施加影响的，对于一些心怀不满的下属来说，他们不会心悦诚服地服从领导者的指示，这时领导者就要运用惩罚权迫使其服从。这种权力的基础是下属的惧怕。这种权力对那些认识到不服从命令就会受到惩罚或承担其他不良后果的下属的影响力是最大的。

2. 非职权影响力（自身影响力）

自身影响力是领导者以自身的威信影响或改变被领导者的心理和行为的力量。它取决于领导者本人的素质和修养，无法由组织"赋予"，不具强制性。

（1）专长权。是指领导者具有各种专门的知识和特殊的技能或学识渊博而获得同事及下属的尊重和佩服，从而在各项工作中显示出的在学术上或专长上的一言九鼎的影响力。领导者如果涉猎广泛，通今博古，学识渊博，特别是拥有组织活动所必备的专业技能，必然使被领导者对其产生一种钦佩力，这种信服力、信任力、钦佩力综合起来，共同构成领导者的专长权。这种影响力的影响基础通常是狭窄的，仅仅被限定在专长范围之内。

（2）表率权。是指由于领导者优良的领导作风、思想水平、品德修养，而在组织成员中树立的德高望重的影响力。这种影响力是建立在下属对领导者承认的基础之上的，由领导者本身的素质，诸如品格、知识、才能、毅力和气质所决定的，它通常与具有超凡魅力或名声卓著的领导者相联系。这种影响力对人们的作用是通过潜移默化而变成被领导者内驱力来实现的，因赢得了被领导者发自内心的信任支持和尊重，对被领导者的影响和激励作用不仅很大，而且持续的时间也较长。

（3）亲和权。是指领导者与下属之间融洽与亲密的关系而形成的影响力。具有亲和力的领导能带领他的团队一起认真、默契地工作，并能取得显著的成果。亲和力就是以领导者个人为载体，以自己的高尚品德和人格魅力联系和带动周围群众，向四周辐射而产生的影响力和组织效能，从而在部属和群众中产生发自内心的信任和拥戴。亲和力是单位形象和团队精神人格化的代表，是领导素质和思想道德的内在体现，是领导艺术和领导方法的独特形式，是领导才能得以充分发挥和事业成功的重要因素之一。

领导的权威＝领导的职权（权力）＋领导的自身影响力（威信）。一个有权威的领导必须同时具备职位权力和非职位权力；光有职位权力，人格魅力差，追随和服从的人也只是迫于他的权力而口服心不服；光有专长权而没有职权就无法支配人、财、物，也就不能实现组织的目标。

名人名言

马云语：权威是你把权给别人的时候，你才能有真正的权利，你懂得倾听、懂得尊重，承担责任的时候，别人一定会听你，你才会有权威。

课堂讨论

为什么人一走茶就凉？

二、领导方式及其风格

（一）领导方式

领导方式定义为：领导者管理被领导者时所展示出的习惯化的行为模式。它可以划分为以下三种类型。

（1）专权型领导——领导者个人决定一切，布置下属执行。这种领导者要求下属绝对服从，并认为决策是自己一个人的事情。

（2）民主型领导——领导者发动下属讨论，共同商量，集思广益，然后决策。要求上下融合，合作一致地工作。

（3）放任型领导——领导者撒手不管，下属愿意怎样做就怎样做，完全自由。他的职责仅仅是为下属提供信息并与企业外部进行联系，以此有利于下属的工作。

领导方式的这三种基本类型各具特色，就一般而言，民主型领导方式效果最好，专权型方式次之，放任型方式效果最差。但是，上述结论不能绝对化，管理者必须根据管理目标、任务、管理环境、条件，以及管理者自身因素灵活选择领导方式。最适应的领导方式才是最好的领导方式。

（二）领导风格

领导风格是指领导者的行为模式。领导者在影响别人时，会采用不同的行为模式达到目的。有时偏重于监督和控制，有时偏重于表现信任和放权，有时偏重于劝服和解释，有时偏重于鼓励和建立亲和关系。这些行为模式是可观察的，也是可以由被领导者"感受"得到的。

大致有以下风格：

（1）命令式。命令式用于发布新信息，新措施和规定时使用，不具备参与元素。特点是：领导者自己作出决策；密切监督工作完成情况；不向他人征求意见。

（2）教练诱导式。教练诱导式用于领导作出最后决定，但会征求其他人意见。特点是：领导者确定工作方向，和团队一起工作，达到目标；提供明确的指导和紧密的监督，同时征求他人意见；自己作出决策，但会考虑团队成员的意见。

（3）顾问式。顾问式是指由团队成员作出最后决策。特点是：领导者和团队成员分享决策和权利；与自己寻求答案相比，更愿意聆听团队所作出的决定；常作为团队讨论和决策的主持人。

（4）授权式。授权式用于他人比较容易作出决策的情况，与命令式相反。特点是：领导者把作出决策和解决问题的权利交给团队；与团队保持联系，但监督不是很紧密。

课堂讨论

如果你是某公司的总经理，在周末收到一个重要客户的电话。客户非常着急，因为他们向公司购买的设备出了故障，需要紧急更换零部件，但是这个公司全体人员都下班了。在这种情况下，你认为应该采取哪种做法？

A. 告诉顾客周末找不到人，下周一一定帮他解决

B. 认为这个客户很重要，找人很麻烦，亲自处理

C. 打电话给主管经理让他设法立即处理。

D. 请值班人员打电话给主管经理安排处理

三、领导理论

领导理论是研究领导本质及其行为规律的科学。领导理论发展经历了三个阶段：

（一）领导特性理论（20世纪开始至30年代）

特性理论主要是通过研究领导者的各种个性特征，来预测具有怎样性格特征的人才能成为有效的领导者。早期提出这种理论的学者认为，领导者所具有的特性是天生的，是由遗传决定的。显然，这种认识是不全面的。实际上，领导者的特性和品质是在实践中逐渐形成的，可以通过教育和培训而造就。特性理论系统地分析了领导者所应具有的能力、品德和为人处事的方式，向领导者提出了要求和希望，这对组织选择、培养和考核领导者是有帮助的。

领导者有六项特性不同于非领导者，即进取心、领导愿望、正直与诚实、自信、智慧和具备工作相关知识。

进取心——领导者表现出高度的工作积极性，拥有较高的成就渴望，对自己所从事的

活动坚持不懈，并有高度的主动精神。

领导欲望——他们有强烈的权力欲望，喜欢领导别人，而不是被别人所领导。强烈的权力欲望驱使他们试图去影响别人，并在领导过程中获得满足和利益。

正直与诚实——领导者言行一致、诚实可信，据此与下属之间建立起相互信任的关系。

自信——领导者表现出高度的自信，自信能让领导者克服困难，在不确定的情况下能够作出决策，并能逐渐将自信传给别人。

智慧——领导者必须有足够的才智来搜集、整理和解释大量的信息，并能确立目标、解决问题和作出正确决策。在职业生涯中高学历是重要的，但最终还是有关组织的业务专长更重要。

工作相关知识——一个有效的领导者对其公司、行业和技术问题有清楚的了解，广博的知识能使他们作出富有远见的决策，并能理解这种决策的意义。

（二）领导行为理论（20世纪40年代至60年代）

从领导者的风格和领导者所起的作用入手，把领导者的行为划分为不同的领导类型，分析各类领导行为的特点、优缺点并相互比较。

1. 四分图理论

领导行为的四分图是1945年美国俄亥俄州立大学的学者们提出的。他们将领导行为的内容归纳为两个方面，即"关怀"和"定规"。所谓"关怀"，是建立领导者与被领导者之间的友谊、尊重、信任关系方面的行为；所谓"定规"是指领导者规定他与领导群体的关系，建立明确的组织模式、意见交流渠道和工作程序的行为。因此，二维构面可构成四个象限或四种领导方式。故称为四分图理论。如图11-1所示：

图11-1　领导行为四分图

没有哪种领导行为是最好的，要视具体情况而定。一般情况下，在生产部门中效率与"定规程度"呈正相关，而与"关怀程度"呈负相关。但在非生产部门内，这种关系恰恰相反。一般来说，高定规和低关怀的领导方式效果最差。

2. 管理方格理论

美国管理学家布莱克和穆顿于1964年出版的《管理方格》一书提出的，改变了以往各种理论中"非此即彼"的绝对观点，指出了在对生产的关心和对人的关心的两种领导方式之间，可以进行不同程度的组合。如图 11-2 所示。

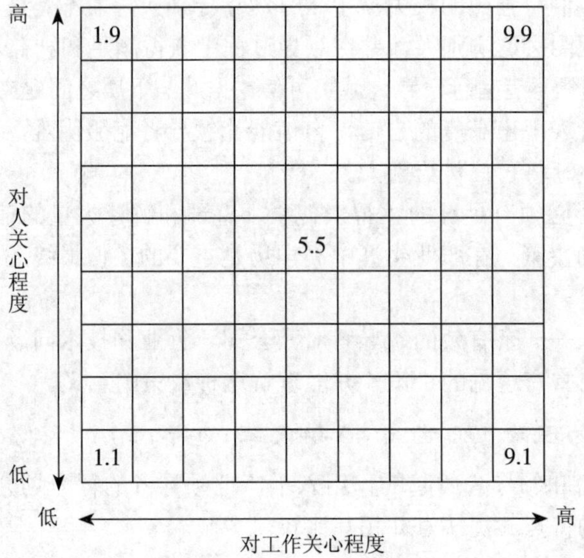

图11-2　管理方格图

从图中可以看出使用一张横坐标和纵坐标各九个等级的方格图，横坐标代表领导对工作的关心程度，纵坐标代表领导对人的关心程度，共组合成 81 个不同的领导风格，其中有 5 种类型具有代表性。

（1）(1.1) 型为贫乏型管理：领导者既不关心生产，也不关心人。实际上，他们已经放弃自己的职责，只想保住自己的地位。

（2）(9.1) 型为任务型管理：领导者非常关心生产，但不关心人。他们眼中没有鲜活的个人，只有完成生产任务的员工，他们关注的只有业绩指标。

（3）(1.9) 型为俱乐部型管理：重点在与人们建立友好关系，领导者重视对职工的支持和体谅，营造轻松愉快的组织气氛和工作节奏，但很少考虑如何协同努力去达到企业的目标，生产管理松弛。

（4）(9.9) 型为战斗集体型管理：领导者不但注重生产，而且也非常关心人，把组织目标的实现与满足职工需要放在同等重要的地位。既有严格的管理，又有对人的高度关怀和支持。强调工作成就来自献身精神，以及在组织目标上利益一致、相互依存，从而导致信任和尊敬的关系。

（5）(5.5) 型为中游型管理：兼顾工作和士气两个方面来使适当的组织绩效成为可能，使职工感到基本满意。

在这五种类型的管理形态中，布莱克和莫顿认为 (9.9) 型是最有效的管理，其次是 (9.1) 型，再次是 (5.5) 型、(1.9) 型，最次是 (1, 1) 型。

一个理想的领导者最起码要达到（5.5）型标准以上，在此基础上有所偏向，比如生产型组织在（5.5）型基础上偏重对工作的关心程度，而非生产型组织在（5.5 型）基础上偏重于对人的关心程度。

3. 领导行为连续理论

美国管理学家坦南鲍姆和施密特提出的领导行为连续理论如图 11-3 所示。

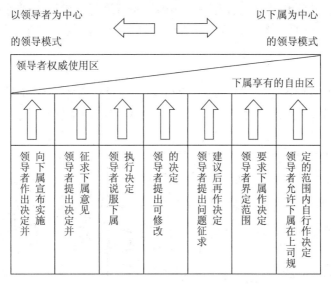

以领导者为中心　　　　　　　以下属为中心
的领导模式　　　　　　　　　　的领导模式

图11-3　领导行为连续图

在"以领导者为中心"和"以下属为中心"两个端点之间，依据领导者权威使用区与下属享有的自由区二者比例的多寡，将领导形态区分为七个连续的等级。在图中愈靠近左端愈趋向于领导者为中心的领导模式，而愈靠近右端则愈趋向于下属为中心的领导模式。

（三）领导权变理论（20世纪70年代至今）

权变理论是一种对领导理论的动态研究。其主要特点是认为领导行为的效果好不好，不仅取决于领导者本人的素质和能力，还取决于许多客观因素，如被领导者的特点、领导的环境等。影响较大的权变理论有以下几种。

1. 费德勒权变理论

费德勒认为并不存在一种普通适用各种情景的领导模式，然而在不同的情况下都可以找到一种与特定情景相适应的有效领导模式。他提出了一个"有效领导的权变模型"，其中包含了两种基本领导风格和三种情景因素，三种情景因素又分别可组成八个明显不同的环境。领导方式只有与环境类型相适应，才能实现有效的领导。

1）两种领导风格

费德勒确认了两种领导风格：一种为任务导向型（类似于以工作为中心和主导型结构行为），另一种为关系导向型（和以职工为中心及关心型的行为相似）。他还认为，领导行为方式是领导人个性的反映，基本上不大会改变。所以，一个领导人的领导风格究竟是任务导向还是关系导向是可以确定的。

费德勒设计了一种"你最不喜欢的同事"（LPC）的问卷，让被测试者填写。一个领导者如对其最不喜欢的同事仍能给予好的评价，则表明他对人宽容、体谅，提倡好的人际关系，是关心人的领导。如果对其最不喜欢的同事给予低评价，则表明他是命令式的，对任务的关心胜过对人的关心。

2）三种情景因素

环境影响因素主要有三个方面：

①上下级关系。包括领导者是否得到下属的尊敬和信任，是否对下属具有吸引力。

②任务结构。指工作团体的任务是否明确，是否进行了详细的规划和程序化。

③职位权力。指领导者的职位能够提供足够的权力和权威，并获得上级和整个组织的有利支持。

3）理论模型

费德勒将三个情景条件任意组合成八种情况，通过大量的调查和数据收集，将领导风格同对领导有利或不利的八种情况关联（见图 11-4），以便了解领导有效所应当采取的领导方式。

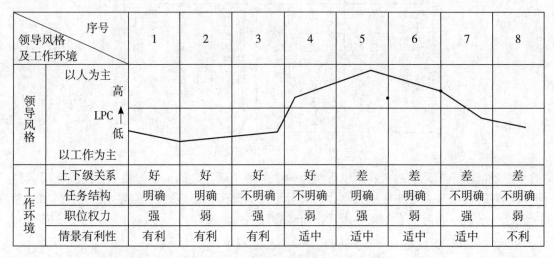

领导风格 及工作环境	序号	1	2	3	4	5	6	7	8
领导风格	以人为主 高 LPC ↑ 低 以工作为主								
工作环境	上下级关系	好	好	好	好	差	差	差	差
	任务结构	明确	明确	不明确	不明确	明确	明确	不明确	不明确
	职位权力	强	弱	强	弱	强	弱	强	弱
	情景有利性	有利	有利	有利	适中	适中	适中	适中	不利

图11-4　费德勒模型图

费德勒的研究结果说明，在对领导者最有利和最不利的情况下采用任务导向其效果较好。在对领导者中等有利的情况下，采用关系导向效果较好。费德勒模型理论在许多情况下是正确的，但有许多批评意见，如取样太小有统计误差，该理论只是概括出结论，而没有提出一套理论，等等。

4）费德勒理论的意义

（1）该理论特别强调效果和应该采取的领导方式，这无疑为研究领导行为指出了新方向。

（2）该理论将领导行为和情景的影响、领导者和被领导者之间关系的影响联系起来，指出并不存在一种绝对好的领导形态，必须和权变因素相适应。

（3）该理论指出了选拔领导人的原则：在最好或最坏的情况下，应选用任务导向的领导，反之则选用关系导向者。

（4）该理论指出，必要时可以通过环境改造以适应领导者。

2. 途径—目标理论

途径—目标理论是美国管理学家罗伯特·豪斯发展的一种领导权变理论。此理论以期望理论及领导行为四分图为依据，提出领导的主要职能是为下属在工作中提供获得满足需要的机会，并为下属搞清哪些行为能导致目标的实现并获得有价值的奖励，简言之，即领导应指明达成目标的途径。

1）领导行为

豪斯认为"高工作"和"高关心"的组合不一定是最有效的领导方式，还需考虑环境因素。在 1974 年他与米切尔发表的论文中提出了四种领导行为：

（1）指示型的领导行为。让下属明确任务的具体要求，怎么做、工作日程、决策都由领导做出（此方式类似于主导型结构和任务导向型行为）。

（2）支持型领导行为。与下属友善相处，领导平易近人，关心下属的福利，公平待人（与关心型及关系导向型相似）。

（3）参与型领导行为。与下属商量，征询下属的建议，允许参与决策。

（4）成就导向型领导行为。提出有挑战性的目标，要求下属有高水平的表现，鼓励下属并对下属的能力表示出充分的信心。

2）情景因素

途径—目标理论提出领导方式要适应情景因素，该理论特别关注两类情景因素，一类是下属的个人特点，另一类为工作场所的环境因素。

（1）个人特点。主要包括下属的控制点、经验和知觉能力。控制点是指个体对环境变化影响自身行为的认知程度。根据这种认知程度的大小，控制点分为内向控制点和外向控制点两种。内向控制点是说明个体充分相信自我行为主导未来，而不是环境控制未来的观念；外向控制点则是说明个体把自我行为的结果归于环境影响的观念。接受内因控制认识的个人相信一切结果都是通过自身的努力和行为所产生的；而接受外因控制认识的个人则往往把发生的结果归因于运气、命运或"制度"。相信内因决定论的人喜欢参与型的领导行为，相信外因决定论的人则宁可采用指令型的领导行为。假如下属认为自己能力不强，他们就更喜欢指令型领导；反之，有的人自视甚高，则可能对指令型的领导行为表示忿懑。管理者对下属的个人特点是难以影响并改变它的，但是管理人员对于环境的塑造及针对不同的个性采取不同的领导方式是完全可能的。

（2）环境因素。环境因素非下属所能控制，它包括以下的情况：

① 任务结构。当任务结构很明确时，如采用指令型领导行为效果就差，对于一些很平常的工作，人们并不需要其上司老是喋喋不休地吩咐如何去做。

② 职权制度。正式职权制度是另一个重要的环境特点，如果正式职权都规定得很明确，则下属会更欢迎非指令性的领导行为。

③ 工作群体。工作群体的性质会影响领导行为，如果工作群体为个人提供了社会上的支持和满足，则支持性的领导行为就显得多余了；反之，个人则会从领导人那里寻求这类支持。

3）途径—目标模型

该模型表明，领导人的行为会影响下属的工作动机，而个人特点和环境因素也会影响这种关系的性质。途径—目标领导理论是一种动态的理论，目前看来尚不够完善，此理论的原意是以一般的术语来表达的一种理论框架，以便能更进一步探索其相互间的各种关系，随着将来研究中的新发现，这种理论也将得到修正。

3. 领导生命周期理论

领导生命周期理论是由科曼于 1996 年首先提出的，后由赫塞和布兰查德进一步予以发展。

1）四种领导风格

领导生命周期使用的两个领导行为与菲德勒的划分相同：任务行为和关系行为。但是，赫塞和布兰查德则向前迈进了一步，他们认为每一行为有低有高，从而组合成以下四种具体的领导风格：

① 命令型（高任务——低关系）。领导者定义角色，命令下属应该干什么、怎么干以及何时何地去干。

② 说服型（高任务——高关系）。领导者同时提供指导性的行为与支持性的行为。

③ 参与型（低任务——高关系）。领导者与下属共同决策，领导者的主要角色是提供便利的条件与沟通。

④ 授权型（低任务——低关系）。领导者提供极少的指导或支持。

2）下属的成熟程度

该理论认为，"高任务、高关系"的领导不一定有效，"低任务、低关系"也不一定经常无效。有效的领导应根据情景以及下属的成熟程度，采取不同的领导风格。赫塞和布兰查德把成熟程度归纳为工作成熟度和心理成熟度。工作成熟度是指一个人的知识和技能。工作成熟度高的个体拥有足够的知识、能力和经验来完成他们的工作任务而不需要他人的指导。心理成熟度是指一个人做某事的意愿和动机。心理成熟度高的个体不需要太多的外部鼓励，他们靠内部动机激励。

3）领导生命周期模型

图 11-5 中，横坐标表示任务行为，纵坐标代表关系行为，第三个坐标则为成熟度。根据下属的成熟度量（从 M_1 到 M_4），有四种不同的情况，这样成熟度、任务行为及关系行为间有一种曲线关系，随着下属成熟度的提高，领导风格（从 S_1、S_2、S_3 至 S_4）就按顺序逐步转移。四种不同的领导方式为：指导型（高任务——低关系）、说服型（高任务——高关系）、参与型（低任务——高关系）、授权型（低任务——低关系）。

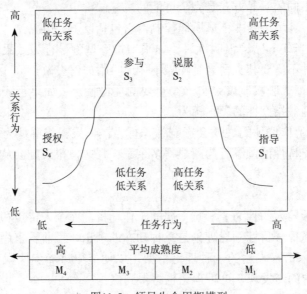

图11-5　领导生命周期模型

对于低成熟度 (M_1) 的下属，由于这些人对于执行某任务既无能力又不情愿，他们既不能胜任工作又不能被信任，因此，这时就应使用指导型的领导风格，领导者可以采取单向沟通的方式，明确规定其工作目标和工作规程，告诉他们做什么，如何做，在何地、何时去完成它。

对于较不成熟 (M_2) 的下属，由于这些人开始熟悉工作，并愿意担负起工作责任；他们有积极性，但暂时缺乏足够的技能，这时，说服型的领导方式更为有效。领导者应以双向沟通的方式给予直接的指导，并对他们的意愿和热情在感情上加以支持，这种领导方式通常仍由领导者对绝大多数工作作出决定，但领导需把这些决定推销给下属，通过解释和说服以获得下属心理上的支持。此时的管理者应对其下属充分信任，并不断给予鼓励。

对于比较成熟 (M_3) 的下属，由于他们不仅具备了工作所需的技术和经验，而且也有完成任务的主动性并乐于承担责任，他们已能胜任工作，因此不希望领导者对他们有过多的控制与约束。这时，领导者运用参与型领导方式较为恰当。领导者应减少过多的任务行为，以双向沟通和耐心倾听的方式，加强交流，鼓励下属共同参与决策，继续提高对下属感情上的支持，不必再去具体指导下属的工作。

对于高度成熟 (M_4) 的下属，由于下属不仅具备了独立工作的能力，而且也愿意并具有充分的自信来主动完成任务并承担责任，此时，领导人应充分授权下属，放手让下属"自行其是"，由下属自己决定何时、何地和如何做的问题。因此，授权型领导方式对于高度成熟的下属更为适用。

总之，领导生命周期理论为权变理论提供了又一个有用而易于理解的模型，该理论再次说明了并不存在一种万能的领导方式能适合各种不同的情景，管理的技巧需配合下属目前的成熟度，并帮助他们发展，加强自我控制。因此，各种领导风格必须因势利导灵活运用。

四、努力成为一名优秀的基层管理者

万丈高楼平地起，靠的是根基牢固扎实。企业能否做大做强，取决于基础工作，取决于基层管理者。

1. 何为基层管理者

基层管理者号称"兵头将尾"，承上启下，是一线的直接指挥者和组织者。比如班组长、领班和工段长等。

2. 为什么要成为一名优秀的基层管理者

（1）让上司放心。基层管理者执行上级的指令，具体落实各项工作。

（2）让员工安心。基层管理者是班组的主心骨、带头人，负责带领员工按工作规程和质量要求做好工作，优秀的基层管理者让员工心悦诚服地服"管教"。

（3）确保使组织内部不同人、不同部门正向互动的能力。

3. 怎样才能成为一名优秀的基层管理者

（1）加强自己的修炼，提高自己的素质。基层管理者既是管理者又是操作者，既是指挥员又是战斗员，同时企业的各种业务培训一般也是通过基层管理者进行的，所以个人过硬的业务能力和素质是在组织中"让人心服口服"的前提，业务能力对基层管理人员来说非常关键。基层管理者必须具备一定的生产、技术、管理及文化理论知识。如果没有足够的知识积累，必然要脱离实际，也就不可避免出现"瞎指挥""蛮干"等现象。

（2）具备一定的管理沟通技巧。基层管理者虽然是"管理者"，但由于本身所处的角色，就必须与群众打成一片。那么，对于基层管理者来说，亲和力并非简单指与同事在一起说说笑笑，而是在工作中，时刻留意员工的思想动态，及时做好员工思想工作，提高凝聚力和工作效率。

① 沟通能力。为了了解组织内部员工互动的状况，倾听职员心声，一个基层管理者需要具备良好的沟通能力，其中又以"善于倾听"最为重要。唯有如此，才不至于离心离德，而管理者也可借由下属的认同感、理解及共鸣，得知自己的沟通技巧是否成功。

② 协调能力。基层管理者应该能敏锐地觉察下属的情绪，并且建立疏通、宣泄的通道，切勿等到对立加深、矛盾扩大后，才着手处理与排解。此外，基层管理者对于情节严重的冲突，或者可能会扩大的矛盾事件，更要果决地加以排解。即使在状况不明、是非不清的时候，也应及时采取降温、冷却的手段，并且在了解情况后，立刻以妥善、有效的策略化解冲突。只要把握消除矛盾的先发权和主动权，任何形式的对立都能迎刃而解。

③ 授权能力。基层管理者不能事必躬亲，应根据情况，授权给下属。根据每个人的特点进行任务分配，知人善任、用人所长，充分调动和发挥班组成员的积极性、主动性。

（3）注重团队建设。团队建设的好坏，象征着一个企业后继发展是否有实力，也是这个企业凝聚力和战斗力的充分体现。团队建设首先应该从基层员工做起，基层管理者心里始终要装着员工，支持员工的工作，关心员工的生活，用管理者的行动和真情去感染身边的每位员工，平时多与员工沟通交流，给员工以示范性的引导，捕捉员工的闪光点，激发员工工作的积极性和创造性，更重要的是管理者要低下身去和员工融为一体，让员工参与管理，给员工创造一个展示自己的平台，形成一种团结协作的氛围，促进公司绩效的提升。

（4）按规律办事，事半功倍。在管理工作中，必须遵循管理工作的基本规律——管理的层次性原理。要根据组织设置进行科学地分权和放权，要权责明确，充分调动一切积极因素。要求做到的必须做到。但是千万不可以越级管理。越级管理一方面会打乱下级组织管理的工作步调，挫伤下属的管理积极性，同时会使下属产生依赖性，把各种矛盾上交。更为严重的后果是信息传导受阻、虚假信息增多，从而造成决策和指挥失误，脱离实际，脱离群众，管理失控。

（5）正确决策，敢于承担责任。企业需要的是办实事的管理者，而作为基层管理者更是一线员工的顶梁柱。正因为基层管理者比普通员工有经验、有技术、有办法、有分寸、有高度，所以在员工工作中遇到难题时，基层管理者就应挺身而出，引导员工如何解决难题。在员工的眼中，基层管理者也许与普通员工没有什么区别，但在员工最需要帮助时，基层管理者的价值得以体现。

（6）人性化管理与制度化管理。人性化管理不是放纵式管理，制度化管理与人性化管理是相辅相承的。员工做了违反原则的事情，比如违反了工作纪律，制度管理是最为有效的管理办法。而当员工在工作、生活中出现了困难或者在思想上出现很大波动，作为基层管理者就应该关心员工的疾苦，与员工谈心，找出问题所在，努力帮助员工解决困难。虽然基层管理者的能力有限，但是通过基层管理者的努力，多少会减轻员工的痛苦程度，让员工感到一丝温暖。亲和力对于基层管理者来说是十分重要的，如果整日摆着一副铁面无私的脸孔，员工不但不会给基层管理者任何关心的机会，有的员工还会对基层管理者产生抵触情绪。

（7）以身作则，树立典型，营造氛围，形成合力。对于大多数员工特别是生产一线的员工来说，他们感受到的管理氛围、企业文化氛围，就是工段（班组）的工作氛围。工段（班组）长是兵头将尾，其一言一行代表着企业行为，对员工产生直接而全面的影响。一个工段（班组），是否有凝聚力和战斗力，就要看工段（班组）长是否有管理水平和管理艺术，工作安排是否科学合理，办事是否公道，对工段（班组）成员是否关心体贴，有无学习精神和创新意识，能否模范地执行企业的各项制度，带头倡导、传播和践行企业文化，以榜样的力量感化和带动工段（班组）成员共同进步。所谓"强将手下无弱兵"就是这个道理。一句话，能够调动大家的积极性和创造性的基层管理人员，就是优秀的基层管理人员，否则就不称职。因此，基层管理人员首先要加强学习，对自己要高标准、严要求。要在全体员工中倡导向功勋人员和劳模等先进人物学习，鼓励先进，打击歪风邪气，帮助和带动落后员工共同进步。只有这样，自身素质才能提升，职工队伍的整体素质才能不断提高。

任务二　掌握激励

一、激励的基本原理

（一）激励的涵义

激励是指管理者运用各种管理手段，刺激被管理者的需要，激发其动机，使其朝向所期望的目标前进的心理过程。激励的过程模式如图 11-6 所示。

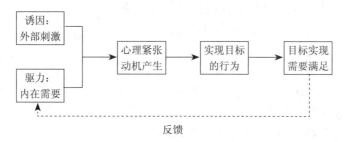

图11-6　激励的过程模式

（二）激励在管理中的作用

激励核心作用是调动人的积极性，具体包括以下方面：

（1）有助于激发和调动员工的积极性。美国哈佛大学心理学家威廉·詹姆士在对员工激励的研究中发现，员工在一般工作情况下能力仅能发挥 20%～30%；而受到激励的员工，由于思想和情绪处于高度激发状态，其能力可以发挥到 80%～90%。这就是说，同样一个人，在通过充分激励后所发挥的作用相当于激励前的 3～4 倍。

（2）有助于吸引和留住优秀人才。丰厚的薪酬和福利待遇，科学有效的晋升通道不仅是留住企业现有人才的重要手段，也是吸引外部人才的重要途径，尤其是知识型人才。

（3）有助于增强组织的凝聚力，促进组织内部各组成部分的协调统一。任何组织都是由各个部门、各个单位组成，除了组织结构和严明的规章制度保证组织整体有效、协调地运行外，还必须运用激励的方法，满足不同员工的物质、安全、尊重、社交等多方面的需要，以鼓舞员工士气、协调人际关系，进而增强组织的凝聚力和向心力，促进各部门、各单位之间的密切协作。

（三）激励要素

激励的要素主要包括：

（1）动机。动机是推动人从事某种行为的心理动力。激励的核心要素就是动机，关键环节就是动机的激发。

（2）需要。需要是激励的起点与基础。人的需要是人们积极性的源泉和实质，而动机则是需要的表现形式。

（3）外部刺激。这是激励的条件。是指在激励的过程中，人们所处的外部环境中诸种影响需要的条件与因素。主要指各种管理手段及形成的管理环境。

（4）行为。被管理者采取有利于组织目标实现的行为，是激励的目的。

上述这 4 个要素相互组合和作用，就构成了对人的激励。

二、激励理论

管理学家、心理学家及社会学家从不同的角度提出了各种激励理论，大致可划分为三类：是内容型激励理论、过程型激励理论和行为型改造理论。

（一）内容型激励理论

1. 需要层次论

需要层次论是由美国心理学家亚伯拉罕·马斯洛于1943 年提出来的，揭示了人的需求与动机的规律，指出人的需要可分为五个层次，即生理需要、安全需要、社交需要、尊重需要和自我实现需要，如图 11-7 所示。

图11-7　需求层次论

（1）生理需要。指维持人类自身生命的基本需要。比如食物、水、衣着、住所和睡眠等方面的需求。

（2）安全需要。指人们希望避免人身危险和不受丧失职业、财物等威胁方面的需要。比如生活要得到基本保障，避免人身伤害，不会失业，生病和年老时有所依靠等。

（3）社交需要。希望与别人交往，避免孤独，与同事和睦相处、关系融洽的欲望。一是友爱的需要，人是感情动物，希望与别人交往并保持良好的关系，希望爱别人也渴望得到别人的爱；二是归属的需要，人们希望归属于一个团体，成为团体中的一员，并相互关心、照顾。虽然友爱和归属的需要比前两种更难满足，但对大多数人来说，这是更为强烈的需要。

（4）尊重的需要。人们一旦满足了归属的需要就会产生尊重的需要，包括自尊与受人尊重两个方面。自尊意味着在现实环境中希望有实力、有成就、能胜任和有信心，以及要求独立和自由；受人尊重是指要求有名誉和威望，别人对自己尊重、赏识、重视或高度评价。

（5）自我实现的需要。这是一种最高层次的需要。它是指人能最大限度地发挥潜能，实现自我理想和抱负的欲望。这种需要突出表现为工作胜任感、成就感和对理想的不断追求。这一层次的需要是无止境的。

马斯洛认为：

（1）只有低层次需要得到基本满足之后，较高层次需要才发挥对人的行为的推动作用（低层次需要并未消失）。

（2）人的行为主要受优势需要所驱使。

对管理实践的启示：

（1）正确认识被管理者需要的多层次性。

（2）找出受时代、环境及个人条件差异影响的优势需要，有针对性地进行激励。

课堂讨论

"雷锋现象"与需要层次论的观点一致吗？

2. 双因素论

双因素论是美国心理学家赫茨伯格于 20 世纪 50 年代提出来的，指出影响人工作积极性的因素有两大类，即保健因素和激励因素。

（1）保健因素，和工作环境或条件相关的因素。当人们得不到此方面的满足时，人们会产生不满，从而影响工作；但当人们得到这些方面满足时，只是消除了不满，却不会调动人们的工作积极性。

（2）激励因素，和工作本身相关的因素。包括工作成就感、工作挑战性、工作中得到的认可与赞美、工作的发展前途、个人成才与晋升的机会等。当人们得到这些方面的满足时，会对工作产生浓厚的兴趣，产生很强的工作积极性。

对管理实践的启示：

（1）管理者要善于区分管理实践中存在的两类因素。

（2）管理者应动用各种激励因素手段，千方百计地使员工满意自己的工作。

（3）在不同国家、不同地区、不同时期、不同阶层、不同组织乃至每个人，最敏感的激励因素是各不相同的，应灵活地加以确定。

（二）过程型激励理论

1. 期望理论

美国心理学家弗鲁姆于 1964 年系统地提出了期望理论，这一理论通过人们的努力行为与预期奖酬之间的因果关系来研究激励的过程。这种理论认为，人们对某项工作积极性的高低，取决于他对这种工作能满足其需要的程度及实现可能性大小的评价。即激发力量 = 效价 × 期望值。

激发力量，指激励作用的大小。

效价，指目标对于满足个人需要的价值。

期望值，指采取某种行动实现目标可能性的大小。

对管理实践的启示：

（1）一定要选择员工感兴趣、评价高、认为效价大的项目或手段。

（2）凡是起广泛激励作用的工作项目，都应是大多数人经过努力能实现的。

能力提升

效价、期望值与激励力之间的关系

一位公司销售经理对他的一位销售员说：如果你今年完成 1000 万元的销售额，公司将奖励你一套住房。这时组织的目标是 1000 万的销售额，个人的目标是一套住房，效价和期望值可能会这样影响这个销售员的激励力。

效价——销售员的反应可能是：

A."天哪！一套住房！哈哈，这正是我梦寐以求的，我一定要努力争取！"

B."住房？我现在住的已经够好的了，没有必要再来一套，况且如果我一人拿了一套住房，同事们肯定会不满的，呃，这对我来说没什么吸引力！"

期望值——他的反应可能是：

A."1000万元的销售额，照今年的行情，如果我比去年再努力一点，是能做到的。"

B."'1000万元'？简直是天方夜谭，经理要么疯了，要么就是压根儿不想把住房给我，我才不会白费力气呢！"

激励力——他的反应可能是：

A."只要销售到1000万元就能得到一套住房，我一定好好努力！"

B."经理向来说话不算数，我打赌经理到时一定能找出10条理由说：'我也不想说话不算数，但我实在是无能为力。'"

在上述中我们很明显地可以看到，效价和期望值越高（在所有A的情况下），则对人的激励力越强；而反之（在所有B的情况下），则对人的激励力越弱。由此，要有效地进行激励就必须提高活动结果的效价，要提高效价就必须使活动结果能满足个人最迫切的需要；要注意目标实现的期望值，即组织目标实现的概率不宜过低，以免让个人失去信心，当然也不宜过高，过高则会影响激励工作本身的意义。

2. 公平理论

公平理论是美国心理学家亚当斯于1965年提出来的，认为人的工作积极性不仅受其所得的绝对报酬的影响，更重要的是受其所得的相对报酬的影响。这种相对报酬是指个人付出劳动与所得到的报酬的比较值。包括两种：

（1）横比，即在同一时间内以自身同其他人的相比较。

（2）纵比，即拿自己不同时期的付出与报酬比进行比较。

前者可称为社会比较，后者可称为历史比较。当获得公平感受时，心情舒畅，努力工作；当得到不公平感受时，就会出现心理上的紧张、不安，从而使员工采取行动以消除或减轻这种心理状态。具体行为如：试图改变其所得报酬或付出；有意无意曲解自己或他人的报酬或付出；竭力改变他人的报酬等。

对管理实践的启示：

（1）必须将相对报酬作为有效激励的方式。

（2）尽可能实现相对报酬的公平性。

（三）行为改造型理论

1. 强化理论

强化理论是由美国心理学家斯金纳首先提出的。该理论认为人的行为是其后果的函数。如果这种后果对他有利，则这种行为就会重复出现；若对他不利，则这种行为就会减弱直至消失。因此管理要采取各种强化方式，以使员工的行为符合组织目标。

根据强化的性质和目的,强化可以分为四类:

(1)正强化。正强化是一种增强行为的方法,指用某种具有吸引力的结果,对某一行为进行鼓励和肯定,使其重视和加强,从而有利于组织目标的实现。例如,看到员工工作表现出色领导立即加以表扬,实际上就是对行为做了正强化。在管理中,正强化表现为奖酬,如认可、赞赏、增加工资、职位提升、高奖金、提高满意的工作条件等。为了使强化达到预期的效果,还必须注意实施不同的强化方式。正强化方式主要有连续的、固定的正强化和间断的、不固定的正强化两种。前者是指对每一次符合组织目标的行为都给予强化,或每隔一固定时间就给予一定数量的强化。尽管这种强化有及时刺激、立竿见影的效果,但久而久之,人们就会对这种正强化有越来越高的期望,或者认为这种正强化是理所应当的。企业管理者有时不得不经常加强这种正强化,否则其作用会减弱甚至不再起到刺激行为的作用。后者是指管理者根据组织的需要和个人行为在工作中的反映,不定期、不定量实施强化,使每次强化都能起到较大的效果。实践证明,后一种正强化更有利于组织目标的实现。

(2)负强化。负强化也是一种增强行为的方法,是指预先告知某种不符合要求的行为或不良绩效可能引起的不愉快的后果,使员工的行为符合要求,从而保证组织目标的实现不受干扰。负强化包含减少奖酬或罚款、批评、降级等。让员工知道做了不符合规定的事会受到批评或惩罚,如能够避免或改正,则不会受到惩罚,以此来引导、强化员工的行为,使之转向符合组织的要求。例如,员工知道随意迟到、缺勤会受到处罚,不缺勤、按时上班则不会受到处罚,于是员工会避免迟到、缺勤,学会按要求行事。实际上,不进行正强化也是一种负强化。比如,过去对某种行为进行正强化,现在组织不再需要这种行为,但基于这种行为并不妨碍组织目标的实现,这时就可以取消正强化,使行为减少或不再重复出现。实施负强化的方式与正强化有所差异,应以连续负强化为主,即对每一次不符合组织的行为都应及时予以负强化,消除人们的侥幸心理,减少直至消除这种行为重复出现的可能性。

(3)惩罚。惩罚是指用某种令人不快的结果,来减弱某种行为。如有员工工作不认真、不负责任,经常出差错,或影响他人工作,领导们就可以用批评、纪律处分、罚款等措施,以制止该行为的再次发生。但是,惩罚也会有副作用,如会激起员工的愤怒、敌意等。因此,管理者们最好尽可能用其他强化手段。

(4)自然消退。自然消退是指通过不提供个人所愿望的结果来减弱一个人的行为。自然消退有两种方式,一是对某种行为不予理睬,以表示对该行为的轻视或某种程度上的否定使其自然消退;另一种是指原来用正强化手段鼓励的有利行为由于疏忽或情况发生变化,不再给予正强化,使其逐渐消失。研究表明,一种行为如果长期得不到正强化,就会逐渐消失。

2. 归因理论

归因理论是美国心理学家凯利等人提出来的。目前,在管理领域,归因理论主要研究两个方面的问题:一是对引发人们某一行为的因素作分析,看其应归结为外部原因还是内部原因;二是研究人们获得成功或遭遇失败的归因倾向。人们把自己的成功和失败主要归结为四个因素:努力程度、能力、任务难度和机遇。这四个因素可以按照三个方面来划分。

（1）内因或外因。努力程度和能力属于内部原因；而任务难度和机遇属于外部原因。

（2）稳定性。能力和任务难度属于稳定因素；努力程度和机遇属于不稳定因素。

（3）可控性。努力程度是可控的；而任务难度和机遇是不可控的；能力在一定条件下是不可控的，但人们可以提高自己的能力，在这个意义上能力是可控的。

归因理论认为，人们把成功和失败归于何种类型因素，对以后的工作态度和积极性有很大的影响。比如，把成功归于内部原因会使人感到满意和自豪，归于外部原因会使人感到幸运和感激。把失败归于稳定性因素会降低以后工作的积极性，归于不稳定性因素可以提高工作的积极性等。

总之，利用归因理论可以帮助管理者很好地了解下属的归因倾向，以便正确地指导和训练下属的归因倾向，调动和提高下属的积极性。

三、选择有效激励下属的方法

激励理论对管理者究竟有什么作用？管理者如何运用这些激励理论去激励员工？下面介绍一些实际工作中较为有效的激励手段和方法。

（一）目标与成就激励

1. 目标激励

目标激励是指以目标为诱因，通过设置先进合理的目标，激发动机，调动积极性的方式。可用以激励的目标主要有三类：工作目标、个人成长目标和个人生活目标。

（1）尽可能增大目标的效价。根据弗鲁姆的期望理论，激发力量大小取决于效价及概率。管理者在设置目标时，一是要选择下级感兴趣、高度重视的内容，使所选择的目标尽可能多地满足下级的需要；二是使目标的实现与相应的奖酬或名誉、晋升挂钩，加大目标实现的效价；三是要做好说明、宣传工作，使下级能真正认识到目标的社会心理价值及其实现所带来的各种利益。

（2）增加目标的可行性。目标要先进合理，要具有可操作性，并做好必要的说明解释工作，使其能充分认识到实现的可能性。

2. 参与激励

参与激励即以让下级参与管理为诱因，调动下级的积极性和创造性。下级参与管理称民主管理，主要注意以下几点：

（1）增强民主管理意识，建立参与的机制。

（2）真正信任下级，使下级实实在在地参与决策和管理过程。

（3）有效利用多种参与形式，鼓励员工参与。

3. 竞赛（竞争）激励

人们普遍存在着争强好胜的心理，这是由于人谋求实现自我价值、重视自我实现需要所决定的。在激烈竞争的现代社会，企业在内部管理中引入竞争机制是极为有效的一种激励手段。

在组织竞赛、鼓励竞争的过程中，注意以下几方面：

（1）要有明确的目标和要求，并加以正确的引导。

（2）竞争必须是公平的。

（3）竞赛与竞争的结果要有明确的评价和相应的奖励。

（二）工作兴趣与体验激励

按照赫茨伯格的双因素论，对人最有效的激励因素来自于工作本身，即满意于自己的工作是最大的激励。因此，管理者必须善于调整和调动各种工作因素，科学地进行工作设计，千方百计地使下级满意于自己的工作。要增强员工对自己工作的兴趣与满足程度，就要注意以下因素的运用：

（1）工作适应性。即工作的性质和特点与从事工作的人员条件与特长相吻合，引起其工作兴趣，使企业员工高度满意于工作。如员工对所从事的工作有特长，并有浓厚兴趣。

（2）工作的意义与工作的挑战性。企业员工愿意从事重要的工作，并愿意接受挑战性的工作，这反映了人们追求实现自我价值，渴望获得别人尊重的需要。

（3）工作的完整性。人们愿意在工作实践中承担完整的工作，从而获得一种强烈的成就感。管理者应使每个企业员工都能承担一份较为完整的工作，为他们创造获得完整工作成果的条件与机会。

（4）工作的自主性。人们出于自尊和自我实现的需要，期望独立自主地完成工作，不愿意在别人的指使或强制下被迫工作。明确目标与任务，然后大胆授权，放手使用，让下级进行独立运作，使其受到巨大激励。

（5）工作扩大化。开展企业工作设计的研究，克服单调乏味和简单重复，千方百计地增加工作的丰富性、趣味性，以吸引企业员工。应注意增加所从事工作的种类；探索实行工作延伸、工作轮换等方法。

（6）工作丰富化。让企业员工参与一些具有较高技术或管理含量的工作，即提高其工作层次，从而使其获得一种成就感，令其尊重的需要得到满足。包括：将部分管理工作交给员工；吸收员工参与决策和计划；对员工进行业务培训；让员工承担一些较高技术的工作等。

（7）及时获得工作成果反馈。管理者在工作过程中，应注意及时测量并评定、公布员工的工作成果，尽可能早地使员工得到自己取得成果的反馈。员工能及时看到工作成果，就会有效地激发工作积极性，努力扩大战果。

（三）人际关系与互动激励

这是指在一个组织中人与人之间相互交往关系融洽，相互尊重、关心和信任，能够激励每个员工在组织中安心工作，积极进取。

1. 感情激励

感情激励即以感情作为激励的诱因，调动企业员工的积极性。感情激励主要包括以下几方面：

（1）在上下级之间建立融洽和谐的关系，以增强亲和影响力。

（2）促进下级之间关系的协调与融合。

（3）营造健康、愉悦的团体氛围，满足组织成员的归属感。

经典案例

1980 年 1 月，在美国旧金山一家医院里的一间隔离病房外面，一位身体硬朗、步履生风、声若洪钟的老人，正在与护士死磨硬缠地要探望一名因痢疾住院治疗的女士。但是，护士却严守规章制度毫不退让。

真是"有眼不识泰山"，她怎么也不会想到，这位衣着朴素的老者，竟是通用电气公司总裁，一位曾被公认为世界电气业权威杂志——美国《电信》月刊选为"世界最佳经营家"的世界企业巨子斯隆先生。护士也根本无从知晓，斯隆探望的女士，并非斯隆的家人，而是加利福尼亚州销售员哈桑的妻子。

哈桑后来知道了这件事，感激不已，每天工作达 16 小时，为的是以此报答斯隆的关怀，加州的销售业绩一度在全美各地区评比中名列前茅。正是这种有效的感情激励管理，使得通用电气公司事业蒸蒸日上。

2. 尊重激励
管理者应利用各种机会信任、鼓励、支持下级，努力满足员工尊重的需要。
（1）要尊重下级的人格。
（2）要尽力满足下级的成就感。
（3）支持下级自我管理，自我控制。

3. 榜样激励
"榜样的力量是无穷的。"管理者应注意用先进和典型来激发企业员工的积极性。榜样激励主要包括以下两个方面：
（1）先进和典型的榜样激励。
（2）管理者自身的模范作用。

4. 思想教育激励
思想教育激励是指通过思想教育方式与手段，激发动机，调动企业员工积极性的形式。具体包括：
（1）政治教育。企业管理者要有意识地运用先进的思想与观念对员工进行灌输，全面提高企业成员的思想政治素质，特别注意爱国主义、奉献精神、团队精神的教育。这种政治教育的激励，在社会主义市场经济的今天，仍具有巨大的威力。
（2）思想工作。人的行为是由思想动机决定的，因此，思想工作是企业中极为重要的激励手段。特别要注意各种谈心、沟通、说服等形式的运用。
（3）表扬与批评。表扬与批评既可以看作是指挥手段，也可以看作是激励形式。应用时主要注意以下几点：① 坚持以表扬为主，批评为辅。② 必须以事实为依据。③ 要讲究表扬与批评的方式、时机、地点，注重实际效果。④ 批评要对事不对人。⑤ 要尽量减少批评的次数。⑥ 批评与表扬要适当结合。

5. 物质利益激励
物质利益激励是指以物质利益为诱因，通过满足企业员工物质利益需要来调动员工积极性的方式与手段。在物质激励中，最突出的是金钱的激励。金钱不是唯一的激励，但金钱作为一种激励因素是不可忽视的。对于那些养家糊口的人来说，金钱是非常重要的；对于功成名就的人来说，金钱是身份和价值的象征。物质激励主要包括：
（1）奖酬激励。奖酬包括工资、奖金、各种形式的津贴及实物奖励等。①设计奖酬机制与体系要为实现工作目标服务。关键是奖酬与贡献直接挂钩的科学化与定量化。管理者必须善于将奖酬的重点放在管理者关注的重点上。②要确定适当的刺激量。奖酬激励作用主要取决于相对刺激量。要依工作完成情况、人的贡献、总体奖酬水平，公平合理地确定奖酬的增长水平和成员之间的差别。③奖酬要同思想工作有机结合。

（2）关心照顾。管理者对企业员工在生活上给予关心照顾，不但使企业员工获得物质上的利益和帮助，而且能获得尊重和归属感上的满足，可以产生巨大的激励作用。

（3）处罚。处罚是负强化，属于一种特殊形式的激励。运用这种方式时要注意：处罚必须有可靠的事实根据和政策依据；方式与刺激量要适当；也要同深入的思想工作结合，注意疏导。

课堂讨论

猎人与猎狗

有一个猎人养了一群猎狗，猎狗在猎人的指挥下捕捉野兔，猎人吃肉，猎狗吃骨头，他们靠这种方式生活。

开始时，猎狗为了生存捕捉野兔都很卖力，时间久了，猎狗们感觉捕多捕少都能够吃到兔骨头，就不太卖力了，捕捉兔子的数量也大不如从前。猎人看到这些，就给猎狗们开会，说："从今往后，谁每天捕到5只兔子，不但能吃骨头，还能分一块兔肉。"猎狗们一下兴奋起来，于是每天捕兔数量多了起来，猎人很高兴。但过了一段时间后，捕兔数量又少了起来，且捕捉的小兔子居多，猎人问猎狗为什么，猎狗说，捕捉大兔子费时费力，和捕捉小兔子一样分骨头、分肉，谁还愿意费那么大劲。猎人想了想说："从今往后，分骨头分肉，不但要看捉兔子的数量，而且每天捉的兔子要称一称，按重量分配。"从此，猎狗们又带劲地捕捉兔子了，那些身强力壮的猎狗捉的兔子又多又大。又过了一段时间，那些身强力壮的猎狗又开始懒惰起来，猎人又问为什么？猎狗回答："我们现在身强力壮，拼死拼活也只是饱餐一顿，老了以后还不是照样没饭吃？"猎人思考了很久，又作了一个决定："从今往后，大家捕捉野兔，按数量和重量分给大家骨头和肉，除了现在吃的以外，吃不完可以累积起来，等以后老了，不能捕捉兔子时再分给大家。"猎狗们听后，高兴得跳起来，从此，再也不偷懒了。

讨论：猎人是如何激励猎狗的，给管理者怎样的启示？

≫ 思考与练习

一、判断题

（1）领导活动主要就是影响下属、激励下属和授权下属的活动。（　　　）

（2）领导实质上是一种对他人的影响力。（　　　）

（3）领导者的权力由组织权力和个人权力所组成，如果想管理有效就必须时刻注意运用个人权力来补充组织权力。（　　　）

（4）激励因素即能直接调动人的积极性的因素，如对所从事工作的热爱与兴趣，工作中得到认可和赞美，自我价值的实现。（　　　）

（5）权变理论学派认为不存在无条件适用于一切组织的最好的管理方法，强调在管理中要根据所处的内外环境的变化而随机应变。（　　　）

（6）在物质鼓励中，突出的就是金钱。金钱是唯一能激励人的力量。（　　　）

（7）根据归因理论，把失败归于稳定因素会提高以后工作的积极性，归于不稳定因素会降低工作的积极性。（　　　）

（8）激励只有从了解员工的利益和需求出发才能成功。（　　　）

（9）在人们有了工作成绩之后，应先考虑给予精神激励，然后再考虑物质方面的激励。（　　　）

（10）下属的成熟程度包括两个因素：工作成熟度和心理成熟度。心理成熟度高的个体不需要太多的外部激励，主要是靠内部动机激励。（　　　）

二、单选题

（1）现代领导者主要依靠（　　　）来进行领导。

A. 权力影响力　　　B. 非权力影响力　　　C. 专长影响力　　　D. 品质影响力

（2）管理没有固定不变的模式和普遍适用的方法，应根据环境条件的变化，不断调整，才能提高管理的适应性。这是管理的（　　　）原理。

A. 权变　　　　　B. 系统　　　　　　C. 人本　　　　　　D. 责任

（3）管理方格理论提出了五种最具代表性的领导类型，其中，（　　　）又称俱乐部式领导者，这种领导方式对业绩关心少，对人关心多，努力营造一种人人放松的环境。

A.1-1 型　　　　B.9-1 型　　　　　C.1-9 型　　　　　D.5-5 型

（4）激励的最终目的是要使（　　　）得到完善和发展。

A. 组织　　　　　B. 个人　　　　　　C. 群体　　　　　　D. 组织和个人

（5）希望与别人交往，害怕孤独，与同事和睦相处关系融洽的欲望是马斯洛需要理论的（　　　）。

A. 生理需要　　　B. 安全需要　　　C. 社交需要　　　D. 尊重需要

（6）赫兹伯格提出的双因素理论认为（　　　）不能直接起到激励的作用，但能防止人们产生不满情绪。

A. 保健因素　　　B. 激励因素　　　C. 成就因素　　　D. 效价因素

（7）根据弗鲁姆的期望理论公式，一般来说，效价越高，期望值越大，激励的水平就越（　　　）。

A. 高　　　　　　B. 低　　　　　　C. 一般　　　　　　D. 无法判断

（8）管理方格理论提出了五种最具代表性的领导类型，（　　　）领导方式对生产和工作的完成情况很关心，却很少关心人的情绪，属于任务式领导。

A.1-1 型　　　　B.9-1 型　　　　　C.1-9 型　　　　　D.5-5 型

（9）激励方法得当，有利于激发和调动职工的积极性。根据美国哈佛大学心理学家詹姆士在对职工的研究中发现，按时计酬的职工的能力仅能发挥 20%~30%，而受到激励的职工的能力可发挥到（　　　）。

A.60%~70%　　　B.70%~80%　　　C.80%~90%　　　D.90% 以上

（10）表扬、赞赏、增加工资、奖金及奖品，分配有意义的工作等行为在强化理论中属于（　　　）。

A. 正强化　　　　B. 负强化　　　　C. 惩罚　　　　　D. 自然消退

三、多选题

（1）企业领导权力表现的主要形式有（　　　）。

A. 法定权　　　B. 强制权　　　C. 奖励权　　　D. 专长权　　　E. 表率权

（2）按照领导者关注重点的不同来划分，可以分为（　　　）。

A. 任务型领导方式　　　　　　B. 关系型领导方式　　　　　　C. 专断型领导方式

D. 民主型领导方式　　　　　　E. 放任型领导方式

（3）人员激励的方法有（　　　）。

A . 目标激励　　 B . 竞争激励　　 C . 感情激励　　　 D . 教育激励　　　 E. 兴趣激励

（4）俄亥俄州立大学的研究者通过调查研究，总结出描述领导者行为的两个维度（　　　）。

A. 关怀维度　　　B. 定规维度　　　C. 员工导向　　　D. 生产导向

（5）美国管理学家费德勒认为，（　　　）是决定领导有效的主要环境因素。

A. 员工素质　　　B. 职位权力　　　C. 任务结构　　　D. 上下级关系

（6）领导活动包括（　　　）。

A. 塑造自我形象和价值观　　　　　B. 影响下属的态度和行为

C. 激励下属满足利益要求　　　　　D. 灵机给予或授予下属权力

E. 决策和制定制度规范

（7）非权力影响力包括（　　　）。

A. 专长影响力　　B. 传统影响力　　C. 影响力　　D. 职位影响力　　E. 品质影响力

（8）马斯洛把人的需要排成（　　　）。

A. 尊重需要　　　B. 自我实现需要　　C. 生理需要　　D. 社交需要　　　E. 安全需要

（9）在双因素理论中，（　　　）体现的是保健因素。

A. 要给员工提供适当的工资和安全保证　　　　　　B. 要改善员工的工作环境和条件

C. 对员工的监督要能为他们所接受　　　　　　　　D. 员工的工作得到认可和赏识

（10）期望理论中的三个要素是（　　　）。

A. 激励水平的高低　　　　B. 环境　　　C. 期望值　　　D. 效价

四、思考题

（1）领导者如何将手中的权力和自身的人格魅力有机结合，形成领导权威？

（2）基层管理者如何才能胜任自己的工作？

（3）管理者如何激励员工提高工作效率？

（4）如何让自己的员工和团队充满激情？

（5）有经理说："什么是领导？下午 5 点下班时工作尚未完成，你能让员工将工作完成后再下班，这就是领导。"你如何理解？

（6）菲德勒认为，一个人的领导风格是不能改变的。而目标——途径理论认为，一个人可以调整自己的领导风格。为什么会有这样的区别，你怎样理解？

五、能力拓展与训练题

访问你熟悉的 3 ～ 4 位管理者，倾听他们在工作中最佩服的是什么样的高层管理者，并梳理出管理者与领导者的区别。

模块十二　人际沟通与社交礼仪

模块综述

人际沟通是人类社会存在的重要方式，是人们相互认识、相互理解、相互合作的重要途径。沟通者只有掌握沟通技巧，规范礼仪行为，才能达到完美、有效的沟通目的。

学习目标

掌握沟通的必要性、理解沟通的作用；掌握沟通过程；区别正式沟通与非正式沟通的作用；能够有效应用双向沟通；能正确运用社交礼仪。

引入案例

职场菜鸟沟通记

小 B 是一个典型的北方姑娘，在她身上可以明显感受到北方人的热情和直率，她性格坦诚，有什么说什么，总是愿意把自己的想法说出来和大家一起讨论，正是因为这个特点，她在上学期间很受老师和同学的喜爱。今年，小 B 从西安某大学的人力资源管理专业毕业，她认为，经过三年的学习自己不但掌握了扎实的人力资源管理专业知识，而且具备了较强的人际沟通技能，因此她对自己的未来期望很高。为了实现自己的梦想，小 B 毅然只身去 S 市求职。

经过将近一个月的反复投简历和面试，在权衡了多种因素的情况下，小 B 最终选定了 S 市的一家金融企业，她之所以选择这份工作是因为目前该公司规模适中，发展速度较快，最重要的是该公司的人力资源管理工作还处于尝试阶段，如果加入公司，将是公司专门负责人力资源的第一个人，因此她认为自己施展能力的空间比较大。

但是到公司实习了一个星期后，小 B 就陷入了困境中。原来该公司是一个典型的中小型企业，充满了各种裙带关系，缺乏必要的管理理念更不用说人力资源管理理念，在老板的眼里，只有业绩最重要，公司只要能赚钱其他的一切都无所谓。但是小 B 认为越是这样就越有自己发挥能力的空间。到公司的第五天小 B

拿着自己的建议书走向了上级的办公室。

"王经理，我到公司已经快一个星期了，我有一些想法想和您谈谈，您有时间吗？"小 B 走到经理办公桌前说。

"来来来，小 B，早就应该和你谈谈了，只是最近一直在见客户就把这件事忘了。"

"王经理，对于一个企业尤其是处于上升阶段的企业来说，要持续企业的发展必须在管理上狠下功夫。我来公司已经快一个星期了，据我目前对公司的了解，我认为公司主要的问题在于职责界定不清；雇员的自主权力太小致使员工觉得公司对他们缺乏信任；员工薪酬结构和水平的制定随意性较强，缺乏科学合理的基础，因此薪酬的公平性和激励性都较低。"小 B 按照自己事先所列的提纲开始逐条向王经理叙述。

王经理微微皱了一下眉头说："你说的这些问题我们公司也确实存在，但是你必须承认一个事实——我们公司在盈利，这就说明我们公司目前实行的体制有它的合理性。"

"可是，眼前的发展并不等于将来也可以发展，许多中小企业都是败在管理上。"

"好，那你有具体方案吗？"

"目前还没有，这些还只是我的一点想法而已，但是如果得到了您的支持，我想方案只是时间问题。"

"那你先回去做方案，把你的材料放这儿，我先看看然后给你答复。"说完王经理的注意力又回到了业绩报告上。

小 B 此时真切地感受到了不被认可的失落，她似乎已经预测到了自己第一次提建议的结局。

果然，小 B 的建议书石沉大海，王经理好像完全不记得建议书的事。小 B 陷入了困惑之中，她不知道自己是应该继续和上级沟通还是干脆放弃这份工作、另找一个发展空间。

思考： 你认为小 B 应该继续和上级沟通吗？为什么？

任务一　判识沟通

一、沟通及管理沟通的基本内涵

（一）沟通的误区

人们对于沟通的理解和认识多种多样，但大都缺乏对沟通含义的完整认识。例如：

观点 1：沟通不是太难的事，我们不是每天都在进行沟通吗？

观点 2：我告诉他了，所以我已和他沟通了。

观点 3：只有当我想要沟通时，才会有沟通。

这些观点从不同角度反映出对沟通的片面理解。持第一种观点者认为，我们天天都与人打交道，这是家常便饭，难在何处？然而，正是因为把沟通看得过于简单而忽视了其复杂性和难度，在处理沟通问题时，容易简单化，不作充分准备，所以沟通失败也在所难免。

持第二种观点者认为，只要我告知对方了，就完成了我的沟通任务，至于对方是否理解我的意思，产生怎样的结果，与我无关。正是这种观点导致生活、学习和工作中事与愿违的事情时有发生，与此相关的抱怨随处可闻。殊不知沟通并不是单向的，而是双向的。只有当听众正确理解了信息的含义时，才是真正意义上的沟通。

持第三种观点者认为，只要我默不作声，就没有进行沟通。事实上，沟通除了语言方式，还有非语言方式。当一位演讲者站在台上时，他并不想传递"我感到紧张"这一信息，但观众从他的神态中就能够清晰地获得这一信息。

（二）沟通的概念

"沟通"，源于拉丁文 communis，意义为共同化，英文表示为 communication，在《美国传统双解词典》中解释为："交流、交换思想、消息或信息，如经由说话、信号、书写或行为。"《新编汉语词典》关于沟通之意的解释为"使两方能连通"。

沟通作为管理者的基本技能，一直以来也是诸多管理学者研究的重要课题之一。当代著名管理学家斯蒂芬·P·罗宾斯认为沟通是"意义的传递与理解"。并指出，完美的沟通，如果其存在的话，应是经过传递之后被接受者感知到的信息与发送者发出的信息完全一致。

沟通（communication）是信息、思想与情感凭借一定符号载体，在个人或群体间从发送者到接受者进行传递，并获取理解达成协议的过程。

沟通是一种通过传递观点、事实、思想、感受和价值观而与他人相接触的途径。沟通是信息在人与人之间传递的交互过程。这一活动在管理的全过程中，是不能缺少的。沟通是管理的基础，任何组织的任何管理工作都离不开沟通。计划、组织、领导、决策、监督、协调等管理职能，都须以有效的沟通作为前提。许多企业由于沟通的不足和失误，有限的人力资源和其它资源无法实现最佳配置，严重影响企业正常运行和发展前景。为了有效避免沟通误区，应从以下 5 个方面理解沟通。

1. 沟通首先是意义上的传递

沟通是人们通过语言和非语言方式传递并理解信息、知识的过程，是人们了解他人思想、情感、见解和价值观的一种双向互动过程。如果信息和想法没有被传递到，则意味着沟通没有发生。也就是说，说话者没有听众或写作者没有读者都不能构成沟通。

2. 意义不仅需要被传递，还需要被理解

主体发出的沟通要素信息、思想与情感不仅要被传递到客体，还要被充分理解并达成协议，这个也是与日常所讲沟通的最大区别。有效的沟通，应该是信息经过传递后，接收者感知到的信息应与发送者发出的信息完全一致。如果沟通的过程达不到理解并接受的程度，那么只能称之为日常的通知而已。

3. 在沟通过程中，传递于沟通者之间的，只是一些符号

信息并不能像有形物品一样由发送者传送给接受者，信息的传递需要借助语言、文字、身体动作、表情等载体符号。发送者把传递的信息"翻译"成符号，而接受者则进行相反的"翻译过程"。由于每个人"信息—符号储存系统"各不相同，对同一符号常存在着不同的理解。

4. 良好的沟通常被错误地理解为沟通双方达成协议

沟通双方能否达成一致协议，别人是否接受自己的观点，往往并不是沟通良好与否这一个因素决定的，它还涉及到双方根本利益是否一致，价值观念是否类同等其他关键因素。例如，在会议过程中如果双方存在着根本利益的冲突，即使沟通过程中不存在任何干扰，双方沟通技巧十分娴熟，往往也不能达成一致协议，虽然沟通双方都已充分理解了对方的观点和意见。

5. 沟通的信息包罗万象

信息沟通可以以语言、文字或其他形式为媒介，沟通的内容除了信息传递外，也包括情感、思想和观点的交流。如果信息接受者对信息类型理解与发送者不一致，有可能导致沟通障碍和信息失真。在许多引起误解的问题中，其核心都在于接受人对信息到底是观点的叙述还是事实的叙述混淆不清。

理解沟通内涵时，需要强调，真正的沟通首先是一种态度，其次才是方法和技能。态度占沟通成败的60%，技术和口才只占40%。同一件事，与不同的人沟通会得到不一样的结果，同样的沟通，语言方式不同结果也不同。为什么？因为态度不同。沟通态度包括眼神、表情、口气、手势、坐姿、站姿、呼吸方法等，都会在沟通中不自主地向对方传达你的认同或反对的信息。"不食嗟来之食。"一个人明明是在乞食，但碰到口气不好的施舍者，他宁愿顾全自尊也不接受食物。沟通也是一样，你若用高姿态或强势的口气，对方一样不能接受，态度不当是沟通的最大杀手，态度很重要，即使能力再好，口才再棒，不好的态度沟通一样会失败。

（三）管理沟通的概念及作用

1. 管理沟通的概念

管理沟通是指为实现组织目标而进行的组织内部和外部的知识、信息传递和交流活动。

对于管理者而言，要时刻面对各种各样的沟通，沟通的对象包括了企业的众多利益相关者（或者称为干系人），外部包括了政府、企业所有者（股东）、融资银行、上游供应商、下游中介渠道商、广告商、媒体、社区团体、竞争对手与产品顾客；内部包括了上级管理者、同级管理者以及下级的雇员和雇员的家庭成员等。对管理者来说，与员工进行内部沟通是至关重要的。因为管理者要作出决策就必须从下属那里得到相关的信息，而信息只能通过与下属之间的沟通才能获得；同时，决策要得到实施，又要与员工进行沟通。再好的想法，再有创见的建议，再完善的计划，离开了与员工的沟通都是无法实现的空中楼阁。

2. 管理沟通的作用

对管理学发展作出了巨大贡献的哈罗德•孔茨教授指出了信息沟通在管理职能中的重要地位、作用和职能。著名管理学家明茨伯格在提出管理者的十大角色理论之后，也进一步指出，有效的沟通，无论是为处理危机，还是为服务于长期计划，都必须以听众的激励作为成功的开端。明茨伯格的管理者角色划分提示出了沟通在组织管理中的重要作用：

（1）成为管理者个人能力的一种信号。沟通在管理中的作用首先表现在管理者的核心任务上，并成为衡量管理者个人能力的一个信号。在弗雷德•卢森斯和他的副手对管理者所做的研究结果来看，无论是成功的管理者，还是有效的管理者，都要花费大约1/3的时间用来从事沟通活动。尤其是对有效管理者而言，他们用于沟通的时间比例占到44%。从个人角度来看，正如布朗奈尔所指出的那样，有效沟通的能力往往是决定某一个人能否得到提升的一个最关键的性格特征。有研究在总结了一系列调查结果后认为，管理者的第一大问题可以被归纳为沟通。但是，许多管理中的问题，往往产生于管理者与下属之间的沟通不畅。

知识链接

企业看沟通

美国普林斯顿大学对一万份人事档案进行了分析，结果是：智慧、专业技术、经验只占成功因素的25%，其余75%决定于良好的人际沟通。

美国哈佛大学调查结果显示：在500名被解职的男女中，因人际沟通不良而导致工作不称职者占82%。

福特公司的董事长亨利·福特曾说："作为福特公司的董事长，我告诫自己，必须与各界确立和谐关系，不可在沟通上无能为力。"

（2）可以协调组织成员的行为。不同的员工具有不同的个性、价值观、生活经历等，这些个体间的差异必然会导致出现一些矛盾，产生一些冲突。通过管理沟通，可以使得员工懂得尊重对方和自己，不仅了解自己的需要和愿望，而且能通过换位思考，彼此理解，建立信任、融洽工作关系。基于社会分工理论，组织的成员在各自的岗位上按照分工要求不变样、不偏离地工作，以保证高效率地完成团队协作，就好像一部机器要运转良好，就必须使所有零部件没有问题且配合完好才行。行为协调的前提是组织成员知道自己干了什么，正在干什么，别人干了什么，正在干什么，大家应该如何合作，而这必须通过有效的人际间沟通才行。沟通可能使组织成员明白自己和他人所做工作的职能分配和重要性，以及与目标和标准之间的差异，从而调整各自的行为，进行合作。

（3）能够改进组织绩效。管理者能通过采用更有效的新技术改造工艺流程，以及通过训练员工掌握新技术和更多技巧来提高效率。而良好的沟通对管理者学习新技术、在组织中实施新技术和训练员工运用新技术是必要的。同样，有效的沟通也是改进质量的关键。管理者需要让组织的所有成员明白提高质量的意义和重要性，以及达到高质量的途径。为提高质量，下属需要与他们的主管就存在的问题与建议进行沟通，自我管理工作团队的成员们为提高质量需要互相交流思想和共享知识。据说，卡梅隆对一个正在进行大规模调整的大型制造企业进行调研时，提出了两个问题：在组织调整实施过程中遇到的最大问题是什么？过去进行组织调整的成功经验中，最关键的因素是什么？他得到的答案是：沟通。在被访问人员中，所有的人都赞同多沟通总是优于少沟通，并认为与员工过多的沟通利大于弊。可见，沟通对组织绩效的影响是何其重要。

（4）使得组织内的管理更有效率。管理是通过别人完成任务的活动，它可以最大限度地消除信息的不对称，提高组织内部资源配置的效率。但在现实的组织中，僵化的结构和传统的行政机制，使组织的运转处于低效率的尴尬境地。而要改进组织的管理效率，取决于两个基本条件：一是与组织规模相关的组织层次的多少；二是组织内部信息传递系统的运作效率。掌握低成本的沟通技巧、了解如何有效地传递信息能提高团队的办事效率，而积极地获得信息更会提高组织的竞争优势。好的沟通者可以一直保持注意力，随时抓住内容重点，找出所需要的重要信息。

（5）有利于创造和维护组织文化。沟通是维系组织存在，保持和加强组织纽带，创造和维护组织文化，提高组织效率、效益，支持、促进组织不断进步发展的主要途径。管理沟通即组织沟通，是一种动态的、多渠道过程，它包括特定组织内部和外部的沟通。管理沟通是组织为了顺利地经营并取得经营成功，为求得长期的生存发展，营造良好的经营环境，通过各种商务活动，凭借一定的渠道，将有关组织经营的各种信息发送给组织内外既定对象（接收者），并寻求反馈以求得组织内外的相互理解、支持与合作的过程。管理沟通是不同个体或组织、在经营活动中围绕各种信息所进行的传播、交换、理解和说服工作。

（6）有利于内外部联系的顺畅。如果我们把组织比喻成一个完整的有机体，管理沟通就是保持其良性循环的生命血液。换言之，处于组织这个系统中的个体，会扮演一个个特定的角色，然后，由这些扮演相同或不同角色的个体按工作需要组成工作群体，多个工作群体就形成了组织。为实现组织目标，组织不仅需要集聚内部力量，而且需要获得外部力量，因此组织必须与外部环境建立起一种互动、协调的关系。

二、沟通的类型

（一）按照组织管理系统和沟通体制的规范程序划分

按照组织管理系统和沟通体制的规范程序来划分，可以分为正式沟通和非正式沟通。

1. 正式沟通

通过组织管理渠道进行的信息交流，传递和分享组织中的"官方"工作信息。它和组织的结构密切相关，具有内容集中、信息量大、概括性强、约束力强、易于保密等特点。包括按正式组织系统发布的命令、指示、文件，组织召开的正式会议，组织正式颁布的法令、规章、手册、简报、公告，组织内部上下级之间、同事之间因工作需要而进行的正式接触。正式沟通在很大程度上受到组织结构的影响，管理沟通的流程与正式沟通有密切的关系。沟通越正式，对内容的精准性和对听众定位的准确性要求就越高。但正式沟通往往比较刻板，缺乏灵活性，沟通速度慢，层层传递之后存在着信息失真或扭曲的可能。

2. 非正式沟通

一种通过正式规章制度和正式组织程序以外的其他各种渠道进行的沟通。非正式沟通具有迅速、交互性强、反馈直接、流动性强、方式灵活等特点，可以提供正式沟通难以获得的"内幕新闻"。因为非正式组织是由组织成员的感情和动机上的需要而形成的，所以其沟通渠道是通过组织内的各种社会关系，这种社会关系超越了部门、单位及层级。由于非正式沟通在管理活动中十分普遍，而且人们真实的思想和动机往往在非正式沟通中更多地表露出来，大多数人相信通过非正式沟通获得的信息更可靠。缺点是难以控制，传递信息不确切，容易失真，还有可能导致小集团、小圈子的滋生，影响组织的凝聚力和向心力。当正式沟通渠道不畅通或出现问题时，非正式沟通会起十分关键的作用。管理者要善于利用它，对其进行有效管理，注意防止和克服其消极的方面。

经典案例

非正式沟通——私下的旁敲侧击

宋朝时，宋太祖对一个大臣说："鉴于你对国家作出的杰出贡献，我决定升你做司徒（古代官名）。"这个大臣等了好几个月也不见任命下来，可是又不能当面向皇帝询问，因为这会伤及皇帝的面子，但如果不问，升官的事情就可能告吹了，怎么办呢？

有一天，大臣故意骑了一匹奇瘦的马从宋太祖面前经过，并惊慌下马向皇帝请安。宋太祖就问："你的马为什么如此之瘦？"那个大臣回答："我答应给它一天三斗粮，可是实际我却没有给它吃这么多。"

宋太祖马上明白了这个大臣的意思，第二天就下旨任命这个大臣为司徒。

（二）按照是否进行反馈划分

按照是否进行反馈来划分，可以分为单向沟通和双向沟通。

1. 单向沟通

在沟通过程中，信息发送者负责发送信息，信息接收者负责接收信息，信息在全过程中单向传递。如作报告、发指示、下命令等。单向沟通中，一方只发送信息，另一方只接受信息，双方无论在语言上还是情感上都不需要信息反馈。这种沟通方式的优点是信息传递速度快，并易保持传出信息的权威性，但准确性较差，较难把握沟通的效果，有时还容易使接收者产生抗拒心理。当工作任务急需布置，工作性质简单，以及从事例行的工作时，多采用此种沟通方式。

2. 双向沟通

信息发出者和接收者之间进行双向信息传递与交流。在沟通中双方位置不断变换，沟通双方往往既做发送者同时又是接收者。双向沟通中的发送者以协商和讨论的姿态面对接收者，信息发出以后还需及时听取反馈意见，必要时双方可进行多次重复商谈，直到双方共同明确和满意为止。双向沟通信息传递有反馈，准确性较高。由于接收者有参与反馈意见的机会，易保持良好的气氛和人际关系，有助于意见沟通和建立双方的感情。但是，由于信息的发送者有时需接受信息接收者的质询、批评或挑剔，因而对其心理压力较大，要求也较高；同时，这种沟通方式比较费时，信息传递速度也较慢。

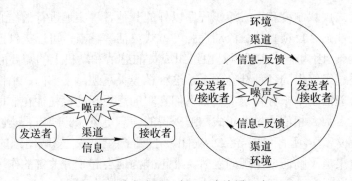

图12-1 单向沟通（左）双向沟通（右）

简言之，发送者和接收者之间的地位不变为单向沟通，两者之间地位变换是双向沟通（见图 12-1）。管理者应当学会在不同情景下合适地选择。一个组织如果只重视工作的快速与成员的秩序，宜用单向沟通；大家熟悉的例行公事、低层的命令传达，可用单向沟通；如果要求工作的正确性高、重视成员的人际关系，则宜采用双向沟通；处理新问题、上层组织的决策会议，双向沟通的效果较佳。从领导者个人来讲，如果经验不足，无法当机立断，或者不愿下属指责自己无能，想保全权威，那么单向沟通对自己最有利。

（三）按照沟通的方法划分

按照沟通的方法来划分，可以分为语言沟通和非语言沟通。

1. 语言沟通

语言本身就是力量，语言技巧是我们最强有力的工具。语言可以帮助你去获得他人的理解，并使与他人的沟通变成了可能，比如"花言巧语"可以帮助一个人获得他人的感情。语言能使你逃离灾祸，也能使你陷入泥潭，既能使人受到极大的鼓舞，也能使人遭受极大的侮辱。

经典案例

林 肯 的 幽 默

有天晚上 12 点，有一个想投机取巧的政客给林肯打电话说："总统先生，我听说咱们的税务局长刚刚去世，我可不可以顶替他的位置？"

林肯说："如果殡仪馆同意的话，我没有意见！"

语言沟通包括口头沟通和书面沟通。

（1）口头沟通。口头沟通是指通过口头言语信息进行交流，是最常用的信息传递方式。口头沟通比较灵活，速度快，可以双向交流，信息比较综合，并且容易传递带有情感色彩或态度型的信息。在这种方式下，信息可以在最短的时间中进行传送，并得到对方的回复。如果接收者对信息不确定，迅速的反馈可以使发送者及时检查其中不够明确的地方，从而及早地发现错误，使信息准确传递。因而，口头语言在企业管理中具有很强的应用。通过面对面的沟通，管理者可以和员工坦诚、开放地交流，从而使员工理解管理者，增强对组织的认同感。尽管有"及时"的优势，但口头沟通失真的潜在可能性很大。口头沟通容易"走样"，出现"过滤"或"夸大"的偏差。当信息经过多人传送时，信息失真的潜在可能性就越大。如果组织中的重要决策通过口头方式在权力金字塔中上下传递，信息失真可能性相当大。

（2）书面沟通。书面沟通是指借助于书面文字材料实现的信息传递和交流，包括信函、各种出版物、传真、平面广告、浏览网页、电子邮件、即时通信、备忘录、报告和报表等书面文字或符号手段。书面沟通比较正式，具有永久记录性，可以重复使用和阅读，因为它有形而且可以核实。对于复杂或长期的沟通来说，书面沟通尤为重要。书面沟通虽然可以修正内容，是一种准确性较高的沟通方式，但是信息一旦传递出去，就很难修改和澄清，因此要求沟通者在沟通之前必须做好精心的准备，并对可能出现的后果保持高度的敏感性。

相对于口头沟通，书面沟通耗费时间较长，同时书面沟通不能及时提供信息反馈。发送者往往要花费很长的时间来了解信息是否已被接收并被准确地理解。

2. 非语言沟通

非语言沟通指的是用语言以外的非语言符号系统进行的信息沟通，如动作符号系统（手势、表情动作、体态变化等）、目光接触系统（眼神、眼色）、辅助语言系统（语气、音调、音量、快慢、节奏等）以及空间运用系统（身体距离）。

据美国加州大学洛杉矶分院（UCLA）研究者发现，在面谈中，信息的55%来自于身体语言，38%来自于语调，而仅有7%来自于真正的语言。在影响他人时，本身也不断地从外界接收信息。接收信息的渠道有：眼神83%、听觉11%、味觉1%、嗅觉3.5%、触觉1.5%，视觉是接收信息最多的渠道。

可见，表达能力绝不仅是你的"口才"，非语言表达方式有时更加重要。正如德鲁克所说，人无法只靠一句话来沟通，总是得靠整个人来沟通。通过非语言沟通，人们可以更直观、更形象地判断你的为人、做事的能力，看出你的自信和热情，从而获得十分重要的"第一印象"。人们常说：耳朵听不见为失聪，眼睛看不见为失明。聪明就是耳聪目明，聪明的人能看出别人没有看出的方面，能听出对方的言外之意。

在现实生活中大量存在非语言沟通，如一个眼神、一个细小的动作、一个简单的身体姿态、一件衣服、一个特别的位置、一件物体等，都代表了特定的沟通含义。人们控制说话比较容易，而控制身体语言却不容易，身体语言会将人的思想暴露无遗。在课堂上，当看到学生的眼神无精打采或者有人在翻阅校报时，老师就可以知道，学生表现的是厌倦；同样，当纸张沙沙作响，笔记本开始合上时，信息也十分明确，下课时间到了；一个人所用的办公室和办公桌的大小、一个人的穿着打扮都向别人传递着某种特定信息。

语言沟通与非语言沟通的比较如表 12-1 所示。

表 12-1　语言沟通与非语言沟通的比较

沟通方式	举　例	优　点	缺　点
口头沟通	交谈、讲座、讨论会、电话	快速传递、快速反馈、信息量很大	传递中经过层次愈多信息失真愈严重
书面沟通	报告、备忘录、信件、内部期刊、布告	持久、有形、可以核实	效率低、缺乏反馈
非语言沟通	仪容、体态、语调、表情	信息意义十分明确，内涵丰富，含义隐含灵活	传递距离有限，界限模糊，只能意会不能言传

（四）按照信息流动的方向划分

按照信息流动的方向来划分，可以分为向上沟通、向下沟通和平行沟通。

1. 向上沟通

向上沟通是指在组织中，信息从较低的层次流向较高的层次的一种沟通。居下者向居上者陈述实情、表达意见，即人们通常所说的下情上达。在向上沟通中，"下"应是主体。积极的向上沟通可以提供员工参与管理的机会，营造开放式氛围，提高企业的创新能力，缓解工作压力。许多机构还采取某些措施以鼓励上行沟通，例如，态度调查、征求意见座谈会、意见箱等。如果没有上行沟通，管理者就不可能了解职工的需要，也可能不知道自己下的指示或命令正确与否，因此上行沟通十分重要。

知识链接

中国文化下的向上沟通

中国文化下的向上沟通，应是尊重而不吹捧、请示而不依赖、主动而不越权。在向上沟通时，下属应该谨记"上下"观念，安守本分，小心自己的言行，让上司感受到尊重，不可以下犯上，当然也不必奴颜婢膝。

2. 向下沟通

向下沟通指在组织中，信息从较高的层次流向较低层次的沟通。居上者向居下者传达意见、发号施令等。这种自上而下的沟通能够协调组织内各层级之间的关系，增强各层级之间的联系，对下级具有督导、指挥、协调和帮助等作用，是传统组织中最主要的沟通方式。一般以命令方式传达上级组织或其上级所决定的政策、计划、规划之类的信息。例如生产副总经理可能指示车间经理加紧制造一种新产品，依次地，车间经理向主管人员作出详细指示，主管人员以此为依据指示生产工人。向下沟通时，"上"应是主体。要想沟通顺畅，上司要降低自己的姿态，不要一副高高在上的样子，使下属畏惧，产生不愿意沟通的心理。

知识链接

中国文化下的向下沟通

中国人重视身份地位，所谓的"大人不计小人过"，就是"大人"不愿意放下身份去同"小人"斤斤计较。所以，越是位高权重的人，越会表现出平易近人的样子，同下属说话的时候就如同仁慈长者，多数是谆谆教导的口吻。凡是那些动不动就大发雷霆、咄咄逼人的上司，一般是火候没到，还不懂得中国人的"为官之道"。

3. 平行沟通

平行沟通主要是指同层次、不同业务部门之间以及同级人员之间的横向交流。这种沟通一般具有业务协调性质。平行沟通打破部门之间各自为政的局面，在沟通体系中不可缺少。它有助于加强各部门相互间的了解，增强团结，强化协调，减少矛盾和冲突，改善人与人之间的关系。

在多层次的正式沟通中，由于人们的价值取向和认识水平不同，在上行沟通和下行沟通中都会不同程度地出现由于"过滤""夸大""缩小"甚至"曲解"而带来的偏差。例如，下属常常觉得需要强调自己的成绩，对自身差错却"大事化小，小事化了"，或者是"报喜不报忧"。平行沟通较随意，可以作为上行和下行沟通的重要补充。

（五）按照沟通的对象和范围划分

按照沟通的对象和范围来划分，可以分为自我沟通、人际沟通与群体沟通。

自我沟通是人们自身内在的沟通，包括思想、情感、看待自己的方式；人际沟通是一对一的沟通；群体沟通是少数人聚在一起解决某个问题。这三种沟通根据反馈机会结构性、噪声的多少不同，其沟通渠道和环境的选择也往往不同。

1. 自我沟通

自我沟通也称内向沟通，即信息发送者和信息接受者为同一个行为主体，自行发出信息，自行传递，自我接收和理解。自言自语是最明显、自觉的个人内部沟通过程。当一个人在做事或和别人交流之前，就已经经历了复杂的自我沟通过程，自己对自己不断发出命令，自己再接受或拒绝命令。人们往往难以意识到这种过程的存在，只有在必须对一句话或者一个动作反复斟酌时，人们才能清楚意识到它的存在。自我沟通是其他形式的人与人之间沟通的基础。

延伸阅读

求爱表白前的自我沟通

当小王爱上漂亮迷人的小李姑娘的时候，他在向她表白自己的爱意之前，必然在自己内心要进行一次自我沟通：首先评估自己的优势与劣势，然后分析小李身边是否有强力的竞争对手，最后评估自己表白后的成功概率。在内心中得到一定成功评估结果的前提下，自己又要自我沟通表白的方式：当面表白还是书面表白；直接表白还是通过第三人间接表白等。

2. 人际沟通

广义的人际沟通是指包括一切人与人之间发生的各种形式的沟通；狭义的人际沟通则特指两个人之间的信息交流过程。人际沟通是与人们的日常生活关系最密切的一种沟通方式，它提供心理上、社会上和决策性的功能。心理上人们为了满足社会性需求和维持自我感觉而沟通；人们也为了发展和维持关系而沟通；在决策中，人们为了分享资讯和影响他人而沟通。人际沟通在形成组织规范、协调人际关系、实现组织目标和加强组织领导方面举足轻重。

3. 群体沟通

群体是两个或两个以上的人，为了达到共同的目标，以一定的方式联系在一起进行活动的人群。群体有其自身的特点：成员有共同的目标；成员对群体有认同感和归属感；群体内有结构、有共同的价值观等。

群体沟通指的是组织中两个或两个以上相互作用、相互依赖的个体，为了达到基于其各自目的的群体特定目标而组成的集合体，并在此集合体中进行交流的过程。群体沟通可以分为以下四种：

（1）小群体沟通。小群体沟通是指具有某种特殊职能，3人以上、13人以下的群体如班组、家庭、最高决策集团之间的沟通。小群体潜在的沟通网络结构如图12-2所示。

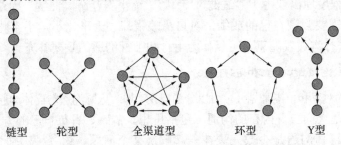

链型 轮型 全渠道型 环型 Y型

图12-2 小群体潜在的沟通网络结构

链型沟通属于控制型结构，在组织系统中相当于纵向沟通网络。网络中每个人处在不同的层次中，上下信息传递速度慢且容易失真，信息传递者所接收的信息差异大，平均满意程度有较大的差距。但由于结构严谨，形式比较规范，在传统组织结构中应用较多。

轮型沟通又称主管中心控制型沟通。该网络图中，只有一名成员是信息的汇集发布中心，相当于一个主管领导直接管理几个部门的权威控制系统。这种形式集中程度高，信息传递快，主管有权威。但由于沟通渠道少，组织成员满意程度低，士气往往受到较大的影响。

全渠道型的沟通网络中，每个成员之间都保持着一定的联系，这保证了群体成员之间的人际交往，有利于彼此之间关系的建立和维持，所以组织士气高昂，合作气氛浓厚。但这种网络模式解决问题的速度较慢，也不易于领导。

环型网络允许相邻成员之间的交流，但不允许其他交流。它实际表示三个层次的交流结构，即在上下级之间的垂直交流，而水平交流则只能在最底层进行。在这个网络中，组织的集中程度和领导人的预测程度都较低，畅通渠道不多，但组织中的成员具有比较一致的满意度，组织士气高昂。

Y型沟通是对链型沟通的重要发展。相比链型沟通，高层管理人员增加了与参谋人员的联系，体现的是典型的直线—职能制权力关系。此网络集中程度高，解决问题的速度快，但沟通渠道很少，组织成员满意度低。

（2）公众沟通。公众沟通是指一个演讲者与许多听众之间的沟通，如记者招待会、公开演说、培训等。在公众沟通过程中，演讲者较之听众对于沟通具有更大的控制力量，但听众也并非只是简单地、被动地充当信息接收者，而会积极参与沟通过程，发生反馈。

（3）大众沟通。大众沟通也称大众传播，指一群人经由一定的大众传播工具（报纸、电台、电视、电影等）向社会大众传送信息的过程。大众沟通的传送者通常是较大的组织，沟通的工具大都是最先进的科技结晶体，而接收者则是不知名、不定量的大众。社会心理学的研究认为，大众沟通一般有五个要素，即：传播者、传播工具、接收者、内容及效果。

（4）组织沟通。在社会组织内部发生的沟通，如公司、学校、政府机构等。组织沟通是组织管理中最为基础和核心的环节，它关系到组织目标的实现和组织文化的塑造。重视组织沟通、采取有效措施改善组织沟通是实现组织目标的关键。

三、沟通的过程

沟通过程就是发送者将信息通过选定的渠道传递给接收者的过程，它离不开沟通主体（发送者）、沟通客体（接收者）、信息（包含中性信息、理性的思想与感性的情感）、信息沟通渠道、反馈、噪声与背景等基本沟通要素。一个完整的沟通过程是一个畅通的回路。前半部分是传播阶段，主要包括信息的传播、理解和共享等内容。后半部分则是反馈阶段，主要包括沟通各方达成共识并能形成行动。沟通过程要素模型如图12-3所示。

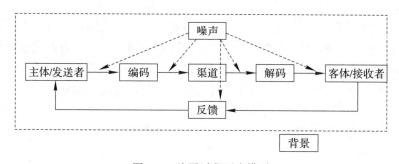

图12-3 沟通过程要素模型

1. 信息发送者

信息发送者即信息源与沟通发起者，这是沟通的起点。信息源于发送者，信息是否可靠,沟通是否有效,与发送者的可信度密切相关。发送者可以是个人,也可以是组织。发送者的主要任务是信息的收集、加工及传播。由于人与人之间的信息交流是一种双向的互动过程,所以,发送者与接收者只是相对而言,这两种身份可能发生转换。在信息交流过程中,发送者的功能是产生、提供用于交流的信息,是沟通的初始者,处于主动地位。而接收者则被告知事实、观点或被迫改变自己的立场、行为等,处于被动地位。发送者和接收者这种地位对比的特点对于信息交流有着重要影响。

2. 编码与解码

编码是发送者将信息的意义符号化,即组织信息,把信息、思想与情感等内容用相应的语言、文字、图形或其他非语言形式的符号表达出来。通常,信息发送者会根据沟通的实际需要选择合适的编码形式向接收者发出信息,以便其接受和理解。评价发送者的编码能力有三个标准:第一是认知,即"对不对"的问题;第二是逻辑,即"通不通"的问题;第三是修辞,即"美不美"的问题。

解码恰恰与之相反,是接收者在接收信息后,将符号化的信息还原成为思想,并理解其意义。解码就是接收者将获得的信号翻译成某种含义。沟通的目的就是希望接收者对发送者所发出的信息作出真实的反应及采取正确的行动。接收者的文化背景及主观意识对解码过程有显著的影响,这意味着信息发送者所表达的意思并不一定能使接收者完全理解。如果解码错误,信息将会被误解或曲解。完全理解只是一种理想状态,但是,只要沟通双方以诚相待、精诚合作,沟通就会接近理想状态。

3. 渠道或媒介

渠道是信息的传递载体,由发送者选择的、借由传递信息的媒介物。口头语言可以通过面谈、演说、会议、电话、录音带、可视对话等多种渠道传递,而书面语言的载体又可以是信件、内部刊物、布告、文件、投影、电子邮件等。非语言符号通过人的眼神、表情、动作和空间距离等来进行人与人之间的信息交流。很显然,不同的信息内容要求使用不同的渠道,信息发送者要根据信息的性质选择合适的传递渠道。如传达政府报告、员工绩效评估等正式、严肃和权威的事情,宜用书面形式。邀请朋友吃饭如果采取备忘录的形式就显得不伦不类。在申请一份工作时,要学会利用丰富的非语言渠道传递信息:有力的握手、职业装、敬重的语气等。因此,选择沟通渠道时要因时因地因人制宜。

4. 接收者

接收者是信息接收者、信息达到的客体、信息受众。人们通过沟通分享信息、思想和感情,这种分享不是一种单向的过程,这个过程可逆向而行。接收者在沟通过程中是比较关键的。信息经过渠道到达接收者后,首先经过解码,即接收者要将该信息"翻译"成自己的语言,并对之进行理解。如同对发送者的理解一样,接收者的解码水平同样要受到其技能、态度、知识和社会——文化系统的影响。另外,由于接收者是相对被动的,他可能还要受其当时的心理状况、细心程度和自然环境等因素的影响。

5. 反馈

反馈指接收者把收到并理解了的信息返送给发送者,以便发送者对接收者是否正确理解了信息进行核实。当接收者确认信息已收到,并对信息发送者作出反馈,表达自己对所获信息的理解时,沟通过程便形成了一个完整的闭合回路。反馈可以折射出沟通的效果，可以使信息发送者了解信息是否被接收和正确理解，可以让沟通的参与者知道思想和情感是否按照他们计划的方式分享。在沟通过程中的反馈可以是有意的，也可以是无意的。如演讲者在登台演讲时，观众可能以喝倒彩表示他们对演讲者的不满；也可能在听演讲时显得精神疲惫，无意间神情流露同样可以反馈出他们对演讲不感兴趣。作为一个沟通主体，无论是发送者，还是接受者，都应该尽量控制自己的行为，使沟通中的信息传递和反馈行为处于自我意识的控制状态之下，以确保信息传递和反馈无错误或无多余信息。

课堂讨论

你的心思他永远不懂

星期五下午 3:30，宏远公司经理办公室。

经理助理李明正在起草公司上半年的营销业绩报告，这时公司销售部副主任王德全带着公司销售统计材料走进来。

"经理在不？"王德全问。

"经理开会去了，"李明起身让座，"请坐。"

"老李，最近忙吗？"王德全点燃一支烟，问道。

"忙，忙得团团转！现在正起草这份报告，今晚大概又要加夜班了。"李明指着桌上的文稿纸回答到。

"老李，我说你呀，应该学学太极拳。"王德全从口中吐出一个烟圈说道："人过40，应该多多注意身体。"

李明闻到一股烟味，鼻翼微微翕动着，心里想：老王大概要等这支烟抽完了才会离开，可我还得赶紧写这份报告呢。

"最近我从报纸上看到一篇短文，说'无绳跳动'能治颈椎病。像我们这些长期坐办公室的人，多数都患有颈椎病。你知道什么是'无绳跳动'吗？"王德全自顾自的往下说，"其实很简单……"

李明心里有些烦，可是碍于情面不便说，他瞥了一眼墙壁上的挂钟，已经4点钟了，李明把座椅往身后挪了一下，站立起来伸了个懒腰说："累死我了。"又过了一会，李明开始整理桌上的文稿纸。

"'无绳跳动'与'有绳跳动'十分相似……"王德全抽着烟，继续自己的话题。

讨论：李明应该怎么做才能打破这个局面呢？

6. 噪音

噪音是沟通过程中的干扰因素，它是理解信息和准确解释信息的障碍。妨碍信息沟通的任何因素都是噪音，它存在于沟通过程的各个环节。常见的噪声源来自以下八个方面：发送者的目的不明确、表达不清、渠道选择不当，接收者的选择性知觉、心理定势，发送者与接收者的思想差异、文化差异、忽视反馈。

在沟通过程中，噪音是一种干扰源，它可能有意或无意地交织，会影响编码或解码的正确性，并导致信息在传送与接收过程中变得模糊和失真，从而影响正常交流与沟通。因此，为了确保有效沟通，通常要有意识地避开或弱化噪音源，或者重复传递信息以增加信息强度。

7. 背景

背景是指发生沟通的情境，沟通事实上总是在一定的背景中发生的。同样沟通在不同的时空背景下导致的效果是不一样的，从某种意义上讲，沟通既是由沟通主体双方把握的，也是由背景环境共同控制的。正是因为沟通双方的背景是动态变化的，从而使得彼此之间的沟通效果也是动态变化的。沟通的背景通常包括如下几个方面。

（1）心理背景。心理背景是指内心的情绪和态度。它包括两方面的内容：一是沟通者的心情和情绪。沟通者处于兴奋、激动状态时与处于悲伤、焦虑状态时的沟通意愿和行为是截然不同的，后者思维往往处于抑制和混乱的状态，沟通意愿不强烈，编码和解码的过程也会受到干扰。二是沟通双方的关系。如果沟通双方彼此敌视或关系冷漠，其沟通常常由于存在偏见而出现误差，双方都较难理解对方的意思。

（2）社会背景。社会背景是指沟通双方的社会角色及其相互关系。不同的社会角色对应于不同的沟通期望和沟通模式。人们之间为了达成良好的沟通，在沟通时必须选择切合自己与对方的沟通方法与模式。一般来讲，影响发送者可信度的重要因素有身份地位、良好意愿、专业知识、外表形象及共同价值。例如，通过强调自己的头衔、地位或将自己与某个地位更显赫的知名人士联系在一起，可以增强你的可信度；通过向听众表达良好意愿，并指出听众的利益所在，可以使听众对你产生信任与认同感；显示出自己的专业技术背景，或向听众叙述相关的经历，有助于你在听众中树立起专业或权威的形象；注重外表形象设计与展示，或借助认同你的听众的利益，或运用诙谐幽默的语言，吸引听众，有助于拉近沟通的距离。应该指出，在沟通的初始阶段就应该注重与听众达成共识，这将大大增强听众对你的信任感，提高你的可信度，从而为有效沟通奠定基础。

（3）文化背景。文化背景是人们生活在一定的社会文化传统中所形成的价值取向、思维模式、心理结构的总和。文化背景可以涵盖国家、地区、行业、企业、部门以及个体。沟通者长期的文化积淀，决定了沟通者较稳定的价值取向、思维模式和心理结构。具有不同文化背景的人在相互沟通时，文化背景的差异会对沟通产生显著的影响。比如，在西方国家，重视和强调个人，其沟通方式往往直言不讳，对于组织内部的协商，一般喜欢通过备忘录、布告等正式沟通渠道来表明观点和看法；而在中国等东方国家，人们之间的相互接触相当频繁，而且更多采用的是非正式沟通的方式。当不同文化在沟通中发生激烈碰撞或发生交融时，人们能深刻地感受到文化的威力，也会给他们之间的沟通造成或大或小的干扰和难度。

（4）空间背景。空间背景指沟通发生的场所。特定的空间背景往往造成特定的沟通气氛，在嘈杂的市场听到一则小道消息与接到一个特地告知你的电话，给你的感受也是截然不同的，前者显示出的是随意性，后者体现的是神秘性。环境中的声音、光线、布局等物理氛围会影响沟通效果，沟通双方对环境的熟悉程度也会影响沟通效果。

（5）时间背景。时间背景是指沟通发生的时点。在不同的时间背景下，同样的沟通会产生截然不同的沟通效果。试想，一种情景是在某位公司职员刚与妻子吵架之后与其沟通工作绩效问题，另一种情景是在员工获得公司嘉奖之后与其沟通绩效问题，你觉得在哪种情况下沟通效果会比较好呢？当然是第二种。因此，选择合适的时间进行沟通是非常重要的。

拓展训练

画　图

规则：

（1）图形贴于写字板后。

（2）人只能站在板后，不可走出来，有30秒的思考时间。

（3）描述第1图时，台下同学只允许听，不许提问——单向沟通。

（4）描述第2图时，同学可以发问——双向沟通。

（5）每次描述完，统计自认为对的人数和实际对的人数。

游戏说明的道理：

双向沟通比单向沟通更有效，双向沟通可以了解到更多信息。

对听者而言：

（1）自认为自己来做会做得更好——单向沟通时，听的比说的着急。

（2）自以为是——认为自己做对了的人，比实际做对了的人多。

（3）想当然——没有提问，就认为是（可根据学员出现的问题举例）。

（4）仅对对方提要求，不反求诸己——同样情况下，为什么有人做对了，有人做错了？我们为什么不能成为做对了的人？

（5）不善于从别人的提问中接收信息。

对说者而言：

（1）要注意听众的兴趣所在。

（2）要对所表达的内容有充分的理解与了解。

（3）存在信息遗漏现象，要有很强的沟通表达技巧。

（4）要先描述整体概念，然后逻辑清晰地讲解。

任务二　提高人际沟通的技巧

一、因人制宜的沟通

从沟通的过程模型中可以看出，所有沟通过程中信息的发出、接收及情景的选择，都是通过沟通的主体来完成的。评价沟通效果的最终标准是接收信息一方的理解和接受程度，要使沟通更为有效，首先应该了解沟通的主体（信息发送方和信息接收方）。

（一）能力与沟通

能力的测试有很多种，著名的有卡特尔16因素调查表（见表12-2）。

可见，能力本身就包含沟通能力。沟通能力是一个人与他人有效地进行沟通信息的能力，包括外在技巧和内在动因。其中，恰如其分和沟通效益是人们判断沟通能力的基本尺度。恰如其分，指沟通行为符合沟通情境和彼此相互关系的标准或期望；沟通效益，则指沟通活动在功能上达到了预期的目标，或者满足了沟通者的需要。

表 12-2 16 种因素对应的测试的能力

因　素	能　力
乐群性	人际关系能力、沟通能力、团队合作能力
聪慧性	分析判断能力、应变能力
稳定性	承受压力能力
恃强性	执行力、领导力、决断力
兴奋性	分析判断能力、决断力、自控能力
有恒性	敬业及责任
敢为性	创新能力、计划组织能力、管理控制能力
敏感性	承受压力能力、应变力、自控能力
怀疑性	沟通能力、团队合作能力、人际关系能力
幻想性	创新能力、执行力
世故性	人际关系能力
忧虑性	承受压力能力、自控能力
实验性	创新能力、执行力
独立性	自控能力、决断力、执行力
自律性	自控能力
紧张性	自控能力、人际关系能力、承受压力能力

（二）性格与沟通

性格不同的人使他们选择不同的沟通风格，把握人们个性的差异是使沟通顺畅的重要条件。与外向性格的人沟通时，要多给予其说话的机会，辅助于适当的迎合，使其更加主动地表露自己，这样就能取得更好的效果。另外，在沟通方式方面要直接、挑重点，不要婆婆妈妈，也不能太关注细节。相反，与内向的人沟通时，要注意营造亲密的气氛，并通过提问或针对性的反问来估计其看法。如果你想真正了解他们的想法，不应过于急切、压迫，否则会给他们压力。另外，倾听，并愿意支持他们，才是取得他们信任最好的方法。

（三）气质与沟通

气质是一系列典型而稳定的心理活动的动力特性，主要表现为心理过程的强度、速度以及心理活动的指向性。气质具有两方面的特点：一方面，气质在很大程度上受先天和遗传因素的影响，具有相对稳定性；另一方面，气质受环境的影响可发生某些改变，气质的可变性可以从教育和社会中找到原因。

1. 多血质

多血质类型的人活泼好动，善于交际，思维敏捷，容易接受新鲜事物，情绪情感容易产生也容易变化和消失，容易外露，体验不深刻。在工作学习上富有精力而效率高，表现出机敏的工作能力，善于适应环境变化。朝气蓬勃，愿意从事合乎实际的事业，能对事业心向神往，能迅速地把握新事物，在有充分自制能力和纪律性的情况下，会表现出巨大的积极性。多血质的人兴趣广泛，但情感易变，如果事业上不顺利，热情就可能会消失，其速度与投身事业一样迅速，从事多样化的工作往往成绩卓越。

多血质类型的人说话很讲究"艺术"，既不主动出击，也不唯唯诺诺，一般采取先听后讲的方法，对接收到的各种信息非常敏感。多血质的人不喜欢太过主动、直接的表达，但如果有人能够提个头的话，他们反而很乐意跟随，既不张扬，也不落后。所以，要创造一个轻松愉快的气氛，采取"引蛇出洞"的方法与之沟通。因此，在与这种类型的人沟通时，最好选择私下场合，以私人的口吻进行交谈，这样才会取得良好的效果。另外，由于他们大多敏感，心底比较软，所以，适当的"动之以情"是达到沟通目的的一种好方法。

2. 胆汁质

胆汁质的心理特点为：坦率热情，精力旺盛，容易冲动，脾气暴躁；思维敏捷，但准确性差。情感外露，持续时间不长。胆汁质的人具有强烈的兴奋过程和比较弱的抑郁过程，情绪易激动，反应迅速，行动敏捷，暴躁而有力；在语言上、表情上、姿态上都有一种强烈而迅速的情感表现，在克服困难上有不可遏制和坚韧不拔的劲头，而不善于考虑是否能做到。性急，易爆发而不能自制。这种人的工作特点带有明显的周期性，埋头于事业，也准备去克服通向目标的重重困难和障碍，但是当精力耗尽时，易失去信心。

胆汁质的人与别人沟通时往往使对方觉得过于直接，很"冲"，甚至会出现让人"下不来台"的情况。基于胆汁质的人易于冲动、认死理、易兴奋、精力充沛的特点，和胆汁质的人沟通时，陈述应尽量明确、简洁、干练，而又不能太绝对。由于这种人做事比较果断，希望对方也能和他一样迅速，雷厉风行。如果你进行复杂的论证和推理或者说得"太死"，即便你的观点非常正确，对方也会变得不耐烦或者跟你"抬起杠"来。

3. 黏液质

黏液质的心理特点为：稳重，考虑问题全面；安静，沉默，善于克制自己；善于忍耐，情绪不易外露；注意力稳定而不容易转移，外部动作少而缓慢。在生活中是一个坚持而稳健的辛勤工作者，严格恪守既定的生活秩序和工作制度。黏液质的人态度持重，交际适度，不作空泛的交谈，情感上不易激动，不易发脾气，也不易流露情感，也不常常显露自己的才能。这种人长时间坚持不懈，有条不紊地从事自己的工作。惰性使他因循守旧，表现出固定性有余，而灵活性不足。这种人具有从容不迫和严肃认真的品德，以及性格的一贯性和确定性。

黏液质的人喜欢用事实说话，讲究逻辑，做事有分寸，所以，和他们沟通只要能够在一开始做到"以理服人"，就能彻底"捕获他们的心"。和这类人沟通不需要很花哨的沟通技巧，但需要很详细、具体的沟通内容，他们不喜欢繁复的程式，但要求符合严密的逻辑，要有耐心，同时沟通中要尽量让对方产生反应，可以用反问或者设问等语句，让他们主动地参与到同你的对话中来。

4. 抑郁质

抑郁质的心理特点为：沉静，对问题感受和体验深刻；持久，情绪不容易表露；反应迟缓但是深刻；准确性高。抑郁质的人有较强的感受能力，易动感情，情绪体验的方式较少，但是体验持久而有力，能观察到别人不容易察觉到的细节，对外部环境变化敏感，内心体验深刻，外表行为非常迟缓、忸怩、怯弱、怀疑、孤僻、优柔寡断、容易恐惧。

抑郁质类型的人特别敏感且易害羞，特别是在面对"挑衅或攻击"时，更会令他们感到非常的不安。因此，和这类人沟通需要格外小心，因为他们敏感的心思往往令人意想不到。和他们沟通之前，应做好完全的准备，不仅要对沟通内容的精确性进行准备，还要对沟通对象的特征及喜好加以了解，以便做到在沟通的时候有的放矢地说话，而不要在得罪了对方后再去补救。另外，抑郁质类型的人一般比较多疑，不太容易相信别人，所以，取得他们的信任是与他们沟通的先决条件。

二、因地制宜的沟通

知识链接

黑暗效应

有一位男子钟情于一位女子，但每次约会，他总觉得双方谈话不投机。有一天晚上，他约那位女子到一家光线比较暗的酒吧，结果这次谈话融洽投机。从此以后，这位男子将约会的地点都选择在光线比较暗的酒吧。几次约会之后，他俩终于决定结下百年之好。心理学家将这种现象称为"黑暗效应"。心理学家研究后的结论是，在正常情况下，一般的人都能根据对方和外界环境及氛围来决定自己应该掏出多少心里话，特别是对还不十分了解但又愿意继续交往的人，既有戒备感，又会自然而然地把自己好的方面尽量展示出来，把自己的弱点和缺点尽量隐藏起来，慢慢打开心扉。

从这个著名心理学效应中，我们可以发现"月上柳梢头，人约黄昏后"，选择在"月朦胧鸟朦胧"的晚上、在灯火幽暗的小馆子或烛光摇曳的咖啡馆等环境中约会都是有其科学道理的。此效应也正表明沟通的环境氛围对沟通效果的重要影响。

大的方面来说，沟通总是在一定的心理、物理、社会和文化等背景下发生；小的方面来讲，沟通总是在一定的目的及情景下进行的，会受到各种环境因素的影响。

（一）沟通场合

沟通的地点常常被称为场合。人们通常会根据经验形成一些思维定势或习惯，这些定势和习惯是人们快速解读信息的线索。大多数人都知道，同样的信息或词汇在不同场合的含义是不同的，因此，沟通场合决定着人们对信息的解读方式。

特定场所往往起着一定暗示的作用。例如，同样一场商务洽谈，如果事先安排在一家五星级饭店，则暗示着主办方对此事非常重视；如果是在公司的普通会客室进行，则可能被理解为接待方不很重视。很多擅长沟通的人往往选择某些特定的场合作为见面或谈话的地点，以显示自己的特殊背景或关系。例如，一些商业掮客往往选择政府机构内部附设的营业场所或附近的地点作为与委托人见面的地点，以暗示自己与政府机构的关系密切。

根据沟通的目的、对象的不同，沟通场所一般分三种：第一种是自由场所，即不论场地，以自由、随性的沟通为目的；第二种是非正式场所，即没有严格的场地限制，可以是办公场所，也可以是生活场所；第三种是正式场所，一般为室内，没有他人打扰，封闭式进行。

当沟通主体处于激动状态和处于悲伤、焦虑状态或者双方存在敌意时，沟通就要选择相对较为安静的场所，以使其恢复平静，具体可以是非正式场所；当沟通主体之间关系亲密时，则可以选择自由场所或者非正式的场所。正式场所的沟通一般为目的明确、针对性强的沟通，或是相对生疏的沟通主体之间的沟通。另外，场所的选择也需要沟通主体的因地制宜，比如，对新入职的员工，领导可以在下班的路上聊一聊，或在餐厅等自由场所里边吃饭边沟通。当发现下属最近似乎情绪很不好，需要主动与下属进行沟通，领导可以从关心的角度直接到下属的宿舍等非正式场所里去沟通。当领导需要与员工交流相对较为严肃的问题时，比如绩效表现或所犯错误等问题，可以在办公室、会议室等正式场所沟通。总之，我们要根据客观实际，做到具体问题具体选择。

（二）沟通距离

它不仅是人际关系密切程度的一个标志，而且也是用来传达信息的载体，人们通过对空间、场所以及距离的利用，表达着自己的愿望。我们可以通过观察人们在沟通交流时所保持的距离，来判断他们之间的亲密关系及沟通的正式与否。彼此关系融洽的朋友总是肩并肩或面对面地交谈。而彼此敌意的人只能是背对背以示不相往来。

1. 亲密距离

在亲密距离范围内，人们相距不超过18英寸，可以有意识地频繁地相互接触。适用对象为父母、夫妻或亲密朋友等。母亲和婴儿在一起时，她或者抱着他、抚摸他、亲吻他，或者把他放在腿上。亲密距离存在于我们感到可以随意触摸对方或交流重要信息的任何时候。

当无权进入亲密距离的人进入这个范围时，我们会感到不安。如果在拥挤的公共汽车、地铁或电梯上，人们挤在一起，他们处在我们的亲密距离内，我们通过忽视对方的存在或不与对方进行目光接触来应付这种情况。用这种方式，我们即使不能在身体上也会在心理上保护自己的亲密距离。

2. 人际距离

在人际距离范围内，人们相互距离在18英寸至4英尺，这是我们在进行非正式的个人交谈时最经常保持的距离。这个距离允许人们与朋友或熟人随意谈话。如果把距离移到4英尺之外，就有交谈会被外人无意听到的感觉，进行交谈将会很困难。

3. 社会距离

当对别人不很熟悉时，最有可能保持一种社会距离，即4英尺至12英尺的距离。它适用于面试、社交性聚会和访谈等非个人事件，而不适用于分享个人的东西。

每当我们利用社会距离时，相互影响都变得更为正规。你曾经注意过重要人物的办公桌的大小吗？它大到足以使来访者保持恰当的社会距离。在一个有许多工作人员的大办公室里，办公桌是按社会距离分开摆放的，这种距离使每个人都有可能把精力集中在自己的工作上。有时，人们前移或后移，从社会距离移动到人际距离。例如，两个同事的办公桌可能相距 10 英尺,当他们要私下讨论某件事时,他们会移动到人际距离之内。

4. 公共距离

公共距离,即一种超过 12 英尺的距离,通常被用在公共演讲中。在这种情况下,人们说话声音更大,手势更夸张。这种距离上的沟通更正式,同时人们互相影响的机会极少。

人们每天随着交往环境的变化,使用不同的人际空间距离。在学校,你做演讲时,和听众之间的距离最大是公共距离;在和客户谈判时,你们之间的距离是社会距离;你和朋友聊天时是个人距离;等你回到家,和孩子、爱人之间的亲密接触就是亲密距离。当人们违反了这些规则,就会引起对方不舒服的感觉。我们每个人都有自己的心理空间距离,这个距离太远或太近都会让自己不舒服。随着人口的增长和都市化进程的加快,人们在各种公众场合的个人空间越来越狭小。研究显示出,人们尝试去适应越来越狭小的个人空间。

(三)沟通空间布置

沟通空间的设计要根据沟通目的不同加以选择(见图 12-4),比如要传达一个好的消息给员工时,使用 A 型这一标准陈设就不合适,相反,当需要警告或批评员工时,则可以加以选用;如果所来交谈者是陌生人,而主人又想迅速拉近两者之间的关系,那么就可以选择 B 型陈设;C 型则适用于同事间工作问题的探讨以及一般问题的交流;当希望沟通双方共同设定目标,或者是主人要使对方接受已设定的目标,那么 D 型会是很好的选择。

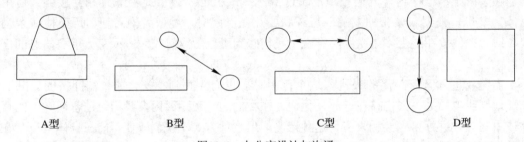

A型　　　　　　B型　　　　　　　C型　　　　　　　D型

图12-4　办公室设计与沟通

另外,空间的颜色影响着沟通者的心理和感情。一般来说,过度鲜艳的颜色会刺激人的神经而使其精神亢奋不利于沟通。清凉的颜色会使人镇静平和,比如淡绿色及淡蓝色会使人们在心平气和的状态下沟通交流。临时堆放的东西,如果与沟通无关,往往都会分散沟通者的注意力,当然一些合适的艺术品则可能缓和沟通紧张的气氛。

总之,在条件允许的情况下,最好能够把沟通场所安排在一个与沟通性质及目的相协调的环境中,注意沟通场所合适的温度、充足的光线、整洁的环境,保持良好的会谈气氛,有助于意见交换,从而取得好的沟通效果。

三、因事制宜的沟通

在沟通过程中,主题是沟通活动紧密围绕的核心问题或话题,是帮助沟通者理解和记忆沟通内容并做出反馈的主要依据。

　　选择话题首先要寻找双方的共同点，这样你才能选择合适的话题，引起对方的兴趣。面对一个基督教徒，你就没必要跟他谈佛教或无神论；如果对方是一个坚持科学真理的人，你就不应该跟他聊神秘现象。寻找共同点要注意三个方面：如果是和陌生人谈话，开始时应选择较易获得赞同或是共通性较高的话题。这也是为什么天气常被人拿来当话题的缘故。同时对方的家乡，大家都熟悉的事件、新闻，也是共通性较高的话题。如安利公司的销售代表在与顾客接触时，选择的话题一般是健康、美、财富这种大家都感兴趣的话题。有了共通性，彼此间的冷漠就会渐渐地消退，而变得亲密起来。要达到比较好的谈话效果，要尽量从对方的角度考虑，偏重对方所关心的事。如果气氛不甚愉快，应立即转移话题，以求气氛的暂时缓和。

　　需要注意避免的话题是：对宗教、政治、政府政策的批评；对病人说"你的脸色真难看"之类的话；对学历感到自卑的人，提及与大学有关的话题；对单身人问及结婚的事（特别是女性）；诽谤他人；发牢骚，对工作待遇不满等。另外，有时由于交流过程中的不确定性和随意性，沟通过程随时可能转入细节或一个不相关的话题，确定明确的主题并保持主题意识，是实现高效沟通的重要途径。

四、因时制宜的沟通

（一）沟通的时间

　　时间本身不具有语言的功能，不能传递信息，但是人们对时间的掌握和控制，却能用来表示一定的意思。在职业生活中，人们往往会以时间来传递某种信息和态度。比如开会时的早到、迟到或中途退场，往往对会议召集者表示出自己对会议的态度。当然迟到本身也包含着不礼貌的信息。时间对沟通效果的影响非常复杂，是多方面的。

　　1. 作息规律存在差异

　　不同的人在作息规律上存在很大差异，在同一时间，不同沟通对象在情绪、体力、注意力等方面差异很大，如果时间选择不当就会影响沟通效果。

　　2. 具有不同的时间观念

　　不同的人具有不同时间观念。在很多沟通场合，当事各方并不一定能够准时在同一时间到达约定地点，有时还会出现迟到问题。迟到可能有多种原因，如遗忘、临时变故、交通堵塞、时间安排不当等，并不一定都是出于轻视。在通常情况下，迟到会给另一方造成对方不尊重、不重视自己的感觉以及心情烦躁，从而影响沟通的顺利进行。

　　3. 注意沟通效率

　　时间的长度对沟通效率也有很大的影响。一般来说，交谈、谈判的时间越长，人们的注意力越差，头脑反应越慢。有些时候，也有人利用拖延时间战术来麻痹对方，在谈判中达到自己的目标。欧美国家的人士就经常抱怨与日本人进行谈判时对方总是不停地重复类似的内容，令人产生厌倦感，不堪重负而做出让步。

　　4. 注意把握沟通时段

　　不同的时间段会影响人们对信息的理解。例如，同事之间在工作时间所讲的内容往往被理解为正式的沟通，需要为此承担责任，而在休息时间或下班以后所讲的话常被理解为非正式的私人沟通，不需要为此承担责任。

（二）沟通的时机

把握沟通的时机有一定的规律可循。首先必须找到双方共同关心的问题，制造较好的气氛。然后掌握切入时机，考虑在什么时候最好。例如，在讨论会上，要是先讲的话，可以在听众心中造成先入为主的印象，但因为时间过早，气氛还较沉闷，人们尚未适应而不愿随便开口；若是后说的话，可进行归纳整理，井井有条，或针对对方的漏洞，发表更为完善的意见，进行最有力的反驳，但因为时间太晚，人们都已感到疲倦，想尽快结束而不愿再拖延时间不想再谈了。据此，人们经过研究指出：最好是在 2～3 个人说完之后及时切入话题，这样效果更佳。这时候的气氛已经活跃起来，不失时机地提出你的想法、建议，往往容易受到人们的关注，吸引他们参与交谈。

此外，要根据收到的信息反馈，及时调整说话内容，采用相应的表达方式。有时候，别出心裁的方式也能起到较好的效果。说话往往要考虑怎样将一个老生常谈的事情换种说法，令人耳目一新。即使大家都对这个话题很厌烦，只要你能别出心裁地说出来，那么效果自然不同。但是也要看场合，在庄重的场合慎用。

任务三　初识礼仪

一、礼仪概述

（一）礼仪的基本概念

"礼仪"原意是法庭上用的一种通行证。它的上面记载着进入法庭应遵守的事项，后来其他各种公众场合也都规定了相应的行为准则，这些规则由繁至简，逐渐得到了大家的公认，成为大家都愿意遵守的礼仪。

知识链接

从个人修养的角度来看，礼仪可以说是一个人内在修养和素质的外在表现。

从道德的角度来看，礼仪可以被界定为人们为人处世的行为规范，或曰标准做法、行为准则。

从交际的角度来看，礼仪可以说是人际交往中所适用的一种交往艺术，也可以说是一种交际方式或交际方法。

从民俗的角度看，礼仪既可以说是在人际交往中必须遵行的律己敬人的习惯，也可以说是在人际交往中约定俗成的尊重、友好的待人的习惯做法。

从传播的角度来看，礼仪可以说是一种在人际交往中进行相互沟通的技巧。

从审美的角度来看，礼仪可以说是一种形式美，它是人的心灵美的必然外化。

礼仪是人们在长期的社会实践中，对人类自身言谈行为的模式和思维方式达成的一套社会协议和共识，是人们必须共同遵守的一系列言行及仪式的标准。社会生活中，人与人之间的交往非常广泛，礼仪无时不在、无处不在。所以，礼仪涉及到社会生活的每个方面。一个人年轻时要讲礼仪，年老后也要讲礼仪；在家对长辈讲礼仪，出门在外对他人也要讲礼仪；与人交往要讲礼仪，工作中要按礼仪行事。

现代文明社会，得体的礼仪使人们充满信任、友爱和欢乐。宏观上，礼仪与社会生活、文化事业、民族和睦、国际交往有不可忽视的联系，微观上与家庭、同事、亲邻、学友，与个人行为密切相关，甚至会影响到人的思想、心态、生活、学习、工作，关系到每个人的事业发展和成就。在当今世界经济日趋一体化的现代社会，礼仪内容也日趋"同化"。现代礼仪是维护社会秩序，协调、处理人际关系的准则，是社会全体成员共同约定和遵守的思想和行为规范，是顺利、成功地进行人际交往、社会交流的手段和工具。

（二）礼貌、礼节、礼仪的关系

礼貌是礼的行为规范，是指人在仪容、仪表、语言和动作上待人接物的表现。它通过言谈、表情、姿态来表示对人的尊重。在不同的民族、不同的时代以及不同的行为环境中，礼貌表达的形式虽然不同，但其基本要求是一致的，即做到诚恳、谦虚、和谐、有分寸。

礼貌可分为礼貌语言和礼貌行为两个部分。礼貌语言是一种有声的行动；礼貌行为是一种无声的语言。在人际交往中讲究礼貌，有助于建立相互和谐的新型关系，增强双方的友好合作，避免一些不必要的冲突。良好的教养和道德品质是礼貌的基础，我们可以通过自觉的培养和必要的训练，养成良好的礼貌习惯。在日常生活和工作环境中，习惯性的微笑、主动打招呼、善意的问候、得体的举止等都是礼貌的反映。

礼节是指人们在社会交往过程中表示出的尊重、祝颂、问候、哀悼等的惯用形式。礼节是向他人表示敬意的各种形式的总称，如鞠躬、点头、握手、举手、注目等，都是礼貌意识的体现。礼节与礼貌的相互关系是相辅相成的，没有礼节，就无所谓礼貌；有了礼貌，就必然伴有具体的礼节，有礼貌而不懂礼节，容易失礼。礼节是礼貌的具体表现方式，如中国古代的跪拜、作揖，当今世界流行的点头、握手，欧美国家的拥抱、亲吻，南亚诸国的双手合十，印度等国家的吻手、吻脚，少数国家和地区的拍肚皮、碰鼻子等都属于礼节，是不同国家礼节的表现形式。

礼仪是礼貌、礼节、仪式的统称。在人际交往过程中的行为规范称为礼节，在言语动作上的表现称为礼貌。礼仪教育的内容涵盖着社会生活的各个方面。从对象上看有个人礼仪、公共场所礼仪、待客与作客礼仪、餐桌礼仪、馈赠礼仪、文明交往等。礼仪的学习过程本身是一个内强素质、外塑形象的过程。一个人在成长的过程中，如果只注重自己的道德品质修养，而不注重礼仪的学习，举止就会显得不得体，甚至粗鲁、粗野，就不会被别人认可和接受；相反，如果只注重自己的礼貌、礼节、仪表的学习，而不注重内在道德品质的修养，也会显得虚伪浮华。只有既注重礼节、仪表的学习与修养，又注重良好道德品质修养的人，才能成为真正有教养的人、受欢迎的人。

二、礼仪的原则

在日常生活、学习、社交、应用礼仪时，都必须要掌握一些具有普遍性、共同性和指导性的礼仪规律。这些礼仪规律，就是礼仪的原则。

（一）平等的原则

平等是现代礼仪的基础，是现代礼仪最根本的原则。以礼待人，有来有往，在礼节上相互对等，既不盛气凌人，也不卑躬屈膝。以礼相待，对任何交往对象都必须一视同仁，给予同等程度的礼遇。作为现代礼仪的一个分支——社交礼仪，不允许因为交往对象彼此之间在年龄、性别、种族、文化、职业、身份、地位、财富以及关系亲疏远近等方面有所不同，而厚此薄彼，给予不同待遇。但允许根据不同交往对象，采取不同的具体方法。诸如在商务活动中，不同地区、组织之间的商务往来，要由职位相近、业务相似的人员接待陪同。来访的是部门的业务主管，那么负责接待的最好的也是业务主管，这就是所谓的对等；来的是销售部的，那么负责接待的最好是销售部门的，这就是所谓的对口。

（二）尊重的原则

这一原则实际上是礼仪的重点和核心。古人云："敬人者，人恒敬之。"要敬人之心常存，处处不可失敬于人，不可伤害他人的个人尊严，更不能侮辱对方的人格。在人际交往中，尤其是社交中只有相互尊重，人与人的关系才会融洽、和谐。

（三）诚信的原则

诚信原则是指遵时守信，"言必信，行必果。"信誉是交往的基础，商务交往更应诚实守信，以获得他人信赖。诚信的效力，在很多情况下大于任何形式的仪式和语言。礼仪绝不是外表的修饰，真正掌握商务礼仪精髓的人是发自内心地表现出对他人的尊重、友好、表里如一、待人真诚的礼仪言行。

（四）自律的原则

自律是礼仪的基础和出发点。学习、应用礼仪，最重要的是在没有任何监督的情况下，自我约束，自我对照，自我反省，自我检点，严格按照礼仪规范要求自己，明确知道自己该做和不该做哪些事情，然后经过长期不懈的努力，逐渐变成一种自觉行为。礼仪对人行为的规范作用从人的外在表现开始，逐渐深入人的内心，最终在人的精神层面达到自律的目的。

（五）宽容的原则

宽即宽待，容即包容，宽容是待人的一般原则。人们在交际活动中运用礼仪时，既要做到严于律己，更要做到宽以待人。宽容，往往折射出待人处世的经验和艺术。在交往中要保持豁达大度的品格或态度，善解人意、容忍和体谅他人，不能总以自己的标准去衡量一切、求全责备、过分苛求；要换位思考。真正的宽容来自一个人内心的力量，给出宽容的同时，自己的内心也得到了更进一步的完善。只有具备了容人的胸襟，具备了容纳意识和自控能力，才能更好地把握礼仪的精髓。

（六）遵守的原则

在交际应酬中，每一位参与者都必须自觉、自愿地遵守礼仪，用礼仪去规范自己在交往活动中的言行举止。超越规范的行为言语往往会给他人带来这样那样的损害和不便。遵守原则是对行为主体提出的基本要求，更是人格素质的基本体现。自觉遵守礼仪规范，在"礼"的范围内待人做事，才能赢得他人的尊重并确保交际活动的愉快和持久。

（七）适度的原则

适度原则是指人际交往中要把握与特定环境相适应的交往人之间的感情尺度。运用礼仪时要注意把握分寸，大方得体。礼仪是一种程序规定，而程序运行中"度"的把握很关键。当今时代，人们的交际范围已不再囿于一个地区、一个国家，交往触角已遍布不同国家、地区和民族之间。社交活动中一定要把握好特定环境下的交往尺度，以避免造成无可挽回的损失或伤害。

（八）从俗的原则

礼仪要因地制宜、因时制宜、因人制宜，不是万古不易、万国一统的。所以才有"入境而问禁，入国而问俗，入门而问讳"的共识。交往各方都应尊重相互之间的风俗、习惯，了解并尊重各自的禁忌，切勿目中无人，失礼于对方。例如，国际商务活动是一个跨民族、跨区域的行为，在礼仪规范上一定会有一些冲突和不同之处，可以选择"入乡随主"的方法来处理和化解这些冲突。所谓的"入乡随主"就是按照主方（邀请方）的礼仪习惯来完成商务活动。

经典案例

都是丝帕惹的祸

国内某旅行社，在接待一批来华的意大利游客时，打算送每人一件小礼品。为此，该旅行社专门订制了一批纯丝手帕，每方手帕包装精致，绣制的花草图案栩栩如生，精美非凡，且全部出自名厂名家之手。中国丝织品自古闻名，旅行社接待人员料定礼品会受到客人的喜欢。

到机场接客时，接待人员欢迎致词热情、得体，意大利客人也个个兴致盎然。可当接待人员把精心准备的礼品赠送给游客后，车上却一片哗然，游客们面露不悦，特别是一位夫人，面色凝重，还流露出伤感之态。接待人员心里迷惑不解：中国人总以为送礼人不怪，难道我们哪里做错了？

在西方，亲朋好友相聚一段时间后分离之时才赠送手帕，意为"擦掉惜别的眼泪"。游客刚刚踏上盼望已久的中国大地，准备开始愉快的旅行，这时要他们"擦掉惜别的眼泪"，游客当然不高兴。那位夫人得到的手帕上面绣着的菊花图案，在意大利则是祭奠亡灵的，所以她很伤感。由于忽视了现代礼仪的地域性特征，该旅行社一番美好的心意却未达到应有的效果，得到的教训是十分深刻的。

（九）互谅的原则

在交际活动中既要遵守平等的原则，同时也要善于理解具体条件下对方的一些行为，不应过多地挑剔对方。交往双方都能够自觉保持换位思考心态，时时处处从他人角度出发考虑问题，才能保证交往的和谐性和恒久性。

任务四　商务礼仪

一、仪容仪表

（一）标准化仪态规范

四统一：统一淡妆上岗、统一服装服饰、统一挂牌上岗、统一发式发型。
四规范：规范点名交接、规范上岗服务、规范工作程序、规范仪态仪表。

（二）仪表具体规范要求

头饰：佩戴统一头饰（黑色、宝石蓝），高度不低于后衣领。

刘海：刘海梳理整齐，做到长不遮眉，不留奇特发型。工作时间应该梳理整齐，切忌戴彩色卡子，以黑色为宜。

面容：第一，要求淡妆上岗，以淡雅、清新、自然为宜，不浓妆艳抹，不使用气味浓烈的化妆品及香水；第二，口红的颜色应以普通的红色为宜，不夸张；第三，眼影标准以淡紫色为宜，眉骨处应图上白色的过渡色；第四，眉毛应以使用深棕色眉笔为宜，轻轻描出眉形即可，切忌把眉毛描得过黑、过浓。睫毛膏应以使用黑色、深紫、深蓝色为宜。

手部：第一，应保持清洁美观无污垢，指甲要经常修剪，保持清洁、整齐；第二，不涂指甲油，不在指甲上画图案，指甲的长度从手心看不超过指尖 2 毫米为宜，指甲不要留有黑边；第三，手腕除了手表外不戴其他饰物，不戴工艺、卡通、广告形态夸张的手表，表带以金属或皮质为宜，宽度不超过 2 厘米。

（三）着装要求

统一着标识服：服装保持干净整洁，无褶皱，衣扣要结实牢靠。

符号：佩戴在左胸上方，与第二个扣子对齐，相隔 5 厘米。

鞋袜：统一穿黑色小跟皮鞋，鞋面应保持光亮整洁；丝袜要以肉色为宜，穿裙装时要穿肉色长筒袜，丝袜不能破损，不能露出袜口。

裤子：统一穿黑色裤装，避免上面有过多的修饰，服装干净整洁。

二、介绍礼仪

（一）自我介绍三要点。

先递名片，简单自介；内容规范（单位、部门、姓名）；初次会面避免用简称自介。

（二）介绍别人三要点。

（1）谁当介绍人：专职接待员、双方熟人；

（2）介绍顺序：一般场合讲究"尊者居后"，拜访时，主先客后；

（3）集体会面时，先介绍主方职务最高者，依次类推。

（4）介绍他人时，先后顺序的标准是：介绍双方时，先卑后尊。根据一般规则，为他人作介绍时的商务礼仪顺序大致有以下几种：

① 介绍上级与下级认识时，先介绍下级，后介绍上级。

② 介绍长辈与晚辈认识时，应先介绍晚辈，后介绍长辈。

③ 介绍年长者与年幼者认识时，应先介绍年幼者，后介绍年长者。

④ 介绍女士与男士认识时，应先介绍男士，后介绍女士。

⑤ 介绍已婚者与未婚者认识时，应先介绍未婚者，后介绍已婚者。

⑥ 介绍同事、朋友与家人认识时，应先介绍家人，后介绍同事、朋友。

⑦ 介绍来宾与主人认识时，应先介绍主人，后介绍来宾。

⑧ 介绍与会先到者与后来者认识时，应先介绍后来者，后介绍先到者。

三、握手礼仪

（一）谁先伸手有讲究

是否握手讲究"位尊者有决定权"，即由位尊者决定双方是否有握手的必要。在不同场合，"位尊者"的含义不同。

1. 在商务场合

在商务场合"位尊者"的判断顺序为职位—主宾—年龄—性别—婚否；上下级关系中，上级应先伸手，以表示对下级的亲和与关怀；主宾关系中，主人宜先伸手以表示对客人的欢迎；根据年龄判断时，年长者应主动伸手以表示对年轻同事的欣赏和关爱；根据性别判断时，女性宜主动伸手，以表示大方、干练的职业形象；根据婚姻情况作出判断时，已婚者应向未婚者先伸手以表示友好。

2. 在纯粹的社交场合

在纯粹的社交场合判断顺序有所不同，应以性别—主宾—年龄—婚否—职位作为"位尊者"的判断顺序。关系密切的朋友之间，有时以谁先伸手表示更加热情的期待和诚意。

在送别客人时，应由客人先伸手告别，避免由主人先伸手而产生逐客之嫌。

（二）握手的细节

（1）身体姿势。无论在哪种场合，无论双方的职位或年龄相差有多大，都必须起身站直后再握手，坐着握手是不合乎礼仪的。握手时上身应自然前倾，行15度欠身礼。手臂抬起的高度应适中。

（2）手势。握手时必须用右手，即便是习惯使用左手的人也必须用右手来握手，这是国际上普遍适用的原则。握手时伸出的手掌应垂直于地面，手心向下或向上均不合适。握手时应掌心相握，这样才符合真诚、友好的原则。

很多男士在与女士握手时只握四指，以示尊重和矜持，但在男女平等的今天，这种握手方式已不符合礼仪规范。尤其在商务活动中，性别被放在次要的位置，女性更应主动、大方地与男士进行平等、友好地握手，以便进一步进行平等互利的商务交流。

（3）时间。握手的时间不宜过长或过短，两手交握3~4秒，上下晃动最多2次是较为合适的。一触即把手收回，有失大方，握着他人的手不放则会引起对方的尴尬。

（4）力度。握手的力度能够反映出人的性格。太大的力度会显得人鲁莽有余、稳重不足；力度太小又显得有气无力、缺乏生机。因此，建议握手的力度把握在使对方能感觉到、稍加用力即可。

（5）眼神。在握手的过程中，假如你的眼神游离不定，他人会对你的心理稳定性产生怀疑，甚至认为你不够尊重自己。

（6）微笑。微笑能够在任何场合为任何礼节增添无穷的魅力。握手的同时给对方一个真诚的微笑，会使气氛更加融洽，使握手礼更加圆满。

典型案例

事业成功的手段是什么？

据说，希尔顿在成功之初，他母亲就希望他能找到一种简单、易行、不花本钱却又行之长久的经营秘诀。希尔顿冥思苦想，终于发现只有微笑才符合他母亲提出的上述四条标准。从此他给员工定下一条信条："无论旅馆本身遭遇的困难如何，希尔顿饭店服务员脸上的微笑永远是属于旅客的阳光。"十几年来，希尔顿饭店正是凭着"微笑"的魅力，不仅挽救了经济大萧条、大危机时代的希尔顿饭店，而且造就了今天遍及世界五大洲、近百家的五星级希尔顿饭店集团，从而赢得了事业上的巨大成功。

（三）握手的禁忌

与他人握手时应注意：

（1）忌交叉握手。多人同时进行握手时，应该按照顺序一一握手，与另一方呈交叉状，甚至自己伸出左手同时与他人握手，都是严重的失礼行为。

（2）忌出手太慢。此举会让人觉得你不愿意与他人握手。

（3）忌在对方无意的情况下强行与其握手。

（4）忌带手套与他人握手。如果女士戴有装饰性的手套则可以不摘。

（5）忌在手不干净时与他人握手。此时可以礼貌地向对方说明情况并表示歉意。

（6）忌握手后立刻用纸巾或手帕擦手。

（7）忌拒绝与对方握手。拒绝与对方握手是不礼貌的。握手是友好的表示，如果对方主动伸手与你相握，即便是对方没有顾及到礼仪次序，你也要宽容地与对方握手。

四、交换名片礼仪

商务活动前，要养成检查名片夹内是否还有名片的习惯。名片的递交方式：各个手指并拢，大拇指轻夹着名片的右下，使对方好接拿；双手递给客户，将名片的文字方向朝着客户。

拿取名片时要双手去拿，拿到名片时轻轻念出对方的名字，以让对方确认无误，如果念错了，要记着说对不起。拿到名片后，要放置自己名片夹中。

交换名片时，用右手提交名片，左手接拿对方名片。同时还应注意：不要无意识地玩弄对方的名片；不要当场在对方名片上写备忘事情；上司在旁时不要先递交名片，要等上司递上名片后才能递上自己的名片。

递送名片的礼仪：应起身站立，走向对方，面含笑意，以右手或双手捧着或拿正面面对对方，以齐胸的高度不紧不慢地递送过去。与此同时，应说"请多关照""请多指教""希望今后保持联络"；向多人递送名片时，应由尊而卑或由近而远。

接受名片的礼仪：要起身站立，迎上前去，说"谢谢"。然后，务必要用右手或双手并用将对方的名片郑重地接过来，捧到面前，念一遍对方的姓名。最后，应当着对方的面将名片收藏到自己的名片夹或包内，并随之递上自己的名片。忌用左手接，接过后看也不看，随手乱放，不回递自己的名片等。

五、坐姿标准

入座时要轻、稳、缓。走到座位前，转身后轻稳地坐下。女子入座时，若是裙装，应用手将裙子稍稍拢一下，不要坐下后再拉拽衣裙，那样不优雅。正式场合一般从椅子的左边入座，离座时也要从椅子左边离开，这是一种礼貌。女士入座尤其要娴雅、文静、柔美。如果椅子位置不合适，需要挪动椅子的位置，应当先把椅子移至欲就坐处，然后入座。而坐在椅子上移动位置，是有违社交礼仪的。入座后应做到：

（1）神态从容自如，即嘴唇微闭，下颌微收，面容平和自然。

（2）双肩平正放松，两臂自然弯曲放在腿上，亦可放在椅子或是沙发扶手上，以自然得体为宜，掌心向下。

（3）坐在椅子上，要立腰、挺胸，上体自然挺直。

（4）双膝自然并拢，双腿正放或侧放，双脚并拢或交叠或成小"V"字型。男士两膝间可分开一拳左右的距离，脚态可取小八字步或稍分开以显自然洒脱之美，但不可尽情打开腿脚，那样会显得粗俗和傲慢。

（5）坐在椅子上，应至少坐满椅子的2/3，宽座沙发则至少坐1/2。落座后至少10分钟左右时间不要靠椅背。时间久了，可轻靠椅背。

（6）谈话时应根据交谈者方位，将上体双膝侧转向交谈者，上身仍保持挺直，不要出现自卑、恭维、讨好的姿态。讲究礼仪要尊重别人但不能失去自尊。

（7）离座时要自然稳当，右脚向后收半步，而后站起。

知识链接

初次见面应说：幸会；　看望别人应说：拜访；

等候别人应说：恭候；　请人勿送应说：留步；

对方来信应称：惠书；　麻烦别人应说：打扰；

请人帮忙应说：烦请；　求给方便应说：借光；

托人办事应说：拜托；　请人指教应说：请教；

他人指点应称：赐教；　请人解答应说：请问；

赞人见解应说：高见；　归还原物应说：奉还；

求人原谅应说：包涵；　欢迎顾客应说：光顾；

老人年龄应说：高寿；　好久不见应说：久违；

客人来到应说：光临；　中途先走应说：失陪；

与人分别应说：告辞；　赠送作用应说：雅正。

六、电话礼仪

（一）打电话礼仪

（1）做好打电话前的准备。要考虑好通话的大致内容，如怕打电话时遗漏，那么记下主要内容以备忘，在电话机旁要有记录的笔和纸。

（2）电话拨通后，应先说"您好"，问对方：是某单位和个人。得到明确答复后，再自报家门，报单位和你个人的名字。

（3）如对方帮你去找人听电话，此时，打电话的人应拿住话筒，不能放下话筒干别的事。

（4）告知"某人不在"时，你不可"喀嚓"就挂断，而应说"谢谢，我过会儿再打"

或"如方便，麻烦您转告"或"请告诉他回来后给我回个电话，我的电话号码是……"

（5）电话拨错了，应向对方表示歉意，"对不起，我打错了"，切不可无礼地就挂断电话。

（6）如要求对方对你的电话有所记录，应有耐心，别催问："好了吗？""怎么这么慢！"

（7）打电话时，要口对话筒，说话声音不要太大也不要太小，说话要富于节奏，表达要清楚，简明扼要，吐字清晰，切忌说话矫揉造作，嗲声嗲气。

（8）给单位打电话时，应避开刚上班或快下班时间，因为接听电话的人会不耐烦。居家打电话宜在中饭或晚饭、晚上的时间，但太晚或午睡的时间不宜。

（9）通话应简单明了，对重要内容可以扼要地向对方再叙述一遍，以求确认。

（10）不占用公司电话谈个人私事，更不允许在工作时间用电话与亲朋好友聊天。

（11）通话完毕，应友善地感谢对方："打搅您了，对不起，谢谢您在百忙中接听我的电话。"或者"和您通话感到很高兴，谢谢您，再见。"

（二）接电话的礼仪

（1）一般铃声一响，就应及时接电话。如铃声响过四次再去接，就显得不礼貌，此时拿起电话，应说声"对不起，让您久等了。"

（2）一般拿起话筒后，应说"您好。"

（3）再作自我介绍，然后说："需要我帮忙吗？"

（4）认真倾听对方的电话内容，听电话时，应说"是、好"等，让对方感到你在认真地听，不要轻易打断对方的说话。

（5）如对方不是找你，那么你应该礼貌地请对方"稍候"，如找不到听电话的人，你可以自动地提供一些帮助，"需要我转告吗？"

（6）如对方要求电话记录，应马上拿出纸和笔进行记录。电话记录：来电话的（Who）、打电话找谁（Whom）、来电的内容（What）、来电的原因（Why）、来电提到的地点（Where）、时间 (When)。

（7）通话完毕，应等对方挂机后再挂比较好，不要仓促地就挂断，甚至对方话音没落，就挂断。挂电话的声音不要太响，以免让人产生粗鲁无礼的感觉。

（8）当对方挂错电话时，态度要有礼貌，别说"乱打，怎么搞的。"

（9）接电话时，尽量不要干别的事，如中途有事，必须走开时时间也不应超过30秒。

七、拜访礼仪

（1）到顾客办公室或家中访问，进门之前先按门铃或轻轻敲门，然后站在门口等候。按门铃或敲门的时间不要过长，无人或未经主人允许，不要擅自进入室内。

（2）当看见顾客时，应该点头微笑致礼，如果没有事先预约，应先向顾客表示歉意，然后再说明来意。同时要主动向在场人都表示问候或点头示意。

（3）在顾客家中，未经邀请，不能参观住房，即使较为熟悉的，也不要任意抚摸或摆弄顾客桌上的东西，更不能玩顾客名片，不要触动室内的书籍、花草及其他陈设物品。

（4）在别人（主人）未坐定之前，不宜先坐下。坐姿要端正，身体微往前倾，不要跷"二郎腿"。

（5）要用积极的态度和温和的语气与顾客谈话。与顾客谈话时，要认真听；回答时，以"是"为先；眼睛看着对方，注意对方的神情。

（6）站立时，上身要稳定，双手安放两侧，不要背在背后，也不要双手抱在胸前，身子不要侧歪在一边。当主人起身或离席时，应同时起立示意，当与顾客初次见面或告辞时，要不卑不亢，不慌不忙，举止得体，有礼有节。

（7）要养成良好的习惯，克服各种不雅举止。不要当着顾客的面，擤鼻涕、掏耳朵、剔牙齿、修指甲、打哈欠、咳嗽、打喷嚏，实在忍不住，要用手拍捂住口鼻，面朝一旁，尽量不要发出声响，不要乱丢果皮纸屑等。

这些虽然是一些小细节，但它们组合起来会构成顾客对你的总印象。

八、乘车礼仪

（1）公务。参与活动的车辆一般是归属单位的，驾驶司机一般是专职司机。就双排座轿车而论，公务接待时轿车的上座是指后排右座，也就是司机对角线位置，因为后排比前排安全，右侧比左侧上下车方便。公务接待时，副驾驶座一般叫随员座，坐秘书、翻译、保镖、警卫、办公室主任或者导引方向者。

（2）社交。工作之余，三五好友外出吃饭活动，这时车辆的归属一般是个人的，开车的人是车主。车主开车时，上座是副驾驶座，表示平起平坐。在这种情况下让上宾坐后座，是不允许的。

（3）重要客人。当接待高级领导、高级将领、重要企业家时你会发现，他们喜欢选司机后面的座位，因为该位置隐秘性比较好，而且是车上安全系数较高的位置。

九、就餐礼仪

1. 公共场合用餐礼仪

如果没有客户在场，作为年轻职员，要体现出照顾上级和年长同事（特别是女士）的风格，包括部门经理、老板和其他年长同事。当然，如果有客户在场，就要照顾客户的需求。如果有"外人"在场，一定要表现出对上级的尊重，千万不要像在单位一样随意开玩笑。

就座的基本原则是，面对大门的位子为主位，客人要坐在主人右手的第一个位子，随员要坐在主人左手的位子。随员要等上司和客户先落座后再坐下，至于是否需要给客户拉椅子，则不一定，因为随员如果是年轻女性，客户反而会很不自在。

点菜："客随主便"，客人一般不了解当地酒店的特色，往往不点菜，那么，上司就有可能示意随员点菜。此时，随员要同时照顾上司和客户的喜好，也可以请服务生介绍本店特色，但不可耽搁时间太久，过分讲究点菜反而让客户觉得你做事拖泥带水。点菜后，可以请示"我点了菜，不知道是否合二位的口味"，"要不要再来点其他的什么"等。如果事前与酒店打过电话联络，早已拟定了菜单，那就很周到了。

擦手巾：擦手巾就是用来擦手的，千万不要用来擦脸或擦嘴。

添茶：如果上司和客人的杯子里需要添茶了，随员要义不容辞地去做，也可以示意服务生来添茶，或让服务生把茶壶留在餐桌上，由你自己亲自来添茶。当然，添茶的时候要先给上司和客户添茶，最后再给自己添茶。

结账：不要让客户知道用餐的费用，否则也是失礼的。因为无论贵贱，都是主人的心意，特别是工作餐，是为了沟通感情而已。

用餐文明：客人入席后，不要立即动手取食，而应待主人打招呼，由主人举杯示意开始时，客人才能开始；夹菜要文明，应等菜肴转到自己面前时，再动筷子；要细嚼慢咽，这不仅有利于消化，也是餐桌上的礼仪要求；动作要文雅，夹菜时不要碰到邻座，不要把盘里的菜拨到桌上，不要把汤泼翻；不要发出不必要的声音，如喝汤时"咕噜咕噜"作响，这都是粗俗的表现；不要一边吃东西，一边和人聊天；嘴里的骨头和鱼刺不要吐在桌子上，可用餐巾掩口，用筷子取出来放在碟子里；用餐结束后，可以用餐巾、餐巾纸或服务员送来的小毛巾擦擦嘴，但不宜擦头或胸脯；用牙签剔牙时，应用手或餐巾掩住嘴；不要让餐具发出任何声响；餐后不要不加控制地打饱嗝或嗳气；在主人还没示意结束时，客人不能先离席。

2. 自助餐取餐

自助餐取餐时，要沿着餐桌顺时针方向依次取用，耐心等待前面的人取完；每款菜要用专用的夹子，不要拿走菜肴前的公用夹子，否则混杂了味道；每次取适量的食物，不要插队，不要取太多，记住，盘里剩下很多食物是吃自助餐的大忌。

自助餐进餐：吃自助餐一般遵循西餐的礼仪。首先将口布折成三角形，垫在人的膝上，以免弄脏衣服；左手拿叉，右手拿刀，如果不太习惯用刀叉，也不要动作太大，不要把餐具弄得砰砰响；要将骨头、鱼刺等放在左手边的面包盘里；用完一道后，将刀叉放在左侧的小盘上，起身去取餐，此时，服务生会撤下盘子。

≫ 思考与练习

一、判断题

（1）有效沟通就是让他人来认同我们的想法及目的。（　　　）

（2）有效沟通就是彼此理解与认同。（　　　）

（3）好人缘是成大事者的必备因素之一。（　　　）

（4）尊重别人就是要尊重别人的人格和尊严，不要拿别人生理缺陷开玩笑，不揭别人伤疤和老底，维护他人自尊心。（　　　）

（5）女性可以在公共场所当众化妆或补妆。（　　　）

（6）在电话铃声响三声以后再接起电话。（　　　）

（7）在电话中传达事情时，应重复要点，对于数字、日期、时间等，应再次确认以免出错。（　　　）

（8）斟酒时，从主人开始按顺时针方向依次进行。（　　　）

（9）乘车礼仪中，有司机驾驶的小轿车，司机旁的位置为首座，其次是后排右座，后排左座，后排中间为末座。（　　　）

（10）握手礼仪中，男人和女士握手，男人先伸手；长辈和晚辈握手，长辈先伸手。（　　　）

（11）介绍礼节中，把地位低的介绍给地位高的；把女人介绍给男人；把主人介绍给客人。（　　　）

二、单项选择题

（1）沟通模式告诉我们，沟通中的噪音（　　　）。

A. 发生在从渠道到反馈的过程中

B. 贯穿沟通的全过程

C. 只发生在接收者译码时

（2）在人际沟通过程中，当对方讲话时，你应该如何做？（　　　）

A. 目不转睛地注视对方以示礼貌

B. 不能看着对方，那样不礼貌

C. 目光接触，但避免凝视。

（3）沟通的基本要素不包括（　　　）。

A. 信息发送者与信息接收者　　　　B. 编码与解码　　　　　C. 会议与座谈

（4）管理者作为联络者是（　　　）。

A. 提供信息，维护外部联络与关系网络

B. 寻求和获取各种特定的、即时的信息，较透彻地了解外部环境和组织内部的经营管理现状

C. 将重要信息传递给有关人员。

（5）在乘车礼仪中，如果主人充当司机的话，（　　　）位子是首位。

A. 后排左座　　　　　　　B. 后排右座　　　　　　　　C. 司机旁的位置

（6）手机的运用应该（　　　）。

A. 在飞机上和其他的公众场合都可以使用

B. 在公众场合大声地接听电话

C. 在要求保持安静的公共场所中绝对不能让手机发出声音

（7）正确的餐桌礼仪是（　　　）。

A. 把盘里的菜拨到桌上，把汤泼翻

B. 在主人还没有示意结束时，客人先离席

C. 当主人示意开始时，客人才能开始，不能抢在主人面前

（8）吃西餐时，刀叉应如何使用才是最准确的？（　　　）

A. 左刀右叉　　　　　　　B. 左叉右刀　　　　　　　C. 两手抓刀

三、多选题

（1）沟通互动性的特征说明（　　　）。

A. 沟通，是一种双向的交流活动。缺少了任何一方，都无法实现真正意义上的沟通

B. 沟通不仅是一种双向的交流活动，还是一种互动的行为

C. 人类的任何沟通都是一种有目的的行为

D. 在沟通过程中，任何一方的刁难合作，都会导致沟通的失败

（2）以下有关沟通能力特性的说法，不正确的项目是（　　　）。

A. 沟通能力天生就具有的

B. 沟通能力的动态性特征，要求沟通者加强学习，不断完善自己，培养自己的沟通能力

C. 沟通能力的实践性特征，要求沟通者能够根据自身的特点和职责要求，在实践中有针对性地提升沟通能力

D. 沟通能力是一个闭合的系统。

（3）沟通者要增强自身的文化底蕴，应该注意把握两个方面（　　　）。

A. 理论学习的兴趣和热情，不是与生俱来的

B. 读书学习是增强文化底蕴的重要途径

C. 从现实生活中获取知识素养，必须学会观察

D. 深入实践是增强文化底蕴的必要渠道

（4）对沟通的影响因素有（　　）。

A. 语言因素对沟通的影响　　　　B. 非语言因素对沟通的影响

C. 信仰与行为习惯对沟通的影响　　D. 文化对沟通的影响

（5）下面哪些是沟通的机会（　　）。

A. 开会　　　　　B. 一起听音乐　　　　C. 讨论　　　　D. 共进午餐

四、思考题

（1）沟通的过程与要素。

（2）信息沟通的障碍有哪些？

（3）非语言在沟通中的重要性。

（4）空间与距离对沟通的影响。

五、能力拓展与训练题

自我认知和接受反馈

人对自我的认知往往存在着约哈里窗口所揭示的盲区，本项目的练习目的，在于通过对自我认知和接受反馈的训练，解除强加在自己身上的障碍，接收反馈信息，以信息共享方式精确认识自我形象和知觉偏差。

（1）训练背景。

通过比较自我的认知和其他人对自我的认知，解除自我认知的盲区，通过信息共享，更好地进行自我认知。

（2）训练步骤。

练习在 4～6 人组成的小组内进行。每个人都准备好笔和几张纸，各人在纸的上端，分别写出组内一个其他成员的名字和自己的名字。每个人在相关的每一张纸上写上关于他人和自己的 5 种个人品质，或 5 种工作习惯／特点，或 5 个长处／弱点。以上各项都是他对组内每一个成员（包括他自己）的感性认识。

将纸交给组内每一个相关的成员。每个成员轮流朗声读出别人对自己的感性认识（如有不明之处可以请求解释），和自己对自己的感性认识。

（3）小组讨论。

为什么你自己对自己的认识和别人对你的认识有差异？导致这些差异产生的原因是什么？如何认识自己和认识别人？

注意事项：

教师在学生分组的时候注意人员的搭配，组内成员最好相互比较熟悉；小组训练的时间控制为 20 分钟左右，讨论的时间为 10 分钟；然后请每个小组推举一位成员把本小组的训练情况和讨论结果向大家进行通报；教师最后针对如何接触自我认知的盲区和接受反馈的技能进行总结。

参考文献

[1] 申纲领，舒文．现代企业管理 [M]．北京：教育科学出版社，2013.

[2] 刘晓欢．企业管理概论 [M]．北京：高等教育出版社，2009.

[3] 叶萍．管理学基础 [M]．北京：电子工业出版社，2013.

[4] 何海怀．企业管理基础 [M]．北京：电子工业出版社，2012.

[5] [美] 斯蒂芬 P 罗宾斯．管理学 [M]．北京：中国人民大学出版社，2003.

[6] 于卫东．现代企业管理 [M]．北京：机械工业出版社，2013.

[7] 白瑷峥．管理学原理 [M]．北京：中国人民大学出版社，2013.

[8] 周三多．管理学．3 版 [M]．北京：高等教育出版社，2013.

[9] 黄诗义．现代企业管理学 [M]．北京：企业管理出版社，2011.

[10] 刘善华，仇华忠，林宙．现代企业管理学教程 [M]．广州：暨南大学出版社，2009.

[11] 斯蒂芬·罗宾斯．管理学 [M]．7 版．北京：机械工业出版社，2013.

[12] 张泽起．现代企业管理 [M]．北京：中国传媒大学出版社，2008.

[13] 李渠建．新编现代企业管理 [M]．北京：北京邮电大学出版社，2012.

[14] 覃家君．新编管理学基础 [M]．北京：北京邮电大学出版社，2012.

[15] 赵有生．现代企业管理 [M]．北京：清华大学出版社，2006.

[16] 姜真．现代企业管理 [M]．北京：清华大学出版社，2007.

[17] 曲秀琴．企业管理实务 [M]．北京：中国铁道出版社，2012.

[18] 周鸿等．企业策划理论与实务 [M]．北京：人民邮电出版社，2013.

[19] 付春雨．企业经营管理实务 [M]．北京：化学工业出版社，2012.

[20] 徐汉文，等．现代企业经营管理 [M]．大连：东北财经大学出版社，2005.

[21] 宋卫云．企业实用策划文案范本大全 [M]．北京：中华工商联合出版社，2014.

[22] 彭才根，等．企业经营管理认知 [M]．苏州：苏州大学出版社，2012.

[23] 陈春泉，等．现代企业经营与管理 [M]．北京：科学出版社，2009.

[24] 陈文汉．现代企业管理 [M]．北京：中国铁道出版社，2012.

[25] 刘建军．金牌服务管理 [M]．广州：广东经济出版社，2005.

[26] 成爱武，等．国际市场营销学 [M]．北京：机械工业出版社，2011.

[27] 赵晓燕．市场营销管理 [M]．理论与应用．北京：北京航空航天大学出版社，2008.

[28] 秦波．国际市场营销学教程 [M]．北京：清华大学出版社，2007.

[29] 安世明．管理学案例与习题集 [M]．北京：北京交通大学出版社，2008.

[30] 陆克斌，王娅莉，金成林．管理学原理与实践 [M]．北京：国防工业出版社，2014.

[31] 赵曙明，周路路．人力资源管理 [M]．北京：电子工业出版社，2012.

[32] 陈日华．企业人力资源管理实务 [M]．西安：西安交通大学出版社，2012.

[33] 林根祥．管理学基础 [M]．武汉：武汉理工大学出版社，2006.

[34] 黄世忠．财务信息与证券市场经验的分析 [M]．大连：东北财经大学出版社，2003.

[35] 盛明泉 . 对上市公司会计信息充分披露的现实思考 [J]. 财务与会计 .2001(12).

[36] 黄世忠 . 财务信息与证券市场经验的分析 [M]. 大连：东北财经大学出版社，2003.

[37] 黄国成，孙萍 . 财务决策：新经理人财务分析手册 [M]. 北京：中国纺织出版社，2003.

[38] 杨忠莲 . 财务报表分析应注意的问题 [J]. 财会月刊，2002(12).

[39] Frank K Rellily, Keth C Brown.Investment Analysis and portfolio Management.Citic Publishing House，2003.

[40] Michael C, Ehrhaed, Eugen F Brigham.Corporate Finance.A Focused Approach，2003.

[41] 陈荣秋，马士华 . 生产与运作管理 [M]. 北京：高等教育出版社，2005.

[42] 赵琼，陈文知，唐振龙 . 生产与运作管理 [M]. 广州 : 华南理工大学出版社，2010.

[43] 崔平 . 现代生产管理 [M]. 北京：机械工业出版社，2009.

[44] 胡芳 . 现代生产运作管理 [M]. 合肥：安徽大学出版社，2014.

[45] 申纲领 . 现代物流管理 [M]. 北京：北京大学出版社 .2010.

[46] 宋文官 . 物流基础 . 2 版 [M]. 北京：高等教育出版社 .2010.

[47] 李树平 . 现代物流管理基础 [M]. 北京：中国铁道出版社 .2012.

[48] 万立军 . 物流企业管理 [M]. 北京：清华大学出版社 .2011.

[49] 单凤儒 . 管理学基础 [M]. 北京：高等教育出版社，2012.

[50] 王绪君，刘文刚 . 管理学基础 [M]. 北京：中央广播电视大学出版社，2008.

[51] 江广营，王瑜 . 班组长胜任能力 [M]. 北京：北京大学出版社，2011.

[52] 戴维·迈尔斯 . 社会心理学 [M]. 北京：人民邮电出版社，2006.

[53] 查尔斯 E 贝克 . 管理沟通 [M]. 北京：中国人民大学出版社，2003.

[54] 彼得·德鲁克 . 全球沟通管理学精选 [M]. 北京：北京大学出版社，2004.

[55] 约翰·巴尔多尼 . 向领导大师学沟通 [M]. 北京：机械工业出版社，2004.

[56] 拉里·金 . 沟通现场 [M]. 北京：中国人民大学出版社，2004.

[57] 保罗·阿根狄 . 企业沟通和威力 [M]. 北京：中国财政经济出版社，2004.